U0558986

MARTINI MARTINII TRIDENTINI E SOCIETATE JESU

SINICÆ HISTORIÆ DECAS PRIMA

Res à gentis origine ad Christum natum in extremâ Asiâ, sive Magno Sinarum Imperio gestas complexa.

MONACHII

Typis LUCÆ STRAUBII,

Impensis JOANNIS WAGNERI CIVIS & Bibliopolæ Monacensis,

Cum Privilegio Cæsareo.

Anno CIↃ. IↃ. CLVIII.

浙江省哲学社会科学规划重大课题项目“《卫匡国全集》翻译、校注”
（编号：23NDJC01ZD）

卫匡国全集

张刚峰　[意] 苏国怡（Carlo Socol）　中文版主编

中国历史
从上古至公元元年

[意] 卫匡国（Martino Martini）　著

[意] 马西尼（Federico Masini）
[意] 陆商隐（Luisa M. Paternicò）　编注

瞿姗姗　译

陶　磊　张刚峰　[意] 苏国怡（Carlo Socol）　审校

ZHEJIANG UNIVERSITY PRESS
浙江大学出版社
·杭州·

图书在版编目（CIP）数据

中国历史 ：从上古至公元元年 / （意）卫匡国(Martino Martini) 著 ； 瞿姗姗译. -- 杭州 ： 浙江大学出版社， 2024.1

（卫匡国全集）

ISBN 978-7-308-24556-2

Ⅰ. ①中… Ⅱ. ①卫… ②瞿… Ⅲ. ①中国历史－文集 Ⅳ. ①K207-53

中国国家版本馆CIP数据核字(2023)第240988号

中国历史：从上古至公元元年

[意]卫匡国　著

[意]马西尼　[意]陆商隐　编注

瞿姗姗　译

陶磊　张刚峰　[意]苏国怡　审校

策　　划　包灵灵

责任编辑　包灵灵

责任校对　曾　庆

封面设计　林智广告

出版发行　浙江大学出版社

（杭州市天目山路148号　邮政编码　310007）

（网址：http：//www.zjupress.com）

排　　版　杭州林智广告有限公司

印　　刷　杭州高腾印务有限公司

开　　本　710mm×1000mm　1/16

印　　张　26.75

字　　数　488千

版 印 次　2024年1月第1版　2024年1月第1次印刷

书　　号　ISBN 978-7-308-24556-2

定　　价　128.00元

“卫匡国全集”总序

张刚峰　苏国怡（Carlo Socol）

在漫漫的历史长河之中，十年仅是沧海一粟，而人生只有寥寥数个十年。不过，如果能用十年时间做一件对社会有益的事，却也不失为对短暂人生的最好慰藉！

2019 年 3 月 20 日，习近平主席对意大利进行国事访问前夕，在意大利《晚邮报》发表署名文章，其中写道：“中意友谊传承于密切的文化交流之中……意大利汉学家层出不穷，为中欧交往架起桥梁。从编写西方第一部中文语法书的卫匡国，到撰写《意大利与中国》的白佐良和马西尼，助力亚平宁半岛上的‘汉学热’长盛不衰。”[1] 习近平主席对卫匡国（Martino Martini，1614—1661）、白佐良（Giuliano Bertuccioli，1923—2001）、马西尼（Federico Masini，1960—　）在中西文化交流上所作贡献的充分肯定，让我们感受到这是对我们这十年努力的最好褒奖。

由于 2012 年春天浙江大学历史系黄时鉴教授的一个电话，我们两人走上了组织翻译和出版“卫匡国全集”中文版（简称“全集”）的漫漫长路。[2]

卫匡国，1614 年 9 月 20 日出生于当时神圣罗马帝国统治之下的意大利文化之城特伦托市。他自己曾说：“有人说我是日耳曼人，也有人说我是意大利人。事实上，我来自特伦托，一个位于意大利和日耳曼边境的城市。”1638 年 9 月 19 日，从热亚那启程，历经坎坷，大约于 1643 年 10 月抵达杭州，他开始了在明清转换之际在中国的传教生涯。1651 年 3 月，受其上司派遣，卫匡国以耶稣会中国传教团代理人的身份启程返回欧洲，去罗马教廷传信部为耶稣会在中国尊重中国传统礼仪的传教路线辩护。在漫长的将近三年的旅途中以及其后在欧洲的数年间，卫匡国撰写并出版了《中国新地图集》（*Novus*

Atlas Sinensis）、《中国历史：从上古至公元元年》（*Sinicae Historiae Decas Prima*，本书简称"《中国历史》"）、《汉语文法》（*Grammatica Sinica*）、《鞑靼战纪》（*De Bello Tartarico Historia*）等不朽的著作，将中国的历史、地理、文化习俗、语言、当时的社会现状等介绍给了急迫希望了解中国的欧洲人。这些著作对于欧洲全方位而又深入地了解中国做出了极其重要的贡献。正因为此，美国学者孟德卫（David E. Mungello）将卫匡国与曾德昭（Alvaro Semedo，1585—1658）、安文思（Gabriel de Magalhães，1609—1677）、柏应理（Philippe Couplet，1623—1693）、白晋（Joachim Bouvet，1656—1730）一起并称为继利玛窦（Matteo Ricci，1552—1610）之后奠定和发展早期欧洲汉学的五位最伟大的汉学家。正是这些早期汉学家，最终导致了"中国热（Sinophilism）"在欧洲各国的兴起。[3] 如果说利玛窦将西方的科学引入了中国，那卫匡国则是将中国介绍给了西方。

卫匡国的著作在欧洲出版之后曾一时"洛阳纸贵"。《鞑靼战纪》于 1653 年 3 月在荷兰安特卫普出版之后，迅速在安特卫普、德国科隆、奥地利维也纳和罗马再版，同年即被翻译成法文、荷兰文、英文、意大利文并在这些国家分别出版，尔后还被翻译成葡萄牙文（1657）、西班牙文（1658）、丹麦文（1674）出版。当时刚刚在中国发生的王朝更迭对欧洲受过教育的公众来说，是一件具有重大意义的事件，而卫匡国描述的很多事来自他的亲眼所见和亲身经历，自然引起了人们的极大兴趣。而他于 1655 年下半年在荷兰阿姆斯特丹出版的《中国新地图集》也是同年即在阿姆斯特丹再版，并被翻译成法文和荷兰文出版，次年被翻译成德文，1658—1659 年再被翻译成西班牙文出版。当时正值大航海时代兴盛之时和欧洲各国列强争夺与东方的贸易主导权之际，此后百余年，该书一直都是欧洲人前来中国时必须参考的宝典，甚至连提出"丝绸之路"概念的德国地质学家李希霍芬（Ferdinand von Richthofen，1833—1905）在深入新疆考察时，亦曾反复参考卫匡国的《中国新地图集》。[4]1658 年，卫匡国在慕尼黑出版了《中国历史：从上古至公元元年》，次年该书在阿姆斯特丹再版，在 1692 年被译成法文在法国出版，成为欧洲第一部系统介绍中国古代历史的著作。而卫匡国的《汉语文法》原先在欧洲各图书馆只找到多个手抄版本。经过意大利汉学家白佐良和陆商隐的不懈找寻，他们最终在莫斯科国立列宁图书馆和波士顿公共图书馆找到了刊印在 1696 年版的《旅行奇谭》(*Relations de divers voyages curieux*)第二册上的《汉语文法》，从而证明了卫匡国的《汉语文法》是在欧洲出版的第一部汉语文法书，比 1703 年刊印的万济国 (Fransisco Varo，1727—1687) 的《官话语法》早了整整七年。[5]

作为在欧洲出版的第一部中国历史、第一部中国地理、第一部汉语文法、和第一部关于明清朝廷变更的书籍，卫匡国的著作使西方人真正地开始了解和认识中国的历史、地理、物产、社会风俗，伦理道德、哲学、科学和语言，以及当时中国正在发生的朝廷变换和社会动荡，其影响是非常深远的。跟卫匡国同时代的法国天才思想家、数学家和物理学家布莱兹·帕斯卡尔 (Blaise Pascal，1623—1662) 在其《思想录》(*Pensées*) 中留下的关于中国历史的片段，就展示了当他读到卫匡国在《中国历史》中所讲述的中国五千年的历史比西方《圣经》中所阐述的上帝所创造的人类历史更为悠久时的震惊感受。[6]《鞑靼战纪》所描述的史实成为丹麦著名诗人冯德尔 (Joost van den Vondel，1587—1679) 的戏剧《崇祯皇帝》(*Zungchin*，1667)、荷兰诗人凡·德·古斯 (Johannes A. van der Goes，1647—1684) 的四幕戏剧《中国的覆灭》(*Trazil*，亦称 *The Demise of China*)、英国剧作家和诗人塞特尔 (Elkanah Settle，1684—1724)的戏剧《鞑靼人征服中国：一场悲剧》(*The Conquest of China by the Tartars: A Tragedy*，1676)、德国作家哈格多恩 (Christoph W. Hagdorn，生卒年不详) 的长篇传奇小说《一官》(*Aeyquan oder der große Mogol*，1670) 等文学作品的素材。[7] 因此，可以毫不夸张地说，卫匡国为西方打开了一扇全面认识和了解中华文明的大门，也激起了西方普通民众对中国的巨大兴趣。

星移斗转，时光荏苒，尽管光阴并没有让卫匡国在中西文化交流史上的贡献被人们遗忘，三四百年后仍然还有学者研究或提及他的著作，[8] 但时光也让他的光芒逐渐变得暗淡，直到特伦托大学的创始人之一德马尔奇 (Franco Demarchi，1921—2004) 教授了解到这位"同乡"

并积极推动对他的研究，才使得卫匡国被更多的人所了解。他于 1981 年在特伦托大学举办了“卫匡国：地理学家、制图学家、历史学家和神学家”的国际学术研讨会，1994 年，又与中国社科院外国文学研究所在北京联合举办了“卫匡国与中西文化交流国际学术研讨会”。这两次学术研讨会和之后出版的论文集[9]以及此后出版的“卫匡国全集”极大地促进了学者们对卫匡国及其著作的研究兴趣。

曾长期担任德马尔奇教授秘书的米莲姆·兰奇（Miriam Lenzi）女士告诉我们，德马尔奇教授很早就有将卫匡国的所有著作和相关文字结集并翻译成意大利文的想法，并于 1992 年告知了她，请她协助这项工作。这是他“伟大的梦想”，但绝非易事。意大利莱切大学的梅文健（Giorgio Melis）教授曾在 1981 年翻译了卫匡国《中国新地图集》的导言，也曾想把全书翻译成意大利文，但正如他自己所说：“内容本身的难度，文内所引用的大量的地理—历史知识，以及需要对卫匡国当时所使用的资料来源做深入研究的可能性，迫使我不得不放弃这一工作。”[10]幸运的是由于罗马大学汉学家白佐良[11]教授的参与，使得“卫匡国全集”的编撰工作得以在“卫匡国与中西文化交流国际学术研讨会”论文集的编辑工作完成之后正式启动。兰奇女士协助了“卫匡国全集”第一卷至第四卷的编辑和整理工作，回忆“卫匡国全集”第一卷的出版过程，她说道：“伊沃·莱昂纳迪（Don Ivo Leonardi）以极大的耐心设法辨析卫匡国信件的笔迹，白佐良教授再详细检查这些笔迹，不放过任何细微之处，然后撰写注释。我协调一切，转录文本，并进行了不知其次的必要更正和更改。德马奇教授几乎每天都会与白佐良教授讨论和争执。曾与他们一起工作是一种真正的荣幸！”

遗憾的是白佐良和德马尔奇没能见到整个“全集”完成的日子。刚刚完成《中国新地图集》书稿，白佐良就住进了医院，不幸于 2001 年 6 月 29 日突然仙逝。之后，他的弟子马西尼教授在两位年轻汉学家陆商隐（Luisa Maria Paternicò）、安德伟（Davor Antonucci）的协助之下承担起了“卫匡国全集”后续几卷的编注工作。2004 年 2 月 17 日，德马尔奇教授也离我们而去，施礼嘉（Riccardo Scartezzini）教授开始承担起“全集”出版的协调和组织工作。

从 1998 年出版第一卷和第二卷，直到 2020 年的第六卷，历时二十余年，"卫匡国全集"才完成所有六卷的编辑、翻译和出版。这套"全集"的出版对于研究中西方文化交流、西方汉学发展、17 世纪中国的社会、经济、文化等等具有巨大的意义，为相关研究者提供了权威的、可资参照和研究的丰富素材。除了卫匡国的原文之外，白佐良、马西尼、陆商隐、安德伟等汉学家针对著作中的一些内容添加了注释，并为每卷著作撰写导言，介绍了该著作的基本情况和相关的研究，所有这些对于我国学者来说具有非常重要的价值。

然而，对于国内绝大多数研究者来说，意大利语仍然令人望而生畏。目前，国内已经翻译出版的卫匡国著作只有何高济先生从英文版翻译的《鞑靼战纪》，以附录形式出版于安文思著的《中国新史》[12]，后来由中华书局于 2008 年作为"中外关系史名著译丛"再次出版于合编的《鞑靼征服中国史：鞑靼中国史・鞑靼战纪》一书之中；另一部是白桦女士翻译自"卫匡国全集"第二卷中的《汉语文法》手稿[13]。这对于全面、深入地研究卫匡国来说是远远不够的，况且，除了正式出版的著作之外，还有大量的卫匡国书写的教会内部的报告以及他的书信，这些都是研究当时卫匡国本人的活动和中西文化交流非常珍贵的史料。

"卫匡国全集"意大利文版六卷的具体内容如下：

第一卷：《书信与文件集》，记录了卫匡国启程来华、在华期间和返回欧洲期间的种种经历，以及他为耶稣会尊重中国传统礼仪的传教路线向罗马教廷递交的辩护文件，还有他在旅途中对磁偏角、经纬度的测量等等科学观察和研究工作。

第二卷：《短篇著作集一》，收录了卫匡国撰写的篇幅较短小的五篇著作，分别为《汉语文法》手稿、《关于新世界亦即中华帝国的报告》、《中国天主教徒数量与质量简报》，以及卫匡国用中文写就的《逑友篇》和《真主灵性理证》。

第三卷：《中国新地图集》，分上、下两册。卫匡国引入了西方的经纬度系统用于地图的绘制，使得所绘中国地图更加准确，同时他也学习继承了中国的舆图传统，在其地图集中记载了山川河流、城镇卫所、人口田赋、四方地物等信息。卫匡国也还明辨了马可·波罗所说的契丹就是中国，而 Quinsai 即杭州，得出了马可·波罗确实来过中国的结论。

第四卷：《中国历史：从上古至公元元年》，分上、下两册。卫匡国系统地讲述了从三皇五帝的远古时代到公元元年期间的中国历史，向西方读者展示了中国历史早于《圣经》所记载的大洪水时代，体现了他对中国历史记载的尊重以及在与欧洲以外的文明接触时所秉持的开放精神和文化相对主义思想。

第五卷：《短篇著作集二》，收录了《鞑靼战纪》、《汉语文法》（Vigevano 手稿版），以及《关于契丹王国的附录》（Jacob Golius，1596—1667）这三部著作。据近年的考证研究，Vigevano 手稿版《汉语文法》是卫匡国一直带在自己身边，不时地在更改的、并在后来赠送给了西班牙科学家和神学家胡安·卡拉穆埃尔（Juan Caramuel，1602—1682）的最好的版本。

第六卷：《书信与总索引》，包含了在第一卷出版之后的二十年间新发现的二十封卫匡国的书信和文件，以及“全集”的总索引。

“卫匡国全集”收集了现今所能找到的他的所有著作，从这些著作中，可以清晰地看到在那个年代卫匡国是如何经历旅途的艰难险阻不远万里往来于欧洲与中国之间，并且将中国的历史、文化、地理、语言、经济和社会介绍给西方世界的全景画面。未来是否还能找到新的、由卫匡国撰写的著作或文字？目前，意大利汉学家正在对一部著作进行研究，以考证该著作是否为卫匡国所著，让我们拭目以待！

意大利文版“卫匡国全集”的出版绵延了二十余年，其中有些材料是在前三卷出版之后才找到的，如第五卷中的《汉语文法》和第六卷中的书信和文件。因此，在“卫匡国全集”中文版中，为了让各卷的内容更具内在的逻辑关联性，我们将各卷内容作如下调整：

将第一卷和第六卷的书信和文件合并成一卷出版。

将原第五卷的 Vigevano 手稿版《汉语文法》调整到第二卷中，和原先格拉斯哥版本的《汉语文法》放在同一卷中一起出版，因为这两个版本差异很大，将两个版本同时出版有助于研究者进行比较研究。调整之后，此卷将聚焦于语言和文化。

第三卷《中国新地图集》和第四卷《中国历史：从上古至公元元年》仍维持原状，独立成卷。

第五卷将聚焦于当时中国的社会与政治状况。除了《鞑靼战纪》和《关于契丹王国的附录》之外，原先在第二卷中的《关于新世界亦即中华帝国的报告》等内容将移到此卷。

第六卷将包含《中国新地图集》中的所有地名、山川、物产和人名的术语表，以及“全集”的总索引。

自2013年春天正式启动“全集”的翻译到今天终于能将其中的第一本付梓，时间流过了整整十年。亲历之后方知此项工作之费时和费力。原因之一是语言本身，有些书信是卫匡国在近四百年前用当时的意大利文写就的，那时的古意大利文语法规则尚未完善，一些词语的用法也与今天大相径庭，翻译难度极大。二者，其著作所涉内容非常广泛且专业，译者不仅需要了解天文、地理、物理、航海等科学知识和熟悉中国古代历史和典籍，也需要了解17世纪欧洲的政治、宗教和社会。有时为了某一个词的翻译，译者都要斟酌良久。比如卫匡国第一次从欧洲来中国，他乘坐的那艘武装商船是整个舰队司令的坐舰，他将该船称为旗舰；但因赴任的印度总督也随舰队同行，且在另外一艘通常应该作为旗舰的炮舰上，因此，在中国语境下哪艘船才是真正的旗舰？另一艘舰又该如何称呼？类似的问题在翻译和校对的过程中层出不穷。

幸哉！今时今日，这些著作开始陆续付梓，娄翼俊、瞿姗姗、王蕾蕾、李丙奎四位译者功不可没。此外，全国各地和意大利的许许多多相关领域的专家帮助我们对译稿进行了学术校对，对译稿的准确性和质量作了很好的把关，在此我们表示诚挚的感谢！当然，百密亦难免一疏，“全集”中肯定难免疏漏谬误之处，此皆因我们不够细心和学业未精之缘故，请各位读者不吝赐教，以便我们今后有机会时进行更正。

“卫匡国全集”的翻译和出版得到了浙江省社科规划重大项目的资助，同时，意大利驻上海总领事馆文化处、来自卫匡国家乡的路易吉·布雷森（Luigi Bressan）也提供了慷慨的资助，在此，我们对相关的匿名评审专家和负责同志，以及意大利驻上海总领事馆文化处处长达仁利（Francesco D’Arelli）教授和布雷森先生表示衷心的感谢！

尾 注

1 习近平在意大利媒体发表署名文章.（2019-03-21）[2022-10-01]. http://world.people.com.cn/n1/2019/0321/c1002-30987998.html.

2 感兴趣的读者可以阅读：张刚峰，“卫匡国研究和《卫匡国全集》出版的历史”，杭州市政协文史委员会和杭州文史研究会编《杭州对外交流历史文化研究论文集》，杭州：杭州出版社，2021。

3 Boleslaw Szczesniak，The Writings of Michael Boym, *Monumenta Serica*, 1949—1955, Vol. 14, pp. 481-538.

4 孟德卫（著），陈怡（译），《奇异的国度：耶稣会适应政策及汉学的起源》，北京：大象出版社，2010。

5 详见陆商隐为《汉语文法》撰写的绪论，该绪论将出版于中文版“全集”第二卷。

6 David Wetsel, “Histoire de la Chine: Pascal and the Challenge to Biblical Time”. *The Journal of Religion*, 1989 Vol. 69, No. 2, pp. 199-219。

7 Van Kley, Edwin J., “An Alternative Muse: The Manchu Conquest of China in the Literature of Seventeenth Century Northern Europe”. *European Studies Review*, 1976 Vol. 6, pp. 21-43. Daniel Leonhard Purdy, *Chinese Sympathies: Media, Missionaries, and World Literature from Marco Polo to Goethe*. Ithaca and London: Cornell University Press, 2021, p. 165. Paize Keulemans, “向世界打开中国：17 世纪两部荷兰戏剧中的明朝之亡”,《复旦学报》2013 年第 3 期。陈凌菲，卫匡国《鞑靼战纪》对塞特尔《鞑靼中国之征服》的影响，北京外国语大学硕士论文，2018。杜磊，重构历史与演述文明——17 世纪下半叶英国戏剧之中国书写，《外国文学研究》，2020 年第 42 卷第 2 期，第 135-146 页。

8 下列文献可以作证：Henri Bernard, “Les Sources Mongoles et Chinoises de L’Atlas Martini (1655)”, *Monumenta Serica*, 1947, Vol. 12, pp. 127-144; H. Verhaeren, “A German Edition of Fr. Martini’s ‘Novus Atlas Sinensis’”. *Monumenta Serica*, 1947, Vol. 12, pp. 260-265; Boleslaw Szczesniak, “The Atlas and Geographic Description of China: A Manuscript of Michael Boym (1612- 1659)”. *Journal of the American Oriental Society*, 1953, Vol. 73, No. 2, pp. 65-77; Lionello Lanciotti, “Lorenzo Magalotti and China”. *East and West*, 1955, Vol. 5, No. 4, pp. 279-284.

9 AA.VV., *Martino Martini: geografo, cartografo, storico, teologo (Trento 1614-Hangzhou 1661)*,. Trento: atti del Convegno Internazionale, 1983. F. Demarchi 和 R.Scartezzini 主编，《卫匡国：一位在十七世纪中国的人文学家和科学家》(1994 年在中国社科院举行的“卫匡国与中西文化交流国际学术研讨会”论文集），特伦托：特伦托大学出版社，1995。

10 AA.VV., *Martino Martini: geografo, cartografo, storico, teologo (Trento 1614-Hangzhou 1661)*. Trento: atti del Convegno Internazionale, 1983.

11 关于白佐良教授生平，可以参见 2023 年由浙江人民出版社出版的《意大利与中国》（白佐良和马西尼著）附录中由白佐良先生的儿子白龙校对的“白佐良小传”。

12 安文思（著）何高济、李申（译），《中国新史》，郑州：大象出版社，2004。

13 卫匡国（著），白桦（译），《中国文法》，上海：华东师范大学出版社，2011。但是在我们启动《汉语文法》的翻译时，不知已经有此译文出版。

《中国历史：从上古至公元元年》中文版序

张刚峰　苏国怡（Carlo Socol）

“天道不测、造化弄人”，用这句话来形容这部卫匡国《中国历史：从上古至公元元年》的翻译和出版的过程，似乎甚是恰当。我们于 2019 年 7 月 7 日才开启本著作的翻译，而“卫匡国全集”第一、第二和第三卷的书稿却自 2013 年夏天就已开始翻译，但《中国历史》一书却是后发而先至，成为“卫匡国全集”中文版中最先出版的著作。

该著作从未被翻译成中文，也没有英文版，国内学者大多只知其名不知其详，希望此书的出版对了解和研究历史上的中西文化交流有所裨益。

卫匡国的《中国历史》是在欧洲出版的第一部系统、翔实地描述从中华民族的起源至汉哀帝这一漫长时段中国古代历史著作，向西方展示了非常古老而又灿烂的中华文明，其详尽程度以及在欧洲产生的影响是此前其他著作所无法比拟的。

随着大航海时代的来临，东西方海上贸易路线蓬勃兴起，西方人了解东方的兴趣也在日益增长，也开启了所谓西方的传教士汉学时代。[1] 在卫匡国之前，欧洲出版的关于中国的、有影响力的著作是葡萄牙道明会传教士克鲁兹（Gaspar da Cruz，1520—1570）于 1569/1570 年在葡萄牙埃武拉（Évora）出版的《中国志》（*Tractado em que se contam muito por estenso as cousas da China*），他比马可·波罗更清楚地描述了他所看到的中国，包括许多以前西方人从未所知的细节。他的著作在葡萄牙引起了人们的普遍关注，也陆续被翻译成其他欧洲语言，但真正地被大众所广为知晓则是由于 1585 年西班牙奥斯定会教士胡安·冈萨雷斯·德·门多萨（Juan González de Mendoza，1545—1618）所出版的《中华大帝国史》，其中大量引用了克鲁兹著作中的内容。门多萨的著作为西方人认识中国打开了一扇窗，并在西方世界产生了巨大的影响，从其书名 *Historia de las cosas más notables, ritos y costumbres del Gran Reino de la China*（直译为《伟大的中华王国值得关注的事物、礼仪和习俗的历史》）就可以看出，它像一部关于当时中国的自然环境、历史、文化、风俗、礼仪、宗教信仰以及政治、经济等各方面情况的百科全书。[2] 虽然门多萨提到了中国古代的历史可以追溯到大约公元前 2550 年，以及各朝皇帝和他们的名号，但却没有令人信服的细节来支持这些观点，所以他所提到的悠久的中国历史并未引起历史学家们的重视。

1615 年，来自法国的耶稣会士金尼阁（Nicolas Trigault，1577—1628）翻译、改写和出版了《利玛窦中国札记》。该书内容的 75% 来自利玛窦（1552—1610）在中国所有经历的记录，25% 来自金尼阁的耳闻目睹。它忠实地描述了当时中国的朝廷、风俗、法律、制度等等，似一部中国见闻录。1642 年，在中国生活二十余年的葡萄牙耶稣会士曾德昭（Alvaro Semedo，1586—1658）出版了《大中国志》（*Relação da Grande Monarquia da China*），与《利玛窦中国札记》类似，曾德昭的这部著作也仅仅是对自己在中国工作和生活经历的忠实呈现，记录了中国各地的地理分布、物产、官场制度、风俗习惯、语言、学问、科举考试、服饰、宗教等情况，本质上仍然是一部关于当时中国的百科全书。

卫匡国于 1658 年出版的《中国历史》才是西方历史上出版的第一部真正关于中国历史的权威著作。他以翔实的笔触和丰富的内容，给西方描述一个可信的、可以上溯到大约公元前 3000 年的一个文明国度的历史。而他对中国历史记载的尊重，以及对西方“正统”历史的怀疑精神和开放的心态，使得其著作对西方历史叙事的根基构成了严重的挑战。因此，美国历史学家科雷（Edwin J. Van Kley，1930—2002）声称：“卫匡国对中国古代史的‘发现’，开启了西方史学史上一个风雨飘摇的世纪，并最终促成了世界史书写方式的重大变化。”[3] 而卫匡国《中国历史》出版一个世纪之后，法国著名启蒙思想家伏尔泰（Voltaire，1694—1778）“在《风俗论》中用中国及其历史来嘲笑博苏埃主教（Jacques-Bénigne Bossuet，1627—1704）和其他历史学家的狭隘，他们将世界历史局限于西方文化及其起源”[4]。虽然卫匡国曾试图调和中国历史年表上的时间与西方历史记载的大洪水的时间的冲突，但客观上其《中国历史》却在某种意义上促进了西方的思想启蒙运动。

阅读卫匡国的《中国历史》，给我们感触最深的是他对中国人民、中国文化和中国的良政善治的溢美之词，具体的例子在书中比比皆是。“中国人身上的这种品行值得称颂，也正是因此，他们比其他任何民族更为优秀”（本书第 201 页）、“我无意冒犯任何人，但我敢说在从事农业生产上，论技术、论毅力、论细心，任何国家都比不上中国。根本无需惊讶于中国土地上种出的粮食居然能够养活那么多的人口”（本书第 281 页）；“通过对良政善治艺术的详细定义我们也可以窥见中国哲学的独创性”（本书第 154 页）。我们如何能排除这些溢美之词不是出自他对中国文化发自内心的好感和赞美呢？卫匡国在华期间，中国几乎在所有领域都是世界上最发达的国家之一[5]，欣欣向荣的东西方贸易使得大量的丝绸、瓷器、茶叶和其他手工艺品从中国运到欧洲，同时也使得大量白银源源不断地流入中国[6]，客观上构成了进一步促进中国经济发展的良性循环，中国的上流社会乃至普通百姓都过着富足、得体、风雅的生活[7]。

卫匡国在《中国历史》中对中国的风尚、伦理道德和古代哲学家的赞美，与他和中国文人与士子们的密切交往分不开，这为他认知中国文化提供了极其重要的基础；同时也是由于中国社会本身对人伦和德治的重视有着悠久的传统。正如加州大学伯克利分校终身荣誉教授罗波坦（Arnold H. Rowbotham）在大约八十年前所指出的那样，“没有哪位欧洲人文学者比耶稣会传教士更热忱于研究儒家经典的美妙之处并理解它在中国思想和中国制度中的实际应用”，在他们的眼里，儒家哲学“即便没有超越，也是可以与古希腊和古罗马哲学思想并驾齐驱的”。[8] 正是由于耶稣会传教士们的大力宣扬，儒家学说在欧洲产生了巨大的影响，这种影响在“当时的三个重要运动中得到了体现：（1）针对基督教基本原理的批评精神日益增加，（2）对个人与国家关系问题的兴趣开始觉醒，以及（3）学者在社会结构中的地位。”[9] 卫匡国的《中国历史》正是产生这一巨大影响的一股重要力量。卫匡国在《中国历史》中花了不少篇幅专门介绍孔子的学说，由卫匡国在第二次来华时带到杭州的西西里人殷铎泽（Prosper Intorcetta，1625—1696）将儒家经典翻译成拉丁文时，就将《中庸》这一书名译为《中国政治伦理学说》（*Sinarum scientia politico-moralis*），可谓极其精辟。

关于卫匡国在将中国介绍给西方上的贡献我们还是留给读者们去发现吧！现在我们对这部著作在翻译和编辑过程中的处理作一些说明。

此著作曾被称作《中国上古史》，并不准确。虽然史学界对上古时期的界定未有定论，但通常将秦汉之前的历史定义为上古史。[10] 而卫匡国的《中国历史》，卷六至卷十讲述的已是秦汉时期的历史。其实，此著原版书名就是直接而明了的《中国历史》（*SINICAE HISTORIAE*）。由于他计划分三部来撰写到他那个年代为止的中国历史，又由于他按照李维（Tito Livio）的罗马史《罗马建城纪年》（*Ab Urbe Condita*）十卷本格式作为框架结构，所以他在“中国历史”后面加上了后缀“第一部十卷（Decas Prima）”。在原著封面上，《中国历史·第一部十卷》这四个拉丁文单词（*SINICAE HISTORIAE DECAS PRIMA*）是以大写形式出现的，说明这是书名的核心部分；“第一部十卷”比“中国历史”那两词稍小，以此分出了主次。在此下面，再以较小的、普通的大写加小写字母的文字对该书所涉及历史内容的时间和地域进行了界定，可见那应是副标题（见本书扉页上影印的卫匡国原著《中国历史》封面）。经过反复斟酌，我们将中文版书名译为《中国历史：从上古至公元元年》。

需要特别说明的是，对原书中有部分内容不符合中国现行出版规范的，我们予以了删减和处理。删减部分我们用方括号和省略号作了标注。另外，限于卫匡国所处的时代（明末清初），书中部分专有名词等的表达，例如“北直隶”“浙江”“苏州”等地名，“阁老”等官职，与史书记载有所出入。本书为保留时代特征，不做修改，特此说明。此外，卫匡国在转译人名时，经常只译姓或名，我们按照这些人物惯常的姓名或称谓进行补全，添补部分的内容第一次出现时用方括号进行了标注。最后，限于卫匡国所处时代及其所参考典籍版本不同，书中部分人物或事件与实际情况不符，本书意大利文版和中文版编者做了力所能及的注释，如有错漏，敬请谅解。

书中正文部分的注释中，没有指明的，当为马西尼教授所作注释，对陆商隐教授所作的注释，我们做了单独的标注，以示区分。而在中文版翻译和审校过程中，我们也对一些必要之处加以注释，并循简要原则，在注释后统一说明为“中文版注”，不再区分译者、编者或审校者注。

最后，真诚感谢上海外国语大学西语系的瞿姗姗老师准确而流畅的翻译，也特别感谢浙江大学历史学院专攻先秦史的陶磊教授抽出宝贵的时间帮助我们对本书进行了学术审校。对浙江大学出版社包灵灵编辑对本书的精心编辑和专业的建议表示诚挚的谢意。此书如有疏漏错误之处，皆为我们编者之责任。

本书的翻译得到了意大利外交与国际合作部的翻译资助，请允许我们也对意大利驻上海总领馆文化处前任处长马义柏（Alberto Manai）教授对我们在申请这一资助的过程中所提供的帮助表示衷心的感谢！

尾 注

1 张西平，“欧洲的传教士汉学何时发展成为专业汉学”，《文汇学人》，2016 年 4 月 22 日。

2 Gonz ά lez de Mendoza, J., *Historia de las cosas m ά s notables, ritos y costumbres del Gran Reino de la China*. Roma: Bartolom é Grassi, 1585.

3 Edwin J. Van Kley, “Europe's‘Discovery’of China and the Writing of World History”, *The American Historical Review*, 1971, Vol. 76, No. 2, p. 359.

4 Edwin J. Van Kley, “Europe's ‘Discovery’ of China and the Writing of World History”, *The American Historical Review*, 1971, Vol. 76, No. 2, p. 382.

5 李约瑟，《中国科学技术史》，北京：科学出版社 / 上海古籍出版社，1990。Kent Deng, “A Critical Survey of Recent Research in Chinese Economic History”, *Economic History Review*, 2000, Vol. LIII, No. 1, pp. 1–28.

6 William S. Atwell, “International Bullion Flows and the Chinese Economy circa 1530–1650”, *Past & Present*, 1982, No. 95, pp. 68–90.

7 王波，“从《三言》看明朝商品经济的发展”，《江苏商业管理干部学院学报》，1990 年第 1 期，第 48–52 页。冯贤亮，《明清之际的江南社会与士人生活》，上海：上海书店出版社，2021。

8 Arnold H. Rowbotham, “The Impact of Confucianism on Seventeenth Century Europe”, *The Far Eastern Quarterly*, 1945, Vol. 4, No. 3, p. 224.

9 Arnold H. Rowbotham, “The Impact of Confucianism on Seventeenth Century Europe”, *The Far Eastern Quarterly*, 1945, Vol. 4, No. 3, p. 238.

10 白寿彝（总主编），徐喜辰、斯维至、杨钊（主编），《中国通史》第三卷（上古时代），上海：上海人民出版社，1994。

《中国历史：从上古至公元元年》意大利文版序

施礼嘉（Riccardo Scartezzini）

在"卫匡国全集"第一卷出版十年后，卫匡国历史、科学、语言著作宝库中的另一部作品——《中国历史》评论注释版终于得以与读者见面。

这部作品所讲述的中国历史，上自远古，下至公元之始，参考中国史书记载，在17世纪欧洲的文化与历史长卷中具有独特且不可替代的地位。正是这部作品使得中国历史得以与圣经记载进行比对，第一次让人们对数个世纪以来坚信不疑的认识展开了争论。

17世纪的西方充满了因意识形态而起的战争，也被称为"铁之世纪（il Secolo di Ferro）"[1]，而《中国历史》正是在17世纪中叶问世。对于所有对当时的社会环境有所了解的人来说，此书的重要性显而易见。

这部作品体现了欧洲耶稣会士们在与外来的文明接触时所秉持的批判精神和相对主义思想，显示出超前于时代的开放精神，而这种精神直至今时今日才被奉为维系其民族与文化和平的最合适的方式之一。

卫匡国研究中心和特伦托大学希望能借此机会为东西方历史文化关系领域的学术争鸣提供一部重要的作品，用最直接的方式重现这些展示了历史变迁的文献的学术价值。

经过意大利最优秀的学者们的不懈努力，"卫匡国全集"已编撰至第四卷，堪称当代汉学研究领域的标杆。

"卫匡国全集"意大利文版的出版计划缘于20世纪90年代中期特伦托大学终身荣誉教授弗朗科·德马尔奇（Franco Demarchi）的推动，并得到了罗马"智慧"大学著名汉学家白佐良（Giuliano Bertuccioli）

教授的学术支持。

“卫匡国全集”的每一卷都对驳斥一些错误的神话和带有明显意识形态标记的风俗文化做出了贡献，给学者们和感兴趣的读者们提供了通过 17 世纪最伟大的耶稣会士学者的叙述来直接验证中华文明特征的方式。

五卷中的前三卷已经出版，分别是：第一卷《书信与文件集》、第二卷《短篇著作集一》和第三卷——具有重要意义的地理著作——《中国新地图集》及随附的精美细致的地图。这里介绍的第四卷《中国历史》则被认为是卫匡国最重要的历史著作。

该书于 1658 年在慕尼黑出版，首版为拉丁文版，在之后的几年内又再版两次，其中一版为法文版。当时的欧洲学者们对中国的兴趣日渐浓厚，而此书在短时间内的再版恰恰体现了它的价值和重要性。

我们可以假设，正是《中国历史》和卫匡国的其他作品一起引发了当时人们的深刻反思。这一假设应该不算草率，因为它们让人们看到了中央王国（Regno di Mezzo）在公共事务治理中所采用的近乎最佳的模式，以及早在公元前的数个世纪，这个统一的国家已经拥有了古老的以共同福祉为目标的“良政善治（buongoverno）”传统的记载。

今时今日，随着全球化浪潮和世界格局的改变，对世界不同文明进行历史比较研究的热潮回归，学界对此卷的出版也翘首以盼。

在此我要首先感谢马西尼（Federico Masini）教授，在“卫匡国全集”编写计划的初创者——德马尔奇教授和白佐良教授——逝世之后，是他接受了继续编撰该文集的重任。

还要感谢汉学家陆商隐（Luisa Maria Paternicò）女士为本卷的编写所做出的贡献，其中的大量研究工作和所取得的丰硕成果为进一步发展中欧文化关系研究树立了新的里程碑，这对于中欧双方未来的和平共处也具有相当重要的意义。

拉丁语学家贝阿特丽齐·尼可里尼（Beatrice Niccolini）忠实地将原文翻译成了意大利文，本卷的编注编写了导读与注释。我祝愿各位读者在研读后能够被本书所吸引，并对卫匡国作为人文主义者和科学家的多面形象能产生更大的兴趣。

17 世纪在华活动的耶稣会士被誉为“伟大的一代”，而来自特伦托的卫匡国毫无疑问是其中最值得尊敬的代表人物之一。

本研究中心以卫匡国的名字命名，十余年来一直潜心致力于发掘卫匡国著作的价值，提升该学者的学术地位，使人们认识到卫匡国是与在华传教事业的先行者和奠基者、来自马切拉塔的利玛窦并肩的、最值得尊敬的传教士汉学家之一。

最后，我要衷心感谢这些年来特伦托大学和特伦托自治省对本项目的一贯信任和支持，为读者带来这部重要的基于明清时期中国历史文献的综述和研究，其中的大部分内容是首次在意大利公开出版。在此，我预祝这一卓有成效的合作在将来能得到持续发展。

尾 注

1 在欧洲历史上，有多个时期被称作为“铁之世纪”。17 世纪也被称作“铁之世纪”是因为新教的兴起导致天主教与新教之间的冲突，最终酿成了 1618—1648 年间欧洲历史上的“三十年战争”。这场本是神圣罗马帝国的内战却演变成了一次大规模的欧洲国家混战，据估计，多达 800 万人因此而丧生。（中文版注）

目录

导　言

马西尼（Federico Masini）

在此向各位读者介绍的是卫匡国撰写的《中国历史：从上古至公元元年》（又名《中国历史·第一部十卷》）的首版意大利文译本。《中国历史》最初于 1658 年在慕尼黑面世，次年于阿姆斯特丹再版，1692 年出版了法文译本。

1643 年卫匡国作为传教士入华，在勤奋工作了短短几年后便受命回到欧洲为耶稣会尊重中国礼仪的传教事业辩护。1653 年，他在挪威卑尔根下船，开始了在欧洲宫廷间的漫长游说，也正是这番游说使得当时的欧洲上层社会认可了耶稣会士们在中国所开展的活动的重要性。卫匡国在停留欧洲期间出版了一些作品，包括 1654 年出版、概述了在华传教事业的《中国天主教徒人数及质量简报》（*Brevis Relatio*），同年在安特卫普出版、讲述了明清易代之变的《鞑靼战纪》，还有 1655 年在阿姆斯特丹付梓的欧洲首部关于中国的完整的地理著作《中国新地图集》。另外，他还留下了几册首次用西方文字编写的汉语文法书，并开始致力于此部《中国历史》的编写。他在本书的开篇《致读者》中写道，编写工作开始于从中国回欧洲的旅途之中。该书于 1658 年年末在慕尼黑出版，而那时的卫匡国已经再次踏上了前往中国的旅程。

在这些作品中，《中国天主教徒人数及质量简报》涉及在华传教情况，《鞑靼战纪》描述了中国明清之交的历史事件，《汉语文法》向欧洲人揭示汉语的秘密。而通过这部《中国历史》，卫匡国则向西方读者展示了完整的一段中国古代的历史，上至远古，下至公元元年，这在西方当属首创。作品的创作意图也体现在标题中：沿用李维（Tito Livio）在罗马史《罗马建城纪年》（*Ab Urbe Condita*）中使用的“十卷”这一编写形式。卫匡国在《致读者》中提到，在这本《中国历史》拉丁文版之后将会编撰另外两部《十卷》，然而后两部最终未能面世，只留下了一些笔记片段。卫匡国的心愿后来在其耶稣会同会会士柏应理（Philippe Couplet）笔下得以完成。柏应理于 1686 年出版了《中国年表》（*Tabula Chronologica Monarchiae Sinicae*），叙述了直至 1683 年的中国历史，但其内容的详尽程度远不及卫匡国的著作。

无论是对传教事业的叙述，还是对中国战争和地理的描写都未给卫匡国本人带来意识形态层面的困扰，然而，编撰一部讲述从前 2952 年直到公元之始的中国历史事件的著作给作者提出了尖锐的问题：公元纪年的文明始于前 4000 年左右，大洪水发生于前 2349 年，如何将中国远古历史与西方文明对应成了一个棘手的问题。卫匡国手头没有任何将公元纪年与中国纪年相对照的参考资料，只能根据汉语史料倒推出中国的朝代和各个帝王的在位时间。他发现第一位中国帝王的统治始于前 2952 年，早于大洪水发生好几个世纪，而根据西方文明记载，大洪水之后只有诺亚一家幸存，之后所有的人类都是诺亚的后代。我们不难想象，这在当时对作者本人来说是多么大的思想冲击。现在我们看看卫匡国是怎样为这一看似没有出路的困境找到解决方法的。

首先，卫匡国本人在《中国历史》中对于中国历史文献的可信性不容置喙。他表示编写该书时参考的是严谨的史学家们的作品，并在该书的《致读者》中写道：

“读者朋友，下面我将向你简明扼要地以编年顺序介绍亚洲远东的历史，更确切地说是伟大的中国（Impero Cinese）的历史，而这部分历史目前尚不为欧洲所知。世上除了圣经故事之外没有任何历史比它更加古老，而且如果我们相信中国人所言属实，那么没有任何一部历史能比他们所书写的更加可信。书中的记载如阳光般清晰明朗，诸位继续阅读便可知晓。”

卫匡国强调了自己参考的中国史书的可信性，并且强调中国人在编撰历史时不会加入宗教目的，他在《致读者》中随后写道：

“诸位可以绝对信任中国人的年表。中国人只写他们自己的历史，而且只为自己而写，他们对其他民族的存在不以为然。因此，中国人完全无需为取悦他人或是赞美自己而书写历史，亦无任何理由撒谎。”

最后，卫匡国还向读者保证该书的编写是基于他为欧洲读者专门找寻的一手史书资料。在本书中我们也附上了陆商隐女士所著的论文，首次严谨、准确地列出了卫匡国所参考的中国史书文献，可以从源头上消除人们的疑虑，证明卫匡国的确史无前例地查阅了中国史书，并在史书所载史料基础上用西方语言编撰了一部讲述中国历史的著作。

卫匡国在《致读者》中说明了《中国历史》的编撰背景和可信性，随后便开始对这部宏大的历史展开叙述，并确认了古代中国存在着提及天国以及至高无上的神明的内容，他写道：“中国人是在诺亚时代或是那不久之后最先对天主的概念产生了认知的人”（《中国历史》卷一，第 1 页）。如此一来，他在一开始便将中国历史的开端设定在了“诺亚时代或是那不久之后”，直接避免了中国历史的开端先于西方文明记载的历史。之后他又提到了在中国历史上也有关于大洪水的记载：“目前不清楚那是否就是诺亚所经历的那场洪水，抑或发生在中国的另一场 [洪水]（《中国历史》卷一，第 2 页）。”

诺亚这一人物因此与同样神秘的中华文明始祖——伏羲联系在了一起。根据中国传说记载，伏羲有许多伟大的发明，其中最重要的发明之一便是数学：

“可以确定的是，中国历史上关于大洪水的记载与诺亚方舟时期的大洪水并无很大差别，两者都发生于公元前三千年左右。但是，中国人自己对于伏羲之前的年表记载也存有怀疑，因为其中充斥着虚实不明的信息，这也情有可原，毕竟那时人们不会书写，也不受任何法律的约束，过着原始的生活。”（《中国历史》卷一，第 2 页）

将诺亚和伏羲的形象建立联系之后，卫匡国便能更容易地将中国传说中发生在更早时期的事件安置在公元纪年中，将两者纪年的冲突问题简化为对诺亚和伏羲生活时代的对比问题。就在卫匡国撰写《中国历史》年间，詹姆斯·乌雪（James Ussher，1581—1656）出版了《旧约年表》（*Annales veteris testamenti*）（伦敦，1650）和《年表续卷》（*Annalium part postierior*）（伦敦，1654），认为创世纪和大洪水分别发生于前 4004 年和前 2349 年。因此，尽管卫匡国没有提及任何一部确切的西方编年史，是否要将中国历史中明确记载的前 2952 年这一年份和大洪水发生的前 2349 年相统一依然是问题。根据西方的传统记载，诺亚和他的后代是大洪水唯一的幸存者，那么该如何解释在大洪水之前就存在的中国文明，伏羲又为何也在大洪水中幸存？卫匡国无法在中国年表和乌雪所著的年表中找到对应关系，便查阅了一部更古老的年表——在亚历山大城完成的圣经希腊语译本《七十士译本》：

“在如此重要的问题上我不想自己下定论，因为我也知道我们的一些编年史学家对此颇有争议。根据他们的计算，大洪水发生的时间更晚，但这并不意味着中国人的记载就应当被全盘否定，而且这些记载还与不少欧洲编年史作者的记载相吻合，其中就有七十士（i Settanta traduttori）、萨莫萨特诺（il Samosateno）等等，罗马殉道圣人录和希腊人记载的编年体系也与之相差无几。”（《中国历史》卷一，第 2 页）

《七十士译本》记载的洪水应当发生于前 2957 年，早于乌雪年表中的推算，与中国第一位皇帝——伏羲统治的首年基本吻合。

就这样，卫匡国找到了中国历史和公元纪年在文明起源时间上可能的交汇点，在叙述史料中找到的先于伏羲的事件时，他便安心地将它们安置在了“上古时代”。尽管如此，在讲述伏羲之前历史的数页里（《中国历史》卷一，第 1–8 页）作者还是频繁地提及这一时间问题，似乎并不确信盘古和天皇只是神话中的人物。其中前者是中国第一个神话人物，后者创造了以六十为一轮回的干支纪法。在描述盘古时，卫匡国这么说道：

“显然，中国人认识的第一门科学是数学，这门科学由诺亚通过后人们一代代传承。因此，如果不考虑其他因素，可以假设盘古和他的同伴们是在大洪水后、巴别塔建造之前来到中国。如果那时的中国的确有人类居住，并且历史学家也有力证的话，我也愿意支持这一假设。”（《中国历史》卷一，第 5 页）

卫匡国认为，盘古可能是在大洪水之后、巴别塔建造之前到达中国，他隐晦地假设了盘古是诺亚方舟中的一员，因为 [在他的认知里]

诺亚方舟是大洪水发生时人类唯一的避难所。在盘古和天皇之后，统治中国的是人皇、有 [巢] 和燧人。至此，对历史记载的首位皇帝伏羲之前时代的叙述告一段落，卫匡国又回到了中国人在大洪水前是否已经存在的问题上：

"我愿意相信上文所述的事件都发生在大洪水之前，但是没有任何确切的证据证明那个时候中国人已经存在。我相信我所叙述的亚洲远东地区早在大洪水之前便已有人居住，但既然除了诺亚一家以外的所有人类都在大洪水中消亡，我不知该如何解释这些历史记录是怎样流传下来的。也许流传下来的这些关于大洪水之前的祖先的事迹也给后人带来了困扰，一些作者出于对真相的无知或者凭空猜测，给这些故事增加了离奇的色彩；或许是他们出于对自己民族的热爱或是希望让其民族的起源带有神秘气息而改写了这些事件，添加了想象和传说。信或不信，读者请自行决定，下面我们讲述那些更为确定的事件。"(《中国历史》卷一，第 8 页）

实际上，卫匡国的叙述传达了这样一个可能性：伏羲之前的这几位远古神话君主生活在大洪水发生之前，他们的事迹，尽管带有传奇色彩，却一代代流传了下来。也许，这是身处那个时代的他所能做出的最大努力，否则就会动摇西方文明年表的记载。就这一点来说，卫匡国所表现出的学术诚实和巨大勇气值得肯定和赞赏。

《中国历史》的出版使得西方文明世界在千余年后首次与另一个拥有不间断历史的文明相遇，而这一文明的历史长度甚至与西方文明年表等长（或更长）。虽然之前的传教士们也曾发现过其他文明，但从未得出过类似结论，究其原因可能是那些文明的起源不够古老，或者没有像中国那样保存有确切记载的史料。

关于中国拥有悠久历史的消息在欧洲引起了强烈的反响，并引发了一系列关于中国历史的真实性和其对于西方文明年表提出的挑战的漫长争论，为无神论提供了有力论据。维柯（Giambattista Vico，1668—1744）就是卫匡国最尖锐的评论者之一，他用清晰的观点证明了对中国悠久历史的发现让人们得以看到其他世界的存在。维柯在《新科学》（*Scienza nuova*）中这样评论卫匡国和耶稣会士们：

“但是，人们已发现中国人和古埃及人一样，都用象形文字书写[更不用提斯基泰（Sciti）人[1]，他们连用象形文字书写都不会]。不知经过多少千年，他们都没有和其他民族来往通商，否则他们就会听到其他民族告诉他们，这个世界究竟有多么古老。正如一个人关在一间小黑屋里睡觉，在对黑暗的恐惧中觉醒过来，才知道这间小屋比手所能摸到的地方要大得多。在他们天文时历的黑屋中，中国人和古埃及人乃至迦勒底人（Caldei）[2]的情况都是如此。诚然，耶稣会学派的罗明坚（Michele Ruggieri）神父曾声称他亲自读过在公元前就已印刷的[中国]书籍。此外，另一位耶稣会学派学者卫匡国神父在他的《中国历史》里也断定孔子甚为古老。这导致许多人转向无神论[……]”[3]

事实上，卫匡国和他的耶稣会兄弟们一样，花费了很大精力来证明儒家思想的力量，以及儒家思想与西方道德行为准则具有可比性，甚至吻合。与卫匡国和其他耶稣会士编著的其他作品一样，《中国历史》也花费大量笔墨描述了中国悠久历史中数不胜数的展现人民道德品质的事件，甚至其中有些是刻意而为。例如，在提到齐桓公的国相、在孔子的《论语》中备受赞扬的管仲时，卫匡国写道：

“因此，孔子认为他的行为不是正义之举，因为在他身上，能力和狡黠已经盖过了真正的美德，而后者才是所有品质中最重要，哲人们最为推崇的。”（《中国历史》卷四，第104页）

和另一些为数不多的耶稣会士的著作一样，作者在《中国历史》中举出这些例子的意图不仅仅在于让西方传统适应中国文化，更在于尽可能找到两者间的契合点，以假设这两大文化在根本上具备一致性。

明白了这一背景，就有必要再次审视一下卫匡国在这部著作中对整个中国历史的处理，并从中看到其将中国传统文化与西方文明联系起来的意图。在叙述历史的时候，战争、残酷的流血事件和所有会令西方读者感到生涩难懂的部分都被一笔带过，有些甚至略过不提。尽管如此，作者还是完整保留了所有的年份，只是其中大量的篇幅都被用在叙述那些能向欧洲读者展示中国传统美德与西方道德准则相吻合的事件上。

此书的意大利文译本由贝阿特丽齐·尼可里尼教授执笔，她的译本严谨准确，在此我向她表达衷心的感谢。在这一译本中，所有人物的名字都以大写字母拼写，与拉丁文原版保持一致，但意大利文版本中的人名均使用了主格，而拉丁文原版中的人名在行文中有格的变化。卫匡国在《中国新地图集》中没有对地名进行格的变化，其中原因可能是形式上保持不变的地名有助于人们在附录的地图上准确地找到这些地方。在意大利文版正文中，每一个中国人名都先用大写字母拼写，随后在括号中附上了目前通行的汉语拼音注音和经我们查证的对应的汉字。有些地方的原文有误，可能是卫匡国本人写错，也有可能是排字员的失误，在此译本中用星号（*）标注。与《中国新地图集》相比，《中国历史》中出现的人名需要勘误的数量众多，其原因也许是卫匡国未能亲自跟进作品的排版和付印。之前我曾提到，这部作品出版之时卫匡国已经再次出发前往中国，于是此作品付印时便没有经过作者的审阅。

所有未标明出处的注解均为我本人所写，标有陆商隐标记的注解则由陆商隐女士所写。感谢她的付出，才使得这部我在多年前便开始执笔的作品最终能与读者见面。在此我要感谢她以及这些年来在罗马大学东方学院成长起来的年轻学者们所给予的帮助，也祝愿“卫匡国全集”的最后一卷——第五卷[4]能早日出版，以达成德马尔奇教授的愿望，完成白佐良教授为之呕心沥血多年的事业。我们将这些文字和整部作品献给这两位教授，并且坚信以他们渊博的智慧，如果能够亲自主持编写，定能使本书熠熠生辉。

最后，我要衷心感谢米莲姆·兰奇女士，她一直在特伦托卫匡国研究中心从事秘书工作。多年来她在工作中充满热忱，持续地督促我们完成“卫匡国全集”的编注。

尾 注

1 希腊古典时代在欧洲东北部、东欧大草原至中亚一带居住与活动的游牧民族。（中文版注）

2 《旧约》中常常提及的一个民族，居住在古巴比伦南方，向东南方一直延伸到波斯湾，处于阿拉伯沙漠和幼发拉底三角洲之间。（中文版注）

3 本段译文引用了朱光潜的翻译。维柯，《新科学》，朱光潜译，北京：人民文学出版社，1986，第I页。（中文版注）

4 本书意大利文版出版于2010年，以当时所发现的卫匡国著作，第五卷应该是全集的最后一卷了，但在随后的数年，陆续有新的卫匡国的书信和文件被发现，最后这二十封书信与文件以及在第一卷中遗漏的一封书信集结成第六卷于2020年出版。（中文版注）

《中国历史》编写时所用参考文献之考证

陆商隐（Luisa M. Paternicò）

卫匡国希望通过以拉丁文编写的《中国历史》来讲述从神话开端以来，直至公元之始为止的中国历史。作者尝试用精确的编年史来呈现历史事件和皇位的接续，为此，他必须以确定的历史事件为起点，很可能需要通过倒推计算的方法，才能回溯到神话的开端并推算出日期。

《中国历史》包含的历史事件横跨 109 名统治者的在位时期，具体细分为：第一卷为早期神话帝王，至舜为止；第二卷是同样带有神话色彩的夏朝；第三卷，商朝；第四和第五卷为周朝；第六卷，秦朝；第七至第十卷是汉朝，至哀帝为止。

这部著作是该类别著作中的首部，而有关卫匡国在编写时所参考的文献类别和数量曾引发了一些著名汉学家的思考和讨论，[1] 因此，有必要对书中的每个事件进行系统性的对比研究，以找出 17 世纪中叶前后能够获得的中国史书中与其相关的记载，从而确定卫匡国在撰写《中国历史》时究竟引用了哪些中国史籍。

然而，要找出作为《中国历史》基石的历史文献是一项极为艰辛、困难重重的工作，需要细致入微地比对。其中，困难之一便是辨识历史事件中的地名、物品名和主人公的姓名，因为卫匡国所使用的拉丁字母拼写及其词尾变化有时候会出现前后不一致的情况。[2] 其原因可能在于卫匡国在 1657 年将刚刚完成的手稿留在欧洲后不久便动身前往中国，因此还没来得及校对，也没有检查誊写员的工作，更没有亲自参与书稿的付梓。困难之二在于许多历史事件都在不同的史书中有记载，而记载的内容往往只有细微的差别，只有通过对每个历史事件以及它们的发生时间先后进行严谨的比对才能找出卫匡国可能参照的史籍。这项工作也恰恰能够证明作者当时是运用了娴熟的语言能力对历史文献进行了真正意义上的翻译，可以对那些批评他的人予以有力的回击。[3]

本研究从卫匡国在《中国历史》开篇的《致读者》中写下的话语开始：

"正如前文所述，本书记载了从中华民族的起源直至公元元年之间的事件，读者只需轻轻一瞥，便能概览几乎全部。在参考了大量记载十分详细精确的中国史书后，我尽力以精准但又清晰的风格来撰写本书。

这些中国史书的作者在进行了大量的搜集和研究工作之后，用前后连贯、风格统一的模式将历史事件忠实地记录下来。因此，尽管史料数量庞大，年代不一，但从整体上来看依然有序可循。[……]

此书编写之艰辛几乎可以与海克力斯(Ercole)完成十二伟业相当。

汉语的文字系统也为本书的编写增添了极大的难度，解开汉字的意义几乎超出人类能力之所及，就算用尽一生也难以完成。"

这番话似乎反驳了龙伯格（K. Lundbaek）（1991）所持的卫匡国的信息取自于"为不想费神记住过多细节的普罗大众而撰写的简明历史概要"[4]这一观点。不可否认的是，卫匡国参考的文献数量的确有限，因为他必须在返回欧洲的旅途中携带这些书籍，但是，这些书籍都是由权威的中国历史学家所写，作者本人也在其著作中多次提及。卫匡国本人在《中国历史》中强调了自己只参照中国文献，因此遇到了巨大的困难，但柯兰霓（C. Von Collani）的研究（1995）没有完全体现这一点，[5]因此，本研究的目的便是为此正名。[6]卫匡国编写《中国新地图集》[7]时所用的参考文献在意大利的图书馆中能够找到，但是作者在撰写这部著作时所使用的参考文献却未能找到馆藏，其原因可能是作者出于撰写《第二部十卷》和《第三部十卷》的想法，将这些书籍又带回了中国。[8]

要想厘清哪些才是卫匡国选择参考的文献，就必须清楚他编写这部作品的目的：呈现一个拥有悠久、可信的历史事件记载传统的中国，提供一部不与公元年表冲突的编年史。[9]

卫匡国本人在书中有时提及自己参考了公元前6世纪的《书经》（亦称《尚书》）[10]，有时则会提及《大学》[11]和《孟子》[12]。似乎有理由推测，他还参考了其他权威的古代史书，例如司马迁（前145—约前90）的《史记》和班固于公元92年完成的《汉书》，另外还有其他的儒家经典：如《中庸》《论语》和《春秋》。

但不可忽略的一点是，要想实现年份的回溯推算，直至计算出最早的神话帝王们的统治年份，仅凭上文提及的这些文献是无法做到的，因为其中没有对各个朝代君主的统治时间的记载。为此，卫匡国必须将目光转向编年体史书。这类史书按照时间顺序记载了中国帝王在位的每一年中发生的历史事件，从而为这部作品的最终成书提供了可能。之前，白佐良[13]和柯兰霓[14]就已经提出，卫匡国参考的是编年体史书《资治通鉴纲目》。这本书由朱熹于1172年撰写完成，是司马光于1084年完成的《资治通鉴》的缩编版。需要注意的是，《资治通鉴纲目》所记载的历史事件始自周威烈王二十三年，即公元前403年，也就是卫匡国著作卷五的起点，因此，卷一至卷四横跨整整2500年的历史记录究竟参考了哪些编年体史书仍是尚待解决的问题。

与17世纪中叶存有的为数不多的中国地理史料（在考证《中国新地图集》参考文献的研究中发现）相比，中国记录历史的传统绵延已久，在卫匡国撰写《中国历史》的年代，存有的史书不计其数，因此，在中国史书中找寻卫匡国可能关注的文献从一开始便是一项巨大的工程。

吴莉苇的相关研究对此项工作帮助极大，她的研究旨在证明卫匡国所参考的不仅是儒家哲学经典，并且希望找出他在撰写自盘古至禹的古代中国神话帝王历史时所参考的文献。[15]为了达成这一研究目标，基于卫匡国和其他耶稣会士偏爱参考编年体文献的观点，吴莉苇在研究成果的一开始便向读者呈现了一张卫匡国生活年代存有的历史文献整理总表[16]。在比对了卫匡国和其他史书对帝王的接续和在位时间的记载后，作者得出结论，在该研究考察的历史时期的撰写中，卫匡国参照的应当是陈桱于1350年完成的《通鉴续编》[17]，而自尧开始的历史应当是参照了《史记》。

本研究主要比对的是吴莉苇提出的在纪年上最接近《中国历史》叙述的文本《通鉴续编》、胡宏于 1141 年撰写的《皇王大纪》、刘恕于 1078 年完成的《资治通鉴外纪》[18]。

在对在位年份和具体内容进行了细致的对比后，我们可以证实吴莉苇的结论，那就是卫匡国在讲述自盘古到挚[19]的事件时较为忠实地参考了《通鉴续编》的第一章[20]，其中从黄帝开始的部分也有源自《史记》的记载。

下面是《通鉴续编》和《中国历史》中关于最早的神话君主的描述:

1. 盘古生于大荒莫知其始明天地之道达阴阳之变为三才首君于是混茫开矣[21]

[...] *dicono che PUONCUUS venne da un luogo deserto, ma non ne conoscono le origini.* [⋯] *il caos è l'inizio di tutto e il principio da cui ciò che non è materiale, cioè il sommo spirito, ha generato ciò che è materiale. Esso è diviso in due aspetti, detti YN e YANG*[22].（[⋯⋯] 盘古来自茫茫大漠，但对其出生却未有提及。[⋯⋯] 混沌是一切的开端，虚无的道即至高无上的神，道生万物。道分为阴阳两部分。）

2. 地皇氏一姓十一人继天皇氏以治爰定三辰是分昼夜以三十日为一月[23]

[...] *Aggiungono che poi regnò un certo TIHOANGUS, il quale, dopo aver osservato attentamente i movimenti del cielo e degli astri, diede il nome al giorno e alla notte e al mese la durata di trenta giorni. Si dice che a costui seguirono altri undici capi, dei quali non ho trovato nulla che fosse degno di ricordo e nemmeno come si chiamassero*[24]。（[⋯⋯] 史书还说，之后有一位名为地皇的统治者在仔细观察了天空和星辰的移动后为昼夜命名，并将每月定为三十天。据说在他之后还有十一位首领，但我没有找到他们值得一提的功绩，甚至连他们的名字都无从得知。）

3. 人皇氏一姓九人继地皇氏以治是曰泰皇相厥山川分为九区人居

一方故又曰居方氏当是时也万物群生淳风沕穆主不虚王臣不虚贵政教君臣所自起饮食男女所自始亦号九皇氏[25]

Ad essi successe GINHOANGUS con altri nove, che appartenevano tutti alla sua famiglia. Egli divise la terra in nove parti, ne assegnò una agli uomini per essere abitata [...] *Dicono che durante il suo governo fiorì l'età dell'oro. La terra, coltivata con poca fatica, dava i suoi prodotti quasi spontaneamente ed ogni cosa, per usare le parole dei cinesi, aveva il suo grado d'importanza. Il sovrano trattava i sudditi con affetto più che paterno ed essi a loro volta lo veneravano come i figli devotissimi venerano il loro padre. Egli compiva bene il suo dovere di re ed essi compivano bene quello di sudditi. Allora tutto era in comune, tutti erano liberi e vivevano in assoluta concordia*[26]。（之后即位的是人皇及其他九人，全都同属一族。人皇将大地分为九区，其中一区分配给人们居住 [……] 据说人皇在位时期是璀璨的黄金时代。人们没有花费太大气力耕种，土地就几乎自发地奉献上各种物产。用中国人的话来说那就是每一件事物都有其不同程度的重要性。君主用胜过慈父的关爱对待子民，而子民崇敬君主也像顺从的孩子尊崇他们的父亲一般。君主行君主之职，子民尽子民之责。当时，一切均为共有，众人均享自由，人们的生活一片祥和。）

对于卫匡国来说，用适合读者理解的文字来翻译如此复杂的文本定非易事，因此，在以上的引文中可以看到，译文经常被阐释性语句打断，那都是卫匡国认为有必要向读者提供的解释。

卫匡国对《书经》的参考从对尧[27]的叙述开始，这一点也得到了他自己的承认。《书经》是一部理解难度相当大的古书，记载的内容止于商朝太甲统治时期，卫匡国对其引用也到此为止。[28]

《通鉴续编》的第一章止于帝挚，为了继续对年份进行计算，卫匡国必须选择另一本编年体史书。为了找出这本书，我们花费了不少工夫。为《中国历史》卷一至卷四加注的马西尼在之前已经发现卫匡国记载的一些历史事件与康熙年间（1662—1722）成书的一本名为《御批通鉴前编》的史书相符。但是，这本书成书于卫匡国撰写《中国历史》

之后，因此不可能成为当时的参考文献，而且两者的内容也并非完全吻合。在这一点上，吴莉苇[29]的研究也提供了至关重要的线索，她指出《御批通鉴前编》是对《通鉴续编》第一章和另一本史书《资治通鉴前编》（金履祥于 1264 年编写[30]）的改编本。从吴莉苇对比研究的终止点出发，我们发现卫匡国的叙述和这本史书在皇位的接续、各个皇帝的统治时间和大部分记载内容上都能契合，除此之外，这本史书中还有卫匡国找寻的关于天气现象的丰富记载。关键的一点是，在这本书里有一长段关于楚王和两名大臣争夺一位美女的记载，[31]在《史记》和我们研究的众多其他文献中均无记载，唯见于《资治通鉴前编》[32]。

以下是《资治通鉴前编》与卫匡国《中国历史》中的段落对照：

1. [尧] 甲辰元载乃命羲和钦若昊天歷象日月星辰敬授人时[33]

Dilettandosi nell'osservazione delle stelle, egli (Yao) riuscì a togliere alcuni errori alla durata dell'anno e riportò nella loro giusta successione il mese intercalare e i mesi lunghi. In ciò ebbe anche l'aiuto di due valenti studiosi, di nome HIUS e HOUS. A loro raccomandò di venerare sempre il cielo e ordinò di inventare strumenti adatti all'astronomia, di osservare i movimenti della luna e delle stelle, di divulgare i precetti per coltivare con profitto la terra e infine di fissare con assoluta precisione il momento del solstizio invernale.[34]（尧酷爱观星，他修正了计算一年时长上的错误，并将闰月和大月进行了正确的排列。他可能获得了能力出众的学者羲和的帮助。尧命二人祭天，要求他们发明合适的天文仪器，用来观察星月的移动，告诉人们何时播种与耕种，并精确计算冬至的时刻。）

2. 季秋月朔辰弗集于房未 [……][35]

[…] *avvenne una memorabile eclissi mentre il sole entrava nella costellazione detta FANG, che ora è circa nel ventottesimo grado del segno dello scorpione.*[36]（[……] 发生过一次壮观的日食，当时太阳正进入房宿，也就是今日的天蝎座二十度附近。）

3. 武乙无道为偶人谓之天神与之博令人为行天神不胜乃僇辱之为革囊盛血仰而射之命曰射天武乙猎于河渭之间暴雷武乙震死[37]

VUYEUS [...] *fu scellerato ed empio, perché volle introdurre l'idolatria e impose che lo si adorasse come un dio. Un giorno incontrò per caso uno sconosciuto, un pericoloso impostore, dal quale fu abbindolato tanto che diede a tutti l'ordine di considerarlo una divinità o almeno un genio tutelare e usò vari mezzi per procurargli questa fama. Dal popolo ignorante pretese, fra il resto, che alcuni stessero in compagnia di costui per misurarsi in sottili ragionamenti sulle arti magiche, sperando che soggiacessero ai suoi inganni e, trovando in lui qualcosa di soprannaturale, lo stimassero e ne diffondessero il nome. Tuttavia l'impostore suscitò il riso piuttosto che l'ammirazione, perché non solo non aveva nulla di divino, ma nemmeno un mediocre talento, e, quando le sue menzogne vennero scoperte, suscitò anche lo sdegno dell'imperatore, che fremeva di rabbia per aver preso un così grosso abbaglio. Ben presto, con la medesima leggerezza con cui lo aveva considerato un dio, egli mandò a morte quell'imbroglione, dopo averlo coperto di insulti, e poi rivolse la sua ira al cielo, dal quale si sentiva tradito, scagliando frecce per colpirlo. Perché si credesse che gli spiriti celesti erano stati feriti, fece appendere in alto tre sacchi pieni di un liquido rosso che, stillando come sangue, fosse la prova che le frecce avevano raggiunto e ucciso il cielo e gli spiriti, ma, essendo stato stolto e sacrilego per aver voluto colpire il cielo, fu lui che durante una battuta di caccia morì colpito da un fulmine.*[38]（武乙[……]残暴专制，想要推行偶像崇拜，让人们敬他为神。有一天他在路上偶遇一个极其危险的骗子。他被此人蒙骗，命所有人尊此人为神，或者至少尊其为有神力的保护者，并动用各种方法来使人们相信这一名号。他让一些无知的人跟着这个骗子，仔细观察他的巫术，期望这些人能对这些把戏深信不疑，在他身上看到超自然的能力，由此对他产生敬重并将他的声名远播。但是，这个大骗子得到的不是崇敬，而是嘲笑，因为他不仅没有半点神力，甚至连能力普通都算不上。他的谎言最终被拆穿，

皇帝也觉得不堪其辱，为自己受到如此的欺骗而大为光火。皇帝之前轻易地相信此人是神，而没过多久就态度骤变，对其极尽辱骂，并将他判处死刑。他还觉得这是上天在作弄自己，便向天空放箭以泄愤。他认为天上的神灵会被自己的箭射伤，便命人在高处悬挂盛满了红色液体的三个袋子，让红色的液体一滴滴流下，仿佛鲜血滴下一般，作为自己射箭杀死上天和神灵的证据。但是，射天这一无知的渎神之举给他带来了报应：在一次狩猎中，皇帝被闪电劈中而亡。）

尽管卫匡国在叙述中添加了一些色彩，但所说的事件依然忠于参考文献中的记载。

值得注意的是，卫匡国在叙述一些像尧和禹这样的神话君主时似乎还参考了《皇王大纪》和《资治通鉴外纪》，以丰富文本内容。卫匡国用很多笔墨描述尧和禹，可能是因为他发现在历史文献，尤其是儒家经典中，经常会将这两位帝王作为良政善治的典范。[39]

例如：

尧 [……] 于平阳奉养俭素富而不汰贵而不骄黄收纯衣彤车白马物不尚奇异器不宝玩好乐不听滛泆其仁如天其知如神就之如日望之如云巡狩 [……][40]

缘大羹不和资食不毁藜藿之羹饭于土簋饮于土刑金银珠玉不饰锦绣文绮不展奇怪异物不视玩好之器不宝淫佚之乐不听宫垣室屋不垩色布衣掩形鹿裘御寒衣履不敝尽不更为也[41]

YAUS era dotato di una straordinaria bontà celeste (che i cinesi dicono XIN, cioè angelica) e di grande saggezza. Tutti lo accoglievano come un sole ed era atteso con grande desiderio, come i campi riarsi attendono le nubi e la pioggia. Era potente, ma per esercitare solo la giustizia; era nobile e ricco, ma non superbo; era modesto nel vestire e nella scelta dei cavalli e dei carri; non aveva preferenze per cibi o bevande; amava la semplicità anche quando veniva salutato e omaggiato. Non gli piacevano gli arredi sontuosi, non portava gemme né perle, non considerava degne di ascolto le canzoni lascive, non abitava case fastose, si copriva con vesti di lana e si riparava dal freddo con pelli di cervo.[42]（尧被赋予了非凡的来自天堂般的善良和伟大的智慧（中国人称之为神，即天使）。每个人都像太阳一样欢迎他，满怀渴望地等待着他，就像田野等待着云和雨。他有权有势，但只行使正义。他高贵富有，却不骄傲。他在着装和选择车马方面很谦虚。他对食物或饮料没有太多要求。他喜欢简单和纯粹，即使他受到欢呼和敬重。他不喜欢华丽的家具，不携带宝石或珍珠，不认为淫秽的歌曲值得一听，不住在豪华的房子里，用羊毛长袍裹身，用鹿皮抵御寒冷。）

经过对比研究发现，《中国历史》直到卷五的文本，也就是一直到周考王的统治，无论在内容还是纪年上都参照了《资治通鉴前编》。虽然《资治通鉴前编》没有在此中断，但卫匡国后来应当是更换了参考文献，转而参照了他可能认为更具权威性的由朱熹撰写的《资治通鉴纲目》。他对此书的参考一直到十卷编撰结束，也就是汉哀帝在位末年（公元前 1 年）。这一参考文献的转变非常清晰明确，卷五一开始叙述的历史事件就与《资治通鉴前编》完全不同，反而与《资治通鉴纲目》起始部分的一些记载一字不差。[43]

得出卫匡国转而参考《资治通鉴纲目》的结论也不像看起来那样明显和理所当然，因为《资治通鉴纲目》和司马光的《资治通鉴》这两本书的开头部分一模一样。因此，在下结论之前我们对这两本可能的参考史书进行了平行对比。总的来说，卫匡国参照了《资治通鉴纲目》中的事件顺序这一点十分明确。除此之外，卫匡国还提到了一些出现在朱熹作品中却未见于司马光著作[44]中的事件，在一些事件的日期记录上似乎也更多地参照了前者[45]，这些才是得出这一结论的决定性因素。

以下是《资治通鉴纲目》与《中国历史》中的段落对照：

1. 赵简子之子，长曰伯鲁，幼曰无恤。将置后，不知所立。乃书训戒之辞于二简，以授二子曰：“谨识之。”三年而问之，伯鲁不能举其辞，求其简，已失之矣。问无恤，诵其辞甚习，求其简，出诸袖中而奏之。于是简子以无恤为贤，立以为后。[46]

Il principe KIENZIUS, essendo ormai vecchio e non sapendo quale dei due figli nominare suo erede, fece questa prova per conoscere bene il loro carattere. Ordinò che da un libro di ottimi precetti sull'arte di governo se ne trascrivessero due copie e ne diede una a ciascuno, raccomandando di leggere attentamente e di imparare a memoria quanto vi era scritto. Allo scadere del tempo stabilito, li mandò a chiamare. Per primo interrogò PELUUS (così si chiamava il figlio maggiore), il quale, avendo perso la sua copia, non aveva imparato a memoria nemmeno una parola; si rivolse allora ad UUSIOUS, il figlio minore, chiedendogli le stesse cose. Costui portò il libro, che aveva conservato con cura, mostrò di conoscere bene tutto quanto vi era scritto e poi lo gettò nelle fiamme, perché il fratello non se ne appropriasse, dicendo che ormai la memoria gli bastava. In tal modo, per essere stato obbediente al padre e diligente nell'imparare, sottrasse al fratello il diritto alla successione. Infatti il padre, messo da parte il figlio maggiore disobbediente, dichiarò che a succedergli sarebbe stato il figlio minore.[47]（宗主简子年事已高，膝下有二子。他不知该立谁为储，于是设计了一次考验来深入了解两个孩子的性格。他命人将一本关于治国之术的戒律书抄写成两份，分别交给两个儿子，嘱咐他们仔细阅读并记住全文。在既定期限到来之时，他派人将儿子们叫来询问。长子鲁伯首先接受提问，但他弄丢了书本，连一个字都没有记住，于是简子便提问小儿子无恤，让他回答相同的问题。无恤拿出了精心保存的书本对答如流，他告诉父亲自己记住了所有内容，说完便将书本丢入火中，说现在的记忆对他来说已经足够了，这样他的大哥也就再也没有机会学习了。这样，由于他听话并敏于学习，他从哥哥那里夺取了继承权。事实上，父亲将不听话的长子撇到了一边，宣布立小儿子为储君。）

2. 赵使廉颇伐魏，取繁阳。孝成王薨，悼襄王立，使乐乘代颇。颇怒，攻之，遂出奔魏。魏不能用。赵师数困，王复思之，使视颇尚可用否。廉颇之仇郭开多与使者金，令毁之。颇见使者，一饭斗米，肉十斤，被甲上马，以示可用。[48]

Dapprima era divampata la guerra fra i regni di GUEI e di CHAO. Il re di CHAO con l'aiuto del generale LIENPOUS aveva vinto il re di GUEI e si era impadronito delle città nella regione di FANIANG. Dopo la sua morte, il figlio aveva destituito LIENPOUS e nominato un altro generale, ma LIENPOUS, che non voleva cedere la carica, venne alle armi con il suo rivale e, non essendo riuscito a sconfiggerlo, fuggì presso il re di GUEI, suscitando nuove discordie fra i re. Era un uomo fortissimo, che da solo sollevava un peso come a stento sarebbe riuscito a dieci uomini robusti e da solo mangiava per dieci.[49]（首先爆发的是魏国和赵国之间的战争。赵王在大将廉颇的帮助下战胜了魏王，占领了繁阳城。赵王死后，他的儿子命他人取代廉颇的大将军之位。廉颇不愿卸甲，便举兵攻击对手，但未能取得胜利，随后廉颇逃往魏国，并在那里挑起了两国之间新的纷争。廉颇身强力壮，能举起十个大汉才能勉强举起的重量，饭量也能抵过十人。）

3. 江充见上年老，恐晏驾后为太子所诛，因言上疾祟在巫蛊。于是上以充为使者，治巫蛊狱。充将胡巫掘地视鬼，染污令有处，烧铁钳灼，强服之。民转相诬以巫蛊，坐而死者前后数万人。充因言："宫中有蛊气。"上乃使充入宫，至省中，坏御座，掘地求蛊；又使苏文等助充。充先治后宫希幸夫人，以次及皇后、太子宫，掘地纵横，太子、皇后无复施床处。充云："于太子宫得木人尤多，又有帛书，所言不道；当奏闻。"[50]

CHUNGUS, l'implacabile nemico di GUEJUS, credendo di aver trovato il modo per compiere finalmente la sua vendetta, - Sono certo – disse all'imperatore - che ti è stato propinato un veleno e perciò ti consiglio di porre subito fine a questi malefici, da cui si possono prevedere soltanto danni sempre più gravi. - L'imperatore allora gli ordinò di svolgere delle indagini, di provvedere alla punizione dei colpevoli e poi di mettere a morte chiunque praticasse quelle arti. CHUNGUS, molto solerte, andò subito negli appartamenti del principe GUEJUS, dove trovò numerose statue di legno e vide le maghe. Ritornato dall'imperatore, - Non ho mai visto altrove - gli disse - tante statue e tante maghe, quante ce ne sono nella casa del principe. - Aggiunse che aveva visto anche un alambicco per fare la KUA, ma che non aveva osato spingere oltre le sue indagini per non essere costretto a rimproverare il principe, sul quale egli non aveva alcuna autorità.[51]（卫太子的死敌 [江] 充觉得自己终于找到了复仇的途经。他对皇帝说道："我很肯定你被下了毒药，因此我建议立即清查巫蛊之术，这些法术只会带来越来越严重的后果。"皇帝命他调查此事，严惩罪人，处死所有行巫蛊之术的人。[江] 充非常清楚如何完成这项任务，立刻前往卫太子宫中搜查，找出了大量木质人偶和巫女。他向皇帝汇报道："我在别处从未见过像太子宫中这么多的木偶和巫女。"他补充说在卫太子宫中还找到了制作蛊的蒸馏器，但由于自己无权责罚太子而不敢彻查到底。）

尽管如此，卫匡国十分清楚《资治通鉴纲目》是《资治通鉴》的缩编版本，他不想错过任何一件值得关注的事，因此决定同时参考司马光的著作，在他认为需要的地方用来作为《资治通鉴纲目》的补充。[52]

对《史记》这部权威著作的参考在《中国历史》的撰写中起到了辅助作用，卫匡国经常引用其中的内容，以便更好地刻画一些需要强调的人物。[53]和对《书经》的参考一样，卫匡国参考的也是司马迁著作的全本，也就是一直到公元前 85 年汉武帝统治结束。当然，在讲述汉朝时，《中国历史》也经常引用《汉书》，但后者从未取代《资治通鉴纲目》的主要参考书目地位。[54]

回到参考文献考证的具体内容，经过纪年与内容的对比研究，对于卫匡国撰写《中国历史》拉丁文版时的参考文献这一研究问题可得出如下结论：卫匡国主要参考的是三部编年体史书，他用这三部史书计算年份，在君主帝王的接续上也做了严谨的参照。这三部史书是：

自盘古至帝喾——《通鉴续编》；

自帝尧至周考王——《资治通鉴前编》；

自周考烈王至汉哀帝——《资治通鉴纲目》。

卫匡国平行参考了另三部中国历史重要典籍，有些甚至参考了全本。这三部史书是：

自黄帝至汉武帝——《史记》；

自帝喾至太甲——《书经》；

自周考烈王至汉哀帝——《资治通鉴》。

其他文献，包括儒家经典、《皇王大纪》、《资治通鉴外纪》和《汉书》，都是作者在认为有必要之处才进行查阅的。另外，文中还提到了作者听说的一些轶事、谚语和传说，其中有一些内容的出处无从考证。

卫匡国的《中国历史》拉丁文版是首部用西方文字撰写的中国历史。卫匡国参考的文献均为出自权威史学家的汉语文献，文献经过慎重选择，未受到宗教背景的影响。[55]

作者不可能参考这些文献的译本，因为当时尚未有译本出现，[56]也不可能参考其他传教士的作品，因为这些作品或过于短小，或不够系统，或不是真正意义上的历史著作。[57]他凭借的应当只有自己的语言能力和来自陪他一同回到欧洲的那位皈依的中国教徒 Dominicus Siquin[58]的帮助。

卫匡国对参考文献的引用是忠实的，他在叙述事件时仅添加了一些道德评价和叙事色彩，从不歪曲史实。[59]他用心对待读者，将一些冗长乏味的事件精简概括，对中国的风俗习惯展开解释；同时他也十分诚实，承认自己有时在写到听闻得来而不是读到的事情时记忆可能有所偏差。卫匡国对这些参考文献进行了融洽的综述，文笔流畅，语言优雅，体现出专业严谨的史学家文风。

尾 注

1 龙伯格（K. Lundbaek），《欧洲最早对中国历史与哲学经典的译本》（“The First European Translations of Chinese Historical and Philosophical Works”），收录于李弘祺（编），《中国与欧洲，十六至十八世纪的图像与影响》（*China and Europe, Images and Influences in 16th to 18th Centuries*），香港：香港中文大学出版社，1991，第 31 页；柯兰霓（C. von Collani），《〈中国历史 · 第一部十卷〉中的神学与纪年》（“Teologia e cronologia nella *Sinicae Historiae Decas Prima*”），收录于德马尔奇（F. Demarchi），施礼嘉（R. Scartezzini）（编），《卫匡国：十七世纪生活在中国的人文主义者与科学家》（*Martino Martini：umanista e scienziato nella Cina del secolo XVII, Atti del Simposio Internazionale su Martino Martini e gli scambi culturali tra Cina e Occidente*），特伦托：特伦托大学卫匡国与中西文化交流国际研讨会论文集，1995，第 242–243 页；白佐良（G. Bertuccioli），马西尼（F. Masini），《意大利与中国》（*Italia e Cina*），巴里：Laterza 出版社，1996，第 134 页；吴莉苇，“明清传教士中国上古编年史研究探源”，发表于《中国史研究》，2004 年 3 月，第 137–149 页；吴莉苇，《当诺亚方舟遭遇伏羲神农》，北京：中国人民大学出版社，2004，第 87–116 页；柯兰霓（C. von Collani），《卫匡国〈中国历史 · 第一部十卷〉（1658）中的中国皇帝》（“Chinese Emperors in Martino Martini *Sinicae Historiae Decas Prima* (1658)”），收录于夏瑞春（A. Hsia），温美尔（R. Wimmer）（编），《传教与戏剧，耶稣会舞台上的日本与中国》（*Mission und Theatre, Japan und China auf den B ü hnen der Gesellschaft Jesu*），雷根斯堡：Schnell & Steiner 出版社，2005，第 120–124 页。

2 例如：“湖广”有时记作 HUQUAM，有时为 HUQUANG（第五卷，第 88、101、105 页）；“蛊”被记作 KUA（第八卷，第 323–324 页），因为这是一种毒药，因此词尾（按照拉丁语）做了阴性词性处理。同样地，书中女性名字的词尾也做了阴性处理：窦皇后的名字被写作 TEUA。

3 道明会会士闵明我（Domingo Navarrete）和耶稣会会士安文思（Gabriel de Magalhâes）曾经对卫匡国的汉语水平大加抨击。参见白佐良在“卫匡国全集”第二卷《短篇著作》（*Opere Minori*）中所写，特伦托：特伦托大学出版社，1998，第 373–374 页。

4 Lundbaek，同本卷注释 1 中所引，第 31 页。

5 Collani，“Teologia e cronologia nella *Sinicae Historiae Decas Prima*”，同本卷注释 1 中所引，第 243 页。作者认为卫匡国参考了其他耶稣会士的研究和译本，但她没有指出具体是哪些，文章最后指出对这本著作仍需开展深入研究。

6 也不能排除卫匡国曾参考了门多萨（J. G. de Mendoza）的《中华大帝国史》（*Historia de las cosas mas notables... del gran Renyo dela China*）中有关中国历史的四页，罗马：1585，以及曾德昭（A. Semedo）的《中华帝国志》（*Imperio de la China*）中的三小页，马德里：1642。

7 参见马西尼为白佐良（编）“卫匡国全集”第三卷《中国新地图集》撰写的序言，特伦托：特伦托大学出版社，2003，第 IV 页。

8 在《中国历史》的《致读者》文中，卫匡国曾写道："[……] 如果读者认可我的劳动，我将从中汲取力量，继续编写从公元元年直到今时今日的历史，另两部《十卷》也不会让读者等待太久。"

9 与耶稣会士在中国传教过程中奉行的政策相符。参见：孟德卫（D. E. Mungello），《奇异的国度：耶稣会的适应政策及汉学的起源》（*Curious Land, Jesuit Accommodation and the Origins of Sinology*），火奴鲁鲁：1985; 鲁保禄（P. Rule），《孔子还是孔夫子：耶稣会对儒家学说的阐释》（*K'ung-tzu or Confucius: The Jesuit Interpretation of Confucianism*），悉尼：乔治 · 艾伦与昂温出版有限公司（George Allen & Unwin Ltd.），1986。

10 卫匡国，《中国历史》拉丁文版卷一，第 24 页提到了 "[……] 名为 *X Ú*的书籍"；书中多处亦有提及。

11 卫匡国，《中国历史》拉丁文版卷四，第 129 页，有对该书开头的译文。

12 卫匡国，《中国历史》拉丁文版卷五，第 156–160 页，有对《孟子》一整段的翻译。

13 白佐良（G. Bertuccioli），马西尼（F. Masini），《意大利与中国》（*Italia e Cina*），巴里：Laterza 出版社，上文已引，第 134 页。

14 柯兰霓（C. von Collani），《〈中国历史 · 第一部十卷〉中的神学与纪年》（"Teologia e cronologia nella *Sinicae Historiae Decas Prima*"），上文已引，第 243 页；柯兰霓（C. von Collani），《卫匡国〈中国历史 · 第一部十卷〉（1658）中的中国皇帝》（"Chinese Emperors in Martino Martini *Sinicae Historiae Decas Prima* (1658)"），上文已引，第 123 页。

15 吴莉苇，《当诺亚方舟遭遇伏羲神农》，上文已引，第 112–116 页。卫匡国在《中国历史》第一卷第三页开始讲述盘古，在第二卷第 40 页结束对禹的讲述。

16 吴莉苇，《当诺亚方舟遭遇伏羲神农》，上文已引，第 90–91 页。

17 该书意在扩充之前的《资治通鉴》，在前添加关于神话帝王的章节，在后补充公元 959 年之后的事件。

18 这些作品后来被归入《四库全书》。《四库全书》是乾隆皇帝于 1773 年命人编撰的大型丛书，包含 3460 部书目。

19 需要补充的是，《通鉴续编》经常明显地引用《皇王大纪》中的内容。

20 卫匡国，《中国历史》拉丁文版卷一，第 24 页。

21 陈桱，《通鉴续编》卷一，第 1 页。

22 卫匡国，《中国历史》拉丁文版卷一，第 24 页。

23 陈桱，《通鉴续编》卷一，第 1 页。

24 卫匡国，《中国历史》拉丁文版卷一，第 8 页。

25 陈桱，《通鉴续编》卷一，第 1 页。

26 卫匡国，《中国历史》拉丁文版卷一，第 8 页。

27 卫匡国，《中国历史》拉丁文版卷一，第 24 页。

28 卫匡国，《中国历史》拉丁文版卷三，第 62 页。

29 吴莉苇，"明清传教士中国上古编年史研究探源"，在注 1 中已引，第 145 页，注释 4。感谢马西尼教授让我关注到了这条关键注释。

30 该书以编年体讲述了自尧开始的历史事件，这些事件在《资治通鉴》中未有提及，因为后者的记载始于公元前 403 年。自《中国历史》意大利文版卷一，第 24 页起，作者平行参考了《史记》《书经》《资治通鉴前编》。

31 卫匡国，《中国历史》拉丁文版卷四，第 119 页。

32 金履祥，《资治通鉴前编》卷十四，第 2 页。

33 金履祥，《资治通鉴前编》卷一，第 2 页。

34 卫匡国，《中国历史》拉丁文版卷一，第 25 页。

35 金履祥，《资治通鉴前编》卷三，第 16 页。

36 卫匡国，《中国历史》拉丁文版卷二，第 43–44 页。

37 金履祥，《资治通鉴前编》卷五，第 15 页。

38 卫匡国，《中国历史》拉丁文版卷三，第 75 页。

39 卫匡国，《中国历史》拉丁文版卷一，第 24–25 页中有一部分关于尧的叙述；以及卷二，第 40 页上有关大禹统治时期仪狄发明了米酒的段落取自《皇王大纪》和《资治通鉴外纪》。

40 胡宏，《皇王大纪》卷三，第 1–2 页。

41 刘恕，《资治通鉴外纪》卷一，第 14 页。

42 卫匡国，《中国历史》拉丁文版卷一，第 24–25 页。

43 参见卫匡国《中国历史》拉丁文版卷五，第 140–141 页，以及意大利文版第 424 页脚注 2。

44 卫匡国，《中国历史》拉丁文版卷五，第 153 页。

45 卫匡国，《中国历史》拉丁文版卷九，第 331 页，以及意大利文版第 859 页脚注 3。

46 朱熹，《资治通鉴纲目》卷一，第 25 页。

47 卫匡国，《中国历史》拉丁文版，卷五，第 140–141 页。

48 朱熹，《资治通鉴纲目》卷二，第 111 页。

49 卫匡国，《中国历史》拉丁文版卷六，第 196–197 页。

50 朱熹，《资治通鉴纲目》，卷五，第 322–323 页。

51 卫匡国，《中国历史》拉丁文版卷八，第 324 页。

52 在卷五介绍孟子的部分，卫匡国逐字翻译了《资治通鉴纲目》中的内容，并在最后添加了取自《易经》的引文，而这段引文只出现在《资治通鉴》文本中，在朱熹的著作中则被略去。见《中国历史》拉丁文版卷五，第 155 页；意大利文版，第 446 页，脚注 34。

53 例如《中国历史》拉丁文版卷七，第 255、261 页上关于项羽的描述，以及卷八，第 305 页上关于儒家学者董仲舒的部分，这些内容令卫匡国的叙述更为丰富，但《资治通鉴纲目》均无涉及。

54 卫匡国在记录董仲舒的长篇演讲时不满足于《资治通鉴》和《资治通鉴纲目》中的精练记载，便参考了《汉书》。见《中国历史》拉丁文版卷八，第 303–305 页。

55 尽管耶稣会士奉行的政策是与最初的儒教相结合，卫匡国也没有拒绝使用新儒家的忠实推崇者朱熹的著作《资治通鉴纲目》。

56 《资治通鉴纲目》的译本，耶稣会士冯秉正（J. A. M. M. De Mailla）的《中国通史》（*Histoire général de la Chine*）于 1777 至 1785 年间在巴黎出版。

57 见布朗卡丘（G. Brancaccio），《〈中国历史·第一部十卷〉：一些阅读后的思考》（"*La Sinicae Historiae Decas Prima*: alcune ipotesi di lettura"），收录于德马尔奇（F. Demarchi），施礼嘉（R. Scartezzini）（编），《卫匡国：十七世纪生活在中国的人文主义者与科学家——卫匡国与中西文化交流国际研讨会论文集》（*Martino Martini umanista e scienziato nella Cina del secolo XVII, Atti del Simposio Internazionale su Martino Martini e gli scambi culturali tra Cina e Occidente*），特伦托：特伦托大学出版社，1995，第 231–233 页。

58 在闵明我（D. Navarrete）所著的《中国王朝历史、政治、伦理和宗教论》（*Tratados historicos, politicos, ethicos y religiosos de la Monarchia de China*），马德里：676，第 25.5 及 333.5 页。孟德卫追随费赖之的观点，错误地认为陪伴卫匡国踏上欧洲之旅的中国信徒是 Emmanuel de Siqueira（郑玛诺，号惟信）参见孟德卫（D. E. Mungello），《奇异的国度：耶稣会的适应政策及汉学的起源》（*Curious Land, Jesuit Accommodation and the Origins of Sinology*），上文已引，第 108–109 页；费赖之（Pfister, Louis），《1552 年至 1773 年在华耶稣会士列传与著述》（*Notices biographiques et bibliographiques sur le jesuites de l' ancienne mission de Chine, 1552–1773*），上海：土山湾印书馆 1932，第 381 页。荣振华（J. Dehergne）曾澄清，Emmanuel de Siqueira 曾陪伴亚历山大·罗德（Alexandre de Rhodes）于 1649 年前往罗马，参见 J. Dehergne,《耶稣会士在华名录：1552–1800》（*Repertoire de Jesuites de Chine de 1552 à 1800*），罗马：耶稣会历史研究院出版社（Institutuum Historicum S. I.），1973，第 254 页。

59 卫匡国在讲述神话帝王时进行了一些展开，例如将尧与雅努斯联系起来（卫匡国，《中国历史》拉丁文版卷一，第 27 页），但在之后的几卷中均未出现此类展开。

《中国历史》各卷所参考文献一览表

各卷编目	通鉴续编	资治通鉴前编	易经	书经	史记	皇王大纪	资治通鉴外纪	荀子	吕氏春秋	论语	左传	大学	资治通鉴纲目	资治通鉴	孟子	汉书
卷一 起源	✓		✓	✓		✓										
卷一 伏羲	✓															
卷一 神农	✓															
卷一 黄帝	✓				✓	✓										
卷一 少昊	✓				✓											
卷一 颛顼	✓				✓											
卷一 喾	✓			✓	✓											
卷一 尧		✓		✓	✓	✓	✓									
卷一 舜		✓		✓	✓											
卷二 夏禹		✓		✓	✓		✓									
卷二 夏启		✓		✓	✓											
卷二 太康		✓		✓	✓											
卷二 中康		✓		✓	✓											
卷二 相		✓		✓	✓											
卷二 少康		✓		✓	✓											
卷二 杼		✓		✓	✓											
卷二 槐		✓		✓	✓											
卷二 芒		✓		✓	✓											
卷二 泄		✓		✓	✓											
卷二 不降		✓		✓	✓											
卷二 扃		✓		✓	✓											
卷二 厪		✓		✓	✓											
卷二 孔甲		✓		✓	✓											
卷二 皋		✓		✓	✓											
卷二 发		✓		✓	✓											
卷二 桀		✓		✓	✓											
卷三 商汤		✓		✓	✓			✓	✓							
卷三 太甲		✓		✓	✓											
卷三 沃丁		✓			✓											

续表

各卷编目	通鉴续编	资治通鉴前编	易经	书经	史记	皇王大纪	资治通鉴外纪	荀子	吕氏春秋	论语	左传	大学	资治通鉴纲目	资治通鉴	孟子	汉书
卷三 太庚		✓			✓											
卷三 小甲		✓			✓											
卷三 雍己		✓			✓											
卷三 太戊		✓			✓											
卷三 仲丁		✓			✓											
卷三 外壬		✓			✓											
卷三 河亶甲		✓			✓											
卷三 祖乙		✓			✓											
卷三 祖辛		✓			✓											
卷三 沃甲		✓			✓											
卷三 祖丁		✓			✓											
卷三 南庚		✓			✓											
卷三 阳甲		✓			✓											
卷三 盘庚		✓		✓	✓											
卷三 小辛		✓			✓											
卷三 小乙		✓			✓											
卷三 武丁		✓			✓											
卷三 祖庚		✓			✓											
卷三 祖甲		✓			✓											
卷三 廪辛		✓			✓											
卷三 庚丁		✓			✓											
卷三 武乙		✓			✓											
卷三 太丁		✓			✓											
卷三 帝乙		✓			✓											
卷三 纣		✓			✓					✓						
卷四 周武王		✓		✓	✓											
卷四 周成王		✓		✓	✓											
卷四 周康王		✓		✓	✓											
卷四 周昭王		✓			✓											
卷四 周穆王		✓			✓											
卷四 周共王		✓			✓											
卷四 周懿王		✓			✓											

续表

各卷编目	通鉴续编	资治通鉴前编	易经	书经	史记	皇王大纪	资治通鉴外纪	荀子	吕氏春秋	论语	左传	大学	资治通鉴纲目	资治通鉴	孟子	汉书
卷四 周孝王		✓			✓											
卷四 周夷王		✓			✓											
卷四 周厉王		✓			✓											
卷四 周宣王		✓			✓											
卷四 周幽王		✓			✓											
卷四 周平王		✓			✓											
卷四 周桓王		✓			✓											
卷四 周庄王		✓			✓					✓						
卷四 周釐王		✓			✓						✓					
卷四 周惠王		✓			✓						✓					
卷四 周襄王		✓			✓						✓					
卷四 周顷王		✓			✓											
卷四 周匡王		✓			✓						✓					
卷四 周定王		✓			✓						✓					
卷四 周简王		✓			✓											
卷四 周灵王		✓			✓											
卷四 周景王		✓			✓											
卷四 周敬王		✓			✓					✓		✓				
卷四 周元王		✓			✓											
卷四 周贞定王		✓			✓											
卷四 周考王		✓			✓											
卷五 周威烈王					✓								✓	✓		
卷五 周安王					✓								✓	✓		
卷五 周烈王					✓								✓	✓		
卷五 周显王					✓								✓	✓	✓	
卷五 周慎靓王					✓								✓	✓		
卷五 周赧王					✓								✓	✓		
卷五 周君					✓								✓	✓		
卷六 秦始皇帝					✓								✓	✓		
卷六 秦二世					✓								✓	✓		
卷六 秦婴					✓								✓	✓		
卷七 汉高祖					✓								✓	✓		

续表

各卷编目	通鉴续编	资治通鉴前编	易经	书经	史记	皇王大纪	资治通鉴外纪	荀子	吕氏春秋	论语	左传	大学	资治通鉴纲目	资治通鉴	孟子	汉书
卷八 汉惠帝					✓								✓	✓		
卷八 吕后					✓								✓	✓		
卷八 汉文帝					✓								✓	✓		
卷八 汉孝景帝					✓								✓	✓		
卷八 汉孝武帝					✓								✓	✓		✓
卷九 汉孝昭帝													✓	✓		
卷九 汉贺帝													✓	✓		
卷九 汉孝宣帝													✓	✓		
卷十 汉元帝													✓	✓		
卷十 汉成帝													✓	✓		
卷十 汉哀帝													✓	✓		

致读者

卫匡国（Martino Martini）

读者朋友，下面我将向你简明扼要地以编年体形式介绍亚洲远东的历史，更确切地说是伟大的中国的历史，而这部分历史目前尚不为欧洲所知。世上除了圣经故事之外没有任何历史比它更加古老，而且如果我们相信中国人所言属实，那么没有任何一部历史能比他们所书写的更加可信。书中的记载如阳光般清晰明朗，诸位继续阅读便可知晓。[1]

中国年表的准确性

这部历史著作按照朝代顺序记载了从中华民族的起源直至公元元年这一时间长河中所发生的事件和帝王们的事迹，在每个时间周期中（中国人早在遥远的古代便建立了一种以六十年为一周期的纪年法）还清楚地记载了各个帝王登基和做出杰出功绩的时间。[2] 此外，本书中还记载了许多对天象的观测，这些记录的时间可以追溯到世界初始，比狄俄尼索斯（Dionigi）、埃拉托斯特尼（Eratostene）和喜帕恰斯（Ipparco）的记载都更早。这些天象也是每段年表纪年时的参考，或者说是对时间进行精确计算的自然依据。[3] 这便保证了纪年连续的准确性。

诸位可以绝对信任中国的年表。中国人只书写他们自己的历史，而且只为自己而写，他们对其他民族的存在不以为然。因此，中国人完全无需为取悦他人或者自夸而书写历史，亦无任何理由撒谎。

在中国，学高为贵

也因为，中国人不以血统和财富论贵贱，就算是寒门出身，只要接受良好的教育，也有可能取得至高的官衔；[4] 所以，可以排除任何谎言。中国的历史学家们在朝代的持续和更替上保持统一的意见，而我们的编年史专家们却经常各执己见。[5]

无论人们如何生活和做什么，基于真实事件而书写的历史带来的借鉴意义和阅读史实产生的喜悦感都是巨大的，因此，我坚信编写此书没有浪费光阴，研究历史和年代学的学者们也定会为读到此书而感到愉悦。他们将读到能与自己所处历史环境相对照的事件和信息，并能对此进行思量。书中叙述了发生在遥远王国的奇异事件、历史和命运的循环往复、暴君的秘事、立法与统治的不同方式、王国存续和覆灭的原因、王朝的迅速崛起与衰败、英雄们的辉煌事迹，还有奇风异俗以及恶行和美德的实例。所有这些无论好坏，都能让人们学到该如何诚实正直地生活。

正如前文所述，本书记载了从中华民族的起源直至公元元年之间的事件，读者只需轻轻一瞥，便能概览几乎全部。在参考了大量记载十分详细精确的中国史书后，我尽力以精准但又清晰的风格来撰写本书。

中国历史的延续性

这些中国史书的作者在进行了大量的搜集和研究工作之后，用前后连贯、风格统一的模式将历史事件忠实地记录下来。因此，尽管史料数量庞大，年代不一，但从整体上来看依然有序可循。[6] 后来的史书作者不得更改或质疑已经写成的史书，他们的任务是严谨审慎地在已有的年表后添上当代的部分，按照皇帝在位的顺序将历史续写下来。[7]

此书编写之艰辛几乎可以与海克力斯（Ercole）完成十二伟业相当。

解读汉字困难重重

汉语的文字系统也为本书的编写增添了极大的难度，解开汉字的意义几乎超出人类能力之所及，就算用尽一生也难以完成。汉语文字系统包含六万多个汉字，更确切地说它们是一些象形符号，形态和意义都各不相同。[8] 要想将汉字像字母表一样排列起来绝无可能，每种事物都被赋予了特定的符号，各不相同，汉字的构造也几乎是随机的，没有任何规律。我花了整整十年时间学习汉字，除了祷告之外始终保持汉语书籍不离手。[9] 当时我以为自己再也不会回到欧洲，我渴望学好这种语言的目的只是为了造福于中国人民。后来，我接到了上司命令返回欧洲，便开始撰写这部书籍以及之后的几部，目的则是想造福欧洲人民。如果读者认可我的劳动，我将从中汲取力量，继续编写从公元元年直到今时今日的历史，另两部《十卷》也不会让读者等待太久。[10] 几年前我已出版了《亚洲远东地图集》（*Atlante dell'Asia estrema*）[11]，但我认为中国历史是对地理作品不可或缺的补充，于是决定着手撰写这部长篇作品。要知道，关于中国的错误叙述和想象实在太多，而这两部作品只叙述真实、准确的事件。

昔日我离开欧洲，意为中国人指引真理的道路，[……]；今日，我依照上司的命令回到欧洲，欧洲人民渴望知晓关于那个伟大国家的故事，我也不能拒绝他们的愿望。

为了他们，我在回欧洲期间致力于这一艰辛的著述，这是一段长达两年零几个月的漫长旅程。完成它是为了给读者提供一部他们所不知道的非常古老的历史，希望他们可以从中受益，同时也能享受愉悦。[……]

关于汉字的读音，我转写为 ch 的音发音同西班牙语；有些他人转写为 m 的音我转写为 ng，例如他处转写为 Pekim 的词我转写为 Peking。中国人和葡萄牙人一样将位于音节末尾的m读成开音节。但是，汉字的发音无论如何都无法精确地用另一种字母体系标注，因此很难界定 ng 和 m 这两种标注究竟哪种更为正确。[12]

尾 注

1 卫匡国在开篇《致读者》中立刻提及了中国历史编年的准确性问题。这一问题是全书的核心，作者在之后的文本中展开了详述。关于此问题的讨论详见本书《导言》部分。

2 中国传统历法以六十甲子为一周期，以十天干（十干）和十二地支（十二支）相互配合作为纪历之符号。

3 狄俄尼索斯（约前 70—约前 7），埃拉托斯特尼（生于前 284 年），喜帕恰斯（前 190—前 120）。

4 卫匡国这里提到的是科举考试制度，明朝时期（1368—1644）该制度已经稳固，考生通过一系列的笔试便可以获得官职。这种考试定期在地方举行，一级级向上，直至最后的殿试。见马西尼，《意大利百科全书学院社科大百科》（*Enciclopedia delle Scienze Sociali dell' Istituto della enciclopedia Italiana*）第五卷，罗马：1996，第 467-472 页，“Mandarini 官员”词条。

5 卫匡国似乎暗示的是当时欧洲风头正劲的关于圣经年表的争论。见《导读》。

6 卫匡国此处提及了参考文献的可信性问题。值得注意的是，卫匡国明确提到，他参考了“大量中国史书，[……]，年代不一”。与对《中国新地图集》（见“卫匡国全集”意大利文版第三卷，上、下册）一书的处理方式一样，在之后的注释中，我们将不断提及卫匡国对于中国史书的引用，以从根本上驳斥对卫匡国的作品是凭空捏造的指控。

7 中国第一部伟大的史书是司马迁（前 145—前 90）的《史记》，记载了从远古时期到秦朝（前 221—前 210）发生的事件，之后每个朝代的编年史都遵循了该书的模式，记载前朝发生的事件。在卫匡国生活的年代，成文的史书已包含直到宋朝（960—1279）的所有朝代，而明史完成于清朝（1644—1911）1739 年。

8 六万余个汉字的确数量庞大，但其中亦包含所有异体字。事实上，卫匡国非常清楚实际使用的汉字不超过一万个，但他故意写下了这个庞大的数字，以强调自己学习这一复杂文字系统所付出的辛劳。

9 卫匡国强调了自己参考的均为中国史书，事实上也不可能有其他，因为当时完全不存在以欧洲语言写就的中国历史。这部作品在之后的数个世纪都一直是西方关于中国古代历史的主要参考文献。

10 卫匡国表明了自己编写另两部《十卷》、整理自公元元年至其本人生活年代的完整的中国历史的意愿。作者沿用了李维（前 59—前 17）编撰罗马史《罗马建城纪年》时使用的“十卷”形式。

11 指卫匡国自己的《中国新地图集》（*Novus Atlas Sinensis*），1655 年首次出版于阿姆斯特丹。

12 卫匡国转写为“ch”的音是一个送气清卷舌塞擦音 [tʂ']；之后他提到的有两种转写方式的音是浊软腭鼻音 [ŋ]，早期入华传教士们将此音转写为“m”。

卷一 “三皇五帝”时代

大部分中国人都相信万物皆有源，这一点我在可信的文献中曾多处见到，但关于起源的解说，他们却众说纷纭以及相互矛盾。

中国人眼中的万物起源

中国最重要的哲学学派[1]的推崇者们认为万物始于混沌，亦有其他人则认为世界无始。这两种观点都与事实相去甚远，其中后者在公元65年与偶像崇拜[2]一同从印度传至中国。令人惊讶的是，没有任何人提及世间万物的创世主，在这一如此丰富的语言中，不知为何居然没有一个名字用来指称天主（DIO），但中国人经常使用上帝（XANGTI）[3]一词来表示天地间的最高神明。不管崇拜的是哪个神明，中国人都不会忽视拜神献祭，但如今这一习俗的普及程度已大不如前。另外，在他们的史书中经常提到“有善必赏、犯恶必刑”，关于“天”的说法也为数众多。鉴于这些说法均不是用来表述可见的物质天空，很有可能中国人用“天”来表示天国至高无上的统治者和主人，我甚至敢说，中国人是在诺亚时代或是那不久之后最先对天主的概念产生了认知的人。[4]

中国人知晓天主

中国人与诺亚同时代

善与恶的天使

那时候，善与恶的天使也有了名称，分别是神和鬼，我也读到过对于守护天使的频繁提及。撇开其他不谈，我有证据可以证明中国人相信守护天使的存在：他们为每座城市选定了一名保护神，名为城隍[5]，意为对城市的管理、引导和守护。据说，各城各省虽由现实中的统治者管理，但还有一些看不见的管理者也在护国保邦，惩罚统治者或是平民百姓犯下的不为人知的罪行。为了向这些保护神表示敬意，每座城市都建有宏伟的庙宇，当新上任的地方长官来到管辖地时，都要前去参拜，并在驻守该地的神灵作证下许下不会违背法纪的誓言。过去这些庙宇里不摆放偶像，只有一块写着金字的牌位“城隍居于此地”。不久之前，为了增强对前来宣誓的官员的震慑力，牌位被保护神的偶像所取代。[6]

洪水

在中国史书中经常出现关于一次大洪水的记载，但却没有说明其来源和起因。目前不清楚那是否就是诺亚所经历的那场洪水，抑或是发生在中国的另一场 [洪水]，就像发生在阿提卡的奥吉斯（Ogige）洪水或者发生在色萨利的丢卡利翁（Deucalione）洪水[7]那样。可以确定的是，中国历史上关于大洪水的记载与诺亚方舟时期的大洪水并无很大差别，两者都发生于公元前三千年左右。但是，中国人自己对于伏羲之前的年表记载也存有怀疑，因为其中充斥着虚实不明的信息。这也情有可原，毕竟那时人们不会书写，也不受任何法律的约束，过着原始的生活。尽管如此，当时的中国人已经对时间的计算有了一定的认识，并且也擅长于此方面的研究。事实上，在使用干支纪年法之前，他们对年份的计算已经十分精确。正是基于这一点，在说到伏羲时代的时候，我没有采用六十年一周期的干支纪年，而是以公元元年向前倒推来纪年；但到了从干支纪年法开始被人们使用的朝代开始，我便使用这一中国传统纪年法来标志日期。结果显示，伏羲生活的年代至少先于公元前三千年，与我在中国史书中所读到的相吻合。

中国年表与欧洲年表的不匹配

日期准确与否的责任还是由中国史书承担吧。在如此重要的问题上我不想自己下定论，因为我也知道我们的一些编年史学家对此颇有争议。根据他们的计算，大洪水发生的时间更晚，但这并不意味着中国人的记载就应当被全盘否定，而且这些记载还与不少欧洲编年史作者的记载相吻合，其中就有七十士（i Settanta traduttori）、萨莫萨特诺（il Samosateno）等等，罗马殉道圣人录和希腊人记载的编年体系也与之相差无几。[8]

人类的起源

中国人称他们的人类始祖为盘古（PUONCUUS）。传说他生于如鸡蛋一般的混沌之中，蛋壳后来变成了天，蛋清化作空气，蛋黄化为大地。这一切都发生在半夜，约为星星跨过天空向着远离冬至点的方向移动的时刻。传说先有天，后有地，之后神灵出现，最后人类诞生。鉴于在腓尼基的酒神狂欢仪式上，鸡蛋也被作为世界的象征而受到崇拜[9]，没有人会对此说感到诧异。中国历史流传下来的另一个版本则称盘古来自茫茫大漠，但对其出生却未有提及。真也好，假也罢。大家都说盘古精通数学，我认为这可能和盘古诞生于鸡蛋般的混沌这一传说出自同源。[10]

至于盘古究竟跟随哪位老师学习了数学这一中国最古老的科学，文献中全无记载。

历史悠久的科学——数学

在一本名为“自然”的中国古书中有关于时刻的奇怪解说。按照中国传统，被我们称为自然日的一整天被分为十二时辰，十二时辰从头至尾包含了一整个天地周期，因此，每个时辰便包含一万零八百年。[11]如果把这里的“年”替换成“月”，也许这一说法能略微显得不那么荒诞。[12]同样也是这本书中说道，“天”在第十二个时辰、也就是我们所说的子夜被创造，而“地”则被创造于子夜后的第一个时辰；又一个时辰过后，人类被创造，最后，在第六个时辰、我们所说的正午诞生了最著名的皇帝尧。如果这种计算时间的方式正确，那么中国人的起源将比以久远历史而自豪的埃及人和迦勒底人古老得多。还有人说，从世界被创造到哲人孔子出生总共是三百二十六万七千年。

关于时刻的奇特理论

如果这些都是真的，那么这个东方民族所计算的世界末日也已经过去。我不知道他们的计算依据是什么，但据他们所说，世界将在创始七十万年后终结。

世界的终结

这本书里还记载，在第九个时辰，也就是我们的午后七时，将有大灾难降临人间。将发生血流成河的战争，王国政权动乱，民众苦不聊生，直到一切回归太初混沌。他们说我们现在所处的时代处于正午后的第一个时辰或者稍晚一些，但我们还是放下这本解释自然的书，回到原本的话题吧。

彻底的毁灭

中国最具智慧的哲学学派之一的推崇者们的说法就不那么荒诞了。他们认为，混沌是一切的开端，虚无的道即至高无上的神，道生万物。道分为阴阳两部分。[13]“阴”意为灰暗、不绝对，“阳”则是明亮、绝对。在这里我们称它们为“阴阳两仪”：阴阳结合生四象——四个

关于万物起源的奇特理论

形态；四象生八卦——八个象征。[14] 我认为这些符号表达的是一些最基本的元素，或者说是四种根本属性。中国人将“阳”分为绝对和不绝对，相应地，“阴”也有绝对和不绝对之分。八卦中的每一卦都有独特的形状符号，表示一些能决定所有具体事物始终的笼统概念。八卦的符号如下：第一卦☰指天，第二卦☷指地，第三卦☳指雷，第四卦☶指山，第五卦☲指火，第六卦☱指云，第七卦☵指水[15]，第八卦☴指风。要想准确写出这些符号，我们必须知道以下几点：中国人用两条中间断开的平行线⚏表示绝对的阴，用中间断开的一条线⚋表示不绝对的阴，用一条无断开的直线⚊表示绝对的阳，用两条无断开的平行线表示不绝对的阳⚌。[16] 阴阳结合生八卦，八八相乘又生出六十四卦，六十四这个数字便用来表示完整。总而言之，按照中国人的说法，阴阳两仪生四象，四象与阴阳相乘得八卦，八卦互相结合演化出万物。这里如果将六十四卦的符号和名称也一一说明就更加清楚了，但为了不占用太多的篇幅，我还是就此略过。对这些卦象感兴趣的读者请查阅下面的表格。

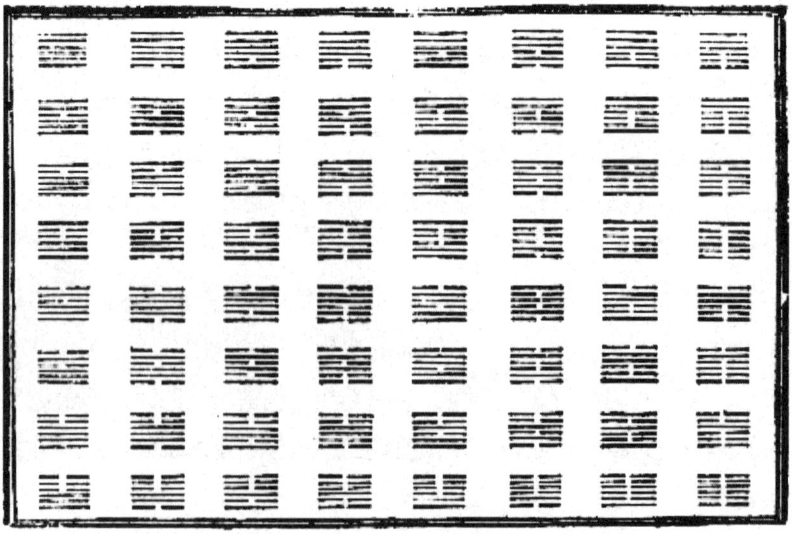

六十四卦图（引自卫匡国《中国历史》拉丁文版）

一本中国古书

中国人有一本名为《易经》的书，专门解释这些卦象的含义，这些卦象被赋予了极大的重要性，因为人们相信其中隐藏着许多秘密。[17]

窃以为这种神秘哲学与毕达哥拉斯的理论十分相似，但前者早于毕达哥拉斯数个世纪，其起源可以追溯到之后我们就会说到的伏羲时代。书中记载了许多关于死亡、命运、占星术和一些自然法则的内容。论证这些内容真实性的文献非常少，因此它们的意义和依据也非常有限，其他中国古书也是这样。此书还将数字和卦象用在国家治理、维持秩序、保持良好民俗上。现在此书被广泛用于占卜算命，对其真正的含义人们却不予考虑，或者说是完全忽视了。中国人对这部作品深信不疑，虽说有些奇怪，但这也是可以理解的。他们坚信通过此书可以找到那些难以解释之事所隐藏的秘密，并预知所有将会发生的事。

数字被赋予的秘密

中国人不仅用线条表示这些象征符号的神秘意义，还将其与数字对应。他们说第一个阳数为一，第一个阴数为二，如此延续；九是最大最绝对的阳，十是最绝对的阴。他们还说天数有五个：一、三、五、七、九；而地数则是二、四、六、八、十。天数均为奇数，其和为二十五，是为最绝对的天数；地数均为偶数，其和为三十，是为最绝对的偶数。《易经》一书还有许多对数字的其他阐释，为免冗长乏闷，在此还是略过为佳。

中国的第二位君主

盘古去世后，统治中国的是天皇［氏］（THIENHOANGUS），天皇有十三位继任者[18]，他们全都出自同一家族[19]。关于天皇氏统治的时代，一位中国历史学家曾这么说：“当时，遍布各处的天灵将良俗一点一点地教给人类，帮助他们脱离悲惨的生活，恪守良俗，走向文明；此事发生在那条扰乱宇宙、翻天覆地的巨龙被杀死之后，巨龙死后，一切恢复秩序，各归其位。”[20]

数学为科学之首

天皇氏创立了中国人用来表示六十年周期的那两套符号体系。[21]显然，中国人认识的第一门科学是数学，这门科学由诺亚通过后人们一代代传承。因此，如果不考虑其他因素，可以假设盘古和他的同伴们是在大洪水后、巴别塔建造之前来到中国。如果那时的中国的确有人类居住，并且历史学家也有力证的话，我也愿意支持这一假设。在受皇帝统治之前，人类的首领是家族族长，如《圣经》中的亚伯兰（Abramo）和罗得（Loth）。一位中国历史学家将这十三位君主称为来自同一家族的十三皇，但似乎他们并不是一位死去后另一位即位，而是生活在同一时代，统领着不同的家族。在帝王时代来临之前，君主们的情况大致都是这样，下面我们回到那两套符号体系。

计时系统

第一套符号名为干（CAN），共十个，分别名为甲、乙、丙、丁、戊、己、庚、辛、壬、癸。第二套符号对应一日十二时辰，中国人不用数字标记时辰，而是用专门的汉字。一日从午夜开始计算，称子；午夜后的第二个小时开始称丑；第四个小时开始称寅；第六称卯；第八称辰；第十称巳；第十二称午。正午后的第二个小时开始称未；第四称申；第六称酉；第八称戌；第十称亥。人们还将这两套符号组合用于纪年周期，将天干按序放置于第一位，地支按序放置于第二位，以此类推，直至干支重回甲子组合，以六十年为一周期重新计算。中国人将天干和地支组合不仅仅是为了表示该年的名称和特点，他们还相信其中暗含了上天对人间这一整年的神秘影响，这些影响甚至能具体到每一天。事实上，他们还说，干支的组合是决定星辰运行和五行特性的唯一因素，尽管星辰的运行轨迹从不改变。史书还说，之后有一位名为地皇[氏]（TIHOANGUS）的统治者在仔细观察了天空和星辰的移动后为昼夜命名，并将每月定为三十天。据说在他之后还有十一位首领[22]，但我没有找到他们值得一提的功绩，甚至连他们的名字都无从得知[23]。

黄金时代

之后即位的是人皇[氏]（GINHOANGUS）及其他九人，全都同属一族。[24] 人皇氏将大地分为九区，其中一区分配给人们居住，其他八区用于农耕和储藏。[25] 通过这种方式，他将四散流离、居无定所的人们聚居到一处，这和希腊人记载的阿尔戈斯的福洛尼士（Foroneo）[26]的事迹相近。据说人皇氏在位时期是璀璨的黄金时代。人们没有花费太大气力耕种，土地就几乎自发地奉献上各种物产。用中国人的话来说那就是每一件事物都有其不同程度的重要性。[27] 君主用胜过慈父的关爱对待子民，而子民崇敬君主也像顺从的孩子尊崇他们的父亲一般。君主行君主之职，子民尽子民之责。当时，一切均为共有，众人均享自由，人们的生活一片祥和。

几何学的起源

几何学很可能起源于对田地的划分。[28]

下一任君主有[巢氏]（YEUS）教会了当时居住在山上洞穴里的

人们用木头建造帐篷和小屋，以躲避凶猛野兽的攻击。[29] 那时候的人们不知道怎样才能使生活更加舒适，他们不知道从事农业耕作，也不懂得使用燧石取火来烹制食物和取暖。他们吃的是自然生长的野草、果实和野兽的生肉，感到口渴时就直接饮用野兽的血。他们用没有鞣制过的毛皮遮蔽身体，但身体的大部分依然裸露在外。

有巢氏死后，以研究天象著称的燧 [人氏]（SUIUS）继位。[30]

五行

哲人燧人氏根据对星辰和大地的观察，率先提出了世界的元素有五：金、木、水、土和存在于空气之中的火。他是第一位通过摩擦木头取得火种的人，而我们是通过敲击燧石取火的。燧人氏好似第二个普罗米修斯[31]，教会了人们如何生火[32]。中国人如今依然使用这种方法取火，他们会根据季节变化选用最适合的木材，但如果想省下时间，他们就会用铁器敲击燧石的方法。燧人氏没有发明文字和符号，但他发明了结绳记事，并在学校中教授这一帮助记忆的方法。当时不存在钱币，人们也没有对金子的渴望。他确定了用来交换物品的集市举办的日期。在四位能力卓越的智者的辅佐下，燧人氏把一切管理得井井有条，这四位智者也被赐予了土地。

各位不要因中国人将木和金属也看作世界的元素而嘲笑他们，我还要就这五大元素补充解释一下。在名为《书经》[33] 的书中提到，五行为水、火、木、金、土[34]， 水能湿润并向下流动，火能干燥并向上升腾，木材是直的和弯曲的，金属可变形并可以被打磨光滑，土地接收种子并结出果实。那湿润和往下流的东西给人咸味，那干燥和上升的东西给人苦涩，那直的和弯曲的东西给人酸味，那变形且变得光滑的东西是辛辣或刺鼻的，那接收种子并结出果实的东西给人甜味。[35] 这些是五行的特质和味道。这些特点都是出自中国人的科学，我没有捏造哪怕一星半点，信或不信，读者请自行决定。

五行与行星相关

五行还与行星相关，萨图努斯星为土，朱庇特星为木，马尔斯星为火，墨丘利星为水，维纳斯星为金。中国人在指称这些行星的时候使用的便是五行的名称，分别为土星、木星、火星、水星、金星。[36]

至此我都未给出年份和时代对应的具体日期，因为中国人对此的记载确实有存疑之处。在年表中存在着许多关于人类的年龄和君王在位时长的夸张记录，一旦采信，那么世界的起源将会早于大洪水数千年，这一点我在前文中亦有提及。

精确连续记载的中国历史

下文开始叙述的部分则是中国人认为年代确切的历史，他们对年份的计算准确度毋庸置疑，在精确纪年这一方面全世界都无出其右。这个民族有着悠久的记史传统，皇帝委托一些博学的哲人编写前任皇帝的事迹，绝不弄虚作假，也不会过分歌功颂德。这份工作受人尊敬，也有许多人心向往之。中国的史书都采用相同的格式，因此，尽管经由不同作者之手，读起来却仿佛出自一人。史书仅由皇帝钦定的作者书写，并有大量书册流传至今，这绝对是独一无二的。

历史的概述

为了便于记忆，中国人就像我编撰这部作品一样对历史进行了概述，但我还会时不时地展开一些说明，使得事件的叙述更为清晰。若想完整地写出中国的历史，那将花费许多年的工夫。

关于中国历史的一点疑问

只有一点我希望读者能注意到，那就是中国历史学家们也没有就第一位皇帝的出生时间达成一致，不同推算之间的差别多达 71 年。也就是说，一些历史学家认为首位皇帝 24 岁开始执政，而另一些则认为是 96 岁。为了避免这部历史追溯到过于久远的时期，我们采用了第一种说法，但是对于这位皇帝开始掌权的年份中国人也根本无法确定。

我愿意相信上文所述的事件都发生在大洪水之前，但是没有任何确切的证据证明那个时候中国人已经存在。我相信我所叙述的亚洲远东地区早在大洪水之前便已有人居住，但既然除了诺亚一家以外的所有人类都在大洪水中消亡，我不知该如何解释这些历史记录是怎样流传下来的。也许流传下来的这些关于大洪水之前的祖先的事迹也给后人带来了困扰，一些作者出于对真相的无知或者凭空猜测，给这些故事添加了离奇的色彩；或许是他们出于对自己民族的热爱或是希望让其民族的起源带有神秘气息而改写了这些事件，添加了想象和传说。信或不信，读者请自行决定，下面我们讲述那些更为确定的事件。[37]

第一位皇帝[38]

伏羲（FOHIUS）

在位 115 年

伏羲（FOHIUS）是第一位被称为天子（THIENSU）的人。天子是中国的皇帝，亦是上天之子。 中国人称皇帝为天子并非认为皇帝由上天所生或是与上天有血缘关系，而是在他们看来，既然皇帝以过人的自然天赋而登上高位，那么他必然是上天最为宠爱之人。 公元前2952年

传说伏羲没有父亲。有一天，他的母亲在陕西省[39]蓝田的湖边散步，一不小心踩到了沙地上一个巨大的人类脚印。就在那一瞬，彩虹环绕其身，她便怀上了身孕，在陕西省境内生下了伏羲。[40]正如之前提到，伏羲于公元前2952年在其出生的省份开始自己的统治，由此可以假设，中国最早的居民是在巴别塔建造之前的时代慢慢由遥远的西部地区向东迁移，抑或他们是在语言已被打乱、建造第二座通天塔的可能性微乎其微的时候，开始在各处定居。[41] 一个中国传说

这位皇帝以过人的智慧著称。他善于观察天象，对天空和人类世界都十分关心。在观察了星辰的移动后，他首次在平面上用科学的方式画出了星辰移动的大轨迹和其他一些图像。在位期间他颁布了法律和规章作为防御措施保护人民，还为家族取姓氏，以便更容易地识别身份。[42]第一次将前文提到过的六十四卦教给百姓的也是他。据他所说，他在湖中跃起的一条龙的后背上看到了这些卦象。[43]他很可能在这件事上撒了谎，目的是通过神迹让所有人相信他想象出的符号，就如同许多立法者将自己的法律说成是神的旨意一样。他毫不犹豫地称自己的创造是龙的旨意，因为这种动物被认为是大吉之兆，也正因如此，中国的皇帝们都以龙作为标志，就像罗马皇帝用鹰作为标志一样。令人惊讶的是，象征着皇帝的龙绘有五个爪子，其他任何人都不能使用这一图案，谁要是画了超过四爪的龙就会被判处死罪。之后我会就中国人对龙的那些奇怪的信仰做出更多的说明。 龙，帝王的象征

这位皇帝创造了汉字来替代结绳记事，但汉字使用起来比结绳更 汉字的起源与形状

复杂，需要认识每个字的形状、发音、用法、含义、组合和书写方式。伏羲创造的字与现在中国人使用的汉字不同，更像是埃及的象形文字，从字形便能猜测出含义。[44] 为了更好地理解，我们举几个例子：符号 1 意为山，过去是用符号 2 来表示的；表示太阳的符号是圆形中间加点，如符号 3，和天文学家们使用的符号那样，而现在则用符号 4 表示；符号 5 过去表示龙，现在则使用符号 6；国王的符号是权杖上安放一只眼睛，如符号 7，而今则是符号 8；飞禽，母鸡和公鸡，过去分别用符号 9 和符号 11 表示，现在的字形则是符号 10 和符号 12。我有一本用六种不同字体书写的中文书[45]，这本书非常古老罕见，中国人极为珍视。书上的古代字体令我想起了经常在罗马方尖碑[46]上看到的文字。汉字我就介绍到这里，下面我们谈谈别的。

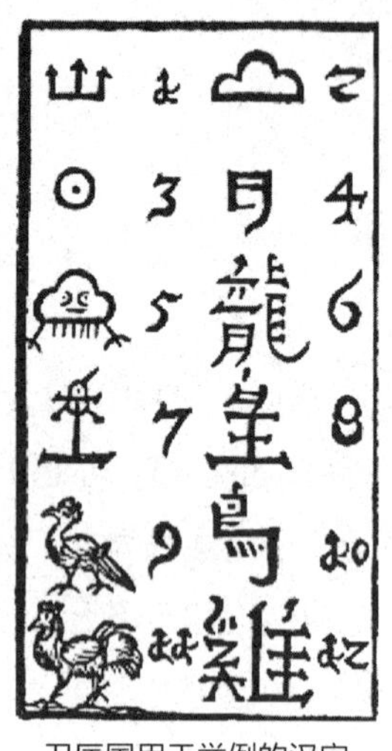

卫匡国用于举例的汉字

直到那个时候，中国的男性和女性还保持着相同的行为举止方式，穿着相同式样的衣服，没有任何法律规范他们之间的关系，他们随意结合，和野兽无异[47]。为了终结这一混乱的状态，伏羲确定了男女服饰的区别，确立了婚姻制度，并规定在建立家族关系时禁止与同姓女子结婚，直到今日[48]人们仍然恪守着这一律法。

最早的婚姻

为了修身养性和放松身心，他发明了一种三十六弦的乐器[49]。当时的人们认为音乐非常重要，没有了声音的和谐就无法和谐地生活。

一种乐器的发明

第二位皇帝

神农（XINNUNGUS）

在位 140 年

公元前2837年

伏羲死后，神农在位 140 年，他凭借善良温和的品性登上帝位。当时的人们散居在全国各处，只以肉类和野草为食。几乎所有的野兽均被猎杀，自然资源已相当匮乏。

农耕的发明者

为了使土地更加肥沃，他是第一位教人使用犁的皇帝，还发明了一些适合农业耕作的工具。[50]开垦后的土地长出了豆、麦、稻、黍和现在被叫做玉蜀黍的印第安玉米这五种作物。因此，人们称这位皇帝为神农，意为农业之神。为了了解各种野草治疗疾病的功效，人们通常会在他人身上试验，而他却没有。他亲自尝试各种野草，体会它们在消化时给胃部和身体其他部位带来的感觉，研究它们会引起或治愈哪些疾病。他的实验大获成功，人们甚至相信他的眼睛比猞猁更敏锐，能够洞察人体的一切秘密。据说他曾在一天内辨识出了多达六十种毒草，并一一找到了解药。

第一位医生

最古老的药典来自中国

因此，他被认为是历史上第一位医生，也是最权威的医生。今天的中国人依然熟知自然疗法的特性和方法，并著有许多优秀的书籍，根本无需迪奥斯科里德斯（Dioscoride）[51]和马蒂奥利（Mattioli）[52]，也不需要外国画师的帮助。在这些书籍里，植物和根茎都被绘制得栩栩如生，无论形貌还是颜色都几可乱真。[53]然而，人类世界没有亘古不变之事，一次叛乱打破了这一太平盛世。一位名为夙沙（SOXATIUS）的部落首领密谋叛变，大臣箕文（KIVENIUS）进谏，想要劝服他放弃这一大不韪之事，但夙沙却命人将其杀害。[54]

以善制暴

神农得知此事后，并没有与夙沙兵戎相见，也没有展开报复。他认为宽容是最有力的武器，因此便原谅了他，为的是让他明白叛乱在君主的善德面前毫无意义。这是一个很罕见的榜样，那些不愿意赦免他人过错、认为只有武力才能保护自己的君主都应当向其学习。神农不只对夙沙一人宽容，他性格温良，对待人民公正和善，这都巩固了他作为贤君的名声。就这样，夙沙的子民们再也无法忍受暴政，便将他杀死，归顺了神农，因为他们相信，一位原谅了叛王的君主一定会善待自愿归顺的百姓。有时候，温和的确比暴力或战争更能驯服人民。国家随后经历了一段长时间的平静，直到140后，一位部落首领发动叛乱，神农战败被杀，前者随即登上皇位。

世界历史上的第一次战争

此次战败发生于阪山，今北直隶延庆府内（YENKING）[55]。这次战争被认为是世界历史上的第一次战争，人们至今还记得。

第三位皇帝

黄帝（HOANGTIUS）

在位 100 年

第一甲子元年，公元前2697年

虽然黄帝的政权来自讨伐叛乱、显赫武功，但他的才智、样貌和身材都在众人之上。尽管之前已有两位皇帝，但中国人的甲子纪年却是从黄帝时期开始的，似乎这一纪年法是他的发明。因此我们也效仿严谨的中国历史学家们，开始使用这一纪年方式，同时标上公元年。

第一支军队

黄帝颁布了新的法律，确定了统一的度量衡。他是第一个招募军队并讨伐叛乱的皇帝。[56][……] 但无论如何必须承认的是，他将通过征服各地而获得的国家治理得井井有条，对人民和国土也充满深情。为了便于人们在该国旅行，他令人沿着山脉和山坡开凿新的道路，还开拓了国家的疆域，将东部的边界拓展至了我们称为东海[57]的地方，但我们在命名这片海时并不知道它位于中国东部以外。国家疆域北至旧鞑靼[58]地区，南以名为海洋之子[59]的大河为界。这条通常被称为江[60]的河流曾经是帝国的边界，而现在它自西向东将中国分为南北两部分。关于这条河的情况，我在亚洲远东地图集中有更为具体的介绍。黄帝将都城定在燕 [YEN][61]，今日北直隶保定 [PAOTING][62] 府所在地。但他经常转移军队，从不在一处久留，一方面因为他希望军队保持高度忠诚；另一方面则是为了第一时间处理和平息叛乱。谁会不爱戴他呢？为了维持和平，他如阳光普照大地一般视察全国各地，思考民生，要知道许多国家却因统治者的懒惰而民不聊生。

古老的中原帝国的边界

纪年周期的发明者

黄帝在大臣中选择了六名辅政[63]。第一位是大挠（TANAUS），他在公元前 2670 年，也就是首个甲子周期的第 28 年，成功计算出了太阳年的长度，直至今日中国人对此长度仍深信不疑。第二位是容成（YUMCHINIUS），他首次借助一件历史学家无法描述清楚的工具观测天空和星辰，然后制作了一个描绘天体运动的球体[64]，还开展了实验研究以解释气压和气候的变化。

第三位是算数学家隸首（LIXEUS），他发明了一种简单的六则运算方法，无需使用深奥的代数、双设法和排列组合。计算使用的是穿在铁条上的小珠，总共十五或二十串，按固定距离放置在框架内，中间用木条隔开，木条上方有两个算珠，每一个都代表五，木条下方的空间更为宽裕，有五个算珠，其数值与上方不同，仅为一[65]。中国人和我们一样使用向左进位制，将算珠根据需要上下拨动，便能简单快速地进行计算。我本人也曾不止一次成功地使用这种快速计算工具，用它进行六十进制计算尤为便捷。我非常喜欢，特别是因为所有的计算步骤都可以重做，无需纸、笔和涂改，省时省力省钱。在这里，我向读者展示这个器具是什么样子的。

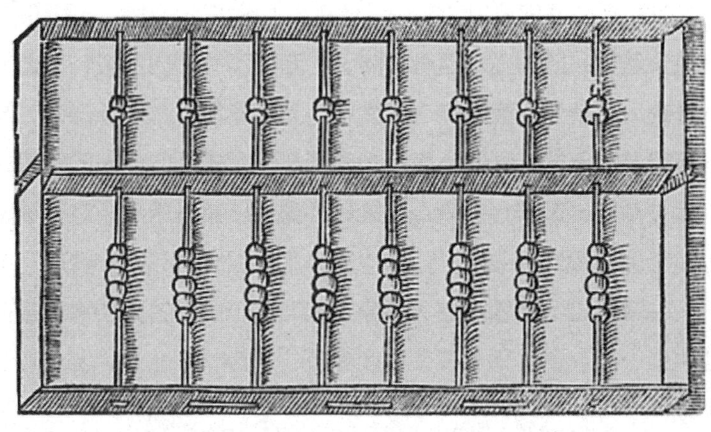

算盘（引用自卫匡国《中国历史》拉丁文版）

第四位大臣是伶伦（LIMLUNIUS），他为治国编写了一部民法和一些行为守则[66]。

第五位大臣荥猿（YIMHIUS）铸造了十二个铜罐，用来表示一年的十二个月份，并命人在罐内填充一种我不知为何物的粉末，在月末太阳与月亮连成一线的那一刻，相应月份罐内的粉末便会突然消失[67]。直至今日中国人还会使用这种技术，特别是当太阳进入水瓶座十五度时，他们会将石块丢入罐中，并相信只要观察扬出粉末散落的方向，便可预知一整年的祸福。事实上，这是一种欺骗民众的伎俩，石块被拴在慢慢燃烧的绳上，何时坠落完全取决于操作者何时希望粉末扬起。据说粉尘飘向东方便预示着一整年的喜乐安康。无知的人们

记录星辰合象的粉末

预测未来

就这样被骗，他们并不知道轻轻吹一口气便能改变粉尘的方向，还以为这是预示着命运的神迹。

音乐的发明

第六位大臣[68]发明了音乐。大量书籍中都充满了对音乐的溢美之词，由此可见当时音乐对于中国人来说多么重要。现在的权贵们不喜欢音乐，因此在戏剧表演之外的场合几乎很少听到音乐。中国人为这种艺术的消失而悲痛，主要是因为哲人孔子十分推崇音乐，他曾说过，没有音乐就无法治理好国家，而孔子的话在中国人看来是不容置疑的。[69]然而，为了对这一艺术的流失安慰自己，他们使用由不同材质制成的乐器。

乐器

在这些乐器中有使用丝弦、铁弦和铜弦的西塞拉琴[70]。铜的声音十分悦耳，因此他们还用铜制造其他乐器，比如不同形状、不同纹理、大小成比例变化的钟，用这些钟演奏的音乐和比利时高塔钟楼上的钟声一样迷人。他们也有大钟、大键琴、石质的薄板、皮质的鼓，与我们的乐器并无不同。他们还用手指有节奏地敲击不同大小的木板，这些木板被系在一起，但中间保留一些距离[71]。吹奏乐器则有笛子和喇叭等，其中一种最为突出，它形似管风琴，但比管风琴小得多，由大小不一的管组成，就像牧神法乌努斯吹的排笛一样，人们吹奏这种乐器的时候十分优雅，因此我在所有乐器中最钟情于它[72]。现在我们回来说说黄帝。

黄帝的一些发明

黄帝首次规定了冠冕和符节为帝王专用，他穿着天蓝色和黄色的衣服以对应天空和大地[73]，并把天空和大地看作其家族的起源。他通过对花朵的观察学会了如何将布染成各种颜色，并要求贫富不同者穿着不同的颜色。他要求大臣们教会人们制陶、冶金、伐木以及制作木器；他命人将树木挖凿成船的形状用来渡过大河，并在较窄的河上架桥。为了方便贸易，他命人铸造了铜币；为了抵御敌人的攻击，他要求士兵们不仅要懂得兵法，还要勤于操练兵器。无论是平日还是战时，他都关心着百姓的福祉。下面我要说一件听起来很神奇的事。

一种可以辨识恶人的草

据说在他的宫殿里生长着一种草，每当有恶人进入宫殿，这种草便会像向日葵一样弯腰转向恶人[74]。如果今天在权贵们的花园和庭院里还生长着这种草的话，将会有多少人因为害怕而不敢靠近啊！可惜今日的奸人们将自己的恶行隐藏得十分严密，根本不担心因这样的原因而被发现。

黄帝有二十五个儿子，其中十四个在其在世时婚配[75]，为他留下了不少子嗣。中国人坚称他没有死去，而是位列仙班，成为长生不死的神仙（XINSIEN），在最高的高山之巅过着逍遥的日子。尽管成仙一说不足为信，但是他的名字还是随着他的丰功伟绩流传至今，也正是因此，中国人将他的继任者通称为相同发音的“皇帝”（HOANGTII）[76]，就像自恺撒起，我们的皇帝都被称为恺撒一样。我想现在是时候解释一下中国的六十年周期纪年法了，这种纪年法在黄帝在位时首次推行，下面我简要介绍一下。

不死之人

一个纪年周期为六十年，相同的年份名称在周期结束后重新使用。尽管朔望不一定总在同一时间发生，其中会有大约三天的误差，中国人却不需要添加闰月或者像我们一样采用十九年的周期，因为每年行星的运动都会被重新计算，日期也会自动补齐。事实上，中国人没有也不想制订不变的星历表，而是每年制订新的年历，付印后花费巨大的财力将这些年历分发到帝国全境。因此，在我们的年历中确定每月开始时所提前的那一小时又几分钟的误差就在每年定历时被重新计算。

纪年周期

在使用月亮年纪年多年后，人们开始使用太阳年。

太阳年中的月份长短不一，还有第十三个月，但闰月并不固定，他们通过简单的计算确定添加哪个月份。这就和曾经使用过闰月的犹太人不一样，因为犹太人的闰月总是发生在第二个月。黄道十二宫则按照双鱼座对应一月、白羊座对应二月来依次类推，保证每个月都有对应的星座。有时月份与星座不能匹配，在这种情况下，人们便加入名称与前一个月相同的闰月，来保证下一个星座落在它所对应的月份。整个周期包含二十二个闰年，其他年份均为或短或长的平年。

闰月这一聪明的发明

周期中的年份不以数字标示，而是用成对的符号组合。我在前文中已经解释过，这一符号组合由十个天干和十二个标记时辰的符号构成。一年中的每一天也用这六十个符号组合标记，循环往复，并用对应五大行星的五行来表示当天的属性。十个天干中的每两个对应五行

用[天干－地支]符号纪年

中的一行。因此，尽管中国人由于距离遥远无法获得我们每年印刷的罗马历，但他们依然能准确地知道主日是哪一天。只要他们愿意使用我们的方式和规则去推算，从中国年历上找到主日和一些日期不定的节日也并非难事。

日历和日历的修订

另有十二个符号用来对应天星吉时，据此，将这些符号联系在一起并以正确的顺序排列便可预测天象。[77] 鉴于世间万物没有什么在生来时就完美的，我不敢妄言当时的中国人已经开始使用准确完备的日历，况且在那之后他们也经常修订日历。我只能说，对日历的一些计算完成于黄帝在位期间，之后又被进一步完善。这么解释大家就能理解在类似的发明上中国人领先于其他民族的说法了。[78] 现在我们回来说说皇帝们。

第四位皇帝

少昊（XANHAUUS）

在位 84 年

第二甲子第 41 年，公元前 2597 年

这位皇帝性格温和善良，德配天地，从父亲黄帝那里继承了皇位。他率先用不同颜色和不同的鸟类来区分不同的官阶和官职[79]。官职体现于官员的服饰上，相应的图案用金线和麻丝绣于服装的胸部和背部，

区分官员的标志

这样，见到他们的人便能一眼看出他们的官阶位于九级中的哪一级。担任行政事务的文官被称为哲人，以鸟为标志，而军队的首领们则使用龙、狮、虎和其他类似的猛兽来象征勇猛善战。在服装上使用这些标志不仅仅是为了体现官阶，更多的是意在彰显社会地位。

太阳神鸟是吉兆

少昊在众多动物中偏爱鸟类，因为太阳神鸟曾在他执政初期现身。该鸟是帝国国运的吉兆。如果在很长一段时间内太阳神鸟都没有现身，那便意味着帝国即将改朝换代，血流成河的战争即将发生。目前尚不清楚这究竟是何种鸟类，从描绘的图案来看可能是鹰，但它羽毛五彩

斑斓，极为罕见，我觉得可能是中国人所说的凤凰（FUNGHOANG）。

这位皇帝以智慧和公正治理国家多年，但在垂暮之年无法治理国家时，有一个名为九黎（KIEULIUS）的骗子利用巫术和幽灵鬼魂恐吓民众，引导无知的民众举行邪恶恐怖的祭祀活动，令他们远离真理的大道，走向龌龊的迷信[80]。因此，暴怒的天庭给人民和国家降下了许多灾难。这都是中国史书里的记载。我不清楚这些祭祀活动究竟是什么，目的何在，但我猜测九黎曾试图教导民众崇拜偶像，崇拜多神[……] 巫师骗子

第五位皇帝

颛顼（CHUENHIOUS）

在位 78 年

这位皇帝是黄帝一个兄弟的儿子[81]，因在天象领域的博学而登上皇位。他恢复了祖先们的祭祀仪式，让当时已失去纯粹的祭天重获新生，命人们崇拜至高无上的天神。另外，他还规定只有皇帝才可以主持祭天仪式。 第四甲子第5年，公元前2513年

中国人十分重视祭祀和奉献，希望祭祀仅与君权相连。在登基初期，他将都城迁至今日北直隶的保定[82]，之后又迁都濮阳（POYANG）[83]。 皇帝即是祭司

据说是他第一次将日历推行至全国。记录五大行星运转的星历表中写道，颛顼在位之时，在某次月朔当天的天空中观测到了所有行星[84]，皇帝便将该日定为岁首。根据一位中国历史学家所说，该星宿为室宿，从水瓶宫十八度一直延伸到白羊宫四度。[85]或许这就是欧洲编年史中那次发生在诺亚时期的众星合宫[86]。我不知那些认为诺亚时期的大洪水发生的时间比这一记录更晚的人对此会如何评论，而我对此的看法还是留待说起尧帝的功绩时再谈，那时候我会更具体地谈到 日历的第一次公布 一次不寻常的行星冲合

洪水。但是，我也保留对中国史书的可信程度的肯定，也不想强迫我们改变对大洪水发生日期的计算。话说回来，这是历史上首次对星象进行完整的观测。欧洲人对此会怎么想呢？在这部《中国历史》中所讲述的观测结果与我在颛顼帝年表中读到的完全一致。难道我们还要继续称中国人为野蛮人，罔顾他们早在欧罗巴这一名称出现前就有了极高的文明这一事实吗？

星历表的作者

新年开始于水瓶宫

这位皇帝将月朔接近水瓶宫十五度的月份首日作为岁首，这一规则在中国沿用至今，因此他也理所当然地成为星历表之父。中国人的新年开始于太阳位于水瓶宫中点的时候，因为那时候冰雪开始消融，昆虫和桑蚕苏醒，逐渐温暖的气候令一切重返生机，草木和鲜花开始装点大地，人们的心情也变得愉悦，所有的生物都开始繁衍后代，为再次繁荣的世界增添了新的辉煌与新的恩典。[87]

岁首的更改

需要说明的是，中国新年的起始并非一成不变，皇帝可以按其意愿更改岁首的时间，但可接受的时间必须落在以下三个时辰之内：子夜，创造天空之时；子夜后的第一个时辰，创造大地之时；紧接着的下一个时辰，创造人类之时。中国人将子时与山羊宫对应，子时后的第一个时辰与水瓶宫对应，之后的那个时辰与白羊宫对应；每一个时辰对应我们的两个小时。中国人将时辰的运转想象成天空中的环，正如我们所认为的固定不变的黄道环一样，然后将这个环十二等分，分别对应一个时辰，因此时辰是固定的，黄道星座则按顺序落在各个时辰内。中国人给这些星座起的名字与我们所使用的不同。[88]

公布日历的仪式与花费

我们根本想象不到日历在中国全境内公布需要经历多少仪式，花费多少钱财。不计其数的天文学家制订出日历，交予最专业的学者审查，审查通过后再交给礼部最高官员，由其呈给皇帝。皇帝在特定的日子里当着所有大臣的面举行神圣宏大的启用仪式，然后由财政大臣负责印刷，通过邮驿送至各省，花费不菲。擅自更改日历，无论是添加还是删除其中的内容，都会被重罚；私自印刷日历，哪怕是一字不差的版本，也是重罪。这一规则不无道理，因为只有这样才能保证所有人都明白日历是皇恩，同时也能避免同一年的日历出现不同的版本。这种一致性给人们的生活带来了和谐，而中国人生活的一致性处处可见，不仅存在于星历表的使用上。无论是个人生活还是集体生活，所有的中国人都保持同样的风俗习惯，使用同样的文字，穿着同样款式的衣物。直到今天全国的情况依然如此。从中我们便能看出他们是多么的团结，在任何方面都不存在差异。

风俗习惯的一致性

第六位皇帝

[帝] 喾（COUS）

在位 70 年

喾是少昊之孙，以过人的智慧称帝。书上记载，他勤勤恳恳地履行自己所有的职责，是一位贤明的君主。他在执政初期迁都，选定了处于有利地形的美丽省份——河南，定都于今日偃师城（YENSU）的所在地[89]。按照一种新的风俗，他娶了四位妻子，育有四个孩子。第一位妻子，在向神明许愿后，从至高无上的天神那里得到了儿子弃（CIEUS）；第二位妻子生下了契（KIUS），据说是她因一直未孕而向上天祈祷所得；第三位妻子在怀孕十四个月后生下了尧（YAUS），在分娩前不久她曾梦见红色的龙，这在中国人看来是大吉之兆；第四位妻子生下了挚（CHEUS），他因性格温和善良受到父亲偏爱，被选为继承人。然而，他在父亲过世、掌握了整个帝国之后很快便忘记了谦逊的美德，最后因荒淫无度被废，这在历任皇帝中是首例。

第五甲子第23年，公元前2435年

挚酗酒成性，生活奢靡，无心治理国家。大臣们多次要求他履行职责，他都置之不理。大臣们习惯了贤明的君主，认为不应该顺从于不讲理的人，于是在其执政的第九年将其流放，由弟弟尧继位，迁都晋州[90]。本书中那些我称为“王侯”的人是因功绩或和皇帝有亲属关系而被皇帝赐予封地的人，这样皇帝便与他们建立了利益关系，这类似于欧洲的公爵和伯爵从国王或皇帝手中获得封地。王侯的职责是帮助皇帝御敌，当战争威胁出现时派兵保护皇帝。

第一位被废的皇帝

第七位皇帝

尧（YAUS）

在位 90 年[91]

第六甲子第 41 年，公元前 2357 年

所有中国史书中都说这位皇帝公正无私。如果这些记载属实，那他的功绩和荣耀必然能位列中国最著名的君主之列，甚至连全世界的君主都无人能出其右。

对尧的赞颂

《书经》[92] 编撰于帝尧在位期间，用华美的字词对这位皇帝进行了简短的歌颂：*昔在帝尧，聪明文思，光宅天下。*[93] 之后还有长篇的赞颂我们暂且略过。下面我要引用的则是一位非常可信的作家的话：

功绩和美德

尧被赋予了非凡的来自天堂般的善良和伟大的智慧（中国人称之为神，即天使）。每个人都像太阳一样欢迎他，他们满怀渴望地等待着他，就像田野等待着云和雨。他有权有势，但只行使正义。他高贵富有，却不骄傲。他在着装和选择车马方面很谦虚。他对食物或饮料没有太多要求。他喜欢简单和纯粹，即使他受到欢呼和敬重。他不喜欢华丽的家具，不携带宝石或珍珠，不认为淫秽的歌曲值得一听，不住在豪华的房子里，用羊毛长袍裹身，用鹿皮抵御寒冷。[94] 这些描述令人联想到的绝不是俗世的皇帝，反而像是一名僧人。

与中国哲学相符的行为举止

值得一提的是，孔子和其他哲人将尧及其下一任皇帝尊为君主们应当认真效仿的榜样。[95] 毫无疑问，中国哲学的开端便是在这两位皇帝在位期间。直到今天，贤人谋士们为了让君主采纳自己的建议、聆听自己的教导，也经常用这两位君主的功绩和执政方式作为例证。

太阳十日不落

据说帝尧在位期间，太阳曾十日不落[96]，熊熊大火四起，人们担心土地将会成为焦炭，这和法厄同（Fetonte）在伊里丹纳斯河一带引起大火的故事非常相似。[97] 传说还出现了奇怪的蛇。尧一如既往地从容应对这些灾难，并身体力行地为子民造福，不让他们因缺少自己的帮助而受苦[98]。

尧与数学

尧酷爱观星，他修正了计算一年时长上的错误，并将闰月和大月进行了正确的排列。[99] 他可能获得了能力出众的学者羲（HIUS）与和

（HOUS）的帮助。尧命二人祭天，要求他们发明合适的天文仪器，用来观察星月的移动，告诉人们何时播种与耕种，并精确计算冬至的时刻。皇帝必须清楚太阳在何时回归冬至点，因为他要在那一天向群臣授予官职。[100] 当时，皇后的职责是教授妇女养蚕织丝。尽管当时的中国人对这种生产活动已有所认识，但织丝的技术依然欠佳，毕竟达到完美总是需要缓慢的进步过程。中国人觉得他们让这种丝织技术远播亚欧是一件功德也合情合理。[101]

养蚕织丝的古老历史

我们回到冬至点这个话题上。根据中国史书记载，当时的冬至点大致位于虚宿一度的位置上。[102] 现在的冬至点位于水瓶宫十八度左右，如果计算准确，那便意味着冬至点从它的起始位置移动了大约四十八度。《书经》的一位评论者曾经记载，经过 3342 年，公元 1005 年宋真宗 [103] 在位时期的冬至点相对于公元前 2337 年的计算已经移动了四十二度 [104]。中国人懂得如何计算两极之间的距离，并将赤道天球分为三百六十五度二十五分，一百分为一度。

染眉

据载，帝尧将眉毛染成如同鸢尾花一般鲜艳的各种颜色。他长期致力于维护帝国的和平，用公正与德行保障国泰民安。他的国土上人口越来越多，这在其他地方极其罕见，周遭的人们听说了他的功德，都自愿归顺于他，感受如同在父亲怀抱里的关爱。帝国子民越来越多，要容下所有人也变得颇为艰难。当时的陆地大部分都被水覆盖，外国人的涌入令土地变得更为稀缺。

中国的洪水

一位中国历史学家说中国也曾遭遇洪水，而在我看来，也许正是诺亚洪水的幸存者来到了这片亚洲远东地区的平原和山谷中定居，或者中国遭受的是一场特别的洪水，若非如此，那就是因为河床被湍急的水流所淹没，或是诺亚洪水带来的泥沙填满河床而形成了沼泽，河水漫出而淹没了整个中原地区的平原。先不管事实如何，皇帝派了鲧（QUENUS）全权治水，通过将洪水引入大海或者修筑堤坝来导引洪水的流向。可能是术业不精，也可能是他的能力还没有达到完成治水大业的高度，鲧治水十年却未有成果，最后皇帝因其无能而下令将他处死 [105]。随后，皇帝命另一名大臣治水。这一位能力更强，也因为看到了前一位的悲惨下场而更加尽心尽力，最后终于成功地将洪水引到了出海口或是将它汇集在了某一处河床。这位皇帝在位期间发生的大水，在中国历史上称为洪水，而欧洲的编年史学家们依据较为可信的推测，认为诺亚时期的大洪水发生在该皇帝统治时期。我觉得结论可能如下：要么那一时期前的历史都是编造的，要么这些发生在诺亚之前的事被保存在方舟中，一些智者对我们历史中的一些事件没有被人忘记的原因也是这么解释的。但要让中国人接受这一解释绝无可能，他们将史书作者们的话奉为天条，也不愿放弃自己相信的事[106]。我认为没必要强行将尧和雅努斯（Giano）[107]联系起来。许多人因为名字和生活的年代相似便认为雅努斯就是诺亚，但要知道中国人也有许多远离事实的想象。他们认为，中国历史的编写，包括那本叫做《书经》的史书，都是在尧的继承者舜（XUNUS）在位的时候开始的，这些史书不是印刷本，而是使用铁棍刻在叶片上，因为在舜和他之后的皇帝们统治的上古时代还没有印刷术。[108]其中真假就交给他人判断吧。

尧重整并优化了中国的行政部门，设置了拥有绝对权力的六部。[109]

六部的设置与职权

第一部为吏部，负责评估官员的德与罪，功绩显著的提升官阶，滥用职权的剥夺职位；第二部为兵部，最高军事部门，使用吏部管理文官的相同模式管理军队将领；第三部为礼部（可以理解为负责祭祀和仪式的部门），管理寺庙、祭祀、外国使臣和其他类似事务；第四部为户部，负责皇家和各部的财政；第五部为工部，负责管理公共设施的建设、皇宫的维护和城墙、河道、船只与道路的检查，确保工程的安全与美观；第六部为刑部，负责罪案的审理和定罪。六部的建制在帝尧在位时期确立，皇帝下令帝国上下均受由专家组成的六部领导，皇帝和他的阁老拥有最高权威。[110]“阁老”一词意为辅佐皇帝的人，从官衔上来看就是帝国的首相。[111]

确定了六部的划分后，一直以公正统治国家的尧谦逊地将皇位禅让给了他人。人们对他的称颂是因为他不贪恋权位还是公正法治，我也说不清。他退位时考虑得更多的也是公众福祉而不是家族感情。尽管他的儿子们并非配不上皇位，也不是没有民众拥戴，他还是没有考虑他们，而是将权力移交给了一位没有任何贵族血统的贤德之人。他也曾在与大臣们的交谈中吐露过担忧，表示不知在变幻无常的时局中该将肩上的重担托付何人。一位名为放齐（FANGIUS）的大臣对他说：“在你的家族里就能找到可以引领万民之人。你的长子朱（CHUS）[112]性格温和善良，智慧聪颖，和你一样配得上皇位，配得上做我们的君主。举国上下都爱戴他从你那里继承的血统和美德。如果你愿意听我的，就不要把帝国托付给除他之外的任何人。”尧打断了他的话语：“你知道我是多么讨厌称颂恶人和贬损好人吗？我的儿子喜夸口、好争吵、言行不一，在众人面前假装善良睿智，但内心邪恶顽固。”[113]随后他让这位大臣暂时离职，好让他明白再多的吹捧也是白费口舌，退位一事也暂时搁置。当一名君主发自内心地爱护他的子民，他所在意的便只有子民的福祉，而不是君主的个人利益。不久之后，尧已执政七十年，他命人叫来自己最忠诚可敬的大臣四岳（SUNGOUS）[114]，对他说道：“我打算将王权交给你们，你们智慧与诚实兼备，是唯一配得上继承我皇位之人。”[115]四岳果断地回绝了他，谦虚地表示自己不具备君主应有的德行，配不上这份至高无上的荣耀，也没有挑起如此重任的肩膀。人人向往权力，甚至有人不惜使用武力，而四岳却坚持拒绝。尧十分欣赏这一点，便询问四岳是否有其他人选。四岳在所有大臣和六部官员面前对皇帝说道：“既然你认为我可以继承你的皇位并让我举荐，那我就不掩饰自己的真正想法了。在你管辖的田地间有一位尚未娶妻的农民，他诚实、善良、慷慨，众人皆知，周围的居民都对他敬爱有加，甚至还在需要时自发地将自家的土地和房屋供他使用。大家都坚信他是大智之人，因此十分相信他的意见和话语，在任何事情上都遵循他的建议。这位农民名叫舜（XUNUS）。其父瞽瞍（CUSEUS）愚笨，母亲则是个比普通妇女更爱嚼舌根的长舌妇，兄弟都是傲慢顽固之人。尽管与家人性格迥异，他对父母依然保持尊敬和顺从，帮助父母并引导他们成为诚实和拥有美德之人。他不仅帮助他人成长，还不断追寻自身的进步，他厌恶冷漠与邪恶，坚持追求完美。”四岳如是说。中国史书中还补充说，无论是在田间耕作时还是登上皇位后，舜都一直努力学习在他人身上看到的优秀品质。古人因舜的父亲生性恶毒而称其为瞽瞍，意为又瞎又哑。[116]此人在妻子和其他几个儿子的教唆下，曾多次试图杀死舜，但最后，为舜的善良所折服，所有人都

尧的名言

四岳抗命

农民舜配得上皇位

改变了行为。中国的哲人从舜的事例中得出两个留给后人的教训。第一，邪恶的父亲也必须得到儿女们的尊重；第二，再恶毒的人也会因他人的善良而改变。皇帝在听了四岳的话后说："我要考验一下这个人。"[117] 不久之后，尧将两个尚未嫁人的女儿交给舜，命他们成婚，还将他的九个儿子交给舜，命他教导。另外，尧还将一个省交给他管理，以便有足够长的时间来考验舜的能力，虽然舜只被赋予了不大的权力，但他表现出的审慎获得了所有人的尊敬，特别是受到了尧的赞赏。皇帝很高兴找到了一位合格的继任者，三年后他让舜参与国家的管理，并赋予他所有权力。在尧在世的时间里，他勤勤恳恳地为帝国履行职责二十八年。[118] 只要君主贤明，一个王国便可以两君共治。

第八位皇帝

舜（XUNUS）

在位 33 年

第八甲子第20年，公元前2258年

那年帝尧年事已高，感到大限将至，便将权力托付给舜。[119] 他说道："舜，过来！我已经考验了你的忠诚，而你也做到了言行如一。现在去吧，接过王权吧！这是你应得的。你要像父亲一样爱护你的子民，需要记住的是你应当服务于人民，而不是人民服务于你。君主位于万人之上的唯一目的是爱护万人。"说完这些话，尧便去世了，舜悲痛哭泣，仿佛是儿子在为他深爱的父亲痛哭。[120] 为了表达他的悲痛，他将国家交给大臣们治理，整整三年守在尧的墓前寸步不离。

君主的品质

中国人为父母守孝

在中国，儿女们一向十分尊敬父母。[121] 他们会为父亲守孝三年，无论官衔高低都会立即放下工作和官职，在守孝期间不踏出家门半步。其居所、饮食和陈设均从简，坐于板凳，忌美酒佳肴，仅以蔬菜果腹，穿着麻制的粗糙衣裳，卧于最不舒适的床榻之上。他们说话的方式也与平日不同。在服丧期间，他们不使用自己的名字，而是用另一个名字相称。据说人们在守孝期间自称为不肖子孙，表示他们没有孝顺照顾好父母，没能让他们颐养天年，还为他们平添烦恼痛苦，令死亡提前来临。他们不仅改变说话的方式，写字的纸张和方式也与平日不同，不再使用红色的墨水和用铅黄染色的纸张。他们用黄色和蓝色取代各种鲜艳的颜色，并穿着白色的衣裳。白色在欧洲象征着喜悦，而在中国象征着哀恸。中国人对于故去父母的这种崇敬在任何其他地方都难以找到，实属罕见。当年迈的父母需要照顾的时候，许多人都会请求放下工作，想尽各种办法回到年老体弱的父母身边照料他们。皇帝通常不会拒绝这样的要求，因为他本人也十分欣赏这种无私的爱。

守孝三年

中国哲学已就为何要守孝三年做出了非常令人信服的论述。既然人们在刚出生的三年里没有自理能力，是父母给予了爱和照料，那么在父母死后，孩子也应当付出同等的时间守孝服丧，就好像是在为自己给父母带去的烦忧赎罪。这就可以解释为什么中国人认为膝下无子是大不幸，因为如果这样，他们的晚年将无人照料，死后也无人服丧。

舜命人制作的精致球仪

三年服丧期过后，舜清点了国库中的财产和先皇宫殿中的宝石，命人用它们制作了一个球仪。球仪上有七大行星，每个行星都用相应属性的宝石做成，球仪的中心也放置一块宝石，表示地球[122]。舜十分贤明，性情平和，深受所有人爱戴；百姓们都很爱他，他也深爱着百姓。他的性格中没有羞怯，而是勇气与决心。

一眼双瞳

面相学

据说舜的每只眼睛里都有两个瞳孔[123]，于是面相学——一门中国人十分醉心并写下了许多带有各种面部和身体式样插图的书籍的学问——开始将这一特点归为大吉之相。这的确由不得你不信，因为我本人就见过一个右眼双瞳的孩子，他的父母欢欣雀跃，因为他们认为这只重瞳的眼睛预示着孩子将来的成功。[……]

六部的重组

为了优化国家的管理，舜将国民划分为拥有不同职责的新的阶级。他还颁布了新的法律，制定了新的礼制。他将帝尧[124]时期设立的六部进行了重组，增加了大量官员，其中一些帮助司法部门维持正义，另一些则受委托行使各部大臣的职责。[125]他将国家划分为十二州[126]，每年都会亲自走访。他用了四年的时间检视各附庸诸侯，检验他们的忠诚，根据他们的功绩或奖或罚，只有贤明的人才能获得赏赐。

舜颁布非常有用的法律

他下令，无论在哪个州，官员都不得强制农民从事其他类型的劳动而阻碍农业的发展；官员必须想方设法获得丰收，必须热心接待远方来客；他们只能将职权授予诚实并有能力的人，可以用奖赏鼓励他们更好地工作，必须明辨是非、惩恶扬善。[127]

五大酷刑

他颁布了五种酷刑：割鼻、割足、割手、割首以及各种各样残忍至极的死刑。如果法官们对量刑有疑义，则必须仁慈为上，不能滥用刑罚。[128]

三种流放

他还根据罪行轻重规定了三种流放形式。[129]最重的一种是将其驱逐出整个中国，这意味着被流放者必须在蛮荒之地寻找落脚之处；第二种是流放到千里之外；第三种最轻，即逐出帝国疆域，没有距离限制。在舜下达的所有命令中，我觉得最难得的是这一条：他让人们不要顾及他皇帝的身份，只在他下达正确命令时才服从于他。

舜的名言

他对大臣们说："只有在我下达有益和公正的命令时才服从于我。"

鞑靼人第一次侵扰中国

中国人在那个时候第一次提到了"鞑靼人"[130]，他们入侵帝国境内，大肆掳掠。鞑靼人对中国的威胁从未停止，对此我之后会详述。舜为了子民们的安全着想，迅速派军队与来犯的敌人作战，很快国家便恢复了平静。

治水

与此同时，尽快控制住淹没平原的洪水也迫在眉睫。舜十分担忧，便将治水的任务交给了因没能完成任务而被杀的鲧的儿子禹。禹从父亲的遭遇中吸取教训，花费了十三年的时间，终于圆满地完成了这一造福万民的工程。[131]据说在治水期间，为了不浪费时间，禹经过自家门前时也从未停留，争分夺秒地执行皇帝的指令。那是一项宏伟的工程，我相信全世界都无法找到第二，直到今天，中国境内还留有这项工程的痕迹。[132]在一些地方，可以通航的宽阔的大河被改道与相同宽度的河道连接，整座山从这边到那边被挖通；而在另一些地方，湖泊和湿地被抽干，其中的水则汇聚到由大坝围拦的洼地之中；大河或被分流成两三支或被引入海中，最后得到一片广袤的土地。

舜传位于禹，而不是自己的儿子

禹（YUUS）以自己的勤恳和出众的才能获得了舜的尊敬，舜对他的偏爱甚至胜过自己的儿子们，还让他和自己共同执政。两人共同执政了十七年，十分和谐，这在历史上非常罕见。[133]在崇尚美德的王国里可以两君共治。

这位皇帝还有许多事迹，但为了不占用过多篇幅，这里我只说一件。当舜还住在家里的时候，他的弟弟就经常在父母的教唆下偷偷地加害于他。有一天，父母让舜去通井，当他下井后，弟弟便往井里扔石头，差点害死他。万幸的是，他找到了一条地下通道，得以逃生。他回到家中之后便坐在地上平静地弹起了西塞拉琴。突然，弟弟来到了他的房间，他满心以为自己已经将舜杀死，准备将舜的东西占为己有，进屋后却看到舜正在弹着琴。他看到阴谋没有得逞，瞬间吓得说不出话来。这时候，舜礼貌地对他说：“弟弟，你怎么来了？过来和我坐一会吧！”知道哥哥没有恶意，弟弟松了一口气，便回答说是因为很久不见而想过来看看他。舜明知弟弟的恶行，却没有报复，而是感谢上天助他逃过了父母一次又一次令人发指的谋害。前文中我已经说到，最后父母和弟弟都为自己的所作所为后悔不已，并将舜看作言行的榜样。[134] 善良的力量啊！但我们还是不做赘述，说说其他吧。

尾 注

1 儒家学说。

2 佛教。

3 卫匡国提到的上帝即天帝，是中国古代含义，见《尚书·召诰》“皇天上帝改厥元马兹大国殷之命。”（中文版注）

4 汉语中没有表示一神论的神明的确切词汇，给传教士们的名词确定工作带来了很大的困难。在卫匡国生活的时代，传教士们在使用“上帝”（至高无上的皇帝）还是“天主”（天国的主人）更为确切这一问题上依然存在争论，之后为了与表示拥有当代至高权力的“皇帝”一词进行区分，“天主”一词开始通行。

5 城隍一词本义为防守城池的护城河，后引申为城市的保护神。

6 卫匡国十分细致地说明了这些庙宇最早不是为偶像崇拜所建，城市保护神拥有人形是之后的事。

7 根据希腊神话，在波塞冬之子奥吉斯时代的维奥蒂亚地区发生过一次洪水；宙斯曾因人类向他敬献同类作为祭品而降下洪水，巨人普罗米修斯之子丢卡利翁及其妻子皮拉是那场洪水唯一的幸存者。

8 卫匡国选择不在中国年表问题上承担风险，因为他非常清楚这一问题会对他的整部作品带来危害。反之，如果他如实标记了中国年表中的日期，那么与圣经年表的不吻合将会引发对其作品的无法平息的批评。见本书《导言》。

9 在希腊酒神狄俄尼索斯（Dioniso）的祭祀仪式上，鸡蛋被作为世间万物之源而崇拜。

10 卫匡国参考了陈桱所著《通鉴续编》卷一。《通鉴续编》写于公元 1350 年，是借鉴了《资治通鉴》和其他类似史书的体例编写的史书补充，盘古的传说记载于《通鉴续编》卷一，第 1 页，是最古老的关于中国人起源的神话传说。最早的记载盘古传说的文献是《三五历纪》，由生活于 3 世纪三国时期的徐整编撰，见《中文大辞典》23568.18。

11 这里提及的“自然”一书可能是晋朝（265—420）张华编著的《博物志》。

12 张华的《博物志》中没有找到关于时刻的记载。卫匡国原文里提到，十二时辰是一整个时间周期，每个时辰包含一万八百年，宋邵雍在《皇极经世》中提出的“元、会、运、世”概念与此类似，但与原文中说的一时辰包含一万八百年又相差甚远。（中文版注）

13 阴阳是神话中伏羲帝创造的宇宙演化论的两个基本范畴：阴为母，与月亮和大地联系在一起；阳为父，与太阳和天空联系在一起。这两个范畴分别用中间分开的一横和完整无分割的一横表示。

14 四象分别是：少阴、太阴、少阳、太阳，分西、北、东、南四方。八卦是四象的排列组合。

15 卫匡国应当是参考了《周易·说卦传》中的解说：乾为天，坤为地，震为雷，巽为风，坎为水，离为火，艮为山，兑为泽。但他将“泽”解释为“云”，但在拉丁文原文中，兑卦被写为“☱”，而坎卦被写为“☵”，刚好异位。（中文版注）

16 卫匡国在这里似乎将两仪与四象混淆在了一起。断开和不断开的一横分别为阴和阳。四象里的太阴为 ==，少阴为==，太阳为══，少阳为==。（中文版注）

17 西周时期（公元前 9 世纪）成书的关于占卜的古书，西方也常写作 *Yi-king*。

18 根据中国神话传说记载，包括天皇氏在内兄弟共十三人。此处卫匡国可能未计算天皇氏本人，误作十三位兄弟。卫匡国在后面一段也写道：“似乎他们并不是一位死去后另一位即位，而是生活在同一时代，统领着不同的家族。”（中文版注）

19 见《通鉴续编》卷一，第 1 页。

20 《通鉴续编》卷一，第 1 页中提到了卫匡国所述的“天灵”及其对人类良俗的贡献（“淡泊无为而俗自化”），但没有提及杀死巨龙一事。

21 《通鉴续编》卷一，第 1 页，天皇氏确立的十天干和十二地支的名称与现行名称不同，也更为复杂。后来的史书学者们将其简化，卫匡国之后将向读者介绍的也是在《皇王大纪》卷一第 4 页中记载的简化后的版本。

22 按照中国的神话传说记载，地皇氏兄弟十一人。（中文版注）

23 这里卫匡国参考的应当还是《通鉴续编》卷一，第 1 页。

24 这里对应的应该是中国神话传说中记载的：人皇氏兄弟九人。（中文版注）

25 《通鉴续编》卷一，第 1 页。

26 福洛尼士，阿尔戈国王，根据希腊 - 伯罗奔尼撒神话，他是佩拉斯吉部族的第一个男人。他被尊为阿尔戈文化的创始人、阿尔戈人社会秩序和宗教秩序的奠基者，同时也是优卑亚山上赫拉崇拜的发起者。（陆商隐注）

27 这里卫匡国可能是引用了《礼记 · 中庸》的“致中和，天地位焉，万物育焉”一说，南宋叶适《中庸》注释：“古之人，使中和为我用，则天地自位，万物自育。”（中文版注）

28 卫匡国因人皇将山川分为九区的传说而将几何学的发明归功于他。

29 《通鉴续编》卷一，第 3 页。

30 《通鉴续编》卷一，第 3 页。

31 根据希腊神话，巨人中最为聪慧的普罗米修斯为人类尚不知如何用火、过着野兽一般的悲惨生活而动容，决定从火神的火炉里盗取火种，赠予人类。由于这一行为，宙斯暴怒，将其捆绑于山上，每天派老鹰破开他的腹部，啄食他的肝脏和其他器官。（陆商隐注）

32 按照中国古籍记载，燧人氏发明了钻木取火。（中文版注）

33 《书经》是儒家《五经》之一，是中国第一部史书，记载了远至公元前 6 世纪的事件，包括中国神话中最早的三皇五帝和之后的夏、商、周。

34 这里说到的是中国的宇宙起源学说中的五行：水、火、木、金、土。

35 原文为“水曰润下，火曰炎上，木曰曲直，金曰从革，土爰稼穑。润下作咸，炎上作苦，曲直作酸，从革作辛，稼穑作甘”，可见卫匡国的翻译非常准确。（中文版注）

36 土星、木星、火星、金星、水星的名称对应见“卫匡国全集”意大利文版第一卷，第 204–206 页，注释 4。

37 这里卫匡国提出了大胆的设想，那就是即便大洪水毁灭了人类，早先的历史记录依然流传了下来。至此，大洪水发生之前的历史部分结束，为了尽可能避免与圣经年表冲突，作者没有加入中国历史文献中记载的日期和皇帝在位的起讫时间。

38 卫匡国在原书中用的词是“Primus Imperator”，翻译过来就是“第一位皇帝”，但古代中国皇帝称号始于秦始皇，伏羲氏只是三皇之首。下同。（中文版注）

39 卫匡国所处的时代为明清之交，故其所说之地多指当时行政区划之地名，与史书记载有所出入。中文版为保留时代特征，不做修改，下文不再赘述，特此说明。（中文版注）

40 《通鉴续编》卷一，第 4 页。

41 卫匡国将中国历史的开端设定在公元前 2952 年，这一时间是他根据中国年表从他生活的时代向上追溯而得。后来这一时间也被其他研究中国历史的传教士们采用。见本书《导言》。

42 早期古籍和正史中均无“伏羲定姓氏”一说，最早提及相关内容的是宋代历史学家罗泌在《路史后纪·太昊纪上》中写道：伏羲“正姓氏，通媒妁，伏以重万民之俪，俪皮荐之，以严其礼，示何姓之难拼，人情之不渎。”（中文版注）

43 《通鉴续编》卷一，第 5 页。龙马是神话中半龙半马的形象。

44 据说伏羲创造了六种汉字造字之法（六书）：象形、假借、指事、会意、转注、谐声。秦朝时期（前 221—前 220），汉字的字形发生了变革，在卫匡国生活的时代，汉字的字形更为圆润，与古代的那些方形符号已大相径庭。

45 不知卫匡国所提六种汉字字体，是何六种以及是何本书籍。中国文字的演变经历了甲骨文（商）、金文（周）、小篆（秦）、隶书（汉）、楷书（魏晋）、行书（魏晋）、草书（唐宋）等字体，在卫匡国在华时期还有广泛用于印刷的宋体字。（中文版注）

46 关于中国汉字和埃及象形文字存在联系的说法在 17 世纪广为流传，主要归功于耶稣会士基歇尔（Athanasius Kircher）（1602—1680）于公元 1652 年至公元 1654 年出版的《埃及的俄狄浦斯》（Oedipus Aegyptiacus）和公元 1667 年出版的《中国图说》（*China Illustrata*）。然而，对于中国文字内在机制，尤其是其中颇为重要的语音部分的不充分理解也间接造成了解读埃及文字尝试的失败。

47 中国的文献中并没有找到此段道德评价的出处。估计这是基于伏羲女娲为兄妹的传说推导出来的。

48 本书中所提到的“今日”“至今”“当今”等均指卫匡国撰写书稿时所处的时代，下文不再赘述。

49 《通鉴续编》卷一，第 5 页。此乐器名为琴瑟，被认为由伏羲发明。

50 《通鉴续编》卷一，第 6-7 页。

51 佩达努思 · 迪奥斯科里德斯（Dioscoride Pedanio）（约 40—90）是尼禄时代在罗马工作的希腊医生、植物学家、药学家。（陆商隐注）

52 彼得罗·安德烈·马蒂奥利（Pietro Andrea Mattioli）（1501—1578），锡耶纳医生、人文主义者，在特伦托和戈里其亚一带行医。他翻译了迪奥斯科里德斯德用希腊语所作的《药物论》（*Materia medica*）一书，并添加了注释，这是卫匡国同时提到这两位医生的原因。（陆商隐注）

53 卫匡国这里提到的是《神农本草经》，是已知最早的中药学著作。

54 《通鉴续编》卷一，第 7 页。

55 《通鉴续编》卷一，第 8 页。阪山之战在卫匡国的《中国新地图集》拉丁文版中亦有提及（第 36 页左栏）。

56 《通鉴续编》卷一，第 8 页。

57 东海，见《中国新地图集》意大利文版，前言，第 233 页，注释 17。卫匡国将东海称为 Eoo 海，是参考了老普林尼（Plinio）《博物志》（*Naturalis Historiae*）中的名称。（陆商隐注）

58 对明代长城以北地区女真人的一种戏谑称呼。
59 此处将“扬子江”误认为“洋子江”，从而误解为“海洋之子”，这一错误的说法源于金尼阁(N. Trigault)，见《中国新地图集》意大利文版，前言，第 264 页，注释 82。
60 该条河流通常称为长江，见《中国新地图集》各处。
61 见《中国新地图集》意大利文版，第 32 页左栏。
62 见《中国新地图集》意大利文版，第 32 页右栏。
63 六相。《通鉴续编》卷一，第 8 页。
64 浑天仪，一种用于展示星辰绕地转动的球形仪器。
65 算盘《九章算法》。
66 没有文献记载伶伦撰写民法和行为守则。史书记载伶伦作律，系音律，而非法律。
67 这是候气法，即将十二个罐子埋入土中，每个都覆盖薄薄一层灰，相应节气至，薄灰会飞散。具体如何操作使用不详。（中文版注）
68 《通鉴续编》卷一，第 9 页。第六相为大容。卫匡国似乎混淆了六相的功绩，因为人们认为是伶伦发明了音乐（见下文）。
69 在儒家传统中，礼乐被认为有助于国家和社会的和平稳定。
70 可能指琵琶。卫匡国在这里将中国古代的琴翻译成古希腊的西塞拉琴（La Cetra）。（中文版注）
71 最后一种乐器应该是鼓板，将两片木板系以细绳，拍打出有节奏感的乐音。
72 律吕，一种用厚度相同但长度不同的竹管制成的乐器。《通鉴续编》卷一，第 9 页，律吕的发明者是伶伦。
73 古人描述天地的颜色是天玄地黄，玄偏赤色，卫匡国写成天蓝色，不准确。（中文版注）
74 《通鉴续编》卷一，第 10 页。
75 黄帝二十五子，得姓者十四人，卫匡国在这里的表述不准确。（中文版注）
76 汉语中“黄帝”和“皇帝”同音，卫匡国以此推测“皇帝”源自“黄帝”不准确。据《史记 · 秦始皇本纪》，以皇帝称君主始自秦始皇，而皇帝两字取自“三皇五帝”。（中文版注）
77 卫匡国在这里描述的应该是“黄历”中“黄道吉日”的推算和用来推算“黄道吉日”的“十二神煞”。（中文版注）
78 卫匡国又回到了对时间的计算问题上，为的是证明中国人早在远古时期就有能力计算时间的流逝，进一步加强了他在这部作品中所计算时间的可信性。
79 《通鉴续编》卷一，第 11 页。
80 《通鉴续编》卷一，第 12 页。
81 颛顼是黄帝之孙，并非兄弟的儿子。（中文版注）
82 见本卷注释 62。
83 《通鉴续编》卷一，第 12 页。
84 《通鉴续编》卷一，第 12 页。中国新年的开始传统上被定在冬至后的第二个新月之时。
85 室宿为二十八宿之一，见卫匡国《中国新地图集》意大利文版，前言，第 18 页右栏，注释 92，第 35 页左栏；卫匡国，“卫匡国全集”意大利文版第一卷，第 204-206 页，注释 4。
86 见本书《导言》。

87 《通鉴续编》卷一，第 12 页。

88 中国传统时辰使用十二地支的名称标记，每一地支还对应一个月份和中国生肖中的一种动物，分别是：鼠、牛、虎、兔、龙、蛇、马、羊、猴、鸡、狗、猪。

89 《通鉴续编》卷一，第 13 页。

90 唐朝时名平阳，位于山西省境内，卫匡国在《中国新地图集》意大利文版第 39 页右栏上就帝尧定都一事作过说明。

91 根据《史记》卷一《五帝本纪》，第 30 页记载，尧独自执政 70 年，之后与舜共同执政 28 年，117 岁仙逝。

92 从帝尧开始，卫匡国严格参考了《书经》（亦称《尚书》），该书写于前 6 世纪左右，是中国最早的史书，其中讲述了尧和舜的事迹，还有之后的夏商周三朝。之后的史书在说起这些时代的事件时也经常引用该书。

93 《书经》卷一，卷首语。出自《十三经注疏 · 尚书》卷二，第 6 页。

94 卫匡国十分敬重的这位作者是司马迁，因公元前 1 世纪编写了《史记》而被誉为中国史书之父。该书由司马迁的父亲司马谈开始编写，记载了从黄帝开始直到公元前 95 年的所有中国历史。这句的出处是司马迁《史记》卷一《五帝本纪》，第 15 页的“其仁如天，其知如神（中国人的上天就是神，用来形容脱俗之美）。就之如日，望之如云。富而不骄，贵而不舒。黄收纯衣，彤车乘白马。”之后的段落则引自《皇王大纪》卷三，第 1-2 页和《资治通鉴外纪》卷一，第 14 页。原文为：“饭于土簋，饮于土铏，金银珠玉不饰，锦绣文绮不展，奇怪异物不视，玩好之器不宝，淫泆之乐不听，宫垣室屋不垩色，布衣掩形，鹿裘御寒，衣履不敝。”

95 孔子和之后的儒家经典都将尧和舜看作君主的典范。

96 应为十个太阳一同升起，出自“是时十日并出焦禾稼杀草木”《资治通鉴外纪》卷一。卫匡国可能将“十日”（十个太阳）理解为十天。（中文版注）

97 根据希腊神话记载，有一天，法厄同驾驶着父亲赫利俄斯的太阳车，由于过于靠近大地而引发大火。大地之母盖亚在宙斯的帮助下用闪电将其击中，令他坠入了伊里丹纳斯河，也就是今天意大利的波河。（陆商隐注）

98 这两件事记载于《资治通鉴外纪》卷一，第 15 页。

99 他可能确定了闰月的长度。1 年的时长为 365 天 5 小时 48 分 46 秒，中国传统日历中每 1 年的时长为 354 或 355 天，因此每 3 年便需要加入一个闰月来补充缺失的三十余天，而西方人则用闰年来补充。

100 卫匡国所述的这一事件见于《十三经注疏 · 尚书》卷二，第 7-9 页，以及《史记 · 五帝本纪》，第 16-17 页，这被认为是中国天文学研究的第一份文献，讲述了帝尧命羲、和两兄弟观察日月星辰的移动，教会人们观察季节变换。从这里开始，卫匡国似乎引用的是金履祥《资治通鉴前编》里的内容。这些事件记载于《资治通鉴前编》卷一，第 2 页。另见李约瑟 (J.Needham)《中国科学技术史》（*Science and Civilisation of China*）第三卷，第 187-188、245-246 页及关于此话题的参考文献列表。

101 古时候中国人被称为丝国（Seres），因为他们生产丝绸（seta）。见老普林尼 (Plinio)《博物志》（*Naturalis Historiae*）卷 I/2，第 88 页；白佐良和马西尼《意大利与中国》，杭州：浙

江人民出版社，2023，第 6 页。（陆商隐注）

102 《资治通鉴前编》卷一，第 3 页。卫匡国所说的冬至在《尚书》中有记载：“分命和仲，宅西，曰昧谷。寅饯纳日，平秩西成。宵中，星虚，以殷仲秋。”《十三经注疏 · 尚书》卷二，第 7 页。见“卫匡国全集”意大利文版第一卷，第 204-206 页，注释 4。

103 公元 998 年至公元 1003 年在位。

104 根据现代计算，二分点和二至点的位置每 71.6 年会移动 1 度。在欧洲，为了避免这一现象带来的不便以及星座的象限边界发生变化，人们将星座与回归年而不是恒星年相连。在中国不同的时代都对二分点的移动进行过计算，他们预测直到公元 1005 年，二分点都会以每 79.57 年 1 度的速度移动，从公元 1005 年到公元 1650 年，后者正是卫匡国编撰《中国历史》的时期，则会每 107.5 年移动 1 度。李约瑟《中国科学技术史》第三卷，第 245-252 页。

105 在洪水发生后，鲧治水九年无果，并非卫匡国所说的十年。见《史记》卷一，《五帝本纪》，第 20 页；《史记》卷二，《夏本纪》第 50 页；《资治通鉴前编》卷一，第 8 页和第 70 页。

106 《资治通鉴前编》卷一，第 8 页。根据卫匡国的推算，尧于公元前 2357 年继位，在位 70 年时发生洪水，也就是公元前 2296 年。乌雪计算的大洪水时间为公元前 2349 年，恰巧在帝尧在位期间。见本书《导言》。

107 拉丁文为 Janus，罗马神话人物，被认为是万物之始。传说中他有两副面孔，一副看过去，一副看未来。（中文版注）

108 迄今为止找到的最古老的中国文字记录来自公元前 1200 年，见于铜器或龟板，之后出现了竹简，用金属锐物雕刻。卫匡国在这里可能是将竹片称作叶片。参见 S.D. 休斯顿 (S.D.Houston),《最初的书写：文字发明的历史和进程》（*The First Writing: Script Invention as History and Process*），剑桥：剑桥出版社，2004，第 7、8 章。

109 虽然有尧“设官分职”“整饬百官”的传说，但六部划分则是隋唐以后的事情。（中文版注）

110 辅政的官员，非正式地用来指称重要大臣的名衔，见卫匡国《中国新地图集》意大利文版，前言，第 11 页右栏。

111 这里及本书中的“阁老”，卫匡国所用词是“Colao”。阁老是明朝时对宰相的尊称，与史书记载人物官职有所出入。中文版为保留时代特征，不做修改。下文不再赘述，特此说明。（中文版注）

112 朱也因其封地而被称为丹朱，见《史记》卷一，《五帝本纪》，第 20 页；《资治通鉴前编》卷一，第 10 页。

113 主要参考《尚书》卷二，第 10 页，同样的记载亦见于《史记》卷一，《五帝本纪》第 20 页。

114 相传帝尧设官分职，命羲仲、羲叔、和仲、和叔分居东、南、西、北四方，观察天象制定历法，以授民时，名为“四岳”。（中文版注）

115 《资治通鉴前编》卷一，第 11 页有对此事的完整记载。

116 此处参考了《尚书》卷二，第 10 页和《史记》卷一，第 21、31 页。舜的父亲通常被认为是一个盲人，但一些评论者（如孔安国，见《史记》卷一《五帝本纪》，第 31 页，注释 3）将其解读为道德上的盲人，即不懂分辨善恶，没有记载表明他是哑巴。卫匡国使用的这两个汉字均意为“盲人”，见《十三经注疏 · 尚书》卷二，第 11 页。在《史记》卷一和卷二各处都能见到“叟”

字，意为“老人”。

117 直接引用《尚书》同上，《史记》卷一《五帝本纪》，第 32 页和《资治通鉴前编》卷一，第 11 页。

118 《尚书》卷三，第 17 页；《史记》卷一《五帝本纪》，第 30 页。

119 《资治通鉴前编》卷一，第 17 页。

120 《史记》卷一《五帝本纪》，第 30 页：“百姓悲哀，如丧父母”。

121 卫匡国在这里提到了他那个时代所遵循的服丧礼仪，这些礼仪被认为源于遥远的古代。见：库彻 (N. Kutcher)《中原帝国晚期的服丧礼仪》(*Mourning in Late Imperial China*)，剑桥：剑桥出版社 1999。

122 这是一个浑天仪，见《史记》卷一《五帝本纪》，第 24 页。在《资治通鉴前编》卷一，第 17 页和《史记》中也有玉质观天工具的记载：在璇玑玉衡以齐七政。第 12 页和注释 64 都说到了浑天仪。

123 《史记 · 项羽本纪》第 338 页。

124 拉丁文原文写为 YUO，有误。可能是抄写员或排版员之误。

125 《资治通鉴前编》卷一，第 20 页。

126 中国的十二州划分，见《中国新地图集》意大利文版，前言，第 3 页左栏；第 302-303 页，注释 35。《资治通鉴前编》卷一，第 19-22 页。

127 《史记》卷一《五帝本纪》，第 43 页。

128 译自《尚书》卷三，第 18 页；《资治通鉴前编》卷一，第 23 页；《史记》卷一《五帝本纪》，第 24 页。一般来讲五刑分别是：“刺刻”[黥]、“割鼻”[劓]、“断双足”[膑]、“割势”[宫]、死刑[大辟]。卫匡国的理解可能有偏差。（中文版注）

129 《资治通鉴前编》卷一，第 22 页。

130 卫匡国这里所说的“鞑靼”泛指居住边境的各民族，并非当时欧洲所认为的明朝对东部蒙古的统称。《史记》记载的周边民族共有四个，称为“夷”，意为居于中原范围之外但受舜统治的民族，分别是北狄、南蛮、西戎、东夷。《尚书》卷三，第 18 页；《史记》卷一《五帝本纪》，第 28 页。

131 《资治通鉴前编》卷一，第 24 页。

132 早在尧和舜的时代，治水已被认为是君主治国为民谋福的主要任务之一。在以平原为主的土地上，只有开挖运河才能保证农业生产的正常开展。

133 《史记》卷一，《五帝本纪》第 44 页。

134 这个故事记载于《史记》卷一《五帝本纪》，第 34 页。卫匡国改动了舜和弟弟的对话，也没有记载说舜的弟弟受到了盲父和愚母的教唆。这个故事与该隐和亚伯的故事很像，但本质区别在于这个故事里弑兄未能得逞，善良的人获得了善报。

卷二 夏朝（HIAA）

第一位皇帝

[大]禹（YUUS）

独自统治10年

舜去世后，他的儿子认为自己才是帝国的正统继承者，不能接受父亲禅让王位于他人。狡诈残暴的他随即起兵，但未能成功。[1]

第九甲子第11年，公元前2207年

大禹的逃亡和遭到反抗的统治

尽管当时大禹已经参与执政多年，他还是选择逃离了都城，但他的功德注定了他必定会被命运之神眷顾。所有百姓都不愿服从舜的儿子的统治。国家最终依然被交给大禹管理，他的思想高度和行为水准均领先众人，获得王位当之无愧。中国的历史学家们称其为王而不为帝，这是不公正的，但也有传言说，这是因为他太过溺爱自己的子孙，将本来只交由他治理的国家传继给了自己的子孙。中国的帝位继承制始于夏朝。大禹原本选定了和他共同治理国家多年的[伯]益（YEUS）为继承人，但大禹死后，人们认为伯益的功绩不足以成为皇帝，一致决定让大禹的儿子继承帝[2]。这并不是雄心勃勃的父亲要将皇位传给儿子，而是因为他的儿子的确值得所有人的爱戴和尊敬。

为什么称大禹为王而不为帝?

从推举制到继承制

于是，原本的推举制[3]变成了世袭制。夏朝统治中国441年[4]，经历了17位君主，之后我将他们都称为皇帝（imperatori），以区别于国王（re）和诸侯（principi tributari）。之前我曾提到，在众人的推举下，皇帝还需要履行祭天的职责。虽然推举制被废除，皇帝主持祭祀仪式的特权依然保留。直到现在，只有皇帝才可以祭祀上帝（XANGTI），意为至高无上的皇帝，僭越者会被处死。

中国人也知道天主（Dio）

今日的中国人崇拜一个不知所在的神，[……] 他们向这位至高无上的神祈祷、献祭，从不摆放塑像或画像，他们认为无处不在的神明无法被感官察觉，因此不能为其造像。尽管如此，他们还是在山中建起了寺庙，然后前往祭拜。

上帝是谁?

中国人似乎用上帝这两个音节的词表示天上的皇帝，而人世间的统治者则被称为皇帝。

为了让时间的计算与我们使用的年表之间的关系更为清晰，我需要特别说明一点：无论皇帝在一年中的哪个月去世，他的在位时间都会计算到当年年底。尽管中国人在皇帝去世当年就会换立新帝，已故皇帝的年号却会延续到年底，也就是说，所有的事情都会以已故皇帝的名义去做，所有的公文也以他的名字签署，就好像他依然活着一样。只有改朝换代的情况例外，皇帝在登基当天就开始以自己的名义统治。

大禹独自统治的年份以我们记载的那年开始计算，而实际上，上一年他在著名的第四位皇帝黄帝的孙子舜去世后就已经获得了皇位。[5] 他钟爱黑色，因此在自己的旗帜上全部使用黑色，祭祀至高无上的上帝时所用的祭品则用黄色或橙色。他将舜在位时划分的十二个州减少至九个州。[6] 为了让各地区的耕种能获得丰收，他编写了一些十分实用的规范；他尽职尽责地完成了治水大业，因此对各地土壤的特性、肥沃程度和区域分布了如指掌。他编写了大量的耕种施肥指导规范，针对各地土壤的自然特性给出了不同的建议，十分有效。现在的中国人使用各种肥料，有的地方用牛粪、马粪和人类粪便，有的地方用碾碎的牛骨、母鸡的羽毛、草木灰或猪鬃，他们将这些肥料铺在土壤表面。尽管那里物产丰富、不乏珍宝，他们却从不忽视或丢弃任何东西，在他们眼里，所有东西都具备实用价值。

农业在中国的重要性

大禹，土地测绘师

大禹智慧过人，毫无疑问他也擅长测绘学和地理学。他不仅将中国的土地更好地进行了划分，还测量了土地的高度，以便在治水时根据土地的海拔高低引流，避免造成损害。这些事情我都是从《书经》中读到的，书中还有很多描述他如何研究每片土地特性的章节。[7]

大禹命人铸了九座铜鼎[8]，分别对应九州，每个铜鼎上都刻有一州的地图。这些铜鼎十分精美，各代皇帝都将其视为珍宝，其中原因却比出于艺术热爱更重要：人们认为拥有九鼎的人便是皇帝，而帝国的稳固取决于皇帝是否能照料好它们。

大禹派人仔细地研究了影响每个州的星宿，直到今天，人们依然相信这一研究结果，并称之为大禹分九州。[9]

大禹，占星师

中国人有二十八宿，我认为它们与我们的二十八月亮宿相对应。[10]每个星宿占据天区的一部分，以度计算，大小不一，虽然中国人按照太阳的周年运动将天球划分为 365 度 25 分，但二十八宿的度数总和为 360 度，构成一个圆。

二十八宿，或称月亮宿

我认为有必要在此介绍一下这二十八宿。公元 1628 年，它们的位置被依照我们的体系进行了计算。[11]这些星宿在未来各年的经度位置都能通过对恒星移动的简单计算得出。在此我就不列出二十八宿与各州的对应关系了，因为我在《亚洲远东地图集》[12]一书中已做了详细说明。[13]

这位皇帝的公平正义实为罕见。若有人想要批评其行为，很容易便能获得接见，打一个中国式的比方，就好比水往低处流那么简单。他命人在自己的宫殿门口悬挂了一口钟、一张鼓、一块石板、一块铁板和一块铅板，每一件对应着一种建议类型，并告知博学忠诚的人们若有任何建议想要告诉皇帝便可以敲响相应的物件。司法类的建议鸣钟，法律和礼仪类的建议打鼓，国家事务敲铅板，揭发官员不公敲石板，逮捕和入狱类事件敲铁板。[14]

皇帝与子民的建议

皇帝会向提出有用建议的人鞠躬表示感谢，并予以褒奖。他曾经在一天内两次离开餐桌接见敲钟的人，还曾在一天内三次离开浴室，只因听到有人在外求见。[15]但有一次，一位大臣见皇帝过于和善，便当着帝国其他官员的面使用极为犀利的言辞进谏。这让皇帝感到被冒犯，立马回宫，大怒，命人处死那个可恶之人，但皇后及时又不失礼貌地阻止了皇帝未及斟酌而做出的决定。她先了解了皇帝愤怒的缘由，随后便换上最华美的礼服，挑选了合适的时机去见丈夫。皇帝见到优雅万分的妻子十分惊讶，便询问她为何穿着与场合不符的美丽衣裳。这时，皇后答道：“我完全有理由这么穿着来表达喜悦，因为我们都应该感到高兴，能有这些不会阿谀奉承、敢于实话实说的大臣和官员

国王中罕见的榜样

皇后平息了皇帝的怒火

是我们的福分。人生最大的福气便是有人愿意告诉你真相，但不幸的是，人们通常会因害怕不好的结果而不敢直言。”这番睿智的话语平息了皇帝的愤怒。

大禹的慈悲心肠

大禹心肠慈悲。[16] 有一次，他在路上看到一名囚犯正被送往刑场便立即下车，声泪俱下，自责不已：“噢！我好痛苦！尧和舜统治的时候人们都听从君主的话，而到了我，我的子民们却任由自己邪恶的本性驱使，无视法纪，为非作歹，我也不知这究竟是命运还是因为我犯下了什么错。我没有怨天尤人，在这个国家，君主的善良还不足以让所有的恶行消失，令所有的恶人向善。如今诚实的百姓中出了恶人，这全都是我的错，难道我不该难过吗？”见到皇帝如此自责，一位官员说道：“没有一位君主不是迫于无奈才对人民用刑的！”听到此话，皇帝悲痛地说：“我知道，但在我的统治下，恶人有了作恶的胆量，而过去的帝王们德高望重，他们的德行促使人们向善，阻止人们作恶。这让我非常难过。”有一次，他正在考察国内的土地，当船行过扬子江时，突然江中跃起一条形似巨龙的鱼，船只被鱼背顶起，眼看就要倾覆。所有人都大惊失色，但沉着勇敢的皇帝面不改色，不慌不忙地说：

他的名言

“上天将帝国托付于我，为的是让我公正地统治我的子民。我做的事都是为了当死亡对我进行惩罚的时候能无愧无惧。死亡是我的宿命，我知道自己这个悲惨之人终将死去，我这个虔诚信徒在人间的生命是有限的。活着的时候我远离家乡，那么如果死亡能为我敞开回家的大门，为什么我还要畏惧它呢？这个即将倾覆船只的怪物会让我死去，将我带回坟墓，而那里是我真正的家。当我结束这场流亡回到家中的时候，死亡于我来说更是喜悦，而非痛苦。”话音刚落，顶起船只的脊背就沉入了海底，怪物也消失了，船上的人们虽然心惊胆战，但都毫发无伤。《书经》中还记载了他许许多多值得一提的言行，一些是治理国家的善行，另一些则关于权力的分配和税收的设置，都可圈可点，但这些故事挨个讲来会太过冗长，下面我们选取其中几个。

至理名言

他总是说：“作为王，应当时刻感到敬畏，如履薄冰，行事也需特别谨慎，以免偏离正道。要知道，治理国家是件难事，也会带来许多危险。不能无视法律。不能沉溺于享乐。王的行为应当诚实明智。

不应将自己的意愿强加于民众。不得怠惰，要勤于有用的思考，有高尚的情操。履行职责不能拖延。”他将都城迁移至自己在山西省（XENXI）[17]建立的城市平阳（PINGYANG）[18]。

黄金雨

据说在他统治期间连下了三天金沙。也是在那个时期，仪狄（ILIEUS）发明了著名的米酒[19]。在品尝了那种佳酿后，皇帝感叹道：“这种饮料将会带来多少灾难啊！我能预感到将有大恶降临，这甜蜜的毒药注定会亡我帝国亡我子孙啊！”大禹的确是先知！他的这两个预言最后都成了真，这我们之后再讲。

米酒

酒的发明者被流放

仪狄因为发明了米酒而被流放，并且在大禹在位期间，要是有人胆敢酿造这种酒就会被处以极刑。尽管酒的发明者被流放了，但酿酒的秘方一旦传开，人们就不会忘记它的制作方法，这种饮品直至今日仍被看作是口舌和餐桌上的一种享受。带来罪恶的技艺总是能很快传开，技艺不会失传，但发明他们的人却会受到惩罚。

第二位皇帝

启（KHIUS）

在位 9 年

第九甲子第 21 年，公元前 2197 年

在上至高官、下至百姓的所有人的同意下，大禹的儿子启继承了皇位。他自幼受到母亲的良好教育。启的母亲是一位聪慧的女子，自幼便教导他以父亲的言行为榜样，明白什么是君主的职责，什么是子民的义务。大禹的形象还栩栩如生地印在其子民心中，而启的举止和博学与父亲大禹是如此相似，因此在启在世的时候，这种悲伤也变得不那么强烈了。良好的教育是多么重要啊！它会在人的心里埋下温和与善良的种子！在统治初期，启卷入了一场与诸侯[有]扈[氏]（HUS）之间的残酷战争。邪恶无耻的有扈氏为了财富和权力不惜欺凌他人，但启及时制止了追随有扈氏的恶匪们，他召集了六个诸侯，组织了一支庞大的军队，历经成败，最后在甘（Canie）[20]附近打败并杀死了有

母亲给予的良好教育

扈氏[21]。之后帝国便归于平静，但好景不长，因为皇帝在位短短九年便去世了。启生前将五座坚不可摧的城堡交给五个弟弟管理，并赐予他们诸侯的头衔和皇室成员应有的一切，以防止弟弟们觊觎其他权力。[22]

第三位皇帝

太康（TAIKANGUS）[23]

在位 29 年

第九甲子第30年，公元前2188年

太康在战乱停歇后醉心于狩猎，他不喜带兵杀敌，而是沉迷于与动物搏斗，最后以耻辱的方式丢掉了皇位。他鄙视父亲和祖先们的美德，日渐沉沦，若不是大臣们废黜了他，整个国家都会被他带入深渊。他沉湎酒色，经常在美色环绕的宫中烂醉如泥。他还整日在山间丛林里打猎，根本无心治理国家。他经常带着狩猎的队伍和猎狗冲进田间去追逐野兔或雀鸦，践踏农民的田地，民众怨声载道。最后，太康在山林里猎杀野兽时失去了自己的皇位。当时一位名为 [后] 羿（YS）[24]的最有威望的首领为民众反对暴君的请愿动容，便联合其他的首领将权力交给了太康的弟弟仲康（CHUNGKANGUS）[25]。为了避免发生骚乱，他们流放了太康。其实发生骚乱的概率很小，因为太康已经失去了所有人的支持，没有人愿意追随他或者帮助他夺回权力。在那个时代，人们对君主犯下的错是那么的蔑视和愤慨，对美德又是多么的热爱！在太康被剥夺了权力并被流放后，他的五个弟弟和母亲一同来见他，既为了安慰他同时也为了指出他的错误。这五个弟弟每人都写了一些诗句，记录在我提到过的那本叫《书经》[26]的古书里。下面我想说说这些诗句的含义。

第一个弟弟这么说道："我们的先祖大禹曾颁布过这样的律令：'统治者必须爱他的人民，不得蔑视或镇压'。人民是国之根本，决定着国家的强大和安定。人居高位好比驾驭战车，手中是破损的缰绳，面前是六匹烈马，难道不应该万分小心吗？”

第二个弟弟说：“你在宫殿里只思淫欲，在外则沉迷狩猎，这两者都让你声名狼藉。你喜欢轻浮的音乐，用子民的鲜血支撑起你那高耸入云的屋顶。我认为这样做的人，无论出于什么原因，都会毁灭自己。”

第三个弟弟说：“我们的皇室自尧起就以美德著称，而你是第一个偏离祖先道路的人。那是稳定治国的道路，而你却完全背道而驰，因此你如果有善终那真的是奇事了？”

第四个弟弟抱怨说：“啊！我们的先祖们多么伟大！他们用睿智的法律和有用的规范为我们指明了统治万邦的道路。这是他们留给你和我们的财产，但是你居然没有珍视这份遗产，我好难过！理所当然地你会失去国家，是你让后代们失去了国家统治权。”

第五个弟弟最后表达了自己的痛苦：“啊！我们怎样才能回到祖国？我内心深处的痛苦正在吞噬我、折磨我，因为我的哥哥太康被人民憎恶。我又该投靠谁，寻求谁的帮助呢？我胸中沉痛，不能自已！我的灵魂饱受折磨，我的脸上写满耻辱，我的心中痛苦不堪，是啊，是我偏离了正道，是我没有遵循美德的引领。哭泣和抱怨已经太晚了，因为时间已经一去不复返了！”

第四位皇帝

仲康（CHUMKANGUS）[27]

在位 13 年

仲康取代兄长、被众臣拥立为帝后十分高兴，也十分满意官员们对他的支持，但他对后羿有所忌惮，担心他会阴谋对抗自己，而他业已证明有这个能力。与此同时，他也担心自己在民众中的威信和声望还不够，所以他决定对后羿采取以礼相待但不完全信任的策略。 第九甲子第59年，公元前2159年

多么睿智的年轻人啊！他在同龄人中出类拔萃！他将后羿留在身 年轻皇帝的智慧

边，假装是他真诚的朋友，需要听取他的建议，但是他却将后羿的兵权交给了自己的亲信胤［侯］（CHEUS）。机警的后羿也没能立刻意识到自己其实被软禁在了豪华的监狱之中，而当他终于意识到的时候，后羿也不想让自己的处境变得更糟，于是便表现得非常隐忍，暗地里密谋颠覆夏朝。他先是巴结了一些官员，获取了他们的支持，然后又用谄媚的言语获得了皇帝死后将要继承皇位的太子的好感。忠于皇帝又握有兵权的胤侯将是他复仇之路上的绊脚石，因此后羿便想出了一个让皇帝怀疑甚至憎恶他的办法。如果事成，那么复仇就轻而易举，夺取胤侯的兵权的方法也可助他让兵权回到自己的亲信手中。皇帝识破了他的诡计，根本不理会他的花言巧语。谋害胤侯不成，后羿便加倍讨好皇帝的儿子，但最后，助他一臂之力的却是命运。仲康早逝，太子继位，而后羿早已通过阿谀奉承获得了新君的喜爱。

一次日食

仲康在位期间发生过一次壮观的日食，当时太阳正进入房宿，也就是今日的天蝎座二十度附近。

占星师们因犯错而获死

当时宫廷的占星师们因为没有提前预报这一天象都被判了死罪。我发现对此次日食时间的记载不尽相同，有些地方记载的是公元前2158年，即仲康二年，另一些则记载为仲康六年，即公元前2154年[28]。有人认为占星师们被处死的原因不是因为没有预报天象，而是因为他们支持了后羿的阴谋。

其他获重罪的案例

在中国因为这样的错误而被判处死刑一点不稀奇，直到今天，宫廷占星师们依然会因计算天象失误而被斩首。

关于日月食的迷信

在中国人眼里，月食是狗或龙在吞食月亮，而未能用献祭和包括呼喊、奏乐和敲打的神圣仪式来帮助失去光辉的太阳和月亮是一件非常严重的事。因此，皇帝在从占星师那里得到将要发生日月食的消息后便会派人快马加鞭将日期和时刻告知全国。各处的大臣和百姓都会焦急地等待着那一刻，并准备好用敲锣打鼓来驱赶即将来临的危险[29]。

第五位皇帝

相（SIANGUS）

在位 27 年

相从父亲那里继承了皇位，但却没能继承父亲的智慧。这位缺乏谨慎的年轻人被后羿的花言巧语蒙蔽，立刻解除了胤侯的兵权，重新任命后羿为军队首领。巧言令色骗取权力的人总是不可信的，不久之后后羿便恩将仇报，背叛君主，在士兵们的合谋下发起叛乱，多次试图谋害君主，最后迫使皇帝出逃。在流亡期间，皇帝被两个诸侯斟灌（CHINQUONIUS）和斟鄩（CHINSINUS）收留，他们是他的亲戚[30]。

第十甲子第12年，公元前2146年

恩将仇报

后羿非常狡猾，没有立即夺取政权，因为他担心一些诸侯的忠诚，他非常明白有一些诸侯无论如何都不会背叛相。皇帝年少无知，分不清真正的忠诚和虚假的关心，后羿便利用了这一点假装维护皇帝。他派人告诉皇帝自己因皇帝的流亡痛心疾首，恳请皇帝归来，并让皇帝相信不应该对他的忠心有所怀疑。与此同时，他下令处死或流放那些以莫须有之罪而被捕入狱的忠于相的大臣，让自己的亲信坐上他们的位置。过了没多久，他认为已经扫清了障碍，便登基称帝。

但是，就像经常发生的那样，用罪恶获取的成功终将因突如其来的灾难而化为乌有。暴君羿将重要官职中的一项交给了自己唯一信任的人——寒浞（HANZOUS）。他向此人吐露秘密，给他诸多优待，还任命他为军队首领。

一系列叛变

但是此人虚伪不忠，为了能够独掌大权，他杀死了正统皇帝相，还杀死了篡位者后羿，恩将仇报，背信弃义。[31] 这一系列阴谋的首位受害者就是后羿，他十分信任寒浞，视他为朋友，还十分放心地将国家交给他管理。后羿贪图享乐，喜欢狩猎，射箭技术无人能敌，寒浞收买了一个士兵，趁着后羿在树林里静静地徘徊试图将猎物赶出巢穴的时候杀死了后羿，然后放出消息称藏在树林中偷袭的是相。之后的一切便顺理成章了。

报应

强壮出色的弓箭手

事实上，当年后羿在太康狩猎时篡权便注定了自己会遭到相同的报应——也在狩猎之时失去了国家和生命。中国人依然对后羿的射箭技术和他强壮有力的肌肉和臂膀称道不已。他射箭稳准，曾经九发连中，射下九只大鸟，技艺之精湛实属罕见。

后羿被杀后，野心勃勃的寒浞决定让相也成为猎物，他要将对手悉数除去，以便独掌大权，再无忌惮。后羿有两个儿子，年长的那个名浇（KIAUS）[32]，身形同父亲一样强壮。据说，在必要的时候他可以独自将河中的船只拉上陆地，再拖进另一条河。寒浞悄悄地将一部分军队交给他，怂恿他让皇帝和两位诸侯为后羿的死血债血偿。浇十分骁勇，忠于父亲的他随时准备复仇，很快便召集了一支庞大的军队，与寒浞的部队联合。与此同时，相也召集了尽可能多的人，在两位诸侯的帮助下准备打一场硬仗。浇在两军交战中被仇恨杀红了眼，手刃了皇帝和诸侯；杀死了敌人的他并不满足，随后将相的军队也全部歼灭，只有当时躲在山间牧人小屋、有孕在身的皇后逃过一劫。就这样，寒浞获得了皇位，掌权 40 年，在战场上立下大功的浇被封为诸侯。鉴于此次胜利归功于浇的善战，寒浞还将国土的一小部分赐给他作为奖赏。

第六位皇帝

少康（XAOKANGUS）

在位 22 年

第十一甲子第 19 年，公元前 2079 年

在这一年，少康终于获得了失去多年、本应由他合法继承的帝国。那位从敌人的怒火中逃脱的皇后[33]在生下少康之后便将他养育在群山之中，藏匿于牧民之间。寒浞不知从何处得知了这个消息，便派遣亲信前去捉拿少康。少康得知自己即将身处险境，便离开了森林，躲避到一位名为虞（YN）的部族首领家里，隐姓埋名做了一段时间的厨师。

厨师皇帝

这位部落首领好奇地观察他的行为，从其言行举止的礼数，明白其身

份应该高过牧人或厨子，便询问起他的来历。少康将自己的来历和所有遭遇都告诉了他。于是，这位首领让他立刻放下厨房卑微的活计，也不再当他是厨子。他像对待王子一样对待少康，还将女儿嫁给了他并给了他一些土地。这么做不但能帮助他养家并过上与其身份相称的生活，同时还能检验一下如果他拥有了大片的土地将会如何管理。很快这位首领便明白，这位年轻人不是从牧人那里学会了指挥的艺术，而是从皇族的本能中获得了领导的艺术，因为他对待下人十分温和，还选择了一个偏僻安静的地方学习使用兵器。在时机成熟之际，岳丈大人便向他引见了在篡位者夺权时期依然忠于皇帝的将军们。这些将军看到相的儿子德才兼备，便帮助他从各处集结军队，因为大家也希望国家由正统的继承人治理。于是，一支大军向残暴的寒浞和那些叛徒开拔。一开始战况并不明朗，但到了最后，暴君在一场战役中战败被俘，为自己的恶行付出了代价。之后，少康登上了皇位，并向寒浞的帮凶浇宣战。他将部队交给善战的将军们指挥，将敌军全部歼灭，浇被俘后被杀。浇的弟弟想要为兄报仇，向胜利的皇帝起兵，但被皇帝的儿子杼（CHUUS）杀死。就这样，少康在夏朝覆灭的边缘连杀三个叛徒，帝国在他的治理下恢复平静，王朝也得以延续下去。

第七位皇帝

杼（CHUUS）[34]

在位 17 年

在这些胜利之后，中国在夏朝几代皇帝统治下享受了多年和平。杼军功显赫，深受尊敬，其勇猛亦为人所畏惧，继位时很顺利便获得了所有子民的顺服，也没有发生战事扰乱既有的和平。　第十一甲子第41年，公元前2057年

第八位皇帝

槐（HOAIUS）[35]

在位 26 年

第十一甲子第58年，公元前2040年

杼将和平昌盛的国家传给了槐。长久的太平盛世令年轻的皇帝沉耽于享乐，直至今日人们依然认同，荒淫无度的作风对中国的君主们来说是毁灭性的。

荒淫无度

槐将政事交由大臣处理，自己则整日沉溺于美色与阉人之间，只知享乐。在中国，皇帝们通过文书了解政事，很少离开宫眷的房间出现在公众面前。有些皇帝虚有其名，实质上都是淫欲的奴隶。之后我会将一些荒淫的君主与圣明贤君进行对比。

当时居住在边境周围的外族人惊异于中国的美好生活、和平与良政善治，对中国崇敬不已，纷纷前来进献礼物，自愿成为诸侯国。这些民族居于东部岛屿，在《书经》说到帝禹时期时被首次提及。[36]目前不清楚这些岛屿究竟是日本、中国近海的小岛还是朝鲜半岛。从这本书里找不到任何确切的资料，因为岛屿的名称未被提及，只知道这些民族从海上坐船而来。因此，中国人早在远古时期就掌握了航海技术这一点是毋庸置疑的。之后我会说到他们前往东印度地区的数次航行。古书中曾多次提到，中国的船队到达过亚洲的这片区域，甚至还一直航行到了今天被称为圣洛伦佐岛[37]的地方。关于这一点，我们之后细说。

第九位皇帝

芒（MANGUS）

在位 18 年

第十二甲子第24年，公元前2014年

芒继位时的作风与他的父亲毫无二致，唯一不同的是他将都城从西边迁移到了黄河边更有利的位置。[38] 这条中国人称为黄河（HOANGHO）[39] 的河流得名于河水挟裹的黄色或橙色的泥沙。这条河流从中国人称为昆仑（QUENLUNG）[40] 的阿玛赛（AMASEI）山脉流下，挟裹着巨大的水量奔腾五百多里格（LEGHE）[41]，从中国北部和东部地区中间穿过，在那里它稍稍向其源头方向拐弯，滋润了北部和西部之间的土地，最后穿过叫做黑契丹（CARACATAYO）[42]、也被称为罗布（LOP）[43] 的沙漠向南流去，流经中国的五个省份，在江南省（NANKING）淮安（HOAIGAN）[44] 附近入海，那里有为防御鞑靼人侵而建的著名长城。黄河水流浑浊的原因在于河中的黄色泥沙不会像清水中的沙子一样反射光线，而是会被湍急的水流卷起，好像裹挟着雨水的狂潮，将整条河流都染成黄色。这一原因已被许多实验证实，而黄河也恰恰因此得名。有人曾将黄河之水置于瓶中，静置不久后，瓶底沉淀的泥沙几乎占了三分之一，我本人也曾多次实验。当我第一次见到这条大河时，我以为眼前是流动的沼泽或泥沙，但见其水流湍急，我便相信那是一条河流。没人知道如此多的泥沙从何而来，也从没有人见过河水出现片刻的清澈。因此，当中国人认为某件事不可能发生、感到非常失望时会用这样一句谚语：这件事只有在黄河水清澈时才会发生。[45] 要想知道更多关于黄河的事，可以参阅我的《亚洲远东地图集》。

第十位皇帝

泄（IS）

在位 16 年

第十二甲子第42年，公元前1996年

到了芒的儿子泄统治的时期，周边的外族都向帝国进贡，他们的王也以皇帝能确认其领土的所有权为荣。[46]

中国的附属国

外族的国王们被皇帝的公平公正和帝国的和平盛世所吸引，认为与如此强大的民族建立友谊和联盟对自己有利，可以帮助自己御敌。

直至今日依然有许多国家的王权需要中国皇帝的册封才能确认，但在日本和交趾等另一些国家已经没有这一礼仪了，依然保持此礼仪的国家也并不是真正意义上的臣服，更多的是为了在贸易中获益。中国的边境对外族封闭，使节以外的人很难得到跨过边境的许可。

来到中国的假使团

土耳其人、老挝人、撒马尔罕人、莫卧儿人等自陆路进入，暹罗人和柬埔寨人则从海上进入，他们打着使团的名义进行私人买卖。这些人给自己即兴捏造出根本不存在的君主使团的身份，向皇帝进献一些不会让他们亏本的礼品，而他们离开的时候会收到比送出的贡品数量多得多的礼物，因为皇帝认为送出的礼物价值不及收到的贡品是非常羞耻的事。这些使团在中国逗留期间的所有费用都由朝廷开支，他们带来的货物由皇帝出资搬运到宫殿，他们可以在各处买卖，不限数量。他们离开时也会由皇帝派交通工具免费送至中国边境。此类使团让外国人得到巨大的利益，他们让别人出钱来增加自己的财富，而皇帝们则被使者们的谎言所蒙蔽，接受那些从未有过的王国和根本不存在的国王们的进贡。[47]

第十一位皇帝

不降（PUKIANGUS）

在位 59 年

第十二甲子第58年，公元前1980年

那时皇室内部冲突不断，皇帝的兄弟和儿子们拉帮结派，觊觎权力，直到不久前去世的先皇之子不降取得皇位。关于这位皇帝我们所知甚少，只知道在他的统治下中国人度过了一长段和平岁月。但他作为皇帝缺乏深谋远虑，最后没能让自己的儿子继承帝位。不降死后，他的弟弟篡权，而皇子孔甲（CUNGKIA）则被强行剥夺了继承权。

第十二位皇帝
扃（KUNGUS）
在位 21 年

不降的弟弟扃篡夺了皇位，将孔甲排挤到一旁并让他承受了再一次欺凌，为了使孔甲不再拥有对于未来的任何念想，扃将儿子廑（KINUS）定为储君。这位皇帝没有做任何值得铭记的事情。

第十三甲子第 57 年，公元前 1921 年

第十三位皇帝
廑（KINUS）
在位 21 年

廑和他父亲一样在位 21 年，期间国泰民安，但并无功绩可说。尽管他本不是皇位所属，但他知道如何以出众的能力保住皇位，不过廑没能将皇位传给自己的儿子。虽然他的儿子十分渴望得到皇位，但是在父亲死后他却被弃置一旁。皇权依照继承顺序重新回到了正统的继承人手中。

第十四甲子第 18 年，公元前 1900 年

第十四位皇帝
孔甲（CUNGKIA）
在位 31 年

在遭受了两次篡权后，不降的儿子孔甲终于得到了皇位。虽然他是在等候多年之后才开始治理国家，但还是太过迅速，一登上皇位就忘记了真诚和谦逊，被享乐奴役，行为举止也没有半点男子气概。他罔顾人民的福祉，也忘记了美德操守。他将国家交给大臣们管理，自

第十四甲子第 39 年，公元前 1879 年

己过着糜烂淫逸的生活。与他的祖先们恰恰相反，他根本不在乎身边的人是善是恶。越懂得阿谀奉承就越能得到皇帝的嘉奖。他最喜欢那些帮他掩饰错误、颠倒黑白的人，溜须拍马的人因此都获得了最高的官职。皇帝糟糕的品行埋下了朝代灭亡的种子，许多诸侯都认为他不配做皇帝并开始对他不敬。

而皇帝懒惰成性，没有采取任何措施压制诸侯，只知道沉溺于享乐，在位多年都表现得像一个弱女子，没有皇帝的模样。这令人不齿的举止以他的死亡画上了句点。他的儿子皋（CAUS），继承了他的帝国与满身恶习。

第十五位皇帝

皋（CAUS）[48]

在位 11 年

第十五甲子第 10 年，公元前 1848 年

就像俗语说的那样，老子混账儿混蛋。[49] 皋同他的父亲一模一样，生活糜烂，在花季年龄便早早夭折，将摇摇欲坠的皇位留给了儿子发（FAUUS）。

第十六位皇帝

发（FAUUS）

在位 19 年

第十五甲子第 21 年，公元前 1838 年

值得一提的只有发的儿子桀（KIEUS），一位残暴的继承者，这个家族的最后一位皇帝[50]。我将会说到，此人是夏朝统治多年的帝国旁落他人的罪魁祸首。国家的根基若不是建立在美德之上，那还能是什么？是德行造就了帝国，没有了德行，帝国便无以为继。

第十七位皇帝

桀（KIEUS）

在位 52 年

第十五甲子第 40 年，公元前 1818 年

罗马有尼禄，而中国人早在多个世纪前就有了他们的尼禄——桀。历史上没有任何一个民族遭受过如此暴戾的统治。因此，桀也成为中国人口中“残暴”最贴切的代名词。

过人的力量

桀的体魄十分强壮，但性格却不甚坚强。据说他可以一把扯断大绳，双手并用可以拉直三指粗的铁钩。他娶了妹喜（VIHIA）为妻，正是这个女人引导他走向了暴虐。[51]桀疯狂地爱着妹喜，对她千依百顺，生怕她不高兴。妹喜十分清楚这一点，因此便向桀提出各种蛮横无理的要求作为爱的考验，而桀对她有求必应，为了爱一个淫妇置整个国家的利益于不顾。就这样，人民的财产都转变成了越来越沉重的税赋，用于建造她喜爱的那些金碧辉煌的宫殿、高大宏伟的戏台、被堤岸和大理石栏杆围绕的湖泊。其中有一件荒唐事花费高昂，令人震惊，之前根本就无人敢想：先将一大片土地挖掘成可以行船的湖泊，然后将美酒灌入其中。桀和妹喜命三千人像狗一样跪在池边舔酒喝，喝到呕吐和神志不清，然后，这些醉得摇摇晃晃的人被赶到附近名为“肉林”的布满了食物的树林里。[52]林子里的树上悬挂着烤好的牛、野猪、鹿和其他动物，供那些刚刚喝饱了美酒的人继续满足口腹之欲。桀和妹喜还想出了另一件无耻百倍的事。他们命人建造了一座辉煌的宫殿，名为密宫，然后从全国各地找来俊男美女，在宫殿中住下。这些男女一丝不挂，生活淫乱，而皇帝夫妇则以偷窥或者迫使他们性交为乐。妹喜不知羞耻、残酷无情，喜好人肉，尤其喜欢干燥的骨髓，然后不知用何种方法处理后作为提升自己和皇帝性欲的秘方。

比起敌人，恣意妄为的女人害处更大

这个女人是桀偶然所得。一位曾经起兵反抗皇帝的诸侯一直对皇帝心存恨意，但他却假意求和。为了更容易得到皇帝的宽恕，他便将妹喜献上，以表臣服，当时的妹喜还是一位非常美丽的少女。他坚信一个妖媚的女子胜过千军万马，定能让皇帝走向毁灭。这位诸侯没有

算错，落入妹喜蛛网中的皇帝果然江山不保，不仅将自己引上了绝路，还导致了夏朝的灭亡。桀确实是个邪恶之人，他为了自己的欲望而委身于内心的魔鬼，对任何召唤都充耳不闻，只听那危险的海妖塞壬的歌声。女人一旦掌控了男人，就可以为所欲为，无法无天啊！

诸侯们都为皇帝的荒淫感到羞耻，开始在一些地区发动兵变。事实上，在皇帝夫妇的生活还未糜烂至此的时候，一些诸侯就已经有所动作了。他们拒绝臣服于皇帝。只有美德才能带来权力行使的正当性，既然皇帝无德，诸侯们便不承认他的权威，毫无畏惧地起兵反抗。皇帝被所有人憎恶，只有少数依然忠心耿耿的大臣和官员认为需要找到折中的办法来避免帝国的灭亡。他们试图劝说皇帝履行职责，睁开眼睛看看自己的所作所为，但全都无功而返。

大臣的坦诚

其中一位名为关龙[逢]（QUALUNGUS）[53]的大臣鼓起勇气对皇帝说："你要牢记谦逊是帝王最重要的品德，皇帝应当心怀谦逊，根据子民们的不同处境给予他们尊重和爱。你应当像父亲对待孩子一样响应他们的需求，全心全意地对待他们。只有这样，子民们才能在你需要的时候为你所用。君主的职责不仅是要求子民诚实做人，他自己更应当成为榜样，这样国家才能长治久安。而你对子民不管不顾，这根本不是牧人照料羊群，而是强盗杀人越货。要小心，不要后悔莫及啊！就像被你残杀的人们不能死而复生，你也没有能力让那些已经造反的人们重新归顺于你；但现在还没有全部都已经失去，所以我恳求你尽快回来履行皇帝的职责吧！"桀的先人们在类似的情况下都会接受劝告，但他听了这番话后却勃然大怒，下令立刻处死关龙逢。那时候向厌恶忠言的君主坦诚直言的代价多么高昂啊！一位属于血统高贵的黄帝部族并侥幸逃生的诸侯汤（TANGUS）听闻这一消息，心痛不已。他得知关龙逢既无人收尸，也没有庄严的葬礼，这在中国人眼里是最大的不幸，他便让心腹为关龙逢下葬，还为死者的灵魂举办了与礼相称的祭祀仪式。这一行为不可能瞒得过皇帝。皇帝大怒，下令捉拿汤，并将他投入监狱。虽然没过多久皇帝就将他释放，还把土地也还给了他，但在那之后，任何人都不敢在皇帝面前提醒他犯下的过错。

向皇帝进谏的恰当方式

之后皇帝愈发堕落，毫无节制，大臣们对这种不理智的行为忍无可忍，便将皇帝的恶行写成文书呈交给他。他们痛哭流涕，恳求皇帝至少先停止杀戮和掠夺。但皇帝的残暴和高傲一如既往，根本不听他们的话，甚至变本加厉，指责这些忠心耿耿、有恩于他的官员意图颠覆国家。因此，桀的灭亡是咎由自取。这些被污蔑的官员们义愤填膺，他们尊敬那位给因坦诚直谏而被处死的关龙逢下葬的诸侯汤，请求他的帮助，将皇帝赶下了皇位，就像废黜一个不配当国王的暴君一样。他们要求汤起兵造反，并向他承诺如果战胜便可掌管帝国，但是汤说，如果桀最终愿意悔改，那他就没有理由统治国家，他可以起兵，但是起兵的目的是“治病救人”。打着这一旗号，汤开始招兵买马。大家纷纷加入，军队力量强大，士气鼓舞，齐心完成任务，而桀则无人援助，也得不到命运眷顾，只能凭勇字一搏。尽管桀在全国各处召集军队保护自己，招到的士兵却寥寥无几，因为人们视加入他的军队为莫大的耻辱，因此纷纷拒绝了他。桀被自己的子民抛弃，只能向外族求助。他向鞑靼人许下丰厚的回报，让他们前来镇压造反的子民。但是，就连蛮族都拒绝了这位邪恶皇帝的要求。恶行如此，连蛮族都憎恶！桀孤立无援，身处险境，便假意悔过，乞求汤不要杀他。他的突然认错令汤十分震惊。于是，汤不仅留下了他的性命，还将国家交还给了桀，这出乎桀的意料。汤本来便无心篡位，任务完成之后，便回到了家中，而桀则重新登上了皇位。但是本性难移的桀没过多久便带着不知从哪里召集的军队袭击汤，还宣布其为叛贼。但是，军心早已不在，与在上一次被打败时战士们抛弃桀的场景如出一辙，士兵们纷纷扔掉武器，拥立汤为皇帝。汤奋勇直追，将逃窜的桀赶出了国家边境并将其终身流放。这位皇帝死得毫无尊严，他不仅将自己犯下的种种恶行带进了坟墓，还拉着自己的朝代陪葬，而这一切的起源都是由于对酒色的沉迷。值得一提的是，中国史书中从来不称桀为皇帝，每次提到他时都将他称为盗匪。这也不无道理，毕竟一个双手沾满了无辜百姓鲜血的人又怎能配上这一称号呢？

桀的流放和死亡

尾　注

1　舜的儿子名商均，见《史记》卷二《夏本纪》，第 82 页；《资治通鉴前编》卷一，第 60 页。

2　大禹的儿子名启，见《史记》卷二《夏本纪》，第 83 页。

3　我们通常以“禅让制”表述，但是卫匡国用的词是“elezione”，意为选举。（中文版注）

4　这一数字是卫匡国将夏朝所有十七位君主的在位时间相加后所得。

5　《史记 · 夏本纪》记载：“禹之父曰鲧，鲧之父曰帝颛顼，颛顼之父曰昌意，昌意之父曰黄帝。禹者，黄帝之玄孙而帝颛顼之孙也。”（中文版注）

6　大禹将中国划分为九州：冀、兖、青、徐、扬、荆、豫、幽、雍。见《十三经注疏 · 尚书》卷六，第 34 页；《中国新地图集》意大利文版，目录。如今，“九州”一词依然被用来指称中国。

7　《尚书》分为四部，第一部《虞书》分为五个部分，第一部分《尧典》记载了尧的事迹，第二部分《舜典》记载了舜的事迹，第三部分《大禹谟》记载了大禹的治国策略。关于大禹在位时期的事件记载于第二部记载夏朝历史的《夏书》，其中第一部分《禹贡》，记载了大禹对中国地理作出的贡献。第三部是记载商朝历史的《商书》，第四部是记载周朝历史的《周书》。《史记》中关于大禹的地理贡献的记载见卷二《夏本纪》，第 52–77 页，其中说到大禹从冀州出发遍访九州，确定了各州的边界并为山川定名。

8　九鼎，也称禹鼎，据传是用大禹从各州带回的金属铸成，鼎上刻有每一州的地图和动植物。

9　见卫匡国《中国新地图集》意大利文版上册，第 302–303 页，注释 35 及附录 1、3。

10　关于星宿的详细解释见卫匡国“卫匡国全集”意大利文版第一卷，第 204–206 页，注释 4。

11　可能是指罗雅谷 (Giacomo Rho) 和汤若望 (Schall von Bell) 的著作，可能收录于《钦定七政四余万年书》，Wylie 版，第 129 页，费赖之版，第 179 页。

12　见卫匡国“卫匡国全集”意大利文版第三卷《中国新地图集》。

13　卫匡国列出的二十八星宿和对应的黄道经纬度数据的表格请见“卫匡国全集”中文版第六卷。（中文版注）

14　这五种乐器分别是：鼓、钟、铎、磬、鼗。见《资治通鉴前编》卷三：“告寡人以道者击鼓，以义者击钟，以事者振铎，以忧者击磬，以狱者挥鼗。”（中文版注）

15　《帝王世纪》：“一沐三握发，一饭三起飧。”（中文版注）

16　见《十三经注疏》卷四《尚书》，第 12 页。

17　这里卫匡国混淆了两省的名称：平阳府位于山西省（卫匡国注为 XANXI）而不是陕西省（卫匡国注为 XENXI）。在《中国新地图集》中，卫匡国将大禹的定居地准确地标注为平阳。见《中国新地图集》意大利文版，第 382 页。

18　《帝王世纪》讲禹都平阳，或都安邑。平阳在山西，一般认为是尧的都城；而禹都阳城(《帝王世纪》以为是避商均，非都)，今河南开封附近。（中文版注）

19　卫匡国参考了《资治通鉴外纪》卷二，第 2 页。

20　卫匡国在这里忘记了将地名大写。

21　《十三经注疏 · 尚书》卷七，第 43 页；《史记》卷二《夏本纪》，第 84 页。

22 《史记》卷二《夏本纪》，第 85 页；《资治通鉴前编》卷三，第 10-13 页。

23 这是《尚书》中记载的夏朝最后一位皇帝。

24 《十三经注疏 · 尚书》卷七，第 45 页；《资治通鉴前编》卷三，第 13 页；《史记》卷二《夏本纪》，第 85 页。

25 后羿代夏，太康失国。无关乎仲康，作者此叙述不知何据。下文同。（中文版注）

26 《五子之歌》，记载于《十三经注疏》卷七《尚书》，第 44-45 页。卫匡国进行了全文翻译，译文几近原文，再次证明了卫匡国翻译古汉语的能力。

27 仲康，又称中康，两个字都可以。但是在拉丁文原书中，一个写为 CHUNGKANGUS，一个为 CHUMKANGUS，可能是出版时制版员之误（中文版注）

28 这是中国历史上首次有记载的日食，《十三经注疏 · 尚书》卷七，第 46 页有记载因为人们道德沦丧而招致的天谴。学者们认为日食发生在公元前 2165 年至公元前 1948 年。见理雅各 (J.Legge)，《中国典籍》（*Chinese Classics*），牛津：牛津大学出版社，1865，第三卷，第 12、22 页和李约瑟 (J.Needham)，《中国科学技术史》（*Science and Civilisation of China*），剑桥：剑桥大学出版社，1959，第三卷，第 409 页。《资治通鉴前编》卷三，第 16 页对日食这样描述：季秋月朔辰弗集于房。

29 《十三经注疏 · 尚书》卷七，第 46 页。

30 《资治通鉴前编》卷三，第 19 页；《史记》卷二《夏本纪》，第 86 页，注释 1 引用了《左传》中提及这两位诸侯的字句。

31 《资治通鉴前编》卷三，第 19 页。

32 浇，或作奡，是寒浞因羿室所生，非羿子。作者该叙述不知何据。（中文版注）

33 皇后名为缗，见《资治通鉴前编》卷三，第 20 页和《史记》卷二《夏本纪》，第 86 页，注释 1。我们应注意到，这是卫匡国提到的为数不多的善良的女子，而卫匡国却没有提及她的名字。

34 《史记》卷二《夏本纪》，第 86 页记载的皇帝名字为“予”；《资治通鉴前编》卷三，第 23 页记载为“杼”。

35 这位皇帝在《今本竹书纪年疏证》中记载为“芬”。卫匡国在纪年上很可能也参照了该书，但是主要的参考文献还是《史记》和《资治通鉴前编》，在这两本书中该皇帝的名字均记载为“槐”。

36 《十三经注疏》卷三《尚书》，第 18 页；《史记》卷一《五帝本纪》，第 28 页。

37 《尚书》中只是简单提及了中国周边的蛮族，似乎没有说到他们是海上民族。卫匡国说这些蛮族来自海上，或许是因为《资治通鉴前编》卷三，第 23 页中写道，帝杼与来自“东部海域”（东海）的蛮族征战三年，帝槐执政的第三年曾有九夷归顺为诸侯。圣洛伦佐岛为马达加斯加岛，是太监郑和于 1405 至 1433 年几下西洋到过的最西端。见戴闻达（J. J. L. Duyvendak），《中国人发现非洲》（*China's Discovery of Africa*），伦敦：Arthur Probsthain 出版社，1949；E.L. 德莱耶（E. L. Dreyer），《郑和：明朝初期的中国与海洋 1405—1433》（*Zheng He: China and the Oceans in the early Ming*, 1405—1433），新泽西州老塔潘市（Old Tappan, N.J.）：朗文出版社（Pearson Longman），2006。

38 《资治通鉴前编》卷三，第 24 页。

39 见《中国新地图集》意大利文版，前言，第 14 页左栏；第 316-317 页，注释 83。

40 见《中国新地图集》意大利文版，前言，第 14 页右栏。

41 里格，当时欧洲的长度单位，德国里格的长度为赤道度的 1/13，约 8841 米，罗马里格的长度为 2220 米。从黄河的长度推测，这里卫匡国使用的应该是德国里格。（中文版注）

42 见《中国新地图集》意大利文版，第 52 页左栏和第 430 页，注释 50。黑契丹，即由耶律大石建立的西辽国（1124—1211）。

43 即罗布泊。历史上，曾认为塔里木河流入罗布泊，成为黄河的源头。《山海经・北山经》记道："敦薨之水（开都河）流入沥泽（罗布泊），出于昆仑之东北，实惟河源。"张骞出使西域，认为黄河是发源于昆仑山的，在经过罗布泊后，河流从地下流入了中原地区，以至于后来汉武帝刘彻根据张骞的报告，提出"案古图书，河出昆仑"之说。但 1315 年潘昂萧的《河源志》已认为黄河的源头应该在今天青海的星宿海附近。这里，卫匡国应该是采用了古籍上的记载。（中文版注）

44 卫匡国在《中国新地图集》前言中提及黄河在江南省淮安府入海以及黄河改道之事。黄河在 1194 年至 1855 年由于多次决堤，导致以淮河河道作入海口，史称"夺淮入海"。（中文版注）

45 这句成语是：黄河水清。

46 《资治通鉴前编》卷三，第 24 页。

47 卫匡国在这里介绍的是在他生活年代存在的中国朝贡体制，只有向朝廷进贡的国家才被朝廷认可。这一体制在明（1328—1644）清（1644—1911）时期达到鼎盛，而卫匡国恰恰生活在明清更迭的时代。中国在 1861 年之前都没有外交部，涉外关系事务均由礼部各司负责，其中包括接待邻国为表臣服而前来向朝廷进贡的使团。

48 《资治通鉴前编》卷三，第 25 页，记为"皋"。

49 卫匡国原文为"uovo marcio di malo corvo"，直译是"坏乌鸦下烂蛋"。（中文版注）

50 《资治通鉴前编》卷三，第 25 页，记为"皋"。

51 《资治通鉴前编》卷三，第 32 页。亦记作"末喜"，欲望膨胀、残酷无情的女人的代表，其生平在《列女传》卷七中有记载。桀因她的教唆而导致了自身的毁灭和王朝的陨落，她因此被认为是夏朝覆灭的罪魁祸首。

52 此段是对《资治通鉴前编》卷三，第 32 页的直译。原文中此树林名为"脯林"，腌肉之林，卫匡国称其为"Carneo"（肉林）。（陆商隐注）

53 《资治通鉴前编》卷三，第 138 页。

商朝（XANGA）[1]

第一位皇帝

汤（TANGUS）

在位 13 年

第十六甲子第 32 年，公元前 1766 年

桀被流放当年，汤开始统治中国。他所做的第一件事便是用其作为诸侯时掌管的领地的名字将新王朝命名为商。根据改朝换代时遵循的古老传统，中国史书中将那一整年都记在汤的统治之下。通常，明君去世的当年仍使用他的年号，仿佛他依然在世，而由于恶行没能让后代继承皇位的君主则不配享有这一荣誉。据说这位皇帝的德行受到众人的尊敬，人民对桀有多么憎恶，对汤就有多么爱戴。当他在全国某地巡查时，全国其他地区的百姓都会抱怨他为何不来自己的家乡，就好像被剥夺了看见一颗吉祥之星的权利。无论他去到哪里，所有人都会翘头踮足地等待他的到来，用汉语词语来说就叫做“翘企”[2]。

士兵们的尊敬

陪皇帝四处巡访的士兵们举止也彬彬有礼，他们看起来就像一群友人，而不是习惯于使用暴力的武夫。他们在各地都深受欢迎，人们成群结队地前来迎接，孩子们尤为主动，他们会给士兵们送去米饭和各种丰盛的食物，争先恐后地想要赠送礼物给友好可敬的人。但是有个名叫葛伯（LOPEUS）[3] 的人破坏了这幅祥和的画面。他被获取统治权的渴望冲昏了头脑，举兵造反，但在一次战役中败北被俘，为自己的不自量力付出了代价，财产被没收，并付出了性命。

汤欲退位

此事过后，唯一令汤焦虑的便是他剥夺合法继承人的继承权而取得皇位之事会被后代永远记住。他自己也经常提起这件事，并三次想要退位，但都遭到了官员们的反对。其中一个官员为了说服他继续坚持治理国家而对他说道："上天在创造人类的时候便给予了每个人做自己想做的事的权力。大家想做的事各有不同，如果没有一个人能让所有人做事前必须获得他的首肯，那整个世界将会陷入战乱和纷争，而这定是致命的。为了避免这类惨事的发生，上天赐君主与我们，君主的智慧和经验能够制止牺牲、敌对和冲突。如果桀品行端正，那他今日仍是君主，但自从他罔顾他人福祉、沉溺享乐、压迫无辜人民、剥削百姓、实施暴政的那一刻，上天就远离了他，并让勇敢、睿智、爱民的你成为帝国的首领。我们希望你的统治能给全国带来安乐，有朝一日所有人都会知道你遵循着帝禹的德行与操守。请不要推辞这份荣誉，它并非你强求得来，而是我们遵循天意，在你不愿接受的情况下交给你的。如果你为子民谋福利，那就无需惧怕留下不义的声名，在史书中人们会记录下你的美德和他人的恶行。"[4] 他之后还说了一些别的话，《书经》中均有记载，出于篇幅考虑，在此我就不列举了。

坚持自己意图的皇帝大致是这么回答的："至高无上的天决定了只有拥有理智的人才能掌握权杖，指挥他人。我遵循天命将桀赶下皇位，天命不可违，而现在这一天命已经完成，我认为你们应当找一个比我更优秀的人。我对自己的命运感到满意，我也有充分的理由拒绝皇帝这一头衔，因为一旦接受了，我将不得不统领臣民，其中有少数善人，并有很多邪恶之人。国家好比一块麦田，黑麦和燕麦茁壮，就会压得小麦无法长高，亦好比是米中混杂着糠。我认为自己没有统领那么多人的能力，如果我接受了力所不能及的任务，我担心会震怒上天。帝国的名字令我胆战心惊，如临深渊。"[5] 听到这番话，大臣和官员们纷纷鼓励他，发誓不会另立他人为帝，保证会尽全力辅佐。他们的忠诚和坚持说服了汤，于是他同意用正义和善良治理除去了暴君之后的国家。他谦逊、慷慨、善良，无论是权贵还是平民都十分爱戴他，也对他非常忠诚。他最大的功绩是放开了位于北直隶和山西省之间的恒山（HENG）[6] 上的金矿，允许民众自由开采，无需为珍宝纳税。之后他又废止了桀立下的残酷法律，颁布了一些民众推崇的法律。因此，不仅是民众，所有的诸侯在听闻他公平公正的名声后都自愿臣服于他。在汤的大臣中有一位名叫伊尹（JYNIUS）[7]，是军队的最高首领，他以武装和建议辅佐汤。他品德高尚、勇敢睿智，并对主人忠贞不渝，中国人都十分尊敬他。皇帝种种美德事例众多，我就不一一提及了。汤规定了新年起始于冬至后的第一个满月。[8]为了在宫殿各处都能看到美德操守的各种规矩，他命人将这些规矩刻在日用器具上，其中有一个盆很特别。

洗脸的作用

那是一个盛放热水用于洗脸的盆，今天的中国人仍然在这么做，盆上刻着这么一句话：苟日新，日日新，又日新。这句话不仅适用于帝王，还适用于所有人。

汤对百姓的爱

他对于百姓的爱在下面这件事中体现得淋漓尽致。当时大旱已持续七年，滴水未降，迷信的人们开始求助于占卜。通过占卜，他们得知需要一个人在祭祀仪式上祈祷并牺牲，才能求得上天的恩典。汤得知此事后说："雨水是所有人的天恩，造福于我统领的人民，如果注定要牺牲一人才能换来雨水，那么这就是我的责任。谁代表了所有人，谁就有保护所有人的责任。必须帮助所有人的那个人就不能让其他人受到伤害，所以，这份天命理应由我来承受。如果上天的惩罚无可避免，那么我为自己的人民献出生命也合情合理。"于是，他开始斋戒，剪去头发和指甲。中国人把头发和指甲看作高贵和精致的象征，因此从来都是让其自由生长而不修剪。随后他浑身涂满灰和泥，像一个赎罪者一样赤足向上天祷告："至高无上的上帝啊，我向你祈求，不要让人民为我的愚昧无知和恶行遭受报应！将你的愤怒加于我一人，放过无辜的人们吧！如果万一是我没有管理好我的子民，如果我的生活过于奢华，如果我听信了太多奉承和谗言，那么罪在我一人，请上天惩罚我一人吧！"他向上帝祈祷了六回，突然天降大雨，人人欣喜若狂。[9]可以相信这确实是汤的祈祷起了作用，而他建立的朝代也得以延续。在六百四十三年的时间里，他的二十七名后代[10]成为君主，其中有人心中有责任，有人只知享乐，有人因美德而为人称颂，有人则劣迹斑斑。

第二位皇帝

太甲（TAIKIAUS）

在位 33 年

第十六甲子第 45 年，公元前 1753 年

尽管太甲是汤的孙子[11]，却没有继承汤的美德。更甚的是，他无视祖父的榜样，罔顾他颁布的法律，还改变了统治的方式。在战争与和平年代都辅助过汤并受人尊敬的大臣伊尹为了劝年轻的皇帝走上正道，常常对他说："命运和天意不可尽信，皇位也不总属于同一个君主。无德之人注定要走向毁灭，但只要与美德相伴，皇帝就将能在任何地方和平地统治，否则国家很快便会崩塌。"这些话和其他一些类似的教诲都记载在《书经》[12]中。我提到它的出处是为了避免各位认为这都是编造的。然而，这些教诲都毫无用处，年轻的皇帝只知道不计后果地追求享乐。

对皇帝的忠诚

于是，勇敢忠诚的伊尹做出了一个令人钦佩的决定。他担心一个人的无知导致所有人的悲剧，便在太甲爷爷的陵墓那里专门建造了一栋宫室[13]，将皇帝圈禁其中，自己监政[14]。简直令人难以置信！一直滥用命运的恩惠、觉得自己的所作所为合理合法的太甲被圈禁了三年有余，被迫放弃享乐，模仿学习祖先们的德行。慢慢地，他开始对自己过去的生活懊悔不已，行为举止渐渐好转。[15]这实属罕见！身居皇位的人很少愿意改善自己的德行，因为他们清楚自己可以为所欲为，皇帝忘记了谦逊和节制的例子更为常见。伊尹配得上所有的赞颂，因为他本可以很容易地攥住皇位，继续统治，但他却放弃了，将皇位还给了悔过自新的皇帝。皇帝在大家的欢呼中回到了宫殿，他丝毫没有想过惩罚伊尹，而是向对待父亲一般地爱他并给他最高贵的头衔，而他自己也遵循着爷爷的榜样，再未远离。就这样，他在所有人的赞同下重新执掌帝国，而那些因他的专横而反叛的诸侯看到他的改变后也纷纷归顺。帝国重回平静，平安祥和的气氛持续了很长一段时间，这还要归功于伊尹，皇帝也一直乐于接受他的建议。[16]

第三位皇帝

沃丁（VOTINGUS）[17]

在位 29 年

太甲之子沃丁继承了父亲的美德。当时伊尹年事已高[18]，沃丁希望像他那样受人尊敬之人在死后也能留下些什么，于是便将一位名为咎单（KIEUTANUS）的大领主托付给伊尹，让他学习同样的任务，即如何在战时与和平时辅佐皇帝。沃丁既有期盼也有担忧。在他在位八年后伊尹去世，万民悲恸。好在咎单已经学会了治国之术，尽心尽力地辅佐皇帝，缓解了他的痛苦。全国各处秩序井然，公平法治。[19]如果一个人的才能得到君王的赏识和重用，其价值真的难以衡量啊！

第十七甲子第18年，公元前1720年

第四位皇帝

太庚（TAIKENGUS）

在位 25 年

之后三位皇帝先后执政，除了他们在位的起讫时间，并无其他可说。其中第一位是沃丁之子太庚。根据记载，太庚无子嗣，死后传位给了弟弟。[20]

第十七甲子第47年，公元前1691年

第五位皇帝

小甲（SIAOKIAUS）

在位 17 年

太庚的弟弟，其余一无所知。[21]

第十八甲子第12年，公元前1666年

第六位皇帝

雍己（YUNGIEUS）

在位 12 年

第十八甲子第 29 年，公元前 1659 年

这位皇帝也是前一任皇帝同父异母的弟弟，因前任无子嗣而继位。

第七位皇帝

太戊（TAIUUS）

在位 75 年

第十八甲子第 41 年，公元前 1641 年

太戊是雍己的胞弟。在他在位初期出现了一些异象：水流违背自然规律从深井中溢出，皇宫内则长出了一棵桑树和一些麦子。这些植物飞快生长，在短短七天里，桑树便已长大结果，麦穗也颗颗饱满。皇帝和所有中国人一样也十分迷信，这些异象令他惊恐万分。他担心会发生什么灾难，便命大臣［伊］陟（CHEUS）[22] 测算这些异象所预示的未来。伊陟明智地告诉皇帝，没有什么能够威胁到一位善良正义的君主。他说："如果你以正义治理国家，那么你的福气定不会少。"[23] 此话用来回答皇帝的提问十分妥当，也是明智的进谏之言。他没有白费口舌，太戊采纳了他的建议，德行与贤明能与先祖相当。他的功绩之一是在各个城市为贫苦的老人提供免费餐食。[24] 我觉得这一善举已变成了习惯并流传至今。现在每个城市都有一个收容所，利用公共财政供养一些老人。太戊十分喜欢伸张正义，每天清早他都很乐意接待前来参见的人，不听完他们的诉求绝不离开。这一举动造福了诚实的人们和弱者，使他们得以维护自己经常被强者掠夺践踏的财产和权利。另外，他还派人监督审判官，因此审判官们断案都十分谨慎，生怕被责罚。少数人对皇帝十分惧怕，皇帝也赢得了所有人的爱戴。正如仆人总是效仿主人的作风，一些德高望重的大臣也乐意辅佐皇帝，帮助他维持国家和平长达 75 年。他的宫殿里不需要神鬼巫术，因为那里

充满了美德。美德是对抗恐惧的最佳武器，任何护身符都无法与其相提并论。

第八位皇帝

仲丁（CHUNGTINGUS）

在位 13 年

商朝将都城从位于山西省境内、多次为黄河水患所累的亳（MAO）[25] 迁至河南省的隞（HIAO），今日的敖仓（GAOCAM）。新都城位于黄河水边，依然保有利用黄河开展贸易的区位优势。[26] 迁都后，仲丁立即命人修建码头和其他航运设施。他的父亲将和平的帝国交与他，但没有什么能永恒存在，和平也不例外。皇帝不得不发动了一些战争。当时长江（KIANG）以南多地盗匪横行，他们屡次得手，除了劫财还劫走许多人，因此便乐此不疲，屡屡进犯国家管辖下的各省。仲丁考虑到人民的利益，决定进行镇压。他派遣将军带领军队前往剿匪，匪患消失了很长时间。[27]

第十九甲子第 56 年，公元前 1562 年

第九位皇帝

外壬（VAIGNIUS）

在位 15 年

外壬是仲丁的弟弟，在位 15 年，没有突出的政绩，但深受民众的尊敬和爱戴。[28]

第二十甲子第 8 年，公元前 1549 年

第十位皇帝

河亶甲（HOTANKIAUS）

在位 9 年

第二十甲子第 24 年，公元前 1534 年

他是外壬的弟弟，因外壬没有留下子嗣便早逝而继位。因黄河水患，他将都城迁至河南省的相（SIANG），今日名彰德（KINGTE）[29]。他也没有值得一说的功绩，膝下一子，是正统的皇位继承人。

第十一位皇帝

祖乙（ZUIEUS）

在位 19 年

第二十甲子第 33 年，公元前 1525 年

祖乙死后被称为太平，因为在他的统治下国泰民安，这也要归功于他的首相、中国人叫做阁老的佐政大臣或是专属谏臣的帮助[30]。之后我们都将用阁老（COLAO）来代指首相，以区别于其他大臣和司法官员。祖乙的阁老是 [巫] 贤（HIENIUS）[31]，他能力出众、行事谨慎。在他的帮助下，所有诸侯和很多部族首领都臣服于祖乙，即便在祖乙死后，这些诸侯和首领们依然尊敬并顺从于商朝皇帝。

我之前提到过一些诸侯和部族首领的姓名和住处，但我还想补充一点，那就是他们都是皇室成员，都是皇帝的儿孙。在皇室，只有一人能拥有至高无上的权力，而其他人则会被封为诸侯。

他们会从朝廷得到一个省的管理权，并有权收取税赋，以保持符合自己身份的特权。尽管如此，之后我还是会提到一些外族人受封为诸侯的例子，而第一例便是祖乙封巫贤为诸侯，因为祖乙知道自己无法离开一位比任何人都更忠诚于国家的仆人。

第十二位皇帝

祖辛（ZUSINIUS）

在位 16 年

祖乙的儿子祖辛登上皇位时天下并不太平。祖乙发现如果不立即寻求庇护，他的叔叔和弟弟们之间的敌意足以立刻引爆战争。叔叔们认为自己年长应当继位，兄弟们则觉得自己从父亲那里继承王位是名正言顺的。德高望重的巫贤平息了这场争吵，排除了其他人，立祖辛为帝。之后我还会在合适的地方讲述一些类似的甚至更糟糕的故事，这些人野心勃勃，渴望夺得皇位，为了自身的利益甚至罔顾血缘之亲。[32]尽管亲属之间争吵不断，祖辛在位期间国家还是保持了繁荣昌盛。

第二十甲子第 52 年，公元前 1506 年

第十三位皇帝

沃甲（VOKIAVS）

在位 25 年

沃甲通过武力将自己的侄子赶下了皇位，尽管是通过篡位而上台，但还是幸运地掌权多年。他立自己的儿子为继承人，但这一野心未能得逞。他的一个侄子阻断了这一继位之路。

第二十一甲子第 8 年，公元前 1490 年

第十四位皇帝

祖丁（ZUTINGUS）

在位 32 年

他是祖辛的次子，沃甲的侄子。尽管他和叔叔之间因为篡夺皇位一事不可能达成任何共识，但在叔叔在位期间，祖丁还是表现得很讨

第二十一甲子第 33 年，公元前 1464 年

叔叔喜欢。德行的作用是多么令人惊讶啊！它能让最危险的敌人也藏起自己的恶毒，表现出自己的善良！祖丁对未来很有计划，也非常清楚只要叔叔一死，他便可废除太子，不动一兵一卒成为皇帝。他的小心谨慎助他取得了皇位并统治国家直到去世，给后人留下了仁慈自律的榜样。尽管可以让自己的儿子继承皇位，他还是委托大臣们决定谁将会是最好的君主。他死后，大臣们派人召回了流放中的沃甲之子南庚，并立他为帝。

第十五位皇帝

南庚（NANKENGUS）

在位 26 年

第二十二甲子第 5 年，公元前 1433 年

皇位继承一事不缺争执，贵族和诸侯们（dignitari）支持南庚，而大臣们则偏爱他的儿子。最后，争执变成了战争，支持南庚的一派获胜。[33]

第十六位皇帝

阳甲（YANGKIAUS）

在位 7 年

第二十二甲子第 30 年，公元前 1408 年

南庚的兄弟阳甲通过武力消灭了侄子们，夺得了皇位。叔侄之间为了争夺权力兵戎相见，差点让王朝覆灭、国家崩解。官员和大臣们拉帮结派，支持给予自己最大利益的人，而诸侯们的忠心则开始动摇，纷纷怀念起过往君主们的正直。他们一开始暗暗不服，后来则公开拒绝承认皇帝的权威，最后甚至拒交每年必须上缴的税收。当时的国家已经四分五裂，各地的诸侯们订立自己的法律，一切都几近失控。一次颠覆朝代的造反已箭在弦上，幸好之后我们要提到的这位皇帝成功地整顿了秩序。但无论如何，国家都已经摇摇欲坠了。[34]

第十七位皇帝

盘庚（PUONKENGUS）[35]

在位 28 年

当阳甲的弟弟盘庚取得皇位时，家族内部的野心已使得国家摇摇欲坠，于是他便开始着力解决这些问题。由于他的掌权侵犯了侄儿们的权利，犯下了严重的过错，他试图阻止自己的榜样被模仿。他重新实施其先祖汤在位时颁布的法律，而之前，这些法律的效力随着多次迁都日渐式微[36]。

第二十二甲子第 37 年，公元前 1401 年

他迁都于亳[37]。为了说服百姓迁都，他亲自向他们解释，或者给他们写信说明迁都的原因。他用先祖们登上皇位前所在地的地名，将王朝的名称从商改为殷[38]。他将宫廷和国家治理最重要的官职分配给能力相称的人，对造反者绝不姑息。他沿用汤治理国家的方法，想办法恢复那时的风俗。他确实受到了命运的眷顾，得以让古老的荣光重现，包括诸侯和部族首领在内的所有人都为他的美德折服，心甘情愿地归顺于他，遵守法纪。他本想颁布法令废止皇位的继承制，彻底结束带来种种恶果的家族纷争，但最终未能如愿。盘庚没有子嗣，皇位因此由其弟弟继承。

第十八位皇帝

小辛（SIAOSINIUS）

在位 21 年

盘庚的弟弟小辛无论在哪一方面都无法与其兄长相提并论。他生性怠惰，差点再次导致国家的灭亡。[39] 他软弱、放纵，一心享乐，既不关心自己的子民，对大臣们的工作也不闻不问。他对大臣们的汇报充耳不闻，甚至为了保证无人进谏而将权力交给那些对他言听计从的人。

第二十三甲子第 5 年，公元前 1373 年

第十九位皇帝

小乙（SIAOYEUS）

在位 18 年[40]

第二十三甲子第 26 年，公元前 1352 年

小辛传给儿子的不仅是皇位，还有对奢靡的贪恋和冷漠怠惰。

小乙幼时接受了良好的教育，但是，当他独自治理国家，不再受到约束的时候，他立刻就把受到的教诲抛诸脑后。他同其父亲如出一辙，不理朝政、纵欲无度、喜怒无常，官员们则一心讨好他，将他心里的善良完全扼杀。我们是多么容易堕入深渊啊！尤其是没有了忌惮而周围的人还纷纷怂恿我们从恶的时候！小乙的儿子继承了皇位，这可能是中国历史上最好的皇帝，现在我们来说说他。

第二十位皇帝

武丁（UUTINGUS）[41]

在位 59 年

第二十三甲子第 54 年，公元前 1324 年

丧父之痛

武丁在父亲去世的时候年纪尚幼。他悲痛欲绝，表现出了对父亲的感恩和忠诚。我之前提到过，中国人认为对逝去的父母表达敬意是一种神圣的义务。武丁为了向所有人表达他的丧父之痛，便将国家交给阁老甘盘（CANPUONUS）管理。他命人在父亲坟边建造了一座小屋，在那里连续居住了三年。独居中的他没有怠惰，而是潜心思考着如何治理好国家以及治国所需的才学与品德。[42]

皇帝坚持不语

他坚持沉默不言，在服丧期间不对任何人说哪怕一个字，只和上天沟通，祈求上天赐予美德。守孝期满后他回到宫殿，但依然不言不语。大臣和官员们为他的坚持惊讶不已，认为是时候劝导一下，便一起来到皇帝面前。其中的一位代表所有人说道：“睿智高贵的人需要明白的第一条守则便是要以美德为范，给他人树立正直的榜样。所以，皇

帝啊，这对你来说是一个天大的重任啊！你高居皇位，上天赐予你的美德与智慧均在我等之上。因为你用事实而不是巧舌赢得了荣耀，但你也要说话啊，言语将会增添你的功绩。如果万人之首不言不语，不表达自己的心声，那么他如何让人民听从自己的指挥？再高尚的行为，如果没有言语让它们生动起来就不能起效，也不会成为榜样。所以请你开口吧！我们等着你张开嘴唇，我们渴望你不仅像现在一样用行动做榜样，将来你的言语也能拥有强大的力量。”

皇帝听完这番话依然不语，但这不是因为生气，而是因为他已习惯书面回复。他写道：“我很清楚我的责任是下达坚定的命令、公正地治理国家，我坚持不语正是因为担心自己的软弱会使我远离祖先们的美德，背离公正。当我向上帝祈求给予我治理国家的指引时，我感觉上帝听到了我的祈求并给我托了一个梦。我梦见一个美男子，他的形象令我印象深刻，如果这个形象现在出现在我面前，我一定可以一眼认出他。我必须让这个人成为阁老。因此我发愿，在找到他之前都沉默不语。我将他画了下来，这样你们就能知道上天让我看到的人长什么样子。赶快派可靠之人去寻找此人吧！”大臣们赶紧从命，终于在傅村找到了一个名为［傅］说（YEUS，读 yuè）的石匠，长得和画像一模一样[43]，于是便将他带到皇帝面前接受询问。在这次考验中，傅说展现出了比其美貌更为出众的灵魂之美。在他身上找不出哪怕一丝一点庸俗。无论是治国之道、公共与私人事务的区别，还是君主和子民的义务，他都对答如流，条理清晰。皇帝十分满意，对他说道：“现在一切都将好转！傅说，你将是我的群臣之首，这就是天命。你将是我的老师，寸步不离我左右。引导我，教导我，在任何你觉得合适的时候，我都将是你顺从的学生，无论黑夜白天，我都希望在追求美德的道路上前进。把我当成你需要打磨的镜子吧！想象我跌落在深水里，而你就是载我的船和掌舵人；如果我是干涸的土地，那你就是滋润我的甘霖。敞开你的心，用你所有有益的教诲和规范来滋润我吧！有必要的时候，请你用药医治我，即便是良药苦口。那些带来愉悦的疗法必然无益，所以，当我错了的时候，请不要放纵我，请你和其他大臣一起帮助我，让我成为像先祖汤那样的美德典范！”听了这番话，傅说按照中国的习俗对皇帝毕恭毕敬地说道："知道什么是正确一点都不难，难的是坚持做正确的事。小树如果有依靠就能长直，君主如果乐意听从忠臣们的建议，就能很容易地维护自己的声名，获得所有人的顺从。"如果我将傅说流传下的事迹全都写在这本历史概述中，那就会偏离正题。[44] 但无论如何我们都需要看到，在傅说破旧的衣衫下藏着一个高贵和睿智的灵魂，多年的国泰民安也要归功于他。皇帝的众多事迹中还有这么一件小事值得一提。有一次，他正在宗庙里祭祀，突然飞入一只野鸡，泰然自若地停在香炉耳上，违反天性地咯咯咯叫了起来。皇帝认为这是凶兆，担心是否自己不小心犯下了什么罪过，便仔仔细细地自省了一番，回想自己是否做了无德之事。因为他认为，如果灾难的根源在于君主，那么君主就应当以身作则，想办法弥补。[45] 皇帝在所有人的心中享有威望，他高贵的品德也传播到了遥远的地方。一些居住在中国西部边境附近的部族首领想要将自己的领地并入中国，便将头发束成中国人的模样，带着翻译和贵重的礼物一起前往拜见。皇帝友好地接待了所有人，教给他们中国的风俗和体制，并让他们回去教导自己的人民，这将比进献他们全部的土地更能让皇帝高兴。

国家的繁荣昌盛持续了很久，但是好运不会永恒，后来出现了一位名叫易（TIEYUS*）的诸侯[46]，他残暴至极，对子民实施暴政，打破了安定祥和的局面。皇帝非常同情那些民众的遭遇，他先是提醒了这位诸侯应当履行哪些职责，见易拒不履行，皇帝便召集将军向他宣战。战争持续了三年，期间双方各有胜败，但最后胜利的号角还是吹响在正义的一方。皇帝命战败的诸侯进宫，对他进行劝导，在说服他洗心革面后，皇帝将属于他的土地归还于他。皇帝在战争中取得了胜利，但更大的荣耀却来自和平。

第二十一位皇帝

祖庚（ZUKENGUS）

在位 7 年

祖庚从父亲手中接过安定的国家。尽管他的德才和运气都不及其父亲，但还是维持住了和平，仅此而已。[47]

第二十四甲子第 23 年[48]，公元前 1265 年

第二十二位皇帝

祖甲（ZUKIAUS）

在位 33 年

祖甲是祖庚的弟弟，但是他的本性却与其兄长和父亲大相径庭。他高傲自大、目中无人，用中国人的话来说还朝三暮四。他再次将国家置于危机之中[50]，不仅如此，他还留下了一个荒淫更甚的儿子，将几近毁灭的帝国进一步推向深渊。

第二十四甲子第 6 年[49]，公元前 1258 年

第二十三位皇帝

廪辛（LINSINUS）[51]

在位 6 年

廪辛在父皇死后继承了皇位，但他一心放纵享乐，将国事全部交给大臣，对大臣们的作为不闻不问。这一点都不稀奇，因为他已经成为欲望的奴隶，对自己的所作所为浑然不觉，最终因为纵欲无度而在花季早夭。他没有子嗣，帝国交由他的弟弟掌管。

第二十五甲子第 53 年[52]，公元前 1225 年

第二十四位皇帝

庚丁（KENGTINGUS）

在位 21 年

第二十五甲子第 39 年，公元前 1219 年

庚丁在位 21 年，关于他的为人和政绩史书中全无记载。

第二十五位皇帝

武乙（UUYEUS）

在位 4 年

第二十五甲子第 60 年，公元前 1198 年

庚丁的儿子武乙残暴专制，想要推行偶像崇拜，让人们敬他为神。有一天他在路上偶遇一个极其危险的骗子。他被此人蒙骗，命所有人尊此人为神，或者至少尊其为有神力的保护者，并动用各种方法来使人们相信这一名号。他让一些无知的人跟着这个骗子，仔细观察他的巫术，期望这些人能对这些把戏深信不疑，在他身上看到超自然的能力，由此对他产生敬重并将他的声名远播。[53] 但是，这个大骗子得到的不是崇敬，而是嘲笑，因为他不仅没有半点神力，甚至连能力普通都算不上。他的谎言最终被拆穿，皇帝也觉得不堪其辱，为自己受到如此的欺骗而大为光火。皇帝之前轻易地相信此人是神，而没过多久就态度骤变，对其极尽辱骂，并将他判处死刑。

放箭射天

他还觉得这是上天在作弄自己，便向天空放箭以泄愤。他认为天上的神灵会被自己的箭射伤，便命人在高处悬挂盛满了红色液体的三个袋子，让红色的液体一滴滴流下，仿佛鲜血滴下一般，作为自己射箭杀死上天和神灵的证据。但是，射天这一无知的渎神之举给他带来了报应：在一次狩猎中，皇帝被闪电劈中而亡。中国人相信善有善报，恶有恶报，他们认为武乙恶贯满盈，这是罔顾法纪者应得的报应。他们还说连神明都憎恶他，因为好运经常站在他的对立面，而他则因此

大发雷霆，还威胁要报复神明。在武乙眼里，既然他可以发号施令于人民，那么他也有权让上天按照自己的意愿行事。[54]

在那个时期，中国人开始在东方诸岛居住，愈发频繁地在那里建立聚居点。

第二十六位皇帝

太丁（TAITINGUS）

在位 3 年

武乙之子太丁与燕（YEN）[55]国国王进行了一场旷日持久的战争，但战争还未结束便去世了。燕国的所在地正是今天北直隶省所在。

第二十六甲子第 4 年，公元前 1194 年

第二十七位皇帝

帝乙（TIYEUS）

在位 37 年

太丁之子帝乙连同帝国一起继承的还有不得不继续的战争，之后他又发动了另一场，最终帝乙得胜，燕王战败。太丁军队里骁勇善战的将军季历（KILIEUS）歼灭了三倍于己的敌军，俘虏了将领，占领了燕国，废黜了燕王并强迫其臣服。皇帝对胜利十分满意，他大大赞赏了季历，未经深思熟虑便封其为侯，丝毫没有顾及这一举动将会给国家招致怎样的毁灭。[56]季历封侯七年后去世，他的儿子 [姬] 昌（CHANGUS）继承了头衔。姬昌勇猛善战，深得皇帝尊敬，准予其侯王的头衔可以世袭给后代。帝乙开始统治时是二十三岁，并因生下发（FAUS）[57]而第一次成为父亲，关于发，在说到下一位皇帝时我会细说。

第二十六甲子第 7 年，公元前 1191 年

帝乙的妾育有两个儿子，而正室皇后只育有一个，皇后的儿子依法享有继承权。在得到皇后的同意之后，皇帝在去世前不久废黜了嫡子的继承权，立庶出的长子为太子[58]，这在中国女性身上实属罕见。这一决定并不是出于对某个儿子的偏爱或是憎恶，而是他担心正统继承人太年轻，不适合掌权。但所有的大臣都反对此事，坚称只会支持合法继承人统治国家，不过他们不知道这份坚持后来给自己、给国家带来怎样的灾难，因为庶子微子（VICIUS）善良、聪慧、诚实，而嫡出的纣则恶毒且不可理喻，简直是天壤之别。[59]让我们跟着历史继续下去！

第二十八位皇帝

纣（CHEUS）

在位 33 年

第二十六甲子第 44 年，公元前 1154 年

尽管父母不愿，纣还是被扶上了皇位。他行事莽撞自负，说话却十分谨慎，但看似谨慎的话语中其实透露着狡黠。他总是设法掩盖自己的过失，以免引起他人的不满，并让人相信他是一个明德之人。他强壮无比，视力和听觉都十分敏锐，尤其喜好徒手抓捕猛兽。他对自己的这些能力非常欣赏，高傲狂妄，居高临下，蔑视众人。在那个时代，皇宫里依然崇尚简朴之风，不兴奢侈，而他却希望用奢华之风增添皇室的威严。他是第一个要求将食物盛放于象牙器皿中的皇帝，也是第一个使用象牙筷的人，中国人使用筷子吃饭的传统流传至今。[60]据说他的叔叔箕子（KICIUS）得知此事后对他说："厌恶陶土而钟爱象牙荣耀之人必将追寻更为珍贵之物，之后便不愿食素餐、着麻衣、居茅屋。如果不立即克制住欲望，全世界的财富也无法满足贪恋奢侈的人。"

纣的妻子名妲己（TAKIA），美貌出众，蛇蝎心肠，是纣种种恶行的怂恿者和帮凶。纣受其迷惑，对她言听计从。他免去了一些大臣的职务，甚至还杀害了其中一些大臣。中国史书中写道，举全国之

财也无法满足这个女人的任性要求，因此举国上下都被沉重的税负压得喘不过气来。[61] 纣花了七年时间为她建造了一座叫做鹿台的高塔，高千肘，宽千步[62]，用名为琼的珍贵红色大理石建成；门扇则使用一种叫做玉的光亮玉石[63]，这种石头类似于我们的玛瑙，在中国非常稀少。皇帝经常连续设宴一百二十天，菜肴之丰盛简直可以与亚哈随鲁（Assuero）的飨宴媲美，当然论精致程度可能略逊一筹。黑夜的来临也未能停止铺张的享乐活动，他将夜晚称为长夜，意为漫长的夜晚。皇宫本应严禁他人出入，但当时却向所有人敞开大门，大家出入自由，甚至可以在宫内设摊卖货，好像在广场上赶集一样。进入皇宫的不仅有货物，还有各式各样的沦丧道德之物。[64] 他的所作所为引发了一些地区民众和诸侯的造反。恶毒的君主们一向认为人民起义源于周遭环境，自己无需承担任何责任，于是各地的叛乱无人平定，愈演愈烈。妲己想要证明自己对皇帝的影响力，便不停地在他耳边念叨镇压起义的必要性，还将人民起义归咎于刑罚过于温和。她满口花言巧语，不仅让皇帝对她言听计从，还教给了皇帝各种镇压人民的酷刑。

一座珍贵的高塔

她命人准备了一口大钟和一根铜柱，铜柱抹油点火，被判死刑的人抱住铜柱，双手托住装有熊熊炭火的炽热大钟，直到肌肤焦灼。她和皇帝以观赏此酷刑为乐，在此情此景下放声大笑。[65]

一种酷刑

纣王十一年，三位声名显赫的大臣受命佐政：一位是被先皇封为侯王的姬昌[66]，另两位是九[侯]（KIEUS）和鄂[侯]（COUS）[67]。九侯野心勃勃、渴望权力，他深谙皇帝的本性，为了得到皇帝的厚待无所不用其极，将自己貌美如花的年轻女儿献给皇帝任其蹂躏。这位少女百般反抗（她举止优雅，心地纯洁，这在当时德行高尚的中国人眼里是最受崇尚的品质），皇帝因此怒火中烧，由爱生恨，亲手将其杀害，并将尸体切成碎块，分成几次送给她的父亲食用。[68] 三人之中只有鄂侯对如此令人发指的行径表现出了惊恐，他严厉斥责了皇帝的做法，也立即为他的坦率付出了生命的代价。姬昌接过了鄂侯所开启的任务，勇敢地大声谴责皇帝毫无人性的残酷举动，对可能发生在自己身上的悲惨结局毫不畏惧。但不知道为什么，皇帝没有对姬昌使用酷刑，只是将他投进了监狱。而妄图使用罪恶的伎俩获得皇帝青睐的

恐怖的宴会

九侯不仅失去了女儿，还丢掉了官职，给宫里那些因为害怕失去权力而对皇帝的恶习一心逢迎的人们提供了教训。

民众对姬昌十分爱戴，得知姬昌被下狱后纷纷想方设法前去营救。他们向皇帝进献了一个美若天仙的少女和一匹漂亮的花斑马，还有九匹骏马拉着各种皇帝喜欢的珍奇之物。皇帝目不转睛地看了美女许久，说道："凭她一人便足以免去姬昌的罪过，但既然你们还进献了其他珍宝，我又怎能推辞而令你们不悦、破坏这份馈赠呢？"语毕他便释放了姬昌，还许给他很多令人垂涎的特权，提升了他的名望，其中一项便是允许他出行时配有随行的弓箭手和带有斧子和长剑的保镖。得到这些特权后，姬昌回到了自己的封地，一如既往地秉公执法。他为自己能够出狱感到高兴，也更庆幸于自己得以离开那个充斥着恶行的宫殿。[69]

皇帝继续着荒淫无度的生活。之前不得不将皇位让给他的兄长微子恳求皇帝停止这种糜烂的生活，而苦口婆心换来的却只有谩骂侮辱。微子劝说无果，便离开了都城，回到了自己的封地。皇帝的叔叔箕子为了让他认识到自己的错误几乎送上了性命，但还是无能为力。那时候的皇帝作恶已成习惯，也无法容忍别人的指摘，于是便策划谋害箕子。朋友们都劝箕子躲起来避开皇帝的怒火，箕子却说："你们说得对，明知无果还冒死进谏是很疯狂，但迄今为止我的言行并没有犯罪，所以我不会接受逃跑的建议。逃跑不是爱民的表现，我会再忍耐侄子的疯狂举动一段时间。如果民众知道了我逃跑的原因，他们对皇帝的不忠和憎恶就会愈发强烈，而这些是我不想看到的。"当他意识到自己有生命危险时，便假装疯癫，但就算这样他还是没能全身而退。皇帝怀疑他装疯，将他投入了监狱，但他用精湛的装疯技巧为自己免去了杀身之祸。

一次真诚且令人痛心的进谏

皇帝的另一个叔叔比干（PECANIUS）听说微子离开皇宫、箕子被囚禁[70]，便来到监狱对他说："那些因为怕死而不敢向君主直言的人称不上勇敢，也不配被认为忠于君主。我的英雄啊，你是多么勇敢！如果你因劝人重回正道而死，这也是一件极为幸福的事。"说完这些他便毫无畏惧地进宫进谏，完全不顾等待自己的会是怎样的命运。整整三天，他都在请求皇帝接见。皇帝拒绝接见，看到他意志如此坚决，最后对他怒吼道：“听说智者的心脏有七条血管，既然比干那么坚定，就一定是个智者，让我们来看看他的心脏是不是如此。”二话不说，他便命人杀死比干，挖出心脏。残暴至极的他仔细端详挖出的心，一边看一边调侃嘲笑。心脏有七条血管，是中国的一句古话，标志着此人具备高尚的道德情操。[71]

换来恶报

杀死了叔叔后，纣的愤怒并没有消退。他见到孕妇就命人杀害，然后和妻子一起让人将孕妇的肚子剖开，取出胚胎仔细观察，行径残暴令人发指。他的暴行早于残酷无情的尼禄许多年，无疑是一个应当被永世憎恶的暴君。有一天他和妻子坐在露台上，无意中看到下面有一群人涉水过河，其中一老一少引起了他俩的注意。河水冰凉，老人很快就过去了，而年轻人则踮着脚尖跟在他的后面，明显地显得十分怕冷。皇帝对此感到十分惊讶，认为情况应当恰恰相反才是。这时候，那个恶毒的女人向他解释说，老人耐寒是因为他血液已近枯竭，也不那么温热了，而年轻人畏寒也正是因为血管里流淌着大量滚烫的热血。她建议皇帝验证一下，皇帝很快便同意了。他嗜血如麻，丝毫不逊于妻子。于是，这一对老少就成了他俩疯狂的好奇心的牺牲品，双双被杀，连骨头内部也被挖空，以便观察骨骼是否空心。这些行为激起了民众的不满和憎恶，但皇帝根本看不到民众愈发强烈的敌意，狂妄地认为自己是天选之子，上天只爱他而不爱其他任何人。

残忍的好奇心

妲己的美是无瑕美貌的标准，在中国流传至今一直未变，因而美女必须脚小也成为其中的一条。妲己美艳绝伦，唯一的缺陷是足小，她为了隐藏缺陷便将自己的脚裹起来。其他女子看见了纷纷效仿，认为拥有小巧的双足是美丽的最高标准，直到今天她们还对此深信不疑。如果她们看到海伦的脚，一定会认为她是只野兽。只要君主亲身示范，就算是违背自然法则的习俗也能很快流行起来。君主必须清楚这一点，不做傻事，因为没有什么比自上而下的愚蠢行为更加危险。有人说妲己不是女人，而是披着人皮的恶魔，她其实有一对羊蹄，只是因为缠住了才没有被人发现。在当今的中国，女性将脚包裹起来依然是一种习俗，被人看到双脚是一件很羞耻的事。中国女性的鞋子都十分小巧，

中国女性何时开始崇尚小脚

如果量尺寸的话，可能只比羊蹄大一丁点。[72]我们回来说说姬昌这个人。之前我曾提到，姬昌被释放后回到了自己的封地——位于陕西的周。[73]他从父亲季历那里接受了良好的教育，仁慈地管理着为数不多的子民，严格遵守法纪。他公正、善良，尊敬长者，因此所有人都顺从于他。

中国人眼中的正义与仁爱

鉴于我们经常提到中国人的正义与仁爱，这里似乎有必要简单解释一下这两种美德对于中国人意味着什么。

他们眼中的正义不仅仅局限于人人拥有应得之物，而是覆盖了基于理智思考而做出的所有举动。也就是说，理智主导的一切行为皆为正义。而仁爱于他们而言则不仅是爱上帝、爱父母和爱自己，而是爱所有人。由此可见，正义是为人正直的法则，而仁爱则是正确地爱人的准绳。[74]

中国的史书中记载，姬昌集众多美德于一身，其中对年轻人的关爱尤为突出，他制定了许多法规用来保障年轻人受到良好的教育。[75]他十分尊敬智者，给予他们地位与奖赏，对他们敬爱有加，甚至为了聆听他们的教诲而忘记吃饭。正因如此，当时最著名的哲人——辛甲（SINKIAUS）[76]的弟子们都为他的声名所吸引，纷纷前来拜见，还有值得一提的伯夷（PEYUS）和叔齐（XOCIUS）两兄弟。各路诸侯对他的尊敬也胜过皇帝，纷纷委托他调解纠纷。这都是他走向皇位的第一步。

有效的榜样

其中有两位诸侯来自遥远的国度，在四川 [SUCHUEN] 省和陕西 [XENSI] 省交界处的国境之外[77]，他们就领地划分问题爆发的激烈冲突已经持续多年，最终决定请公正的姬昌来进行评判，解决争端。[78]他们刚一踏上姬昌的封地，就看到了和自己的国家完全不同的景象：人们心甘情愿地将用于耕种的土地让给他人，在路上相遇时都彬彬有礼，没有人捡拾别人掉在路上的东西；在姬昌的居所，大臣们关系融洽，一丝不苟地处理着自己的工作，没有任何敌意与嫉妒。看到这些在他们的国家十分罕见的景象，两位诸侯面红耳赤，异口同声道：“为什么我们要为自己都感到羞于启齿的事而互相敌对呢？我们还是不要去姬昌面前丢脸，现在就和好吧！”说完他俩便和好了，还很快学会了互相谦让并以此为荣。良好的风俗真的能树立有效的榜样！

兄弟间奇怪的争吵

我要说的另一件事更加古怪 [……]。之前我们提到的伯夷和叔齐是诸侯秦侯（KINHOUS）之子。秦侯死前立最小的儿子叔齐为继承人，在他死后，兄弟间却爆发了一场奇怪的争吵。叔齐想要让位于大哥伯夷，而伯夷却拒绝了，说自己不想违抗父命，比起他因年长而拥有的继承权，父命更为重要。多少兄弟为了争夺爵位兵戎相见，而叔齐却坚持让位，伯夷则坚持拒绝。最后伯夷出逃，潜心学习他唯一喜欢的东西——哲学，而同样爱好哲学的叔齐追随了哥哥的步伐，让子民选举了他的三哥为王。[79] 这两位哲学的爱好者卸下了统治封地的重担，之后他们听说姬昌也热爱哲学，便从各自所在的地方出发，不约而同地来到了姬昌的封地。他们为姬昌的儿子 [姬] 发（FUUS）[80] 工作。

受责备的皇帝

当姬昌试图用武力夺取帝位的时候，他们认为听命于不服从朝廷、犯有严重过错的人是不合适的，因此当在路上碰到姬昌时，抓住马的缰绳，拦下了他的坐骑，并严厉地责备了他 [81]。但后来，他们发现自己的责备毫无效果，便决定隐居于首阳（XEUYANG）[82] 山，绝食而亡。尽管他们憎恶野心与暴力，并认为纣应当受到惩罚，但却不认为纣的后代就理应被剥夺继承皇位的权利。

有一次，姬昌在狩猎途中看到路上散落着人骨，心生怜悯，当下便命人将这些骨头拾起并埋葬。这一充满了仁慈之心的举动不是每一个中国人都能做到，因此他收获了极高的声望，所有人都开始希望他能成为皇帝。还有一次，他在狩猎前为自己应当追逐何种猎物而占卜，

一次属于皇帝的狩猎

占卜结果告诉他，此次万不可捕猎龙、鹿、熊、狐或虎，但要去追寻一个对得到帝国有帮助的人。[83] 在渭河 [84] 边，他遇到了著名的哲人吕尚（LIUXANGUS）。与之交谈后，他明白这是一个大智之人，于是满心欢喜，对他说：“预言成真了！我的父亲曾经对我说，有朝一日会有一位诚实可敬的人来到我的封地，从你的样貌、眼神和话语判断，我确信你就是这个人。留下辅助我吧，我已经等候良久，请接受命运对德才兼备的你的召唤吧！”他立即请吕尚上船，将他带回自己的宫殿，封为国相。[85]

不久之后，姬昌被四十位诸侯拥立为君主，享有极高的声望和众多财富，但他未能享受很久，不久之后他便去世了，留下次子姬发为

继承人。

忠于皇帝的太伯

本应继承王位的长子太伯（TAIPEUS）因为反抗父亲的意愿，不愿起兵反抗皇帝而被废。太伯认为，作为子民绝对不应该做出此类行为，但他也乐意接受自己的宿命。为了不冒犯父亲，他并没有立即对这桩错事表示不满。他高贵的灵魂被孔子和许多史书作者称道。为了不冒犯父亲和皇帝而甘愿放弃自己权利的人给后人留下了值得崇敬与效仿的榜样，教会后人在各种情绪中如何取舍。之后，太伯去往洋子江[86]另一边的杭州和苏州[87]之间的土地上居住，在那里建立了越国（YIUE）[88]和吴国（V）[89]，这我们稍后再说。

忠于父亲的太伯

姬发在纣登基二十二年后开始管理自己的封地。之前，姬昌已经将封地治理得井然有序，并且悄悄地储备了武器和士兵，准备向皇帝宣战，而此时的姬发已经具备了执行更大计划的条件。看到人们已经对皇帝恨之入骨，姬发打算将纣赶下皇位并取而代之，他需要做的唯有等待最佳时机的到来。中国人认为将恶贯满盈的皇帝赶下皇位是合法之举，他们相信统治者的恶行是造反的正当理由。但是，当造反理由不充分时，他们也会为了夺取皇位而编造一些看似正义的借口，这对于皇帝来说非常危险，因为人民在听到这些理由的时候会毫不犹豫地揭竿而起。其他诸侯都催促姬发尽快起兵，并承诺会给予他支持。姬发起初借不确定上天是否会帮助他为由而假意拒绝，但却没有停止备战。等到万事俱备，他便将计划告知各路诸侯，告诉他们推翻昏君的最佳时机已经来临，因为上天已经表示出了明确的意愿，出现了一些有利于起事的吉兆[90]。

一条鱼带来的吉兆

有一天姬发在渡河的时候，一条美丽的白鱼跳上了他的船，他立刻就将此鱼献给了上天，并以为吉兆。

会说话的火焰带来的吉兆

在他下船之时，脚底下燃起一团火焰，一路引着他回到宫殿。一进宫殿，火焰的颜色突然变深，火焰中响起一个声音，许诺给予他皇位与和平。[91]这些事令他大受鼓舞，尤其是见到了乌龟显示的吉兆之后，他便亲自率军反抗皇帝。中国人一直保留着用龟来预测未来的习惯，他们会仔细地查看龟壳上的花纹、龟的动作，以及龟的骨骼，如果龟死了的话。[92]

一只乌龟带来的吉兆

皇帝派七万大军迎战，姬发毫不畏惧。两军交锋，姬发为了鼓舞士气，对士兵们说："纣的军队有好几万人，人数远超我军，但士兵过多的话内部就容易混乱，且大家各有各的主意，非常容易意见不一。而我们虽然人数不多，但有着几乎兄弟般的默契，这将会引领我们取得胜利。你们无需惧怕敌军，他们人数众多，打起仗来本就很难，人数就是对他们自身的威胁。大家都清楚，当家里的母鸡代替公鸡打鸣的时候，这个家就完了。[93]大家知道妲己吧？这个女人比她糟糕的丈夫更加恶毒，她在家中就是公鸡，控制着自己丈夫，对人民发号施令，施行暴政，残酷至极。来吧，士兵们，一起冲向敌人吧！对面吹号的是个女人，战争的胜利唾手可得！"说完他就冲下了战场。军队列阵整齐，战争没能持续多久，因为纣的许多士兵倒戈支持姬发，将矛头朝向自己的军队。这场战争伤亡惨重，当姬发最后得胜，四处散落的木头在死去将士的鲜血上漂流了整整六里。皇帝看到姬发轻易地就赢得了战争，便做出了一个可怕的决定。由于他的军队都倒向了姬发那一方，皇帝只好仓皇逃回宫殿，一进宫殿他便将皇帝的象征之物穿戴一身，然后在屋里放了一把火。为了不活着落入敌军手中，他任由熊熊火焰将自己吞噬，亲手为自己犯下的种种罪行执行了应有的审判。宫殿几乎全部烧毁，若不是大火被及时扑灭，所有的一切都将化为灰烬。姬发得知皇帝逃跑，便一路追赶，可惜没能及时擒住皇帝。当他进入皇宫的时候迎面撞上了妲己，便一剑砍下了她的脑袋。纣没有继承人，众诸侯推举姬发为皇帝，建立新朝。这是中国历史上第三个朝代，以君主之前的封地周为名，经历三百六十一位皇帝，持续长达八百七十五年[94]，这在其他文明史上是非常罕见的。[95]

一句中国谚语

一次血流成河的战败

尽管这个朝代的名称读起来和前一个皇帝的名字一模一样，但事实并非如此，因为它是另一个意义不同的汉字。我觉得有必要让大家知道，中国汉字数量庞大，但发音却不那么多，所以出现同音字在所难免。周朝得名于皇帝位于陕西省（XENSI）周地的封地。

尾　注

1　《史记》卷三《殷本纪》记载了商朝的历史，商亦称作殷。

2　“翘企”意为昂头踮脚急切盼望。

3　此为排版印刷错误，此人名字应当写为 KOPEUS，见《史记》卷三《殷本纪》，第 93 页及《资治通鉴前编》卷三，第 34 页。

4　《十三经注疏 · 尚书》卷八，第 49 页。此段落是《尚书 · 商书》的第二章《仲虺之诰》。

5　《十三经注疏 · 尚书》卷八，第 50 页。此段落内容来自《尚书 · 商书》的第三章《汤诰》，但具体内容上卫匡国有很大的自我发挥。

6　见《中国新地图集》意大利文版，第 27 页左栏，第 37 页左栏。

7　汤的一位名臣，在中国历史中以美德和忠诚著称，是他负责将帝国移交给汤的孙子。他的教诲记载在《尚书 · 商书》的第四章《伊训》。《十三经注疏 · 尚书》卷八，第 50–51 页；《资治通鉴前编》卷三，第 35 页。

8　《史记》卷三《殷本纪》，第 98 页。

9　关于君主向上帝祈祷的这件事在《史记》中未记载，但可见于《资治通鉴前编》卷四，第 11 页。许多史书都引用过此事，例如《诸子集成 · 荀子》卷六《富国》，第 126 页，北京：中华书局，1954；在《诸子集成 · 吕氏春秋》卷九《季秋记》中有更为详细的记载，见第 86 页，北京：中华书局，1954。

10　为卫匡国依据《史记》《书经》《资治通鉴前编》等典籍推算的情况，与 2000 年公布的《夏商周年表》等有所出入。（中文版注）

11　卫匡国似乎参考了《资治通鉴前编》卷四，第 12 页的开始部分，但是，跳过了两位皇帝，让汤的孙子太甲直接继承了皇位。在《资治通鉴前编》同一页的后文中以及《史记》卷三《殷本纪》中记载了汤的长子太丁在登基前早夭，其皇位由弟弟外丙取得，外丙统治三年后去世，将皇位传给弟弟中壬，中壬执政四年后去世，伊尹扶持太丁的儿子太甲登基。（陆商隐注）

12　《十三经注疏 · 尚书》卷八《太甲上》，第 51–52 页。

13　桐宫，见《十三经注疏 · 尚书》卷八，第 52 页。

14　卫匡国用的词是 tutore，意为监护人或指导教师。（中文版注）

15　《十三经注疏 · 尚书》卷八，第 52–53 页。

16　见《史记》卷三《殷本纪》，第 99 页。

17　《尚书》中对这位皇帝以及之后直到第十七位皇帝都没有记载，卫匡国参考的是《史记》和《资治通鉴前编》。

18　伊尹活过百岁。

19　《资治通鉴前编》卷四，第 25 页。

20　《资治通鉴前编》卷四，第 26 页。《史记》对这几位皇帝的在位时间没有记载，但《资治通鉴前编》中记载得很详细。

21　《资治通鉴前编》卷四，第 26 页。

22　伊陟，是大臣伊尹的一个儿子，见《史记》卷三《殷本纪》，第 100 页及《资治通鉴前编》卷四，第 26 页。
23　《史记》卷三《殷本纪》，第 100 页。
24　《资治通鉴前编》卷四，第 27 页。
25　之后将会说到，根据《史记》卷三《殷本纪》，第 102 页记载，商朝的都城曾几度迁移，汤自南亳迁都于西亳，仲丁迁都至隞，河亶甲迁都至相，祖乙迁都至耿，最后盘庚将都城迁回西亳。卫匡国错将亳（bo）字错认为 MAO。这一错误在《中国新地图集》特伦特大学版第九省，第 100 页左栏说到江南省的一个地名时已有出现。
26　《史记》卷三《殷本纪》，第 100 页；《资治通鉴前编》卷四，第 27 页。
27　《资治通鉴前编》卷四，第 27 页。
28　《资治通鉴前编》卷四，第 27 页。
29　虽然注音不一致，但《中国新地图集》意大利文版第 61 页左栏中写道，彰德古称相州。
30　见《中国新地图集》意大利文版，前言，第 11 页右栏和注释 66。
31　巫贤，见《史记》卷三《殷本纪》，第 101 页及《资治通鉴前编》卷四，第 27 页。
32　《史记》卷三《殷本纪》，第 101 页及《资治通鉴前编》卷四，第 28 页。
33　《资治通鉴前编》卷四，第 28 页。
34　《资治通鉴前编》卷四，第 28 页。
35　《尚书》卷七叙述了这位皇帝在位时期的历史事件，卷六依然是伊尹的教诲。
36　《史记》卷三《殷本纪》，第 102 页。
37　见本卷注释 25。这里卫匡国仍然将亳记为 MAO，应该是他记错了亳的发音。
38　根据历史记载，盘庚迁都至殷，改号为殷。见《史记》卷三《殷本纪》，第 102 页及《资治通鉴前编》卷四，第 28 页。
39　《资治通鉴前编》卷四，第 38 页。
40　据《资治通鉴外记》卷二："小乙元年丁卯，在位二十一年。"而据《太平御览》皇王部八："《史记》曰：帝小乙在位二十八年。" 而按照卫匡国推算的小乙和武丁的即位时间，小乙在位时间应为 28 年，然后卫匡国《中国历史》拉丁文原文也标记为 18 年。（中文版注）
41　武丁是在文物史料中被证实存在的最早的皇帝，他的名字最早在龟甲或者牛骨上刻下的文字中被发现。详见后文注释 91。
42　《史记》卷三《殷本纪》，第 102 页；《资治通鉴前编》卷五，第 1 页。
43　《资治通鉴前编》卷五，第 2 页讲述此事。
44　武丁选傅说为相一事在《资治通鉴前编》卷六，第 2–22 页中有非常详细的记载。
45　《史记》卷三《殷本纪》，第 103 页有对此事的记载。
46　可能是名为鬼方或是鬼戎的部族的首领，曾与武丁交战，但首领的名字在《今本竹书纪年疏证》第 29 页中并无记载。《资治通鉴前编》卷五，第 8 页中提到过一个叫易的人。
47　《资治通鉴前编》卷五，第 11 页。
48　按上文推算，祖庚登基时间应为第 53 年。（中文版注）
49　商朝第二十二位皇帝祖甲的登基时间按前文推算应当是第 60 年。（中文版注）

50 《史记》卷三《殷本纪》，第 104 页。

51 《今本竹书纪年疏证》，第 30 页记载为冯辛；《资治通鉴前编》卷五，第 15 页记载为廪辛。这是卫匡国参考《资治通鉴前编》的力证。

52 商朝第二十三位皇帝廪辛的登基时间按前文推算应当是第 33 年，此处可能是誊写或制版时的错误。（中文版注）

53 《资治通鉴前编》卷五。

54 此事完整记载于《资治通鉴前编》卷五。《史记》卷三《殷本纪》，第 104 页中也有对武乙的记载。

55 《资治通鉴前编》卷五，第 16 页。战国七雄之一（见后文）。卫匡国在《中国新地图集》意大利文版，第 32 页右栏和第 166 页对此有详述。

56 《资治通鉴前编》卷五，第 16 页。之后会提到，这一举动开始了侯王的世袭，为下一个朝代——周朝的建立埋下了种子。卫匡国在下一卷中会讲述周朝的历史，其建立者就是季历的儿子姬昌，称周文王。

57 《资治通鉴前编》卷五，第 17 页。这里的"发（發）"可能是作者对"启（啓）"的误读，帝乙的长子是微子启。

58 据《吕氏春秋》之《帝王世纪》记载，微子启、微仲衍与帝辛三人是同母兄弟，微子启、微仲衍出生时，他的母亲尚为妾，而被立为王后之后生帝辛。帝乙因微子启年长，想立他为嗣，太史根据礼法认为微子启是庶出，帝辛是嫡出，有妻之子，不能立妾之子，所以立帝辛为嗣子。（中文版注）

59 《史记》卷三《殷本纪》，第 105 页，注释 2。见《资治通鉴前编》卷五，第 18-19 页。

60 《资治通鉴前编》卷五，第 19 页。象牙筷的使用历史悠久，一直为外国旅行者所惊叹。见 E. 希耶·吉利奥利 (E. Hillyer Giglioli)《意大利皇家海军护卫舰玛真塔号的环球航行》（*Viaggio intorno al Mondo della Regia pirocorvetta italiana Magenta*），米兰：Maisner 出版社，1875，第 570 页。

61 《资治通鉴前编》卷五，第 19 页。妲己被认为是中国历史上最残忍的女性之一，经常作为恶妇的代表出现在后来的文学作品中，如《封神演义》（16 世纪末）。

62 在《资治通鉴前编》卷五，第 19 页和《史记》卷三《殷本纪》，第 105 页注释 3 中记载，鹿台高千尺宽三里，卫匡国将"尺"翻译为"cubito（肘）"，将"里"换算为"passi italici（步）"。罗马单位 1 肘≈ 44,4375 厘米，明朝时期中国的 1 尺≈ 33,33 厘米；罗马单位 1 步≈ 148.25 厘米；中国单位 1 里≈ 415.8 米。由此计算，卫匡国记述的鹿台高 444.375 米（44.4375 厘米 X 1000），宽 1482.5 米 (148.25 厘米 X 1000)；《史记》中记载则是高 333.33 米 (33.33 厘米 X 1000)，宽 1245 米 (415 米 X 3)。卫匡国对翻译准确度的精益求精令人钦佩。

63 琼、玉是美石的通名，卫匡国如此描述则其视为某种美石的专名了。（中文版注）

64 《史记》卷三《殷本纪》，第 105 页；《资治通鉴前编》卷五，第 20 页；《今本竹书纪年疏证》，第 33 页。

65 《资治通鉴前编》卷五，第 20 页。此酷刑为炮烙，被认为是纣的发明。

66 姬昌是季历的儿子，在季历去世后继承了诸侯之位，成为西伯昌，后成为周朝的创立者，史称周文王。亦见本卷注释 56。（中文版注）

67 《资治通鉴前编》和《史记》卷三《殷本纪》第 106 页记载为西伯昌、九侯与鄂侯，其中最后一位在徐广的注释中也称为邗，但这两个名字与卫匡国的注音均不相符，可能是他认错了字，COUS 对应的可能是某个读音为 Ge 的汉字。

68 原文译自《资治通鉴前编》；《史记》卷三，《殷本纪》第 106 页。

69 见《史记》卷三《殷本纪》，第 106 页；《史记》卷四《周本纪》，第 116-117 页。其中有卫匡国提到的一些细节的记载。此事在《史记》中被记载了两次，分别在讲述商朝历史的《殷本纪》和讲述下一个朝代——周朝历史的《周本纪》中。

70 《资治通鉴前编》卷五，第 37 页记载，比干和箕子都是纣的父亲帝乙的弟弟，微子是纣同父异母的兄长（见上文）。此事在孔子的《论语》中也有记载，见理雅各 (J. Legge)，《四书》（*The four books*），上海：中国图书公司，1930，第 394-395 页；《论语》（*Confucian Analects*），牛津：Clarendon 出版社，书十八，第 1 页。

71 此事在《资治通鉴前编》卷五，第 40 页和《史记》卷三《殷本纪》，第 108 页有记载。和其他故事一样，卫匡国在叙述的时候加入了一些解释性的内容，《史记》中记载："纣怒曰：'吾闻圣人心有七窍。'剖比干，观其心。"其余的话语都是卫匡国所作。在古代，人们认为心脏是智慧和情绪所在，拥有七窍。之后七窍一词用来指代视听嗅味这几种感觉所对应的七孔（眼耳鼻口）。

72 在《中国新地图集》意大利文版，第 7 页反面，卫匡国对缠足的习俗表示过反对，认为这是不恰当的行为，也用特洛伊的海伦做过类比，而利玛窦和闵明我却对这一野蛮的习俗赞赏不已。关于此习俗详见《中国新地图集》意大利文版，第 307-308 页，注释 55。

73 卫匡国在《中国新地图集》，第 45 页右栏和 46 页左栏上将这一封地划在西安境内。

74 卫匡国在这段简短的解释中完美地用耶稣会士们的基督教本土化政策诠释了这两个概念，充分体现了耶稣会士们对信仰和仁爱的理解。

75 中国历史上的周文王（姬昌）在被纣囚禁期间编写了六十四卦，这六十四卦基于中国最早的占卜作品《易经》中的八卦，将连续或中间断开的线条排列成三种或六种组合构成。卫匡国可能是故意没有提到此事，因为他赞颂姬昌的美德，不想让他背上迷信的污点。

76 《史记》卷四《周本纪》，第 106 页。

77 这两位诸侯分别是大阳的虞和临晋的芮。见《史记》卷四《周本纪》，第 117 页和注释 1。卫匡国可能是为了缩减篇幅而只对他们的来源进行了模糊的提及。

78 此处是讲虞、芮之讼，二国都在今山西境内，靠近陕西，与四川联系不起来。（中文版注）

79 此处当为"二哥"。据《史记》，伯夷和叔齐分别为当时位于今秦皇岛一带的孤竹国国君的长子和三子。（中文版注）

80 拉丁语原文的注音 FUUS 有误，可能是印刷排版错误。姬昌的儿子名发，卫匡国在各处都注为 FAUS。后来姬发继承王位，称周武王。（中文版注）

81 伯夷、叔齐拦的是武王，不是文王，不知卫匡国如此描写基于何据，抑或是由于误读。（中文版注）

82 《资治通鉴前编》卷六，第 46 页。该山可能位于山西平阳，见《中国新地图集》意大利文版，第 40 页左栏。

83 《资治通鉴前编》卷五，第 29 页。

84 该河位于陕西省境内，流入黄河。据卫匡国记载，该河附近有文王（姬昌）及其子武王（姬发）的“纪念碑”，见《中国新地图集》意大利文版，第 45 页右栏和第 426 页，注释 17。

85 吕尚即姜太公，中国历史著名人物，以长寿和忠诚闻名，被尊称为太公望，即首相。他被许多古老的哲学学派列为始祖之一，也被认为是齐国的创立者。见《史记》卷四《周本纪》，第 120 页；《资治通鉴前编》卷五，第 30 页。

86 在《中国新地图集》意大利文版前言的注释中，白佐良教授曾指出：德礼贤（P. D' Elia）在《利玛窦全集》（*Fonti Ricciane*），罗马，1942，卷二，第 17 页，注释 3 中所指出的，这一错误源自金尼阁（N. Trigault），他在用拉丁文转述利玛窦著作时曾经写道，“Yansu quod filium maris sonat”。在本书前文中也出现了卫匡国对长江名称来源的错误解读，见本书卷一，注释 59。

87 《史记》卷四《周本纪》，第 119 页，注释 2。

88 通常认为泰伯、仲雍奔吴，与越无涉。（中文版注）

89 太伯被认为是吴国的建立者。见《史记》卷四《周本纪》，第 115 页，注释 5。

90 这被称为天命。根据天命的理论，当皇帝恶贯满盈，推翻其统治便是合法的，而上天会通过一些自然现象，比如灾害，来昭示自己的意愿。

91 《史记》卷四《周本纪》，第 120 页。

92 在卫匡国在华时期，人们会用一种古老的方法占卜，将龟壳或牛骨靠近热源，观察显现出的裂纹。关于占卜的甲骨文记录在 1898 年被第一次发现，其中还记录了占卜时询问的问题和可能出现的回答。这些文献可以追溯至商朝，直到今天它们依然是中国最古老的文字记录，对它们的解读确定了商朝武丁之后的历史事件。见吉德炜 (D. N. Keightley),《商代史料：中国青铜时代的甲骨文》（*Sources of Shang History: The Oracle-Bone Inscriptions of Bronze Age China*），伯克利：加利福尼亚大学出版社，1978; 鲁惟一 (M.Loewe), 夏含夷 (E.L. Shaughnessy),《剑桥中国古代史：从文明起源到公元前 221 年》（*The Cambridge History of Ancient China: From the Origins of Civilization to 221 BC*），剑桥：剑桥大学出版社，1999。

93 卫匡国提到的中国谚语出自《资治通鉴前编》卷六第 227 页及《史记》卷四《周本纪》第 122 页：牝鸡无晨，牝鸡之晨，惟家之索。

94 卫匡国的拉丁文原版著作为三百七十一位皇帝，估计是誊写或制版时的错误，但卫匡国对整个周朝持续年份的推算也有些出入。周朝（前 1046—前 256）一共传国君三十二代三十七王，享国共计七百九十年。（中文版注）

95 卫匡国严格遵照了《资治通鉴前编》卷六，第 229 页和《史记》卷四《周本纪》，第 122-125 页记载的商周双方军队的最后一役和商朝灭亡前的最后时刻。

卷四 周朝（CHEUA）第一编

第一位皇帝

发（FAUS），称武［王］（UUS）

在位 7 年

第二十七甲子第 16 年，公元前 1122 年
登基伊始皇帝更名

发登基后改称武，意为好战，我相信中国皇帝登基后改名的传统正是开始于此，就像新上任的教皇也会另起一个名字一样。[1]

发登基后立即着手改善在纣[2]的懒政下日渐衰落的国家状况。他将商朝原有的一块属地赐给战败的皇帝之子武庚（UUKENGUS）[3]作为封地，并指派德高望重的大臣管叔（QUONXOUS）[4]任谋士。他将都城西迁至今日陕西省首府西安[5]，同时也改变了一些风俗习惯。皇帝大赦天下，他的恩施受到了民众的热烈欢迎，之前因装疯而被纣投入监狱的箕子[6]也被释放。他拆毁了戏台、宫殿和其他维护花费高于使用价值的建筑，将得来的财富分发给穷人和那些被纣充公了财产的人，剩余的部分则带到了新都城。之后，皇帝便派人将箕子召来，一同讨论上天、五行、治国和其他数不胜数的话题。为了报答箕子的智慧，皇帝将朝鲜半岛赐给他全权管理，封其为王。[7]箕子的后代至今仍统治着那个国家。在那里，新君在继位时便会派遣使团前往中国，请求皇帝册封，承认其君权，并向皇帝宣布本国为中国非隶属关系的友邦。[8]

皇帝对所有古老的部族都给予了封赏，将诸侯的头衔赐予他们的后人。他封神农的后人于陕西省今日弘农府所在地；封黄帝的后人于湖广，称楚（ZU）国[9]；封尧的后人于蓟（SU）[10]，今日属北京；封舜的后人于河南的陈（CHIN），之后该地转由皇帝的后人全权管理，成为首都，名开封。

他对大臣们也论功行赏。皇帝在狩猎时遇到的吕尚（LINXANGUS）[11]受封为齐（CI）国公，他的亲戚周公（CHEUCUNGUS）受封为鲁（LU）国公，姬奭（XOSIENUS）[12]则得到今日北京所在的燕（YEN）为封地。[13]还有许多人也得到了重赏，但他们的名字无足轻重。我特别提到这些人的名字是为了让之后的历史更加清晰易懂。皇帝一共册封了十五位亲戚为诸侯，同时交予他们保卫国家的责任。

一位忠于皇帝的阁老

邻国的民众也听说了这一充满智慧的分权办法，纷纷重新向武[王]纳贡，遵守武王的法律。武王在位第二年时患重疾，时任阁老[14]的周公[15]非常担心他的身体，不停地向上天祈求。有一天，他在宗祠里举行祭祀仪式时祈祷道："先祖们啊，上天会倾听你们的请求，那就请你们向上天祷告，让皇帝长命百岁吧！上天请取我的命，放过他吧，请让他完成事业，复兴衰落的国家吧！"他的祷告不是无用之功，第二天皇帝病愈，为治理国家鞠躬尽瘁直到生命的最后一刻。[16]对他而言，人民的福祉高于一切。尽管冲突和造反还是无法避免，但最后他总能平息所有的叛乱，将叛军打败，令他们臣服。为了感谢周公为救皇帝甘愿牺牲自己的行为，皇帝亲自命人将此事记录在用于占卜的圣书上锁于金匮之中，并置于宗祠。之后我们会解释为何对此事的记录如此重要。[17]

第二位皇帝

成[王]（CHINGUS）

在位 37 年

第二十七甲子第 23 年，公元前 1115 年

位于坟冢的学校

成王从父亲武王那里继承皇位时还未及适合执政的年龄，忠于朝廷的周公在他成长过程中给予了很大的帮助。周公安排年幼的皇帝接受美德教育，将其与老师一起禁足于建筑于先皇坟冢的宫室中；与此同时，他亲自摄政并以睿智和诚实获得了所有诸侯的信任，没有任何

人怀疑他有篡权之心。大家把他看作皇帝，向他表示忠诚与臣服，从不发动战争和叛乱。有件事情令人惊异：每当皇帝做出了有缺失之事时，（他的老师）伯禽（PEKINUS）便让人当着皇帝的面用鞭子抽打自己，他希望用这种方式让皇帝意识到自己犯下了过错，今后能出于不让老师承受如此之痛苦而规范自己的行为。[18]

替学生受过的老师

中国人对老师无比敬重，对老师的感情之深远甚于所有其他民族。学生从不直接落座于老师对面，而必须坐在低处，而且这一习俗不仅在课堂上适用，还延伸至生活的方方面面。师在中国是地位崇高的称呼，在生活中，学生要一直尊称老师为师，称自己为学生。就算学生的成就超越了老师，也要对老师保持一贯的敬重。学生在书信问候老师时要落款为学生，而老师在回信时却不会自称为师（这是傲慢无礼的表现），而是谦虚地称为友。[19]浓厚的师生之情在交流中延续，在任何情况下，师生都会互相帮助。在中国人眼里，老师的权威仅次于父亲。周公十分关心皇帝的教育，也时刻留心防止他挨打。在中国，君主的身体被认为是圣体，享有不被触碰的特权。但是，嫉妒总是如影随形地跟随着美德，能力出众且受人景仰的周公也免不了遭人嫉妒。那些心怀不轨的人认为他权力过大，是他们为非作歹的阻碍，这份嫉妒转化为诽谤和日渐加深的仇恨。他的敌人们设法让皇帝心生怀疑，抱怨自己被圈禁，担忧周公利用摄政的权力篡夺皇位。周公得知关于自己的流言蜚语后不得不离开了皇宫，所有敬爱他的人对此都感到无比愤慨，而皇帝本人却十分高兴，仿佛脱离了危险、重获自由。他对漫长的守孝早有怨言，而现在终于可以亲自执政。皇帝执政初期国运不佳，出于对发生灾难的担忧，他不得不打开了宗祠里的金匮。金匮里存放着用于占卜的书籍，当国家面临灾难威胁时便可查阅。他随手翻开一册，便看到了周公为了救重病的武王而愿将自己作为牺牲的事，这份忠诚令他十分惊讶，也为自己的所作所为懊悔不已。失落迷茫的他泣不成声，命人立即将周公召回，并任命为阁老。中国的史书中写道，周公前往皇宫，路上突然狂风大作，大雨倾盆，树枝和作物纷纷被打落；而在他即将到达时，一阵清风吹过，田野里的作物又恢复了原本饱满的模样，仿佛是为他的回归而欣喜，那一年也迎来了大丰收。[20]

中国人对老师的尊敬

金匮中的占卜书

一场狂风暴雨

诸侯武庚不能接受本属于其父亲的权力被剥夺，便与管叔和不少其他人一同造反，意欲用武力主张自己的权利。周公试图通过讲理劝其讲和，无果，之后双方征战两年，最终周公成功镇压叛军。他命人处死了叛乱的始作俑者武庚和管叔，将其他诸侯和他们的大臣流放。这场战争中有一件令人惊讶的事，那就是周公选了武庚的叔叔微子为指挥官，完全不担心他会因亲属关系而与敌人串谋。微子始终忠于皇帝，在战胜了自己的侄子后，他获得了宋（SUNG）国国君的头衔，封地为河南省今归德府（QUEITE）所在之处，忠诚的榜样为后人所铭记。[21] 之后，皇帝对周公的信任使得他的名声愈发响亮。在取得了和平之后，皇帝将整个帝国交给他治理，他曾不止一次有机会夺权上位，但却自始至终效忠皇帝，从未试图谋反。

一只作为贡品的白鸡

在那一时期，交趾（KIAOCHI）[22] 国首次向中国派遣使团，他们带去了大量的贡品，其中有一只白色的野鸡。使团的首领在被皇帝问及来访目的时说道："我国连续三年土壤肥沃，各类物产丰收，风调雨顺，万物欣欣向荣；天空、大地和大海都平静微笑，完全无需担忧收成欠佳或是渔船难归。我们的国王坚信这一切都是因为品德高尚的中国的统治者是天佑之子。"使者得到了厚待。在他准备离开的时候周公回赠了他一件十分巧妙的工具，这件工具无论遭受怎样的持续颠簸都能一直指向南方，对陆上旅行和海上航行都很有用。这一工具名为指南（CHINAN），今日中国人用这两个字表示磁针。我认为此事能够证明磁针这一工具是中国人的发明，由他们最先使用，然后传给了其他民族。交趾人（COCIN-CINESI）在指南的指引下，只用了一年时间便回到了他们的祖国[23]。此时皇帝已经执政四年，但他还没有完全忘记孩提时的游戏，有时候也会玩心大发。

一个带来严重后果的玩笑

当时他正与弟弟虞（YUS）[24] 一同玩耍，忽然他递给弟弟一张不知道从哪儿来的纸，在上面写着将弟弟封为诸侯。此时负责礼制的官员对皇帝说："皇帝的承诺即便是在游戏中许下也必须有其分量。现在你给弟弟的承诺就必须兑现。君主要谨慎言语，但更重要的是要信守那些已经做出的承诺。"于是，戏言成真，皇帝不得不封虞为唐（TANGUS）侯，封地位于今太原（TAIQUEN）[25]。成王十一年，周公去世。他生前完成了许多伟大的事业，留下了许多重要的文字，这些在中国史书中都能读到。他的遗体被运回到了皇陵附近，按照君主的礼仪安葬，因为成王认为将一个具有如此伟大功德的人视为臣民是不合适的。[26]

有一次，在全国大会上，皇帝向诸侯和大臣们发表了一段关于饮酒的绝妙演讲。[27]《书经》中记录了他的话语："上天赐酒予人用来祭天，地上所有横行的恶都源于醉酒。家破人亡必有酗酒无度之因。[28]"据说成王在位期间，有人曾预测过帝国存续的时间，并预言周朝将会在一代代继承者统治下不间断地延续三百八十年。[29]

饮酒、赏酒和酒的危害

第三位皇帝
康［王］（KANGUS）
在位 26 年

康从父亲那里继承了王位，维持了国家的彻底和平，整整二十二年没有发生任何诸侯武装叛乱和人民起义。人民生活安定愉悦，尽管没有奢侈的享受，但也简简单单，平衡有序。皇帝因此受到上至贵族、下至平民的所有人的爱戴，并因爱好和平而被称为康，意为平静安宁。他非常喜欢音乐。

第二十七甲子第 60 年，公元前 1078 年

他经常说："君主登上皇位的目的不是为了损人利己，而是为所有子民谋福祉，这样，君主也将得到幸福。"国泰民安的环境让他得以心无旁骛地投入农业生产。他命大臣召公（CHAOCUNGUS）丈量田地并进行分割，确保每个农民都能得到一块面积相同的田地，田地均有明显边界或用道路分开，避免引起争吵。最后，他亲自前往各省考察，亲手示范最新的耕种方法。召公曾在一棵柳树下为农民们解决纷争，之后这棵柳树便被严禁砍伐。召公的功绩给后人留下了永不消逝的记忆，也在诗歌中广为流传。[30]皇帝鼓励发展养蚕业，还教授人们耕地和播种的更有效的方法。他命人释放囚犯，前提是这些重获自由的人必须全身心投入田间劳作。在这种方式下，田地的耕种井然有

君主何时应当感到幸福

序，国内生活物资丰富，财富充足。那段时期国运昌隆，和平没有像惯常一样带来懒惰的风气，反而促使人们加倍辛勤地劳作。[31]

第四位皇帝

昭［王］（CHAUS）

在位 51 年

第二十八甲子第 26 年，公元前1556[32]年

使人堕落的狩猎爱好

与康王致力于农业不同，他的儿子昭王沉迷于狩猎。国家的安定繁荣让他感到无聊，他没有遵循祖先们的榜样，不理朝政，一心投入他最喜爱的消遣娱乐。人民对他的仇恨与愤怒与日俱增，特别是农民，对昭王和他带领的动物在狩猎时毁坏农民们的庄稼和财产怨声载道，但没有人理会他们的抗议。于是，绝望而愤怒的农民们杀死了皇帝。一般人都会认为野蛮人会采用野蛮的方法，但这些农民却恰恰相反，他们施计谋害了皇帝。皇帝狩猎回宫时通常会取道陕西省汉中（HANCHUNG）附近的汉水（HAN）[33]，并向农民征用船只渡河。对皇帝的傲慢无礼忍无可忍的农民们设法在皇帝将要乘坐船只的船板上动了手脚，一旦船行至河中央，原本系在一起的船板就会散开。果然，那天当船只到达指定位置时，用绳索系起的船板突然松开，皇帝被汹涌的河水卷入水底，与他同行的几名官员也一起被淹死在河中。

皇帝驾崩的预兆

在此之前出现过一些预示着皇帝不祥结局的征兆：有一次，月光比平日更为明亮，其中一束光仿佛彗星一般直射狮子座（历史学家没有提到月亮的位置），而在皇宫里，所有人都惊讶地看见水从井口中涌出。[34]昭王在位第十四年，鲁侯的弟弟潰（FIUS）为了扩张国土向一位名为幽（YEUS）的领主宣战，在战胜后背信弃义地将其杀害。[35]皇帝因为懦弱而没有反对这类暴行，也没有惩罚潰，尽管这对于他来说易如反掌。相反地，他对潰如同对待家人般宽容，并向他许诺只要放下武器就能获得原谅。[36]昭王二十七年（公元前 1026 年），印度哲学家释迦［牟尼］（XACA）[37]出生，他的偶像崇拜和灵魂轮回说被带

到了中国。我在此书的开头部分已有提及，释迦牟尼和他的教义在公元 65 年的第十个月传入中国，他的教义待我说到公元 65 年发生的事情时再做详细介绍。

第五位皇帝

穆［王］（MOUS）

在位 55 年

第二十九甲子第 17 年，公元前 1001 年

昭王的儿子穆王从父亲那里接手了国家并治理有方，但他嗜好车马，最喜欢骑马或驾车疾行。他拥有品种名贵的骏马和精美绝伦的车辆，打着视察各省的借口巡游了整个国家，实际上却是为了大肆炫耀。

与鞑靼人的战争

穆王三十五年，他向中国人称为唐（TANG）的鞑靼人宣战[38]，这些鞑靼人居于昆仑山（IMAUS，即 AMISEI）[39]脚下，黄河从那里发源，奔腾向中国的西部。他的岳父祭公（CICUNGUS）[40]为了劝他放弃战争，对他说道："贤明懿德的君主爱好的是和平而不是战争。只有万不得已他们才会使用武力，因为动武不仅对自己有害，还会对人民、国家财政、战败方和战胜方都造成伤害。用国家的毁灭去追求荣耀难道不可耻吗？同为人类却要互相杀戮难道不有违人道吗？"这番话值得人们深思，避免愤怒地投入无谓的冲突中，人类的鲜血是可怖的战争之色，在无视神灵的人心中却是神圣的象征。但这些话通常人们都听不进去，根本无法达到劝诫的效果。不出所料，皇帝没有接受祭公的劝说。他带领着粮草充足、武器完备的军队以胜利者的姿态大步挺进鞑靼人的国家，认为自己必胜无疑。论物力、论人力，鞑靼人都远不及他们。得知遭到进犯，鞑靼人纷纷四散逃命。这些人习惯迁徙，于是带走了能携带的所有东西，牵走了牛羊马匹，跑到别处扎起了帐篷。

战争的糟糕结局

前往鞑靼的路途崎岖艰险，加上另外的困难，使得皇帝失去了不少士兵，结果连敌军都没有见到就被迫班师回朝。回到自己国家的皇帝受人鄙视，颜面尽失，人人憎恶，便将心思从战争转向了狩猎。既

从战争到狩猎

然没法攻击敌人，他就带着剩下的军队去捕猎野兽。他的确猎杀了许多野兽，但付出的代价也很惨重。但他天资聪颖，坚持正义，这让人们忘却了他犯下的这些错。另外，皇帝也为自己没有听从祭公的建议而懊悔不已，做出了极为真诚的忏悔。他恳求祭公原谅自己的鲁莽，并保证今后完全信任祭公并听取他的建议。其中最重要的建议如下：*廷臣诚实则君主诚实；廷臣对君主阿谀奉承，那么君主就会误以为自己是完人*。他经常说，君主的名望很大程度上取决于廷臣的品质是否优秀，因此君主必须要小心那些在言行上一心逢迎、满足他人虚荣心的人。

第六位皇帝

共［王］（CUNGUS）

在位 12 年

第三十甲子第12年，公元前946年

爱与死亡

穆王死后，他的儿子共登基。执政初期，共王发动了一场血腥的屠杀，灭了整个密（MIE）[41]省。该省的管理者曾向皇帝许诺进献三个美丽的女奴，而美丽却恰恰成了万恶之源。皇帝穿过泾（KING）湖[42]来游玩，在献给他的众多少女中却没有看到自己心目中的美女。他因此而勃然大怒，认为当地所有的百姓都是帮凶，于是下令将他们全部处死。[43]之后皇帝对此懊悔不已，而他的功绩也完全配得上明君的称号。弃恶从善在君主身上很少发生，但他就是其中一个榜样。

第七位皇帝

懿［王］（IS）

在位 25 年

第三十甲子第24年，公元前934年

共王的继承人没有任何值得铭记的功绩，且他为人作风不正，遭到了诗人们的批评。诗人们希望通过诗句促使他走上正道，其中不少流传至今。[44]

中国人在遥远的古代已开始写诗。诗歌的内容和话题各式各样，但由固定的字数和五声的组合构成。在那五本谈论谁具备治理国家的最高水准的诗集中，有一本讲述了古代君主们的善举与恶行。这些诗句足以令昏君恐惧，使明君更加英明贤德。除此之外还有一些描绘花草树木和其他类似主题的诗歌。

中国诗歌

与我们诗人的喜好不同，中国的诗人尽可能避免书写那些残暴的故事。

中国诗歌中没有阴谋

这些诗歌表达了与自然融合的美好情感；也有表达爱情的，但其用词不会引发与肉欲有关的联想，而会令人想到纯洁之爱。这是因为中国诗人一向恪守礼仪，在这一点上他们与我们的诗人完全不同。[45]

具有道德教化意图的诗歌

第八位皇帝

孝［王］（HIAUS）

在位 15 年

孝王是懿[47]王的弟弟,他剥夺了侄儿们的继承权,武装夺取了皇位,但他非常善于治理国家。

第三十甲子第 49 年，公元前 294[46] 年

孝王十分爱马，喜欢到处搜罗良驹。当时有一名出身极为卑微的人名叫非子（FICIUS），仅仅因为善于养马、精于驯马就获得了极高的官职。[48] 有一次，皇帝闲来无事前去看马，看到马匹健壮美丽，训练有素，大大超出预想，便将陕西省西部的靠近秦地的一片领地赏赐给了非子。[49] 他自然没有想到这次封赏隐藏着多大的隐患，因为正是非子的后代推翻了周朝君主的统治，这我之后自会说到。

对马的钟爱

据说孝王在位时期下过一场猛烈的冰雹，导致了大量动物的死亡，许多人也因这场灾难而丢掉了性命，而河道则由于气温过低而结冰。

一场猛烈的冰雹

第九位皇帝

夷［王］（IS）

在位16年

第三十一甲子第4年，公元前896[50]年

孝王残暴统治国家十五年[51]，死后将皇位传给了儿子夷王。夷王虽然与叔叔同名，但为人却截然不同。他贪图享乐，任性善变，愚昧无知，根本不能区分前来觐见的人究竟听令而来还是有事禀报。他身体瘦弱，性格腼腆，因为害怕出错而从不接见外国使节和诸侯。[52]

他的能力不足以履行皇帝的职责，这一点尽人皆知，于是，人们纷纷嘲笑他。他空有皇帝的头衔，却没有受到皇帝应得的尊重，皇帝这一高高在上的头衔也因此失去了威望。

第十位皇帝

厉［王］（LIUS）

在位38年

第三十一甲子第20年，公元前878年

夷王的儿子厉王令自己和皇室尊严扫地。他傲慢自大，贪图享乐，尤为冷血无情，因此人称厉王，汉语中意为残酷。他性格暴烈，不理朝政，任意妄为，因此导致了帝国、人民和自己的灾难。

厉王执政初期，帝国经历了一次居住在南方黄河入海口的淮安[HOAIGAN][53]人发动的攻击。皇帝的军队平息了攻击，但却没能横扫敌军，因为他们刚一进入敌人的领地就被击退了。厉王在位31年时年事已高，却在过分膨胀的欲望和对享乐的贪求下开始强势压迫百姓，而当时已经耗尽物资的百姓们根本无法满足皇帝的要求。

暴君厉王

大家对皇帝的暴政怨声载道，一些原本支持他的大臣在进谏和上书多次无果后也义愤填膺。而与此同时皇帝也大发雷霆，他顽固的性格已经无药可救，完全不理会大家的抗议，反而因此愈发生气，命人

对那些威胁他的人采取强硬措施。由于无法找到始作俑者，他决定对所有人实行严厉的专政，规定无论任何人，不分地点、场合、原因，只要同他人交谈，甚至是轻轻私语，就要判处死刑。[54] 其实他十分担心外界的批评会伤害到自己，而且这份担忧让他非常苦恼。但暴君们理应承受内心的苦痛，因为这是他们咎由自取。当时已有大量的抱怨者被杀，凝重的气氛在首都蔓延。到处鸦雀无声，一片死寂，人们如果不得不出门，也只是静静地在路上行走，眼睛直直地盯着地下，如同失魂落魄一般。要知道再糟糕的君主周围也会有心怀鬼胎的人顺从于他。厉王身边也有一些大臣，他们的残酷暴戾比皇帝更甚，时刻准备着帮助皇帝大开杀戒。德高望重的大臣召公（CHAOCUNGUS）多次进谏无果，便对皇帝说：“皇帝啊，防民之口比防水更难，水一旦漫过堤岸，便会毁坏一切，而强行禁言，得到的结果只会更糟。”[55] 严格的禁言持续了三年，直到有一天，饱受压迫的人民如决堤之水般冲进皇宫，想要杀死皇帝。皇帝侥幸从这场人民起义中逃生，逃至平阳（PINGYANG）[56] 躲藏。造反的人民杀了他的家人，只有一个年幼的儿子逃到忠臣召公家中躲避。得知此事后，愤怒的民众带着武器赶往召公住所，将他家包围，高喊着要处死皇子。召公努力平息众人的怒火，德高望重的他虽然成功地阻止了疯狂的人群冲进自己的居所，但许多人依然在门外高喊，坚持要处死年幼的皇子，召公内心焦虑，不知如何是好，他这么想道：“我曾告诉过皇帝会发生这些事，而他没有听从我的建议，所以现在他蒙难是咎由自取。但如果我将前来向我求助的皇子交到愤怒的民众手中，那我就是对皇帝不忠。忠于皇帝的人必须承担风险；他必须责备昏庸的皇帝，令其端正言行，同时，他还要防止皇帝受到伤害。他不会生皇帝的气，只会因其行为而愤慨。为什么我不用自己的儿子代替皇子呢，他们身材相仿，面容相似，这一良策不仅能拯救我的家族，还留住皇室的血脉，何乐而不为呢？”他的内心矛盾不堪。为了拯救帝国的继承人，同时平息人民的怒火，他最终决定让自己家中的儿子赴死。人们以为那就是皇子，愤怒地撕碎了这个无辜的孩子，在他父亲冷漠的注视下将其残忍杀害。就这样，这位忠诚的臣子救下了皇子。[57] 虽然皇帝恶贯满盈，他却用一种当时

禁言

召公，罕见的忠臣

根本没有人能想象得到的方式表明了自己的忠心。侥幸从起义中逃脱的厉王失去了皇位，在流放中度过余生，为世人所遗忘。[58] 这件事对于那些推崇使人惧怕的暴政、忽视民众爱戴的君主来说是一个极大的威慑。在那之后，国家经历了一段时期的共和执政。[59]

第十一位皇帝

宣［王］（SIUENIUS）

在位 46 年

第三十二甲子第 11 年，公元前 827 年[60]

召公在执政的同时还在努力地凭借自己的威望平息民愤，扫清皇帝归位的障碍，但却未能得偿所愿，于是他放弃了这一想法，转而劝说民众拥立宣王（厉王之子）[61] 为帝。他告诉民众，尽管宣王还没有达到适合执政的年龄，但他身体健康，遵循先祖们的美德，并且得到上天的庇佑。这番道理说服了民众，宣王登基。为了避免皇帝因年少而做出一些不利于国家的决定，两位备受敬重的忠臣召公和周公担任辅政大臣，辅佐皇帝执政十五年。[62] 之后皇帝亲政。他遵循着大臣们定下的规范和先祖们的榜样，尽职尽责，品行端正，让人们不再沉浸于对武王和康王（KANGUS*）[63] 的怀念中。他很清楚自己父亲的悲惨结局，在执政时坚持正义，遵循法律。他将那些以智慧与学问著称的哲人请来，对他们以礼相待，慷慨大方。他们中的许多人因先皇们的暴戾或被禁足在家，或被驱赶至山林，受到皇帝邀请后便欣然从各处赶往，自由地开展学术研究。此事不足为奇，因为直到那个时代哲人们还保留着一种传统：为了不留在昏君身边成为他们犯罪被迫的见证者（在中国的哲学观里这是智者的耻辱），他们会隐匿于偏远之地；为了不被人认出，他们乔装打扮，隐姓埋名。关于这一传统我会在说到孔子的时候再作详细解释。

皇帝的这些举动帮助他赢回了拒绝服从先皇的子民，也给国家带来了和平。那些自穆王时期就拒绝臣服于帝国的诸侯们纷纷重新归顺。

扩张疆域的往往是美德，而不是武力，但皇帝还是不得不使用武力来与武器精良的淮安人[64]和湖广人对抗。这些民族大部分居住在洋子江[65]的另一边，而那片区域[66]尚未归顺。在将军们的帮助下，皇帝不仅赢得了战争，还迫使那些民族遵守中国的法律。

在经历了三十三年的天下太平之后，宣王开始不像以往那般热心朝政。机智的皇后心生一计，督促他重新成为明君。当时皇帝已沉溺享乐多时，总是睡到很晚，极不情愿起床聆听大臣们的汇报和处理政事。皇帝的这一转变让皇后感到非常耻辱，同时也令她担忧起国家的命运，于是她便偷跑出宫回到了娘家。她让女仆捎信给丈夫，在信里解释了自己出逃的原因，她说看到皇帝沉湎于美色而忘记了美德，因此感到十分自责，害怕自己会受到惩罚。皇帝立即明白妻子话中有话，他说道："其实有错的人只有一个，那就是我，皇后是无辜的。"之后他便像从前那样勤于政务，克制欲望。

皇后督促丈夫恪守职责

那一时期有两位名为杜伯（TAPEUS）和左儒（ZOGIUS）[67]的臣子留下了一段友谊佳话，值得永世称颂铭记。他俩惺惺相惜，随时可以不顾一切为对方牺牲。有一次，皇帝不知听信了谁的谗言，不听杜伯的辩解便以莫须有的罪名判处其死刑。左儒为朋友遭受的不幸愤怒难平，为了救回朋友的性命，他不惜舍命涉险，九次向皇帝进谏，为杜伯申冤。最后皇帝暴怒，对他说道："你清楚地表明，你将成为一个叛逆者，因为你为了保护朋友而不怕冒犯君主。"左儒毫无惧色地反驳了这一诽谤："皇帝，你错了！忠于朋友的人也会忠于君主，一个不放弃无辜朋友的人也会对君主不离不弃。你在没有证据的情况下便判处我的朋友死刑，就像那些昏君一般不遵守法律，而我想尽办法为他辩解，你却怀疑我会背叛。背叛是无耻的行径，和忠心、虔诚与爱又有什么关系呢？我坚持为我朋友申冤，为的是阻止你像那些暴君一般罔顾法纪，因此我忠于朋友，更忠于你。拯救无辜之人是善行，劝回犯错之人则是更大的德。"皇帝怒不可遏，说道："别罗唆了，和你的朋友一起受死吧！"左儒应道："正直之人不会放弃正义以求延寿，也不会为了苟活而收回自己说过的实话。我要让你明白，你将处死的是一个无辜的人。既未犯错，无需受刑！"皇帝为他的勇气震惊，

一段真正的友谊

同时也十分震怒，命人立刻处死了他。比起放弃忠诚而偷生，为维护友谊而赴死更为高贵，而皇帝却未能明白这个道理。

第十二位皇帝
幽［王］（JEUS）
在位 11 年

第三十二甲子第 57 年，公元前 781 年

处死左儒一事损害了宣王明君的声望，而他的儿子幽王则更加乏善可陈。他从父亲手中接过了国家，却没有继承父亲的美德。中国史书中记载着关于这位皇帝一名妾室的种种令人难以置信的行径。为了方便读者的理解，我先简单重复一下之前提过的关于龙的事。

对龙的崇拜

在中国人看来，没有什么不是由龙决定的。在他们看眼里，龙不仅决定了每个人的命运，还决定了雨、云、冰雹、雷电等各种天气现象。连受过良好教育的睿智之人都会相信这些脱离实际的想象，这一点令人十分费解。据说龙通常生活在山间的地下，因此，人们开挖墓穴前都要花费很多钱财、非常小心地寻找龙脉所在，因为龙脉不仅保障了土壤的肥沃，还能保佑整个家族的财富和好运，这些说法就好比星象学家们通过观察星辰的运动组合而编造出的关于未来的话。[68][……]在幽王统治时期，这种谶语也生效了。我曾听说过一个后宫少女的故事。[69]

早在夏朝的时候就有人见过龙，但之后龙消失不见，只在地上留下了一些龙涎。

神圣且神奇的龙涎

鉴于那是龙涎，人们便以极度的崇拜将它收集起来作为珍贵神圣之物供奉。龙涎被放置在一个金匣子里，一直保存到了宣王时代，而宣王不知何故命人打开了匣子。匣子一开，龙涎立刻像活了一样，从匣中涌出流向皇宫各处，势不可挡。它流经后宫的时候渗入了一名少女的下腹，据说这位少女之后诞下一名女婴，但她因遭到龙涎侵犯而感到羞耻，也害怕皇帝动怒，便遗弃了这个婴孩。碰巧路过的一对夫

妇听到婴儿的啼哭，便将她带回家抚养，他们的家在一个叫褒（PAO）的地方，于是给孩子起名为褒姒（PAOSUA），将她当作自己的女儿。幽王三年，抚养这名女婴的女子不知因为何种罪名被投进了监狱，她为了换回自由，将美艳绝伦、已至婚配年龄的少女献给了皇帝，并得偿所愿，带着许多赏赐回到了家中。皇帝被褒姒的魅力深深震撼，对她爱得神魂颠倒。为了娶她为妾，让她所生的孩子伯服（PEFOUS）继承皇位，他甚至废黜了正宫皇后和正统太子。太子宜臼（IKIEUS）不堪其辱，便离开父亲向南逃亡至今日陕西南阳[70]府所在地，在叔叔[71]申侯（XINUS）处避难。

与此同时，褒姒成了最受皇帝宠爱的人，但她从来不笑，于是皇帝便想尽办法博其一笑。当时国家的西部正与鞑靼人[72]交战，而烽火是士兵们集结迎战的信号。皇帝希望士兵齐刷刷地集结并迅速准备战斗的场面能让情人展开笑颜，便一次又一次命人点燃烽火。褒姒看到军队一次次被愚弄，终于喜笑颜开，皇帝因此十分高兴，但就是这一笑令他在之后失去了国家与自己的性命。褒姒特别喜欢听丝绸被撕碎的声音，已被她的乖张任性所奴役的皇帝为了让她高兴，和她在一起的时候便不停地撕扯珍贵的丝绸供其取乐。

褒姒一笑

褒姒喜欢的声音

皇帝一边用着如此古怪的方法取悦自己的女人，一边则要求申侯送回出逃的皇子。申侯提出了立该皇子为太子的条件，否则不予放人，于是皇帝便对申侯宣战。申侯虽然兵力不及皇帝，但智慧过人，他与鞑靼人结盟，在一天晚上突袭皇帝的大营。烽火点燃，但士兵们看到燃烧的火焰，以为又是皇帝想要取悦褒姒，根本没有想到这次的烽火是真正的危险信号。后来他们在睡梦中被敌人惊醒，连拿起武器抵抗的机会都没有。执迷于戏弄他人的皇帝被自己的兄弟[73]和儿子打败，这一次不是玩笑，皇帝也因此丢掉了性命。鞑靼人借助此次胜利，开始向中国西部地区进军，每处城池几乎都一攻即破，他们便打着扶助皇帝的旗号占领了帝国的一部分地区。申侯和宜臼眼看掌控不住鞑靼人，也担心局势愈发糟糕，便向东逃去，将都城迁往西安（SIGAN）[74]。鞑靼人在西部大肆作乱。与此同时，东部各诸侯与大臣们同申侯汇合，立宜臼为帝，开始准备迎敌。但是，他们意识到自己的兵力不足以将

一次惨败

敌人赶出西部，于是便调动兵马死守中国东部地区，将都城也东移。尽管当时困难重重，但众臣依然为国家没有旁落他人手中而庆幸。

西部各诸侯没有皇帝的援助，只能自己备战以收复被鞑靼人侵占的土地。其中秦王襄公（SIANGCUNGUS）和卫王武公（UUCUNGUS）尤为骁勇。[75] 帝国由此一分为二，之后还爆发了惨烈的内战。在赶走了鞑靼人之后，这两名得胜的诸侯将收复的土地占为己有，皇帝收回了他俩的封号，但他们不以为然，毕竟皇帝远在东部，鞭长莫及。两人的行为树立了非常糟糕的榜样，没过多久其他诸侯便纷纷效仿，国家失去了被所有人共同承认的唯一君主，变得四分五裂，无人治理，这也为之后众多的血腥冲突拉开了序幕。战争结束后，两个诸侯国实力突出。其中一个是养马人非子的后代统治的秦国，他们以陕西为中心渐渐扩张；另一个则是武王的弟弟康叔的后人所统治的卫国，即武王分封给诸侯的十五个食邑之一的河南。这些信息对理解之后的历史十分重要。

第十三位皇帝

平［王］（PINGUS）

在位 51 年

第三十三甲子第 8 年，公元前 770 年

平王从父皇幽王被杀的命运中吸取教训，放弃了西安城，向南迁移至河南省洛河一带停了下来，那是亚洲最远端。[76] 通过此举，他得以逃脱鞑靼人的攻击，但同时也失去了大片土地。比起臣民的安全，他更看重的是自己的安全，尽管前者对于君主来说更为重要。他的离开让帝国陷入混乱，为一系列可怕的变故埋下了种子。一些原本忠于皇帝的诸侯也效仿襄公与武公，将封地占为己有，他们以皇帝出逃即是背叛国家为名，拒绝承认皇帝的权威。其中三位诸侯势力强盛。第一位是占据山东省北部的齐王 [77]，他是我之前提到过的吕尚 [78] 的后代。第二位是占领了湖广和江西两个重要省份的楚王，在周朝第二位皇帝

成王在位期间归顺，武王将那片地域赐给黄帝的后人作为食邑，之后成王给予了他们诸侯的头衔。第三位是占领了山西省大部，以太原为都城的晋王，他出身皇室，是唐叔的后人，唐叔是成王的弟弟，在和哥哥玩耍时意外得到了一些封地。

这些诸侯背弃了皇帝，拒绝听命，但他们之间也没能保持很长时间的太平。尽管疆外敌人侵扰不断，他们互相之间还是经常为了扩张领土而兵戎相见，而皇帝的权威已无法阻止这些侵占他国领地的行为。哲人孔子劝诫君主的著作《春秋》（*CHUNCIEU*）[79] 一书就以这些诸侯的故事开头，那些战乱一直持续到他生活的年代。他在这本书中主要教导诸侯服从并遵守帝国的古老法律，向他们解释服从的重要性和作用，谴责纷争引发的恶行，历数背叛皇帝的诸侯们的罪行。

平王二十一年，襄公去世，他的儿子文公（UENCUNGUS）在一次战役中横扫鞑靼人，占领了几乎整个西部地区，越过凤翔（FUNGCIANG）[80] 到达山西边境。他以岐（KI）[81] 山为自己国家的边界，将胜利得来的岐山以东的广袤土地还给了皇帝，不求任何补偿，在自己的领地陕西省自得其乐。

第十四位皇帝

桓［王］（UONUS）

在位 23 年

第三十三甲子第 59 年，公元前 719 年

平王的孙子桓王继位后试图让诸侯重新归顺，重建自己在帝国的权威。他无法用和平的方式达成目的，便诉诸武力，但也未能成功，在第一次战役中就被郑（CHINGUS）[82] 庄公打败而且还受了伤。自此他便放弃了收复帝国领土的希望，不得不满足于保护好剩下的国土。关于他没有什么其他值得一提的事。郑庄公是周宣王的叔叔[83]，是周朝皇室的血脉。对权力的渴望能让流着相同血脉的人同室操戈。

第十五位皇帝

庄［王］（CHUANGUS）

在位 15 年

第三十四甲子第 22 年，公元前 696 年

拥有继承权的庄王在父亲和大部分大臣的反对下登基。桓王本想让他最爱的妾室所生的儿子克（KEUS）替代正宫太子庄继承皇位，但是一位富有正义感的大臣辛伯（SINPEUS）和其他一些威望相当的官员提出反对。他们认为如果剥夺了合法的正宫太子的继承权，本就摇摇欲坠的国家将会走向灭亡，因为皇室兄弟不和会导致朝臣结党，一些支持克，另一些拥护庄，这样内战就在所难免。[84] 因此，最后庄在众人的嫉妒下得到了皇位。庄王三年，支持克的臣子为了立克为帝密谋颠覆政权，他们不惜用皇帝的鲜血为自己铺路，庄王面临着生命危险。刺杀的任务由反贼之首、一位名为黑肩（MEKIENUS）[85] 的大臣负责完成。辛伯察觉到了危险，为了避免可怕的后果，他建议皇帝以与辛伯共商国是为借口召见黑肩，然后安排士兵刺死他。这一计谋取得了成功，克得知了黑肩中计而死的消息，为确保自己的安全，便逃往燕王处躲避。[86]

兄弟相残

之后一年，另两个兄弟被嫉妒和对权利的渴望蒙蔽，开始互相残杀。他们是子纠（ZUKIEUS）和亦称［齐］桓公（VONCUNGUS）[87] 的小白（SINOPEUS）。两人都是齐王襄公 [88] 的儿子，因无法忍受父亲残暴的性格而离开了齐国。为了保住性命，子纠逃往鲁地，齐桓公逃往莒国（KIU）[89]。不久之后，齐王被杀，杀手的身份无人知晓。[90]

两位公子无需再为性命担忧，却因王位的继承挑起了惨烈的战争。鲁王和莒王各自支持一方，齐国内部也分成两派，两位大将军高傒（XAOHOEUS）和管仲（QUONCHUNGUS）站在子纠一边。双方交战激烈，各有胜负，最终齐桓公获胜。但齐桓公也没有一直受到上天的眷顾，在最后一场战役中，他被管仲射成重伤。子纠全军覆没，为了不落入弟弟手中，同时也为了有朝一日能夺得王位，他与高傒、管仲一起逃往鲁国。齐桓公派将军追赶，在鲁国境内横扫了子纠的人马，

将其抓获并杀死。高傒因不愿被俘而自尽。管仲被俘，战争结束后，战胜方的军队将他交给了齐桓公。管仲上知天文、下知地理，为人诚实正直，智慧过人，因而被所有人看作哲人。他恪守道德，言行如一，赢得了人们的尊敬，大家都像听从神谕一般服从他的命令。孔子也生活在那个年代，当时管仲的声望之高，以至于许多人都认为他的智慧与中国人极力称颂的孔子[91]相当。齐桓公抓获管仲后打算杀了他以报一箭之仇，但遭到了大臣鲍叔（PAOXOUS）的极力反对。[92]他对皇帝说："我认为不应判其有罪，他的行为在我看来恰恰是一份功绩。正是对主公的崇敬和忠诚让他坚信必须维护主公安全，免受他人伤害。在类似的情况下，主公你也会要求臣子这么做来证明你们之间的友谊的，你会称赞他们，欣赏那些为了保护你的性命而让敌人流血的行为。因此，管仲不应该受到惩罚，我认为他是无辜的。应当用仁慈来制服敌人，你现在憎恨他是叛乱者，将来他却可能会成为你的朋友。"齐桓公接受了这些建议，管仲重获自由，回到鲁国。人们认为他是逃兵，将他捆上锁链，又因为担心再次发生战事，便再次将其交给了齐桓公。齐桓公听闻，立即以礼相迎，见他受到如此对待十分气愤，立即命人解下他身上的锁链，让他在自己身边坐下，仿佛一位故友。[93]他希望从管仲那里得到一些建议来管理人民、繁荣国家、收服诸侯、保持威望。管仲给了他一些睿智的建议，齐桓公十分欣赏，作为回报便封其为大臣。之后，管仲因出众的才智与功绩被封为阁老。管仲有勇有谋，但经常背离中国传统的德，他会为了自己和国家的利益使用一些正直之士不会使用的狡猾手段。因此，孔子认为他的行为不是正义之举，因为在他身上，能力和狡黠已经盖过了真正的美德，而后者才是所有品质中最重要、哲人们最为推崇的。不管怎样，齐国国君从他那里得到了十分难得的帮助，国运昌隆，许多诸侯也因为信任阁老而重新来朝。皇帝死后，管仲设法使釐（LIUS）继位，他是齐国国君的亲戚，虽非皇帝直亲，但有皇室血统，因此朝代的名称保留不变。

敌人被饶恕

敌人出手相助

第十六位皇帝

釐［王］（LIUS）[94]

在位 5 年

第三十四甲子第 37 年，公元前631年[95]

由于周庄王的儿子和兄弟都被剥夺了继承权，齐王的亲戚釐[96]得以登上皇位。齐王帮助他维持住了国家的稳定，善于审时度势的管仲则帮助他与众多东部诸侯结成联盟。当时有遂侯（SU）不服，齐桓公便认为他是叛贼，在皇帝的号令下向其宣战，最终将其打败并杀死。鲁国国君为了保卫遂国、为朋友报仇，便向齐王发起进攻。但是，在这场保卫他国领土的战争中鲁王不仅铩羽而归，还失去了自己的一部分国土，最后他不得不求和并保证再不觊觎遂国领土。齐王为了这场胜利差点也丢掉了性命。当时齐王已经侵占了鲁国的一部分领土，正高举兵器凯旋，却在一条狭窄的小道上遭到了一个名叫曹沫（ZAMOUS）的士兵和他一小队同伴的袭击。这伙人虽然是为战而来，却没有即刻进攻。曹沫冲到齐桓公面前，用匕首威胁他道："要是你不归还从鲁王那里侵占的土地，现在你就得死！"齐桓公为了保住性命，不仅应允了他的要求，还承诺不会因曹沫攻击自己而定他的罪。于是曹沫放下了武器，像子民一般向齐王行跪拜礼，感谢齐王的恩德。中国人向皇帝行礼时都向北方跪拜，据说原因是他们的君主总是朝南而坐。也正是因为如此，皇宫的正门、各宫室的大门和庭院进门都向南而开。现在的中国人使用类似的仪式接待客人，据说也是在向他们的君主行礼，尽管君主远在天边。曹沫随后告辞。

对敌人亦诚信

脱离危险的齐桓公不认为自己需要信守承诺，便命人以叛国罪处死曹沫。管仲得知后对齐桓公说："主公啊，不守承诺，将已赦免之人处死是十分可耻的行为，带来的快意令人不齿。你不觉得这有损威信吗？今后无论是诸侯还是人民，又有哪个不会对你的话心存疑虑？诚信是国家之本，如果没有了诚信，国家就会灭亡。所以，请信守你的承诺，做到言出必行！这样人们才会相信你说的话，这于你有益。如果你将领土归还给鲁王，人们就会认为你是一个不觊觎他人财产的人。”齐王采纳劝诫，释放了曹沫，将原本属于鲁国的地域也一并归还给鲁王。各路诸侯纷纷称赞，并拥立他为领袖，中国人称为霸（PA）。[97] 坚守诚信，让出小小的一块土地，得到的回报是多么丰厚啊！

第十七位皇帝
惠［王］（HOEIUS）
在位 25 年

釐王的儿子惠王继位后前六年国泰民安，直到居住在山西北部的狄人（TIE）来犯，打破了平静。他们包围了应城（HING），也就是今日与鞑靼以长城为界的边城大同[98]，当然，那个时候长城尚未建造。[99] 皇帝命齐桓公前往抗敌，没过多久狄人便落败而逃，狼狈不堪地逃至卫国（GUEI），但却遇到了卫国国王懿公（ICUNGUS）的人马。两军相对而列，等待着开战的信号，卫王占据了有利地形，但却因相信愚蠢的迷信而与胜利失之交臂。

第三十四甲子第 42 年，公元前 676 年

鸟儿落在一些士兵的长矛上，他不想把它们赶走，因为他对动物有着不可理喻的喜爱；而且出于迷信，他认为鸟儿飞走意味着战争将会失败。就这样，他放弃了进攻，而狄人则趁此机会移动军队，占据了更有利的作战位置，最后取得了胜利。被命运捉弄的懿公被杀，他的长子继位，剩余的军队撤向位于济水（CI）和黄河之间的南部地区[100]。十分善于从每件事中谋利的齐桓公趁机入侵卫王丢下的领土，消灭了狄人的军队。为了不让人觉得自己觊觎他人国土，齐桓公立懿公次子为王，并命其使用与其父同样的名字。于是，卫国一分为二，国力被削弱。强大的齐桓公因获得胜利而颇为骄傲，便向比他更强的楚（ZU）王宣战。战斗中双方各有胜负，最后疲惫不堪，无心再战，便约定在少林山[101]见面议和。惠王在位时期没有其他值得一说的事，但需要说明的是，惠王这个皇帝只是虚有其名，实际掌权的是齐桓公。若不是齐桓公对其他诸侯的反对有所忌惮，凭借他的能力和勇气完全

因迷信而与胜利失之交臂

可以夺取皇位。两王互相牵制，最后谁也未能实现自己的雄心。

第十八位皇帝

襄［王］（SIANGUS）

在位 33 年

第三十五甲子第 7 年，公元前 651 年

惠王驾崩后，襄王继位。他自执政初期便十分嫉妒齐王，想尽办法抓住一切能削弱齐桓公威信、赢得诸侯好感的机会，希望能重振帝国昔日雄风，而命运也帮了他两个大忙。

在管仲的建议下，齐王召集了各路诸侯。皇帝担心此事会给帝国带来危险，但又不好反对，便施计在集会上让众诸侯承认他的正统君主地位，煽动他们对齐桓公的敌意。在所有人都到场之后，襄王派睿智的宰孔（ZAICUNGUS）手持亲笔御书前往，命他在众人面前宣旨，各诸侯必须遵照接受圣旨的礼仪行礼，但如果齐王不从则不强求。按照中国传统，皇帝的圣谕在被宣读之前必须置于桌上接受跪拜礼，跪拜圣旨等同于跪拜圣上。宰孔手持圣旨出现在众人面前，各诸侯均行礼接旨，只有齐王不从。管仲责备他的固执，严厉地对他说道：“如果君主不履行君主的义务，那么臣民也会效仿，拒绝履行臣民的义务，就像疾病从头部蔓延至四肢那样，如此便会发生动乱。你召集其他诸侯集会，在和他们一起时，你表现得像一个诸侯，这样没有问题，但试问有谁会赞同你如此对待皇帝的使者，仿佛自己就是皇帝一般呢？你难道未曾想过诸侯们会认为你是叛逆者而对你心生愤恨吗？顺从吧！请不要做只会给自己带来损害的事，向大家表示出你对君主的臣服！”[102] 这番话说服了齐桓公，尽管心不甘情不愿，他还是像其他诸侯一样下跪行礼，暂时放弃了夺取权力的意图，而这是他召集各路诸侯集会的缘由。这一举动给国家带来了极大益处，所有的诸侯都认为齐桓公甘愿臣服，没有不可告人的目的，因此都承认了皇帝的绝对权威。[103]

皇帝的儿子叔带（XOTAUS）离开父亲，逃至齐国，这给国家的

和平带来了威胁。管仲受命前往调和父子之间的矛盾，虽然他完成了任务，但却死在了归国的路上。襄王七年，三名大臣因争夺阁老之位而爆发了激烈的冲突。年事已高的齐桓公没有着手平息矛盾，但也可能是有心无力。两年后齐桓公去世，留下五个互相敌对的儿子。[104] 臣子百姓们各为其主，于是，原本即将扩张为帝国的齐国由于兄弟间的矛盾几乎走向灭亡。

这边兄弟们互相残杀，那边位于江南省[105]西部地区的宋（SUNG）国国君、与皇帝同名的襄（SIANGUS）[106]公开始崛起。善于用兵、战无不胜的宋襄公对自己的军队很有信心，希望获得各路诸侯的支持。当楚王向他宣战时，襄公凭借精锐的部队完全可以轻而易举地击退松散的敌军，将军们也纷纷催促他应战，心灵高贵的襄公是这么回答的："一名优秀的士兵凭借勇气战胜，甚至是杀死敌人，而不是依靠狡诈与欺骗。我当然知道消灭楚王的军队轻而易举，但我更希望能与装备整齐的军队作战，而不是残杀那些散乱无章的羸弱士兵。像土匪那样以诈取胜非我所愿，我要的是以仁义取胜。"他是想这么做。由于楚军能够迅速整顿好秩序，宋襄公因此错失了胜利，在战败后差点还丢了性命。[107] 宋襄公如果当时一心求胜、不顾勇敢和诚实，本可以成为亚历山大大帝那样的君主。 兵不厌诈

襄王十五年，山西省的郑公（CHING）造反。皇帝在周边的翟（TIE）[108]人部族中招募了一支雇佣军，带领他们前去迎敌。襄王获胜，几乎将栎（LIE）[109]地全境归为己有。求饶的郑公分得了山西省境内的一小部分土地。为了与翟人保持友好，也为了在自己正在盘算中的更为冒险的大业上获得他们的支持，襄王迎娶翟族首领之女为妻，并以开放翟国与中原的通道为条件，秦公（CIN）曾滥用国王的头衔，襄王允许他继续自我吹嘘。但没过多久，他就因妻子是外族且举止野蛮将她废黜。此举令翟族首领悲愤交加，为了展开复仇，并邀请性格暴烈、渴望掌权的皇子叔带一同参与，承诺支持叔带。叔带对背叛父亲、与父亲为敌毫不在意，欣然接受了邀约，与翟人军队一起攻打襄王。襄王被迫离开都城，逃往郑国避难，因为他知道郑公在上次造反后已经成为自己的朋友，并且有能力阻挡翟人的进攻。皇帝本想与他结盟，

一同对抗自己的儿子，但叔带却高举着胜利的大旗开进城内。于是亚洲的这块土地同时拥有了两位皇帝，父与子，但互为敌人。真是什么都阻止不了对权力的渴望！在郑国避难的襄王向其他诸侯求助，实力强大的秦（CIN）公和晋（CYN）公率先赶来，之后一些国力稍弱的诸侯也纷纷加入，组成了一支大军，兵分两路，穿过晋国，挥师被皇子占领的都城。他们攻下了都城，杀死了叛贼，又穿过秦国向翟国进军，在赶走了翟人后凯旋[110]，国家在漫长的动乱后终于恢复了平静。襄王许给势力最为雄厚的诸侯们许多好处，将他们紧紧地团结在自己身边。之前我提到过命运对襄王有两次眷顾，这便是第二次。周朝经历了多次灾难的重创，最后得以重振往日的雄风。

第十九位皇帝

顷［王］（HIANGUS）[111]

在位 6 年

第三十五甲子第 40 年，公元前 618 年

重振雄风的国家从襄王传至顷王，他稳重、正直、善良、睿智。据史书记载，顷王行为谨慎，行事以公平和正直为准绳，深受臣民的爱戴与敬重，具备贤君应有的一切品质。

第二十位皇帝

匡［王］（QUANGUS）

在位 6 年

第三十五甲子第 46 年，公元前 612 年

匡王从父亲顷王那里继承了皇位，同时也继承了治理国家的能力。他善良、慷慨、言出必行，获得了子民的敬爱。[112] 因此他被称为光（QUANGUS），意为闪耀、闪亮[113]。

国家的平静在最后一年被大臣赵盾（CHAOXUNIUS）打破。他在晋（CIN）国国王灵公的弟弟襄公（SIANGCUNGUS）的帮助下杀死了灵公（LINGCUNGUS）[114]，皇帝因此召见了他，并撤去了他的官职。史书中还写道，灵公成为晋国国君后昏庸无道，完全不履行对于国家和百姓的责任，因此被所有人憎恶[115]。他的一名亲戚[116]多次规劝其改过自新，但他不但不听任何人的劝告，还试图处死进谏之人，并派任何事情都做得到的鉏麑（MITIUS）前去刺杀这位亲戚。

勤奋和正义拯救了皇帝

此人一大早便来到了刺杀目标的家里寻找动手时机，走进大厅后却惊讶地看到那位先生已经正襟危坐，准备好接待下属的来访。这一场景令他万分钦佩，他自言自语道：“心怀百姓的人理应身居王位，因为他为民谋福，而不是像许多其他人那样以权谋私。难道我的双手要沾染如此善良之人的鲜血吗？我要成为一个刺客吗？杀了他之后我要怎样才能洗脱这一罪行所带来的骂名呢？但我以勇猛为傲，如果我不执行君主的命令，他将会责备我胆小如女子并因我不忠不顺而憎恶我。我既不能痛下杀手，也不能不忠于君主，这可怎么办？与其背上残暴或不忠的污点，还不如自己做个了结！”于是他便离开了那里，撞向尖锐的柳树枝叉而死。之后，灵公的言行举止有所改善，但正如我之前提到，后来他被一名大臣杀死，毕竟犯下的过错无法被抹去。[117]

第二十一位皇帝

定 [王]（TINGUS）

在位 21 年

第三十五甲子第 52 年，公元前 606 年

匡王的弟弟定王厌恶战争和冲突，全心投入朝政，严肃法纪，因此被称为“定”，意味稳定、坚韧。定王在位年间，楚王组织了大队人马来到都城附近，借口讨伐叛变的戎地（CO）领主陆浑（LOHOENIUS），实际意图却是想废黜皇帝。[118]

睿智的言语化解兵变

皇帝派果敢无畏的 [王] 孙满 [SUNMONIUS][119] 前去问候楚王，并

要求他撤退军队回到自己的封地。楚王为了更好地掩盖自己的目的，便以接待皇帝特使的礼仪接待了王孙满，并在交谈中假装不经意地问及九鼎的大小与轻重。我在前文中提到过，九鼎为帝禹命人所铸，每一个鼎上面刻着中国一个省的地图和通用度量衡。拥有九鼎的人便被认为是皇帝，因此它们珍贵无比。[120]一听此言，王孙满便明白了楚王之意。他一向是个坦率之人，便直说道："掌管国家的要义不在鼎，而在于真正无懈可击的美德。无德之人，尤其是对主公不忠之人，就算通过武力成了九鼎的主人，也无法洗脱罪人之名。九鼎的铸造方法你不可能知晓，也不应该知晓。你应当小心谨慎，善用权力，行正义之事。周朝的国运尚在，还没到完结的时候，上天还没有对它憎恶到想让它灭亡。放弃篡位的想法吧，皇位归属皆为天命。[121]"楚王见阴谋败露，羞愧难当，也为王孙满的直率感到惊讶，于是放弃了开战的念头，将军队撤回了楚国。[122]真诚睿智的言语有时候胜过千军万马。

先于伊壁鸠鲁的伊壁鸠鲁学派

定王三年，著名哲人老聃（LAOTANUS）[123]出生于楚国。他是中国版"伊壁鸠鲁学派"的始祖，认为人在死后便灰飞烟灭，生活的目的就是享乐。为了全心投入享乐，他的弟子们便想尽办法延长寿命。为了实现这个双重目的，他们教人用各种方法，来使自己在今生长生不老，这一观点甚至让身居高位的官员们也受到蒙蔽。

中国三大哲学学派

在中国有三大哲学学派备受尊崇，得到了众人的追随：其一为儒教（JUKIAO），哲人与儒生的学派；其二为佛教（FOEKIAO），推崇偶像崇拜；其三则是我们正在说到的道教（TAOKIAO），追求长生不老。尽管老聃认为至善在于享乐，我却认为他很有可能意识到了唯一的至高无上的精神的存在。老聃说："伟大的道（TAO），没有名字。道生天地，但自无形；道移星辰，但自不动。我不去探究它的真正名称，只将其叫做无形的至高无上的道。"[124]在另一段话中，他认为是上天创造了自己。

哲人老聃的传奇身世

中国人记录道，老聃在母亲腹中待了整整八十一年后从右胁出生，但我认为这更多是讲述神话传说。这个故事隐含了中国人心中完美的数字——九，而九九八十一则是所有数字中最完美的那一个。因为老聃的智慧和德行都在所有人之上，所以人们用八十一这个数字来表示自然界为了创造出此等完人需要经历的漫长年岁。[125]

第二十二位皇帝

简[王]（KIENUS）

在位14年

定帝的儿子简王保持着皇帝应有的德行。在继续述说历史之前，我需要大家注意一点：本书迄今为止所叙述的中国不能与现时的中国[126]等同，当时的中国只占现时的中国疆域的一小部分。最早的中国人从西方出发，开始在陕西省最西边的地域聚居，之后各家族的首领慢慢迁移，每次都迁移得更远一点点，寻找新的居住点。如此，在陕西之后，他们开始在附近的河南、北京和山东定居，这一国家自始便只有一个政府。长江（KIANG）以北的所有省份都听命于同一个皇帝，而长江以南的地区则在帝禹时期才为人所知。帝禹为每个省份绘制了地图，还确定了各省份对应的星宿，南部各省为数不多的居民尚未成为帝国的子民。后来的皇帝们承认多个儿子的合法性，并将长子立为太子，而封其他儿子为诸侯，他们当中的一些便南下寻找新的领地并在那里殖民，如此便形成了一些新的王国。那里的人民敬仰各自君主的美德，甘愿听命于他们。人们辛勤地从事手工劳作，产出颇丰，其中以农业劳作尤为突出。随着时间的流逝，全中国各处都开始有人居住，最后形成了一个独一无二的帝国，之后我会对此详述。[127]

第三十六甲子第13年，公元前585年

简王在位期间，史书中第一次提到了太伯（TAIPEIUS）建立的吴（U）国，下面我会详细地说一说。吴国的国土从长江支流流经的地区、今日的苏州（SUCHEU）[128]和南京所在之地，向东涵盖了广阔的土地，一直延伸到与日本遥相对望的海边。简王执政时，吴国国君太伯与齐王[129]结盟，共同攻打对国家造成威胁的楚国（ZU），而这一纷争却起源于一场狂热的爱情。下面听我细细说来。

在楚国一个名为陈村的小村庄里住着一名有皇室血统的贵族少

为一名女子而战

女，是夏朝皇室的后人。[130] 楚王想娶这名姿色出众的女子为妻，但他的阁老巫臣（UUCHINIUS）表示了反对，理由是法律禁止娶同姓女子，就算没有亲戚关系也不可；之后他又以不知什么理由阻止了另一位大臣迎娶这名女子。有一天，巫臣前往晋（CIJN）[131] 国议和，途经陈村，见到了这名少女。他对少女一见钟情，立刻纳其为妾。之前被巫臣阻止娶亲的大臣得知此事后马上向楚王回报，楚王那时还因娶亲遭到反对一事耿耿于怀，便命他前往巫臣的封地杀死了巫臣全家。巫臣得知此事后便没有与晋王议和，反过来鼓励他继续与楚王交战，并且许诺会帮助晋王，还把吴王也想攻打楚国的消息也告诉了他。晋王大悦，便派巫臣带着礼物前往吴国向吴王寻求帮助，共同攻楚。巫臣得到了他想要得到的一切。鉴于吴王不善用武、更不善驾车，他还让专业人员向吴王讲授作战的技巧并在吴国推广，帮助吴王训练了一支骁勇善战的精兵。晋王与吴王联手攻楚，双方交战好几回合，最后楚王被迫求和，交出了一部分封地，也放弃了之前朝思暮想的称霸全国的念头。

第二十三位皇帝

灵［王］（LINGUS）

在位 27 年

第三十六甲子第 27 年，公元前 571 年

长着胡子的婴儿

据说简王的儿子灵王在出生时就披有长发和浓密的胡子，因此名灵，意为“有灵性”或“聪颖”。尽管在他执政期间各国战乱不断，各路诸侯也多次试图颠覆政权，灵王还是凭借着自己的聪颖握住了权力，保住了自己的权威和帝国的完整。

一次值得学习的王位禅让

灵王十一年，吴王寿公（XEUKUNGIUS）[132] 去世，本应继位的儿子诸樊（CHUFANUS）执意将王位让给弟弟［季］札（LICHAUS）[133]，而后者则以自己年幼为由拒绝。许多人为了权力兵戎相见，而他俩却毫不在乎，实为罕见，值得敬佩。之后发生的事简直可以被看成是对某种规约的恪守。季札执意拒绝王位，诸樊便强迫他进入王宫，命人

给他穿上王的衣饰，拿上王的符节，向众人宣布立其为王；但季札不愿接受王权，他逃出王宫，匿于田间，怡然自得于用犁耕种土地，而不是用权杖去统治国家。诸樊无路可退，只能在百姓的拥立下被迫执政。在拒绝权力和执行权力之间，究竟哪种行为更加光荣我也不知如何评判。

灵王二十一年，即公元前551年，最伟大的哲人、广为弟子称颂的孔子（CONFUCIO）诞生于山东。他创立了儒家学派并将其发扬光大，在中国人心中，儒教是三大学派之首。[134]之后我会详细讲述孔子和他的思想。

中国的柏拉图——孔子的诞生

之前我提到过，齐国的王子们因争夺权力而同室操戈，在经历了数次战争后，好几人都为了权力而牺牲了性命。

原本割据一方的兄弟中有几个成功地登上了王位，但却没能得到民众的支持，运气也欠佳。最终，王族的唯一一个幸存者得以掌管全国，但当时的齐国无论是领土范围还是国力都大不如前，那时候灵王才刚刚登基。二十年之后，齐王庄公（CHOANGUS）遭遇政变去世，参与政变的大臣崔杼（CIOCHUS）夺取王位后，命人杀死了将谋反记载于年表中的宫廷史官，史官的两个弟弟也因同样的原因被处死。[135]谋反者希望后人忘记自己的罪行，但却适得其反，因为总会有其他勇敢的人在史书上记下这次暴力政变。崔杼见诛杀史官的策略无效，也担心自己的罪孽愈发深重，便停止了对他们的折磨。

因记录真相而丢命的史官

第二十四位皇帝

景［王］（KINGUS）

在位25年

灵王的儿子景王在位期间，南方吴国的国君希望归顺周朝。为了了解周朝的法律和治国之道，吴王派使者前往位于山东的鲁国学习周乐[136]。

第三十六甲子第54年，公元前544年

被称为“乐”的法律

在国君或皇帝的宫廷里，“乐”指的是治国的律法和模式，当治国之道所包含的各项要素达到和谐，那么“乐”就达到了完美的状态，好比一场完美的音乐会。在汉语里，“乐”这个词还用来表示在君主面前演奏的音乐。事实上，律法和规范的确会配上音乐来唱诵，君主用这种方式学习并记住自己身上的责任。鉴于君主们不愿下功夫学习，通过这种方式，虽然他们心不甘情不愿，但还是能够以比较愉悦的方式学习治国之道[137]。没有什么比治理好国家更令人向往，只有这才是君主存在的理由，或者是君主肩负的责任。吴王之所以派遣使者前往鲁国，而不去其他地方，是因为在那个时候没有任何一个国家像鲁国那样治国严谨，鲁国的君主、周朝王室的后人不仅依法治国，自己也和百姓一样遵守法纪。而且，直接遣使面见周天子不合时宜，一方面周天子本人很少关心朝政，另一方面，直接觐见还有被周朝吞并的风险。

景王二年，统治山西部分地区的郑（CHING）王想要重整因战争而松散的国纲，便命令正义睿智的大臣 [公] 孙侨（SUNKIAUS）[138]管理国务。公孙侨仔细、耐心地开展监管工作，从王宫开始改革，规范君主和朝廷的举止礼仪，然后再推广到其他地方[139]，希望用新的规范来消灭那些总是飞速蔓延的陋习。另外，他还重新整理了古代君主们颁布的法律，从自己做起，致力于让民众也遵守并执行这些法律。他亲自管理农业，将田地依照公平的原则分给民众，富人不为纳税而抱怨，穷人也为分得的财产而感到满足，所有人都称赞他的公正。这些法律值得我们学习，因此我觉得有必要列举一些。这些法律的颁布者不是公孙侨，而是古代的君主们。

几条中国律法

赋税来自井田制。大臣不得侵占人民的财产，即便是急需也不可，但官员依法享有固定收入，以保证与其官职相匹配的生活水平。所有人均可捕鱼，池塘亦可渔。儿子不得为父亲顶罪，妻子不可为丈夫顶罪。君主和大臣们特别关心鳏、寡、孤、独这四类生活最为悲惨的人群，认为他们最需要帮助。书中还写道：“如果富人都能得到明君的帮助，那这些悲惨的人难道不应该获得更多帮助吗？”田地被严格均分，每户得到的田地面积相等。每块方形的田地被分成面积相同的九份，其中八份被分给八户家庭，中间的一份属于君主，由八户共同耕种，作为赋税上缴。周围的八份叫做私田，中间的那份叫做公田或税田，如公田未耕，谁都不得耕种私田。

景王十三年，十九岁的孔子在父亲做官的宋国娶妻，结婚一年育有一子。孔子对自己的妻子十分满意，认为不应该像其他人那样三妻四妾，但之后却不知何故休了妻，过着单身的生活。据中国人说，孔子这么做是为了摆脱妻儿的牵绊，可以更自由地远行，传播自己的哲学思想。

两种类型的礼

二十三岁的孔子已经对中国哲学进行了深入的研习，他被当时居于皇帝宫廷的老聃的声名所吸引，便前去学习礼乐。[140] 中国人将礼分为两类，其中一类称为五礼：和礼、兵礼、宾礼、家礼、族礼，是主要的礼仪，规范人们的行为举止不偏离正道；另一类则是六小礼：长成、婚嫁、丧葬、尊知、敬老、迎友。中国哲学对在这些情况下的行为举止都做出了具体的规范，并辅以事例[141]。

有史书记载，景王二十年，颜回（YENHOEIUS）出生。颜回学识扎实、思想深邃，是孔子最喜爱的弟子。

孔子有多少弟子?

据说孔子有弟子三千，其中七十二人学识广博，十二位则是大贤，也就是杰出的哲学家，而颜回在十二大贤中排名第一，是孔子最喜爱的弟子[142]。

儿子向父亲起兵

也是在这一年，楚王的太子建（KIEUS）渴望掌权并迫不及待地想要实现这一愿望，煽动臣民起来反对自己的父亲。楚王迫于儿子的压力，不得不放弃君权逃亡宋国。[143] 随后，建将他的愤怒转向了反对他的大臣们，命人将他们全部杀害，其中包括阁老伍奢（NYUXEUS）全家，只有伍奢的儿子伍员（GUYUENUS）[144] 逃过了建的追杀，去往吴国避难，得以保住了性命。之后，这引发了一场巨大的灾难，之后各位将会读到。

两年后景王去世，儿子猛（MENGUENUS）[145] 继位，但执政却不满一月。当时猛刚当上父亲，孩子还在襁褓之中，而正是这个孩子引发了一场激烈的冲突，甚至差点爆发了战争。猛死后，众诸侯认为正统继承人年龄尚幼，无法执政，便拥立他的弟弟、当时负责管理某个省份的匄（CAIUS）为帝；而都城的百姓们则希望年幼的太子继位，在皇帝达到适合亲政的年龄前都由管理国事的大臣们摄政。双方谁都不肯让步，最终兵戎相向。都城被攻陷，匄登上皇位，称敬王[146]。尽管这个名字的拼写看起来与上一位皇帝相同，但其实是字形和意义都完全不同的汉字[147]。

第二十五位皇帝
敬［王］（KINGUS）
在位 44 年

第三十七甲子第 19 年，公元前 519 年

如果将在位仅一个月的［悼王］猛也计算在内，那么敬王就是周朝的第二十六位皇帝。敬王登基后，周朝维持了多年的和平。

现在我们来说说那个逃往吴王处避难的伍员的故事。在逃亡的路上他遇到了好友［申］包胥（PAOSIUS）[148]，申包胥问他去哪儿[149]，他回答道："我正为躲避暴君楚王而前往吴王处避难。我将说服吴王发兵攻打楚国，让楚王为篡夺王位和杀我父亲、灭我全家的罪行付出代价，我要让整个楚国灭亡！"申包胥听完，对他说道："你可以打败楚国，但之后我会设法让它尽快回到楚王的手中。尽管我们是朋友，但我不会为了友谊而支持一个失去理智的朋友去复仇，在我心中没有什么比我的君主和他的统治权更为重要。"

一位真诚的朋友

伍员到达吴国后很快便说服了吴王，吴王此前曾惨败于楚王，对开战迫不及待。伍员承诺将帮助吴王，并表示自己在楚国还有一些朋友可以助一臂之力，但吴王必须耐心等待合适的时机。他必须等到楚国国内对平王（PINGUS）篡夺父亲王位的怒火愈烧愈旺的那一刻到来，此时兵强刃利的吴国军队若前去支援，楚国的百姓便会毫不犹豫地造反推翻君主。吴王被这番话说服，便将一队士兵交给伍员调配，攻打楚国。

暴君平王在位没多久就去世了，他的儿子昭［王］（CHAUS）[150]继位。

伍员打败了新王并将他赶走，为了报杀父灭族之仇，他命人掘开平王的坟墓，鞭尸三百下。无论对于死去还是活着的君主，此举都可谓惨无人道、毫无理智；尽管我们正在说的他是那样一位宽宏大度且非常睿智的人。

鞭尸

申包胥得知楚国战败、楚王流亡，便立即前往秦国，请求秦王支援楚王，以免整个楚国落入吴王手中。他对秦王说，如果吴王没有遇到任何阻碍，其势力定会愈发强大，在占领了越来越多的土地后，毫无疑问会有称霸全国之心。[151] 秦王拒绝了这个提议。为了说服秦王，申包胥在王宫不吃不喝整整七天，哭诉楚王的悲惨命运，表达了自己对楚王无尽的敬仰，终于用坚持和忠诚打动了秦王。最后，秦王命申包胥率一支军队前往楚国，赶走吴王，迎回楚王。就这样，曾经是好友的申包胥和伍员兵戎相见，申包胥所在的正义之师赢得了最终的胜利。在打败了敌军后，他信守诺言，让流亡中的昭王回到楚国，重登王位。

孔子的授课与活动

敬王十九年，孔子在他的出生地鲁国的一所学校讲学。他用全部的热忱投入教学这项公共事业中，很快便恢复了昔日的良好民风。他成功地制止了多起在当时商贩中很常见的违法和诈骗；确定了统一的度量衡；教导人们尊敬父母，照顾他们的起居，死后将他们安葬。他教导男人要拥有真诚、忠诚和其他一些美德，而女人则应当简朴、温柔、贞洁。当时，人们路不拾遗，失主还能在原处找回丢失之物。整个国家仿佛一个大家庭，人们和谐共处，互相尊敬，以至于周边的一些国家也开始效仿鲁国的风俗。敬王二十年，孔子成为阁老。

那一年，齐王的大臣 [田] 成子（CHINGUS）杀害国君，夺权篡位。孔子听闻震惊不已，请求鲁王惩罚叛贼，以儆效尤。[152] 鲁王因其他大臣的反对而拒绝了起兵这个充满智慧的提议，于是孔子说道："我已经尽了自己的责任，但齐王 [153] 不愿听从我的建议，那么这一宽容之举带来的后果便与我无关了。"

齐王千方百计地想与强大且有威慑力的鲁王交好，他对自己的子民失去了信任，他们为多年战争所累，时刻准备造反，投靠政治清明、稳定和平的鲁国。为了与鲁王建立友谊，同时也为了验证一下鲁王的美德，齐王将侵占的土地悉数归还，还向鲁王敬献了一名美丽的少女，命她用爱情扰乱鲁王的心绪，使他忘记良政善治。美色与仁德通常不能兼得。[154] 孔子竭尽所能阻止鲁王接受这名少女，但还是未能拦住国君强烈的欲望。鲁王纳其为妾，渐渐陷入爱情的泥潭，最终被此女子迷惑，在激情缠绵中彻底放纵。他不再治理国家、关心百姓，也不理大臣们的进谏，只听那个淫妇的话。孔子十分鄙夷这种不知廉耻的行为，于是便辞官离开了鲁国。[155] 他认为自己不应该听从一个沉溺于享乐的君主，也不想因国家的灭亡而遭到谴责，这会大大有损自己哲人的盛名。

孔子的哲学不被欣赏

需要说明的是，哲人在那个时代并不受人敬重，正因如此，孔子不得不周游列国，向国君们自荐，阐述自己的哲学观点，希望某位国君能接受并践行他的理念。但是这位寻求赏识的可怜人却一再遭遇冷眼，人们还嘲笑他是无家可归的流浪狗。那是一个令人感到悲伤的时代，政变四起，战乱不断，各国国君为了各自的目的互相残杀，根本没有人能够心平气和地思考哲学问题。孔子因自己总是无功而返而十分沮丧，于是决定潜心教导弟子，书写关于行为规范的典籍，也正是这些书籍让他声名大振。[156]

离开国君和朝廷的哲人不止孔子一人，当时还有许多哲人追随了他的步伐。为了拒绝服从暴君、避免失去尊严，他们有一些隐居山林乡野，耕田种地，另一些则装疯卖傻。下面我来讲几个故事。

因反对君主而装疯卖傻

有一个叫接舆（SIEYUS）的人，大家都认为他是个疯子。有一天他看到孔子乘车去往楚国，便对孔子喊道：“凤凰呀！凤凰呀！为什么你的德行与日俱下？过去的事情已经无法批评，但是未来的事情还需防范。请你远离君主的居所！在王宫里求赏识的人必然会惹上大麻烦！”接舆是因暴君不愿遵从哲学的教诲而逃离的哲人之一，他想用这番话引起孔子对自己哲学思想的注意。孔子下车想要和他交谈一番，但接舆却仓促地离开了。[157]

之后不久，孔子在一条河边遇到了正在田间劳作的农民长沮（CHANGCIUS）和桀溺（KIENIUS）[158]。孔子不知在何处可以涉水渡河，便派弟子子路（ZULUUS）[159]前去询问。长沮问车上何人，得知是孔子后，长沮说道："人人都知道应从何处渡河。"他想用这句话劝孔子隐居，放弃向人们讲道的想法。这句话用汉语说出，其中的强烈语气是其他语言所无法表现的。子路随即转而询问桀溺。桀溺答道："整个世界都会败坏。又有谁能阻止，谁能改变呢？不要和想要拯救迷失的众人的哲人为伍了，加入我们吧，远离现世的人们和败坏的风气！"桀溺说完便继续劳作。孔子听了子路的转述后说道："我是人，我不能放弃与人相伴而与禽兽为伴。我将尽我所能引导人们崇尚美德，因为美德是万物之本。如果人们崇尚美德，接受正确的改革和律法，那么天下便不再需要哲人，也不需要我的哲学理念来规范行为了。"

又过了几天，子路走在孔子身后。他走得很慢，渐渐地，孔子的身影消失在他的视野中。[160]

对哲人的责备

这时，子路见到一个挎着篮子、拄着拐杖的老人，便上前询问他是否见到了孔子。这位老人对他说："你们这些孔子的学生，懒惰成性，无所事事，就和你们的老师一模一样，你们连自己吃的食物都叫不上名称。"子路回应道："老人家啊，说话请委婉谨慎一点！如果没有了哲人和知识分子，正义将死，美德将死，治国之道也将死。你难道不相信？"老人答道："国泰民安必须依靠你们？朋友啊，那你跟我说说，为什么一旦和平无法实现，最先仓皇出逃的偏偏就是你们呢？为什么你们不去调和君臣矛盾呢？这才是你们的责任啊，哲人！没有你们就不可能有正义和美德，甚至国家的管理都不能称为治理。促使你们出逃的原因还有另一个。承认吧，哲人们！你们惧怕丢失尊严，心里只有自己的舒适！那些明知道自己应该并且可能帮助国家实现复兴的人一旦选择出走，就是无耻之徒。如果他们曾是善良之人，那么从出逃那刻起，他们便不再善良。如果君主身边只剩小人，又怎能奢望国家能被治理得秩序井然、公平正义呢？"类似的故事还有很多，但这几个就足以说明当时败坏的世道，中国古时崇尚的简朴和对正义的热爱业已荡然无存。背叛皇帝的各国国君暗自策划着战争与对抗，许多哲人找不到止恶扬善的方法，纷纷出走。他们远离人们，放弃朝廷的工作，对世风从善已经完全绝望。

敬王二十四年，吴越两国在周朝南部的浙江省爆发了战争。双方各有胜负，最后吴国彻底战败，吴王阖闾（HOLIUS）战死。吴王的儿子夫差（FUCHAUS）虽然在这场本就非正义的战争中失去了一部分国土，但最后还是得以与越王讲和。[161] 尽管如此，父亲被杀一事令他十分痛苦，他对自己发誓父仇必报，为此，他专门任命一个人每次在宫殿里遇到他时都要质问一句“你忘记越王杀死了你父亲吗？”而他每次都会回答“我怎敢冒大不韪忘记杀父之仇？”

一次值得一提的复仇

夫差足足等了三年才等到了复仇的时机[162]，他招募了将领和士兵，命伍员为统帅，向越王勾践（KIUCIENUS）宣战。两军交战于苏州，战况惨烈，最后越王失去了大批士兵，被迫撤退。伍员乘胜追击，占领了敌国大部。在伍员的穷追不舍下，越王仅剩的军队也逃散殆尽。眼看陷入困境，越王便派使者[文]种（CHUNGUS）向夫差求和，请求宽恕。伍员反对议和，他希望趁胜铲平越国，于是便写信给吴王，信的内容大致如下：“如果君主想要对敌人善良仁慈，那么战争结束后就应当放弃为父报仇的念头，因为忘记自己遭受的不公是增加德行的最好方式。但是，如果报仇雪恨的念头仍在，为什么要在此刻停手呢？只有一鼓作气进行到底才能真正熄灭怒火。明明有条件却不去侵吞其他国家，这便是与命运背道而驰，放弃手中的好运，无视上天的恩赐，让敌人有利可图。主公啊，我十分担忧有一天你会因自己不够果敢而后悔，但却为时已晚。”伍员希望通过自己的论证说服吴王继续这场战争，但却又发现吴王的态度愈发温和，于是他心生一计，用预言令吴王心生恐惧。他说：“主公啊，今日你不忍为之事，二十年后越王定会加之于你。”敬王四十一年，哲人孔子去世，享年七十三岁[163]。我认为现在是时候说一说这位在中国弟子众多的哲人所推崇的一些原则和哲学理念了。

孔子的教诲

从孔子首部著作的开篇便能看出这一学派的根本理念：“伟大的教诲，更准确地说是伟大之人的教诲，是在自我完善之后帮助他人完善自己，最后让所有人都达到至善的境界。完善自己是在内心点燃理智思考的明灯，并让火焰熊熊燃烧，这样便不会远离自然规则和自然中所蕴含的道。这一切的实现必须以对事物有真正的认识为前提，而哲学会向我们指明什么该做，什么不该做。哲学引导着我们的思想和意愿，这样我们的计划和决定便也出自理智的思考。身体和感官的锻炼以及所有事情的完成都取决于美德，但如果这份美德没有植根于如肥沃土地一般智慧的头脑，那它便不是真正的美德。”[164]

三大科学

孔子认为天、人、地三者最为重要，因此他的学说也分为关于天、人、地的学说。对于天与地的认识属于自然科学，中国哲人讨论的内容包括善恶灵魂的本质、事物的起源、生死、天空星辰的运行、四季的变换、田地，包括田地的位置及如何划分更有利于耕种，还有其他很多方面的内容。德的宗旨在于教育人。他将社会关系分为五类，并给出了详细的解释。第一位是父子，之后分别为夫妻、君臣、朋友和兄弟[165]。这五层关系最为重要，是其他关系的基础，而重要性稍次的社交规范则分别关于如何接待来访的友人、保持良好的教养、谦逊的品质和整洁的仪容。据说这样的分类还有三千多种。

孔子认为三种最重要的美德是智慧、仁爱、勇敢。有智慧者可习得礼仪，勇者将所学付诸实践，而仁爱则带来团结，使人们感到血脉相连[166]。

中国人眼中的仁爱

仁爱对于他们而言不仅是爱上天[167]、爱父母和爱自己，更是爱所有人。仁爱是心的美德和爱的准则，它教会人们尊重他人，也获得他人的尊重。中国哲学在关于正义、忠诚及如何评价他人德行这些方面遥遥领先。孔子的“己所不欲，勿施于人”经常被人提及，而这也是孔子所谓的至善[168]。关于复仇，孔子不赞成，但也不主张善待敌人，他说这可能是没有英勇美德之人懦弱的表现，但是对待敌友需有所区分：对待朋友应尽善，而对待敌人则以不害人为本。他还认为应当耐心地忍受不公，不采取复仇行为，就算遭到了冒犯，也不要以牙还牙，而是要保持平日的态度对待朋友和敌人。我相信孔子一定认为当朋友和敌人违反了法律时也应受到公平的对待。

孔子很可能知道天主的存在，因为当时中国人不崇拜偶像，也没有神职人员，只祭天。孔子认为是上天让我们拥有理智，天上的一切都是非物质、完美和至高无上的，上天惩罚恶人，如果他自己行为不端，也会受到上天的惩罚。孔子所说的天究竟是一种物质存在还是那位创造了天并为了使自身光芒更为闪耀而居于天庭的造物主，目前尚未可知，也没有哲人断言理性的自然来源于我们肉眼可见的天。

从孔子的著作中我还能找出许多重要的内容，但现在不是细说的时候，但其中有一部分我不能忽略。我在一位中国哲人指点下注意到了孔子所写的《春秋》末尾的一段话，实在令人惊喜万分。

孔子似乎预见了基督的道成肉身

[……] 在那位哲人朋友的推荐下，我阅读了《春秋》（*CHUNCIEU*）一书末篇的这个故事。敬王三十九年，即第三十七甲子 57 年，庚申年，鲁国的猎人们在城外西郊意外捕杀了一头罕见的动物——麒麟（KILIN）。这种动物为中国独有[169]，人们常说，这种可以预见未来的动物一出现，圣洁无比的英雄便会降临，宣告世间有大幸。孔子得知获麟一事，捶胸哀叹：“麒麟啊，谁人让你前来？”之后又再次哀叹：“麒麟啊，谁人让你前来？现在我的教诲已到尽头，因为你的到来而结束了。”说完便面壁痛哭。[170]

麒麟是何种动物?

我们需要知道，中国人所说的麒麟是一种非常温驯的动物，不会侵扰或伤害他人，面对捕杀也没有自卫的能力。[……] 之后孔子绝笔，留下了尚未写完的劝诫君王之书，宣布结束讲学。这些举动表明他已经知晓有人会带来真正的律法，会停止所有的战争，在此人面前，所有的哲人都将关闭学堂，退下讲坛。[……]

孔子的盛名

中国人对孔子十分尊敬，孔子的作品也享有盛誉，谁要是质疑或者更改孔子所言所书就是亵渎神明。人们视孔子为圣贤，尊其为整个国家的导师，孔子的作品也被给予了重要地位。孔子本人也曾说过，他的话能令持反对意见的人哑口无言。每个城市都建有一座恢宏的庙宇献给孔子，这些庙宇与崇拜偶像的庙宇不同：一座城内只有一座孔庙，而其他的庙宇则数量众多，分布在各个位置。人们不给孔子立像，而是在孔院的正面用金字书写孔子的名字，人们对他的敬重就像尊敬在世的导师一般。[171] 并不是任何人在任何时候都能进入孔庙，只有知识分子在特定的日子里才可以；而那些用来崇拜偶像的庙宇则整日开放，所有人都可进入。很明显，人们祭孔并非祭祀神明，而是对他的美德和教诲表示崇敬，他被认为是整个国家唯一的教师，所有人都对他表现出敬意，以免显得没有感恩之心。[172]

孔子后人的封号

孔子家族今日依然存在，族长拥有皇帝授予的世袭王公封号。孔子出生地的地方长官也依例属于孔家族人。孔子的所有族人都享有特权，因孔子后人之身份而受到所有人的敬重。[173] 尽管经历了多个世纪的风风雨雨和家族命运的跌宕起伏，孔家后人的贵族封号依然保留至今，这表明中国人对给予自己祖先珍贵教诲的人保持着尊敬。[……] 孔子获得了中国人最高的崇敬，他通过给他人以教诲所获得的个人声望，可能高于我们的知识分子们所得到过的。孔子哲学理念中的许多部分都显得微不足道，也不被我们今日所推崇的哲学所看重，因此也不难看出欧洲人对于老师的敬重相比起中国人来说要算忘恩负义。也许有人会认为中国只有孔子一位哲人，因此他受到如此尊崇也就不足为奇，但事实是从古至今中国哲人数量众多，但没有任何人的声望能达到孔子的高度。这里我想补充一段简短的颂文，是孔子的一名弟子在其逝世不久后所作。我尽可能逐字逐句地翻译，这样大家也能体会到汉语的表述是多么的精准贴切。这名弟子名叫颜渊（YENYUENUS）[174]，他一边哭泣一边哀叹，如此描述自己的老师："老师的学问越仰望越觉得高耸，越钻研越觉得深厚；看着十分简单就在眼前，忽然却又在身后。老师用清晰完美的方法教诲众人，让我已有的知识愈发渺小，他用简单的语句授我礼法，我有时想放弃，但又不舍。我竭尽全力想要弄明白其中的道理，在求知的路上更进一步。没有人能达到孔子的高度，就像谁都不能一步登天一样。"其余部分暂且略去，以免冗长拖沓，下面我们回来说说皇帝。

第二十六位皇帝

元［王］（YUENUS）

在位 7 年

元王从父亲敬王手中接过国家，他认真治理国家，继续施行古老的律法。他因善良和慷慨获得了民众的爱戴，各路诸侯对他十分尊敬，纷纷重新归顺，尤其是一些东部地区的诸侯。在他的治理下，国家恢

第三十八甲子第 3 年，公元前 475 年

第一次将诸侯废黜流放

复了昔日的荣耀。如果他能执政更久，也许就能重振业已衰落的周朝，可惜美好的事物总是易逝。在前文提到的众诸侯中，只有鲁国国君拒绝臣服于皇帝，成为周朝复兴的障碍，皇帝因此认为他是反贼，想要将其废黜流放，这在之前的历史中是从未有过的。其中一位名为尽（KINUS）的大臣支持皇帝的想法，经历了数次征战，最后带着背叛之心，自己占领了几乎鲁国全境。[175] 他派遣使者带着礼物前往觐见皇帝，请求皇帝赐予其用武力所获取之地的拥有权。由于他之前已深得皇帝信任，这次十分容易便得偿所愿。当时国运兴隆，没过多久吴越两国也归入了周朝的版图。下面我来说说此事。

越王勾践在与吴国议和后全心投入政事，治理国家，计划着夺回因战争而失去的领土。他在原有军队的基础上招募新兵，严格操练，自己也像一名普通士兵那样练习使用兵器。几年过去后，吴王军队首领伍员去世的消息传来。[176] 当时勾践的兵力已与吴王相当，于是他便向吴王宣战，一举收复了失地。之后他又在苏州大捷，将吴王包围。吴王起初还试图逃出包围圈，但之后他便发现自己已是困兽，便出面求和。勾践并不排斥议和，他生性温和，而且曾从吴王那里得到过相同的恩惠，因此欠吴王一个人情。但是，功高权重的将领范蠡（FANLIUS）反对议和，认为应当继续战争。范蠡说道：“几年前，吴国得到天助，本可以占领整个越国，但他没有顺从天意，现在落入如此困境。请你也不要违抗天命，去取上天赐予你的东西吧，不要让上天的礼物从手中溜走。”[177] 这番话说服了越王，他放弃了议和的念头，收紧了包围圈。吴王失去了所有希望，也没有任何出路，最终为了不落入敌人手中而自尽。勾践占领了城池，命范蠡攻占吴国全境，自己则跨过长江觐见皇帝，报告胜利的消息。他在苏州城遇到了以皇帝的名义前来迎接的齐王和晋王，齐晋两王邀请越王臣服于皇帝，接受周朝的庇护，勾践毫不犹豫地答应了，就此臣服于元王。元王慷慨并充满善意地接待了他。获得了封号和赏赐后，勾践带着周朝的律法和制度回到了自己的国家，是他首次令浙江和江南两省的大片土地成了周朝的诸侯国。

与此同时，骁勇善战的范蠡占领了整个吴国，消灭了吴王军队的残部，但只有当他战胜了自己，才能算得上真正强大。[178]

逃离幸运

范蠡担心好运不会一直与他相伴，觉得应当在命运捉弄他之前先下手为强，之后他所做的事让人听了会目瞪口呆。他意识到自己的名望和财富在越王眼里已经增长过度，在经过缜密思考之后，他认为不幸很快会降临到自己身上，于是便带上了所有家当逃到了齐国。他想在那里隐姓埋名，过上世外桃源般的生活。

幸运却如影相随

美德无论怎么掩盖也必会显现，范蠡被齐王认出，受邀来到王宫，被迫当上了高官。所有人都向他道贺，而在这一片欢腾的气氛中，范蠡却独自黯然神伤，他说："我知道好运不会在同一个人身旁停留太久，我也亲身经历过命运的伤害，现在我身处异国，命运却还要执着地眷顾我，我已尽可能躲避，甚至离开了我的祖国，命运却还要捧起我，给予我如此的荣耀。如果命运真的爱护我，它就应当抛弃我。现在我十分肯定将有不幸降临我身，因为我太幸运了，必然会招致妒忌。"

再次将幸运拒之门外

于是，他秘密地安排好了自己的事务后再次出逃，改名换姓隐居于乡间的一座陶厂[179]，他熟练地转动制陶用的转盘，仿佛在嘲笑旋转的命运之轮。

而越王的另一名大臣、官阶几乎与范蠡齐平的文种则没有如此之大智。

被命运重伤之人

文种足智多谋，行事谨慎，在越王战败时曾成功与吴王议和，但正当他声望日隆时却不知何故被指控并被越王赐死。[180]中国皇帝在处死大臣时保留着古老的赐死传统，这样大臣就不会因死于他人之手而丢失尊严。皇帝会给被赐死之人送去一个装有剑或绳的金匣子，匣口用皇帝的封印紧闭，命他们用绳悬梁或用剑自裁，同时还要感谢皇帝给予赐死这一特殊照顾。

残酷赐死

第二十七位皇帝

贞定［王］（CHINTINGUS）

在位 27 年

第三十八甲子第 10 年，公元前 468 年

贞定继承其父亲的帝位时，国家已恢复昌盛。

禁欲的皇帝

这位皇帝的名字寓意优美，意为保持贞节，因为他在妻子死后保持忠贞，再没有其他女人。[181] 这是一件稀罕事，因为中国的君主和贵族通常不会拒绝女人，他们坚信自己除了拥有巨大财富和众多特权，也不应缺少达到巅峰的愉悦。他们心中完全没有天主，也不惧怕死后受到审判，认为自己无需承担任何罪过，因此完全不顾道德操守。万床千榻无不沾染着放纵的污渍，纵欲也不会受到道德的谴责，他们任凭狂热的激情驱使，为了满足欲望无所不为。

国君在兵变中被灭门

在那些年里，晋国发生了一次兵变，为首的六名将军将晋王置于困境，最终晋王不仅失去了国家和自己的性命，还惨遭灭族。随后这六名将军之间又爆发了王位争夺战，战况反复，山西几乎全境和北京西部遭到了巨大破坏，最后两名将军战死，四名幸存的将军将国土瓜分，各自占领了自己军队所在的区域。因此便同时出现了四位君主，分别是智伯（CHIPEUS）、韩（HAN）、赵（CHAO）、魏（QUEI），之后我会细说。[182]

也是在这个时候，周天子去世，留下三个已成年的儿子：去疾（KIUCIEUS）、叔袭（XOCIEUS）和嵬（QUEIUS）。

手足相残

他们同室操戈，争吵杀戮不断，根本不像兄弟，而像是杀红了眼的敌人。[183] 三个月后，叔袭残忍杀害了身为正统继承人的长子去疾，以思王的名号登基，但不久之后他便为自己的罪行付出了代价。五个月后，他在战场上败给了弟弟嵬，丢掉了性命，他不仅为自己对哥哥犯下的重罪受到了惩罚，还将帝国大部拖进了深渊。嵬在两个哥哥惨死后登上皇位，登基后名考。鉴于他的两个哥哥都曾称帝，我便将他算作周朝的第三十位皇帝。

第三十位皇帝

考［王］（CAUS）

在位 15 年

残杀兄长夺取政权的考王无法在周朝建立起威信，许多诸侯也不愿听命于他。中国史书中特别提到，那个时候火星进入心（SIN）宿，心宿的范围是现在的射手座三度至二十度左右。

第三十八甲子第 38 年，公元前 440 年

根据禹帝对九州和星宿的划分，心宿影响着当时宋国所在的区域，因此宋国君王景公（KINGCUNGUS）十分烦恼，便向占星师询问可能会发生何事。占星师们预测的可能性有三：阁老身遭不测、人民遭受天灾、整年面临饥荒。[184]

国君对人们的爱

［宋］景公听罢愁容满面，说道："如果不测将降于阁老，那我甘愿代受。阁老辅佐朝政，是国家的支柱。如果灾难将降于人民，那何不降于我身？明君难道不应与人民共命运吗？如果整年饥荒，我该怎样去帮助那些饿死的人？如果不向百姓伸出援手，我又如何对得起国君的名声？"这番话动人肺腑，一位占星师听闻之后说道："天高高在上，但会听到谦卑的言语，主公的善良将会得到天助，暴风雨定会去往别处，绝不会降临到你的头上。"

国君的善良令火星退行

之后，他观察了火星的轨迹，发现火星的运行偏移了三度，便断言这是国君的善良得到了回报，国君也无需再担忧，原先的预言不会成真。

继母的仇恨

在此不久之前，丧妻的卫国（QUEI）国君灵公（LINGCUNGUS）再婚，娶了一名淫妇为妻。她的所作所为最好略过不提，以免恪守贞节的读者们感到不快。[185]灵公与第一任妻子所生的儿子［蒯］聩（QUEIUS）无法忍受她的放荡不羁，甚至想杀了这名妇人。如同所有的继母一般，这名妇人也憎恨前妻所生的儿子，她编造借口让继子来到国君面前，给他加上莫须有的罪名，言之凿凿，令人不得不信。蒯聩被迫出逃，将幼子出［公］（CHEIUS）[186]留在了王宫。灵公死后，出公在人民的拥立下成为国君。[187]

父子之间的战争

此事成为开战的契机，蒯聩认为自己的王位不应被儿子夺走，便决定用武力寻求正义。他以正义之名出师，得到包括孔子的弟子子路在内的众多盟友相助，便认为胜利唾手可得。于是他招募了一支大军，出兵讨伐。然而，在多场交锋后他惨败在自己的儿子手下，军队几乎片甲不留，差点连失利的消息都无人能送回。当蒯聩死去，子路见已战败，便自尽而亡。[188] 孔子曾多次预言性格勇猛高傲的子路必将惨死。

宽容的继子得到了继母的爱

孔子的另一名弟子闵子骞（MINZUKIEUS）则获得了继母的爱，他恭敬待人，拥有将仇恨转化为爱意的能力。中国史书记载，他那偏心的继母只顾自己的孩子，对继子不闻不问。[189] 让儿子驾车是当时很常见的做法。有一天父亲命他驾车，那是一个冬日，天寒地冻，闵子骞的双手冻得无法握住缰绳。父亲看见了便向他询问原因，但他没有回答，不愿指责继母来为自己辩护。父亲看出他欲言又止，回到家后他看到其他两个孩子衣着温暖，而闵子骞衣衫单薄，便打算休妻。他正要赶妻子出门，闵子骞机智地说道：“父亲息怒！如果你现在将她赶出家门然后再娶，那么家中就不只是一个孤独的儿子，而是三个冻死的孩子啊！”[190] 这番话打动了父亲，也让他获得了继母的爱。

生动睿智的话语

在那段时期，齐国爆发了另一场叛乱，战况十分激烈，最后国君全家都被杀害。在叛军中尤为突出的是田氏家族。据史书记载，该家族人丁兴旺，拥有大量财富，实力甚至比国君更为强大。[191] 田氏向前来求助的民众分发日常所需物资并宽限归还的日期，因此获得了民众的爱戴，需要帮助的贫苦百姓对他们更是感恩戴德。由于欠田氏恩情，贫苦百姓甚至希望这般慷慨之人能够成为君主。为他人谋福对于执掌政权来说也十分重要啊！田氏家族认为国君无能，便鼓足勇气起而攻之，最后杀死了齐王。为了掩盖真实目的，逃脱谋杀君主的罪名，田氏让齐王之子继位，任命其孙为阁老，而田氏子孙占据朝廷高位，很快便掌控了整个帝国，国君只是虚有其名罢了。[192]

尾 注

1 事实上，首个登基后改称的君主是发的父亲姬昌，或西伯昌，称文王，意为“受过文化熏陶的王”，见《史记》卷四《周本纪》，第 116 页，之后才是武王。昌是商朝倒数第三个皇帝太丁的军队指挥季历之子，太丁封其为侯王，并可世袭，为商朝的覆灭埋下了隐患（见本书卷三，注释 56 和注释 66）。

2 前朝商朝的最后一位统治者，见本书卷三。

3 又名禄父，见《史记》卷四《周本纪》，第 126 页。商朝纣王之子，周武王灭商后，封武庚于殷地管理商朝遗民。

4 管国国君叔鲜，武王的弟弟，见《资治通鉴前编》卷六，第 13 页及《史记》卷四《周本纪》，第 126–127 页。

5 之前文王曾迁都至酆，位于后来得名西安的城市以东。

6 纣王的叔叔，见本书卷三，第 74–77 页。

7 箕子是暴君纣的叔叔，被纣投入监狱，后被武王释放。据《史记》卷四《周本纪》第 131 页记载，武王让他讲述商朝君主的残暴，并与他一同谈论天命。《书经》卷五的第四章完整地记录了武王和箕子之间的对话（《十三经注疏 · 尚书》卷十二、十三，第 75–82 页）。该章节名为《洪范》，详细描述了自然界的面貌和君主在治理自然和管理人民时所扮演的角色。箕子作为被周朝打败的商朝的子民，以这种方式将治理国家的艺术传到了新朝。周武王曾赐给他一块封地，但遭到了拒绝。据传他漂洋过海来到了朝鲜半岛，在那里建立了历史上第一个朝鲜王国，同时也是中国的藩属国，以自己的名字将其命名为箕子朝鲜国。这段历史卫匡国在《中国新地图集》中已有提及，他也是第一个正确地将朝鲜定义为半岛的欧洲人。见《中国新地图集》意大利文版下册，第 846 页，第 863–864 页，注释 40–41。

8 卫匡国这里提及的是中国的朝贡制度，这种制度在他生活的时代依然存在，而朝鲜千余年来都是恪守朝贡制度的代表。藩属国定期派遣使团前往朝廷进贡，表示对中国皇权的臣服。

9 排字员应该是将卫匡国用来标注 ch 音的 ç 誊写成了 z。卫匡国在《中国新地图集》中也经常使用 ç 来标注拼音中的 ch。

10 卫匡国混淆了汉字“蓟”字和“苏（蘇）”字。

11 此处的拼写可能是排字员不慎将 Lu 或者 Lü 中的 u 错认为 in，而书籍付印时卫匡国已经出发前往中国。吕尚又称姜太公，是武王最信任的大臣，建立了齐国，中国古代所有的哲学学派都尊其为师。

12 此人为召公，文王之子，武王之弟，卫匡国此处的注音错误原因不明。

13 这一部分卫匡国引自《史记》卷四《周本纪》，第 126–127 页，稍作缩简，并用自己丰富的中国地理知识对地名进行了说明。这些地名几乎都能在《中国新地图集》中找到（见《中国新地图集》地名索引）。

14 见本书卷一，注释 111。

15 周公，名旦，是武王的弟弟，他忠诚、睿智，在古至今的史书中都被称为辅佐君主的大臣和谋士的典范。见《中国新地图集》意大利文版上册，第 469-470 页，卫匡国在说到周公时请读者参考《中国历史》拉丁文版。

16 卫匡国似乎参考了《史记》卷四《周本纪》，第 131 页。《书经》卷五《金縢》篇对此事有详细叙述（见《十三经注疏 · 尚书》卷十三，第 83-85 页）。

17 见《十三经注疏 · 尚书》卷十三，第 83-85 页。

18 《资治通鉴前编》卷七，第 1 页。伯禽是周公长子，周公受食邑于鲁，其子后来成为鲁国第一任君主。鲁国是孔子的故乡，也是中国历史上广受称颂的国家。

19 卫匡国对严格的书信礼仪了解得非常清楚，这一礼仪至今依然适用。

20 此段是对《书经》的翻译（关于阁老之提法，请见本书卷一，注释 111）。卫匡国表现出精准的翻译能力。他对史书中记录的占卜一事只字未提，可能是为了避免给读者留下中国人惯于举行迷信活动的印象。

21 见《史记》卷四《周本纪》，第 132 页。关于微子可参见本书卷三，注释 70；关于归德可参见《中国新地图集》意大利文版上册，第 463-463 页。

22 安南国，交趾是该东南亚地区最初为人所知时的名字，源于当地居民脚拇趾外翻的形状。见《中国新地图集》意大利文版上册，第 234、294-297 页，注释 179；第 330-331 页，注释 180；第 331 页；下册，第 837 页。

23 据传周公善于观天，在《中国新地图集》意大利文版上册，第 477-478 页，注释 16，卫匡国就说起过周公命人建造观天台用于计算夏至日影的长度。这里关于他赠送安南使者指南针的故事则没有可考来源，因为中国人关于指南针的最早记载是在 6 世纪初。

24 成和虞均为武王之妾、姜太公之女邑姜所出。

25 此事在《史记》卷三十八《宋微子世家》，第 1635 页中有记载，但我认为卫匡国参考的应当是《资治通鉴前编》卷六，第 14 页。这里对太原的注音错误可能是卫匡国的错，也可能是编辑时出的错，见《中国新地图集》意大利文版上册，第 377-378 页。

26 见《十三经注疏 · 尚书》卷十八《周官》，第 124 页。

27 《酒诰》为周公所作，但卫匡国这里却说是周成王。（中文版注）

28 《书经》卷五第十二章名为《酒诰》，讲述了酒精带来的危险，因为酒精的滥用将商朝引向了灭亡（见《十三经注疏 · 尚书》卷十四，第 93-96 页），周公希望通过禁酒来保障周朝人民的安全。

29 卜世三十，卜年八百，作者这里有误读。（中文版注）

30 耶稣会传教士们从未对中国传统诗歌表现出兴趣，尤其是中国第一部诗集《诗经》，这部诗集对周公称颂有加。例如，《国风 · 破斧》中写道："（周公）（……）哀我人斯，亦孔之将。（……）哀我人斯，亦孔之嘉。（……）哀我人斯，亦孔之休。"

31 见《史记》卷四《周本纪》，第 134 页；《书经》卷五第二十五章《康王之诰》也记载了康王的事迹，见《十三经注疏》卷十九，第 131-132 页。

32 按照卫匡国标注的中国干支纪年计算，昭王登基应当在公元前 1052 年（1078-26=1052），昭王在位 51 年，下一节记载穆王登基年份公元前 1001 年与之吻合。但拉丁语版本标注为公元前 1556 年，可能是誊写员或出版时排字员手误。（中文版注）

33 见《中国新地图集》意大利文版上册，第 409 页。

34 《资治通鉴前编》卷九，第 1 页。

35 据《史记 · 鲁周公世家》，鲁幽公十四年，其弟溃弑之。（中文版注）

36 《资治通鉴前编》卷九，第 1 页。

37 梵文音译 Shakya，佛祖家族的名字，亦称释迦牟尼（Shakyamuni），意为释迦的智慧。事实上他出生于前 6 世纪末。

38 据《资治通鉴前编》卷九，第 8 页记载，穆王在位第三十五年征讨犬戎（见《中国新地图集》意大利文版上册，注释 35，第 548–549 页），犬戎为当时华夏西北方游牧民族，卫匡国以鞑靼指称所有中国北方的各族，此处他可能指的是西鞑靼人，见《中国新地图集》意大利文版上册，第 301 页，注释 20。

39 卫匡国将昆仑山和帕米尔高原地区称为 Imaus、Amisei、Amasei 或 Damasei，对此地名的考证见《中国新地图集》意大利文版上册，第 302 页，注释 33。

40 此为祭公谋父，是与先皇昭王一同沉入汉水的大臣祭公之子，著名的周公之后，忠臣的代表，曾试图劝说君主放弃战争和冲突，走和平互信之路。见《史记》卷四《周本纪》，第 135 页；《资治通鉴前编》卷九，第 8 页。

41 密国，为西周初期诸侯国。此处卫匡国将其看作“省 (provincia)”，不准确。位于河南省，见《中国新地图集》意大利文版上册，第 462 页。

42 位于陕西省，见《中国新地图集》意大利文版上册，第 406 页。

43 见《史记》卷四《周本纪》，第 140 页；《资治通鉴前编》卷九，第 21 页。

44 见《史记》卷四《周本纪》，第 140 页；《资治通鉴前编》卷九，第 22 页。

45 卫匡国对中国诗歌的这番评价十分珍贵，因为传教士通常对这一中国传统文化瑰宝并无兴趣。他提到了中国诗歌的音韵，直到唐朝，每句诗句都保持着相同的字数，用尾字的连续和五声（元音声调的变化）押韵。卫匡国提到的诗集是《诗经》，包含 305 首不同类型的作品，最早可以追溯到前 6 世纪，是中国文学史上最早、影响力最大的诗集。

46 卫匡国推算的年份应当是公元前 909 年，即 934–25=909。

47 孝王是共王的弟弟，懿王的叔叔，见《史记》卷四《周本纪》，第 141 页。

48 《资治通鉴前编》卷九，第 21 页。

49 此事记载于司马迁《史记》卷五《秦本纪》，第 177 页及《资治通鉴前编》卷九，第 21 页。

50 卫匡国推算的正确年份应当是公元前 894 年，即 909–15=894。

51 卫匡国这里混淆了两个同音字“夷”和“懿”，而且周朝第七位皇帝懿王并非夷王的叔叔，而是他的父亲。见《史记》卷四《周本纪》，第 141 页和卷十三《三代世表》，第 503 页。

52 《资治通鉴前编》卷九，第 21 页曾引用《礼记》内容，不接见诸侯这一不合礼制的做法正是始于夷王。另见《十三经注疏 · 尚书》卷二十五，第 219 页。

53 见《中国新地图集》意大利文版上册，第 598 页。

54 《资治通鉴前编》卷九，第 25 页。

55 “防民之口，甚于防水。水壅而溃，伤人必多，民亦如之。”见《史记》卷四《周本纪》，第 142 页。

56 见《中国新地图集》意大利文版上册，第 381 页。《史记》卷四《周本纪》，第 142 页和其他文献中记载厉王避难地点则是位于晋州县的彘，后被考证为永安，而非平阳。

57 “厉王太子静匿召公之家，国人闻之，乃围之。召公曰：‘昔吾骤谏王，王不从，以及此难也。今杀王太子，王其以我为雠而怼怒乎？夫事君者，险而不雠怼，怨而不怒，况事王乎！’乃以其子代王太子，太子竟得脱。”见《史记·周本纪》（中文版注）

58 卫匡国的描述严格遵循《史记》卷四《周本纪》，第 143–144 页。这件事是中国传统道德观中君臣关系高于父子关系的佐证。

59 据中国史书记载，共和始于厉王奔逃，止于厉王之子宣王继位，即从公元前 841 年起到公元前 828 年止；按照卫匡国的计算，是厉王退位时间（878–38=840）到宣王开始执政（827）之间的十四年。在此期间，两位忠臣周公（与周朝第一位忠臣同名）和召公共同执政，这一时期的年号为“共和”。见《史记》卷四《周本纪》，第 144 页；卷十四《十二诸侯年表》，第 512 页；《资治通鉴前编》卷九，第 25 页；《中国史日历》第 1–5 页。

60 见上条注释。

61 暴君厉王的儿子名静，登基后改称宣王。见《资治通鉴前编》卷九，第 26 页。

62 见本卷注释 59。

63 此处拉丁语原文为 TANGUS，明显是誊写错误，因而更改为 KANGUS。这两位分别是周朝第一位和第三位君主，以美德著称（参见前文）。《史记》卷四《周本纪》第 144 页还提到了文王和成王。

64 见本卷注释 48。

65 关于长江得名的谬误见本书卷一，注释 59；卷三，注释 86。

66 这里卫匡国使用了他生活年代的地名，那片区域的居民因为习俗不同于当时的中国而被认为是周边民族。宣王曾征伐淮夷（《资治通鉴前编》卷九，第 30 页）和戎（《史记》卷四《周本纪》，第 144 页）。

67 《资治通鉴续编》卷九，第 40 页记载了被宣王杀死的无辜忠臣杜伯的事迹：三年后杜伯再次出现，在所有诸侯面前杀死了宣王。此事在《墨子》中也有记载，见《诸子集成》第四部卷四，第 139–140 页。

68 这里卫匡国将中国的一些迷信混为一谈，比如风水（通过自然力量来指导物品在空间中的具体摆放位置）和占星（根据星辰位置来预测未来行为的吉凶），他在这里对迷信行为持坚决反对的态度，有意对这些行为在他所处时代的中国社会中所发挥的作用避而不谈。

69 《史记》卷四《周本纪》，第 147 页；《资治通鉴前编》卷九，第 41 页。

70 卫匡国这里弄混了地理信息，在他的《中国新地图集》意大利文版上册，第 470–472 页中写道，南阳位于河南省。此处记录的事件出自《资治通鉴前编》卷九，第 41 页。

71 卫匡国用词 zio，意为伯父、叔父，或舅舅、姑父。不过，申国国君申侯的女儿是幽王第一任王后，因此他是太子宜臼的外祖父。（中文版注）

72 卫匡国此处再次使用了鞑靼人作为各周边民族的统称，这里指的是当时居住在今日甘肃和陕西一带的犬戎人。见《史记》卷四《周本纪》，第 149 页；倪豪士（Nienhauser）版本，布卢明顿（Bloomington）：印第安纳大学出版社，第 67 页，注释 147；谭其骧主编，《中国历史地图集》，北京：中国地图出版社，1982，第 17 页。

73 卫匡国用的词是 Fratello（兄弟），但实际上申侯是幽王的岳父。见上文注释 71。（中文版注）

74　据《史记》卷四《周本纪》，第 149 页记载，幽王的儿子宜臼登基后称平王，他将周朝的都城从位于今日西安附近的宗周东迁至洛，即今日洛阳附近，后来该地成了平王建立的新朝——东周的首都，名成周。见《中国新地图集》意大利文版上册，第 470 页；谭其骧主编，《中国历史地图集》，北京：中国地图出版社，1982，第一册，第 17 页。

75　《资治通鉴前编》卷九，第 41 页。

76　《资治通鉴前编》卷九，第 51–60 页。

77　春秋时期，诸侯不称王，唯楚例外。但卫匡国此处用了“王（re）”这个词。（中文版注）

78　见前文注释 11。

79　《春秋》是鲁国的记事史书，时间跨度自公元前 722 年至公元前 481 年。传统上认为此书为孔子所写，因此将其列入儒家五经中。（陆商隐注）

80　见《中国新地图集》意大利文版上册，第 407 页。

81　见《中国新地图集》意大利文版上册，第 407 页；谭其骧主编，《中国历史地图集》，北京：中国地图出版社，1982，第一册，第 19 页，3–1。

82　见《资治通鉴前编》卷十，第 6 页；《史记》卷四《周本纪》，第 150 页。

83　卫匡国在此有误。郑庄公的祖父郑桓公是周宣王的异母弟弟，因此，他与周平王是堂兄弟，恒王应该是郑庄公的侄孙。（中文版注）

84　见《资治通鉴前编》卷十，第 23 页。

85　卫匡国可能将汉字“黑”误认为“墨”，于是注音为 me。周公黑肩史称“周召共和之周定公的曾孙”。

86　《史记》卷四《周本纪》，第 151 页；《资治通鉴前编》卷十，第 23 页；《春秋左传 · 庄》，第 174 页。

87　后文中有时注为 VONCUNGUS，有时注为 UONCUNGUS。

88　齐襄公和前文提到的秦王襄公同名。

89　西周封地，曾定都于今山东省胶州市城南和日照市莒县。（中文版注）

90　弑杀齐襄公的是公孙无知，他是齐僖公的侄子，和襄公是堂兄弟关系。他的名字“无知”中的两字在汉语中分别意为“没有”和“知道”，由于汉语书写人名时没有像意大利语那样大写的特殊格式，卫匡国就将这两个字误解为“无人知晓”。见《资治通鉴前编》卷十，第 462 页；《春秋左传 · 庄》，第 176 页。

91　孔子认为管仲是一名有能力的大臣，在《论语》中有记载：“子贡曰：‘管仲非仁者与？桓公杀公子纠，不能死，又相之。’子曰：‘管仲相桓公，霸诸侯，一匡天下，民到于今受其赐。微管仲，吾其被发左衽矣。岂若匹夫匹妇之为谅也，自经于沟渎，而莫之知也。’”《论语》意大利语版，卷十八，李集雅（T. Lippiello）译，都灵：Einaudi 出版社，2003，第 169 页。

92　后文所述记载于《资治通鉴前编》卷十，第 26 页。

93　《春秋左传 · 庄》，第 180 页。

94　釐亦音 xi，也被写作僖。《资治通鉴前编》卷十一，第 1 页。

95　根据上文庄王的在位时间推算，此处应当是公元前 681 年（696–15=681），可能是誊写员误将 8 写成了 3。（中文版注）

96　周釐王姬胡齐，姬姓，名胡齐，是周庄王姬佗的长子。见《史记 · 周本纪》：“十五年，庄王崩，

子釐王胡齐立。”不知卫匡国这么写有何根据。（中文版注）

97 此事记载于《资治通鉴前编》卷十一，第 1-2 页。“霸”意为绝对的专权。

98 见《中国新地图集》意大利文版上册，第 383-384 页。

99 长城通常被认为是由秦朝第一位皇帝秦始皇（前 221—220）下令建造，工程始于前 214 年。见《中国新地图集》意大利文版上册，第 268-270 页及注释 87，第 318-319 页。

100 见《中国新地图集》意大利文版上册，第 435 页及第 451 页，注释 1。

101 《春秋左传 · 闵》，第 265-266 页；《资治通鉴前编》卷十一，第 15 页。

102 《资治通鉴前编》卷十一，第 22 页。

103 《春秋左传 · 僖》，第 326-327 页。

104 《史记》卷四《周本纪》，第 152 页。

105 这里卫匡国使用的都是他生活时代的地名。见《中国新地图集》意大利文版下册，第 588-596 页。

106 由于历史上有一些人物重名，因此会在名字前加上国家的名称，比如这位襄公就称宋襄公，即宋国的国君襄。

107 《资治通鉴前编》卷十一，第 30 页。

108 《春秋左传 · 僖》，第 420 页；《资治通鉴前编》卷十一，第 30 页。“翟”与“狄”同音，前者特指一些翟姓部族，而后者则是周边民族的泛称。见倪豪士（Nienhauser）编译，《史记》，第 56 页，注释 10。

109 谭其骧主编，《中国历史地图集》，北京：中国地图出版社，1982，第一册，第 24 页，4-4。

110 《史记》卷四《周本纪》，第 153-154 页；《资治通鉴前编》卷十一，第 31-38 页，卷十二，第 1-19 页；《春秋左传 · 僖》，第 419-429 页。

111 卫匡国混淆了汉字“顷 qing”和“项 xiang”。《资治通鉴前编》卷十三，第 1 页。（陆商隐注）

112 卫匡国似乎对这位皇帝极为赞赏，也许是因为他的名字也含有“匡”字。

113 卫匡国混淆了同音字“匡”和“光”。周匡王的“匡”字本义为盛东西的方形竹器，有纠正、拯救之意。（中文版注）

114 卫匡国这里的描述与原文稍有出入。“晋赵盾弑其君灵公迎襄公弟黑臀于周立之”，《资治通鉴前编》卷十三，第 11 页。

115 赵盾弑其君是《春秋》对这件事的书写，事实上是赵盾之弟赵穿所为，但《春秋》作者认为赵盾应为此事负责。（中文版注）

116 卫匡国用的词是“un signore suo parente”，按史书记载，此人应为赵盾。（中文版注）

117 卫匡国在铺陈这一事件时脉络似乎有些混乱。赵盾是灵公的忠臣，他给前来行刺的鉏麑和昏庸的灵公上了一趟品德课。之后，灵公又试图亲自刺杀赵盾，但也未能成功。见《资治通鉴前编》卷十三，第 11-12 页；《春秋左传 · 宣公二年》，第 658-660 页。

118 《资治通鉴前编》卷十三，第 11 页。

119 王孙满为春秋时周大夫。（中文版注）

120 见本书卷二，注释 8。（陆商隐注）

121 “周德虽衰，天命未改，鼎之轻重，未可问也。”《资治通鉴前编》卷十三，第 12-13 页。

122 《史记》卷四《周本纪》，第 153 页；《春秋左传 · 宣》，第 669-672 页。

123 老子（约前 600—470）是道教创始人。（陆商隐注）

124 道是老子对根源性力量所起的字，其名被勉强称之为“大”，说道没有名字本身是逻辑错误。另外，作者混淆了道家与道教。

125 卫匡国在《中国新地图集》意大利文版上册，第 248-250 页提到过中国的三大“教派”：儒教、佛教和道教，但如果我们对比《中国新地图集》和本书，就会发现卫匡国对道教的态度发生了改变。在《中国新地图集》中他写道“（道教）无疑是三大教派中最无耻、最糟糕的”，而在这里他却认为老子可能认识到至高无上的精神的存在，并且将此看作这一学派的可敬之处。很明显，长时间的在华生活使他对这一极为重要的中国学派有了更细致、更深刻的认识。这令人十分欣慰，尤其是考虑到利玛窦对道教的态度是绝对的排斥和鄙视。见 M. 米兰达 (M. Miranda)，《利玛窦和第五十代天师——张国祥》（*Matteo Ricci and the Fiftieth Master of Heaven, Zhang Guoxiang*），马西尼（编），《耶稣会传教士带入中国的西方人文（十七至十八世纪）》[*Western Humanistic culture Presented to china by Jesuit Missionaries (XVII–XVIII centuries)*]，罗马：Institutum historicum S.J. 出版社，1996，第 247-258 页。卫匡国引用的这段话似乎是老子著作《道德经》的开篇，这也许是此开篇的第一个西方语言版本。关于老子的作品可以参考艾帝 (Attilio Andreini) 的意大利语著作《老子〈道德经〉的起源》[*Laozi, Genesi del*（*dao- dejing*），都灵：Einaudi 出版社，2004。

126 此处“现时的中国”指卫匡国所处时代的中国，即明清之交的中国。（中文版注）

127 卫匡国在这里简明扼要地讲清了中国古代文明的发展历程：在今日陕西省北部萌芽，然后向东方和南方辐射，先是在长江以北，后来慢慢发展到长江以南，建立了卫匡国在后文中会提到的吴国和越国。在卫匡国生活的时代，中国的疆域已向南部和西部扩张，幅员十分辽阔。

128 卫匡国对苏州这一名称十分熟悉，但文中却出现了注音错误，很明显是付印排字时不谨慎导致的。

129 卫匡国在这样混淆了齐和晋，应为晋王。（中文版注）

130 此事记载于《资治通鉴前编》卷十四，第 2 页。

131 拉丁文原书中为 CIJN。前文中卫匡国一般将晋转写为 CYN 或者 CIN，此处似乎为付印排字不慎引起。（中文版注）

132 《史记》卷三十一《吴太伯世家》第 1448 页和《资治通鉴前编》卷十五第 9 页载有此事，吴王名寿梦（？—前 561）有四子，长子诸樊（？—前 548），四子季札（前 576—前 484）。（陆商隐注）

133 当为季札，卫匡国应该是将“季”误读成了“李”。（中文版注）

134 《资治通鉴前编》卷十五，第 19 页。孔夫子（前 551—前 479），本名孔仲尼，战国时期政治家、思想家，志在寻找愿意接受他治国之策和政治社会理念的君主，但总以失望告终。他的哲学思想奠定了儒家学派的根基，这一学派在意大利被称为 Confucianesimo。关于耶稣会士对孔子的阐释参见鲁保禄 (Paul Rule)，《孔子：耶稣会士对儒家思想的阐释》（*K' ung-tzu or confucius: The Jesuit Interpretation of confucianism*），悉尼：Allen and Unwin 出版社，1986。（陆商隐注）

135 此事记载于《史记》卷三十二《齐太公世家》，第 1500-1501 页；《资治通鉴前编》卷十五，第 22 页。（陆商隐注）

136 《史记》卷三十一《吴太伯世家》，第 1452 页；《资治通鉴前编》卷十六，第 2 页。（陆商隐注）

137 音乐自周朝起便被赋予了极大的重要性，它在教育层面的有效性被首次认可，一些与礼乐相关的律法规定也在那一时期成书。礼乐两字经常连用，用来表示一个部族代代相传的律法和文化。《礼记》记载的“六艺”包括：礼、乐、射、御、书、数。孔子认为音乐高于一切，能够展现一个国家的风俗，展示王朝威严的除了律法，还有礼仪。（陆商隐注）

138 公孙侨，姬姓，公孙氏，名侨，字子产。（中文版注）

139 《资治通鉴前编》卷十六，第 4 页。（陆商隐注）

140 《资治通鉴前编》卷十六，第 28 页。在《春秋左传 · 昭》第 1386 页记载，孔子二十七岁时得知郯子来鲁，便前往拜师学习 [仲尼闻之，见于郯子而学之]。卫匡国采用了《资治通鉴前编》中的记载：二十有三年……问礼于老聃。（陆商隐注）

141 中国礼仪众多，《礼器》中写道：经礼三百曲礼三千。传统上有“五礼”或“六礼”一说，但没有重要和次要之分。五礼分别是：吉礼、嘉礼、兵礼、军礼、凶礼；六礼分别是：冠礼、婚礼、丧礼、祭礼、乡礼、相见礼。（陆商隐注）

142 《史记》卷四十七《孔子世家》，第 1938 页。（陆商隐注）

143 《资治通鉴前编》卷十六，第 29 页；《史记》卷四十《楚世家》，第 1712-1713 页及卷六十六《伍子胥列传》，第 2173-2174 页。（陆商隐注）

144 伍员（？ —前 484），亦称伍子胥，备受争议的英雄，睿智但冷酷，为了为父亲所遭到的不公报仇，毫不犹豫地背叛了自己的国家。（陆商隐注）

145 “猛”是人名，实为悼王。下同。（中文版注）

146 《史记》卷四《周本纪》，第 156 页。（陆商隐注）

147 《史记》卷四《周本纪》：“国人立长子猛为王，子朝攻杀猛。猛为悼王。晋人攻子朝而立丐，是为敬王。” 这里讲的应该是王子匄和王子朝之间的冲突，卫匡国提到的立悼王猛的儿子为帝之事，史书中未能找到。（中文版注）

148 申包胥（生卒年不详）申氏，姓不详，名包胥，因封于申邑，故称申包胥，又称王孙包胥。当时楚国大夫。（中文版注）

149 《史记》卷六十六《伍子胥列传》，第 2176-2177 页。（陆商隐注）

150 《史记》卷四十《楚世家》，第 1714-1715 页。（陆商隐注）

151 《史记》卷六十六《伍子胥列传》，第 2177 页。（陆商隐注）

152 《史记 · 孔子世家》，第 1909-1910 页。（陆商隐注）

153 应为鲁王。从上下文来看，原文中的注音 CI（齐）可能是誊写或排字时的错误。（中文版注）

154 卫匡国参考了《资治通鉴前编》卷十七，第 12 页，引用了记录孔子与弟子的交谈的《论语》中的言论。见《十三经注疏 · 论语》卷九，第 35 页：子曰：“吾未见好德如好色者也。”（陆商隐注）

155 《论语 · 微子篇》：“齐人馈女乐，季桓子受之，三日不朝。孔子行。”（中文版注）

156 事实上，现代史学家认为孔子并不是儒家典籍《四书》和《五经》的作者。（陆商隐注）

157 此事记载于《史记》卷四十七《孔子世家》，第 1933 页和《资治通鉴前编》卷十七，第 22 页。（陆商隐注）

158 《史记》卷四十七《孔子世家》，第 1928-1929 页和《资治通鉴前编》卷十七，第 22 页。（陆商隐注）

159 子路（前 542—480），亦称仲由，是孔子最有名的弟子之一。（陆商隐注）

160 《史记》卷四十七《孔子世家》，第 1929 页；《资治通鉴前编》卷十七，第 25 页。（陆商隐注）

161 《史记》卷六十六《伍子胥列传》，第 2178 页；《资治通鉴前编》卷十七，第 27 页。（陆商隐注）

162 《史记》卷六十六《伍子胥列传》，第 2178 页；《资治通鉴前编》卷十七，第 27 页。《史记》记载的等待时间为两年。（陆商隐注）

163 《资治通鉴前编》卷十八，第 7 页。（陆商隐注）

164 卫匡国这里所说的著作是《大学》，成书于公元前 3 世纪左右，原本是《礼记》中的一篇，宋朝（960—1280）的新儒学哲学家朱熹（1130—1200）第一次将该篇独立成书。这里卫匡国对《大学》的开篇进行了概述，原文是：大学之道，在明明德，在亲民，在止于至善。知止而后有定，定而后能静，静而后能安，安而后能虑，虑而后能得。[……] 古之欲明明德于天下者，先治其国；欲治其国者，先齐其家；欲齐其家者，先修其身；欲修其身者，先正其心；欲正其心者，先诚其意；欲诚其意者，先致其知，致知在格物。（陆商隐注）

165 参见《十三经注疏 · 论语》卷十八，第 73 页。五种基本社会关系称“五伦”，分别为君臣、父子、夫妇、长幼、朋友。（陆商隐注）

166 《十三经注疏 · 论语》卷十七，第 69 页中所列“三达德”为智、仁、勇。（陆商隐注）

167 《论语》中并没有关于仁爱是对上帝之爱的记载。这似乎是从基督教的角度对儒家思想的重新解读，流行于卫匡国所处时代的欧洲耶稣会士之间，他们在中国传播基督教教义，想方设法地将其穿插进当地已有的古老文化中。（陆商隐注）

168 《十三经注疏 · 论语》卷十五，第 62 页记载了这一儒家思想的“黄金准则”：子贡问曰：“有一言而可以终身行之者乎？”子曰：“其恕乎！己所不欲，勿施于人。”（陆商隐注）

169 《春秋左传》中提到过捕获麒麟，一种中国独角兽，还提到了孔子见到麒麟时的惊诧，见《春秋左传 · 哀公》，第 1680 页。而卫匡国所叙述的故事则记载于《资治通鉴前编》卷十八，第页。（陆商隐注）

170 《资治通鉴前编》里原文为：“周敬王三十有九年鲁人获麟左氏曰西狩于大野叔孙氏之车子鉏商获麟以为不祥以赐虞人仲尼观之曰麟也然后取之有公羊氏曰麟者仁兽也有王者则至无王者则不至 以告者曰有麕而角者孔子曰孰为来哉孰为来哉反袂拭面涕沾袍曰吾道穷矣。”（中文版注）

171 卫匡国的拉丁原文使用的是“孔院”（Gymnasium）一词，在意大利语版本中译为“孔庙”（Tempio）。卫匡国之所以选择“孔院”一词，是为了尽可能将孔庙的象征意义世俗化，强调尊孔完全是民间习俗，而不是偶像崇拜。在《中国新地图集》序言第 13 页中也出现了相同的名称。（陆商隐注）

172 卫匡国在这里为在华的耶稣会士们辩护，当时其他派别对耶稣会提出尖锐批评，认为他们允许偶像崇拜。这一争论演变为“中国礼仪之争”，持续长达一个世纪，期间教会立场反复，最后以 1742 年教宗本笃十四世颁布《自上主圣意》（Ex quo singularis）谕令全面禁止中国礼仪结束。直到教皇庇护十二世于 1939 年 12 月 8 日发布中国礼仪谕令（Plane Comperum est），中国基督徒才被重新允许举行祭祖祭孔等传统文化仪式。关于“中国礼仪之争”的文献非常多，可以参见毕嘉（Gian Domenico Gabiani），《1680 年的宗教论辩之中国礼仪政策》（*Dissertatio apologetica scripta anno 1680. De sinensium Ritibus Politicis*），列日：Gulielmum Henricum Streel Typographum 出版社，1700 年；裴化行（Henri Bernard-Maître），《十七世纪末中国礼仪之争的参考文献》（Un dossier bibliographique de la fin du XVIIe si é cle sur la question des termes chinois），刊于《宗教学研究》（*Recherches de science religieuse*），36, 1949 年；安田朴（René Etiemble），《在华耶稣会士——礼仪之争（1552—1773）》[*Les Jésuites en Chine—la querelle des rites (1552—1773)*]，巴黎：René Julliard 出版社，1966 年；孟德卫（D. E. Mungello），《中国与西方的伟大相遇》（*The Great encounter of china and the West*），纽约：Rowman & Littlefield 出版社，1999 年，第 26 页起。（陆商隐注）

173 《史记》卷四十七《孔子世家》，第 1945-1946 页记载，公元前 195 年，汉高祖途经孔子的故乡鲁国，确立了祭孔仪式，并封孔子第九代后人为侯。自那时起，所有的孔子后人都享有贵族封号，直至 1935 年被国民政府取消。参见孔德懋，《孔子之家》（*The House of Confucius*），伦敦：Hodder & Stoughton 出版社，1988。（陆商隐注）

174 颜回（约前 521—前 481），先于孔子两年去世，卫匡国却说这是一篇孔子死后的颂文，令人诧异。此文为颜渊在孔子在世时所作，见《十三经注疏 · 论语》卷五，第 34 页。（陆商隐注）

175 《资治通鉴前编》卷十八，第 12 页。（陆商隐注）

176 《史记》卷四十一《越王勾践世家》，第 1739-1746 页。（陆商隐注）

177 《资治通鉴前编》卷十八，第 12 页。（陆商隐注）

178 后文说的范蠡惧怕厄运来临，所以一直拒绝命运的馈赠，也许这是卫匡国认为他不能战胜自己的恐惧，不够强大的表现。（中文版注）

179 范蠡隐居于陶地（今山东定陶西北），而非卫匡国笔下的“陶厂”。见《史记 · 越王勾践世家》：“乃归相印，尽散其财，以分与知友乡党，而怀其重宝，闲行以去，止于陶，以为此天下之中，交易有无之路通，为生可以致富矣。于是自谓陶朱公。”（中文版注）

180 《史记》卷四十一《越王勾践世家》，第 1746-1747 页；《资治通鉴前编》卷十八，第 17 页。越王赐剑于文种并附书一封，文种遂自尽。（陆商隐注）

181 贞定是这位君主死后的庙号。（陆商隐注）

182 晋国被赵襄子、韩康子、魏桓子和智伯瓜分。贞定十六年，三位君主杀智伯。见《史记》卷三十九《晋世家》，第 1685-1596 页。（陆商隐注）

183 《史记》卷四《周本纪》，第 158 页；《资治通鉴前编》卷十八，第 18 页。（陆商隐注）

184 《史记》卷三十八《宋微子世家》，第 1631 页。（陆商隐注）

185 《资治通鉴前编》卷十七，第 14 页；《史记》卷三十七《卫康叔世家》，第 1598 页。（陆商隐注）

186 “出公”，名“辄”。（中文版注）

187 卫匡国讲述的这个故事与史实有些出入。据《史记 · 仲尼弟子列传》：“初，卫灵公有宠姬曰南子。灵公太子蒉聩得过南子，惧诛出奔。及灵公卒而夫人欲立公子郢。郢不肯，曰：‘亡人太子之子辄在。’于是卫立辄为君，是为出公。出公立十二年，其父蒉聩居外，不得入。子路为卫大夫孔悝之邑宰。蒉聩乃与孔悝作乱，谋入孔悝家，遂与其徒袭攻出公。出公奔鲁，而蒉聩入立，是为庄公。方孔悝作乱，子路在外，闻之而驰往。遇子羔出卫城门，谓子路曰：‘出公去矣，而门已闭，子可还矣，毋空受其祸。’子路曰：‘食其食者不避其难。’子羔卒去。有使者入城，城门开，子路随而入。造蒉聩，蒉聩与孔悝登台。子路曰：‘君焉用孔悝？请得而杀之。’蒉聩弗听。于是子路欲燔台，蒉聩惧，乃下石乞、壶黡攻子路，击断子路之缨。子路曰：‘君子死而冠不免。’遂结缨而死。”（中文版注）

188 《史记》卷六十七《卫康叔世家》，第 1601 页。（陆商隐注）

189 《史记》卷六十七《仲尼弟子列传》，第 2188–2189 页。（陆商隐注）

190 “母在一子寒，母去三子单。”似乎卫匡国将“单”和“寒”的位置刚好颠倒了。见《二十四孝》。（中文版注）

191 《史记》卷三十二《齐太公世家》，第 1508–1510 页。（陆商隐注）

192 田成子田常是田乞之子，发动政变立简公弟骜为平公，自立为相，并非卫匡国所说的立简公之子为王，任命其孙为相。见《史记》卷三十二《齐太公世家》：“甲午，田常弑简公于徐州。田常乃立简公弟骜，是为平公。平公即位，田常相之，专齐之政，割齐安平以东为田氏封邑。”（中文版注）

卷五 周朝（CHEUA）第二编

第三十一位皇帝
威烈［王］（GUEILIEUS）
在位 24 年

第三十八甲子第 53 年，公元前 425 年 战国时期

周朝继续统治了约三百年，中国的历史学家们给这一时期起了一个带有“死亡”气息的名字——战国，意为诸侯敌对冲突的年代。[1] 这一时期，各路诸侯将权力与强权混为一谈，纷纷觊觎国家大权，爆发了前所未有的激烈冲突。对皇帝的忠诚已不复存在，皇帝二字也已沦为只是一个头衔而已。随着国土一点一点地丢失，周朝逐渐走向灭亡，取代它的新朝则在众多领域建立了新的秩序，之后我会详细说明。

九鼎颤动的预言

考王之子威烈［王］即位时，一股神秘的力量摇动了禹帝命人铸造的九只铜鼎，人们认为这预示着王朝气数将尽。

考王在位期间发生了一件值得铭记的事。

父亲对儿子性格的考察

［赵氏］宗主简子（KIENZIUS）[2] 年事已高，膝下有二子。他不知该立谁为储君，于是设计了一次考验来深入了解两个孩子的性格。[3] 他命人将一本关于治国之术的戒律书抄写成两份，分别交给两个儿子，嘱咐他们仔细阅读并记住全文。在约定期限到来之时，他派人将儿子们叫来询问。长子［赵］伯鲁（PELUUS）首先接受提问，但他弄丢了书本，连一个字都没有记住，于是简子便提问小儿子［赵］无恤（UUSIOUS），让他回答相同的问题。赵无恤拿出了精心保存的书本对答如流，他告诉父亲自己记住了所有内容，说完便将书本丢入火中，说现在的记忆对他来说已经足够了，这样他的大哥也就再也没有

机会学习了。这样，由于他听话并敏于学习，他从哥哥那里夺取了继承权。事实上，父亲将不听话的长子撇到了一边，宣布由小儿子继承他的卿位。

在执掌晋国大权的四卿中，勇猛傲慢的智伯（CHIPEUS）在战争中连奏凯歌，占有了大片土地。仗着这一点，他愈发高傲，对其他三卿颐指气使。为了将整个国家占为己有，他开始备战，但死神最终让他野心勃勃的计划灰飞烟灭。智伯留下一个儿子，名为智襄（CHISIANGUS）[4]。正所谓有其父必有其子，智襄霸道、傲慢、自负，比起父亲有过之而无不及。韩国国王康子（KANGTIUS）和魏国国王桓子（HENGTIUS）[5]与智襄在其领地边境附近的一次楼台宴会上偶遇[6]，在酒精的刺激下，骄纵傲慢的智襄出言侮辱韩康子和他的家丞段规（TUONQUEIUS），众人愤然离席。

对国君傲慢态度的谴责

智襄的一位亲戚智过（CHIQUEUS）看不惯此举，认为有义务说出自己的不满，于是在回程途中他便对智襄说："发号施令者若不懂得尊重和善待他人，那他就大错特错，大难必至。"愚蠢的智襄对此嗤之以鼻："有没有大难完全取决于我。如果我不发难，谁敢发难于我？"但智过接着说道："如果君主能在小事上表现出关切和谨慎，他就不会遇到大难。之前你毫无来由地冒犯了他国国君和他的家丞，这种鲁莽的行为有悖于谨慎的守则，定会引来报复。"听了这话，智襄用更强硬和傲慢的语气反驳道："这是什么鬼话？我会害怕报复？我会畏惧一个卿大夫？我会害怕一个家丞？我不会害怕他们任何一个人。我想冒犯谁就冒犯谁，让那些胆小的人自己躲着吧！"[7]智襄的骄纵不止于此。他认为韩康子根本无法与自己相提并论，便不惜一切代价制造向韩康子宣战的借口，他宣称韩康子冒犯了自己，随后派使臣前去索要一座位于边境的城池作为赔偿。[8]韩康子不愿割地让权，这时候段规对他说："对于一位谨慎睿智的君主来说，只是将一座城池割让给一个暴戾骄纵之人的代价远小于为了保住一小部分国土而将百姓拖入战争的泥潭、令举国上下落入险境。你现在让出城池就可以避免战争，你付出代价，满足那个贪婪的人，否则他一定永远觊觎我国国土。现在他不费吹灰之力就得到了我们的城池，必然会对其他君主的国土

段规的睿智建议

虎视眈眈，其他君主要么服从，要么以武力抵抗，而你已经保全了自己的财产和国土，身处安全之地，将会看到他人的不幸。”韩康子很快就发现段规的话何止是建议，简直是未卜先知。韩康子割地不久，智襄便将矛头转向了魏桓子，向他索要城池。

另一位首相的智言慧语

魏桓子不想割地，但他的家丞任章（GINCHANGIUS）给出了中肯的建议：“如果你毫无理由地惧怕将自己所有之物让给他人，那你的威望必定会遭到削弱；反之，如果你能忍受自己的权益被骄纵之人践踏，那么你就能一举两得。[9]一方面，智襄会被众人憎恶，人们会谴责他傲慢无礼，索求他人之物；另一方面，你的臣子和百姓们会因此认为你是一位善良、正直、贤明的君主，大家都会爱戴你，因为你宁愿放弃自己的土地，也不愿意让百姓置身危难。如此善良的君主人人拥护，而国土的其他部分也能免遭战火的蹂躏。”智襄再次如愿，得到了城池。他扬扬得意，认为骄纵给自己带来了好运，但与此同时，他又因没能与对手交战而感到烦躁，于是他故技重施，将手伸向了第三个人——赵国国君无恤。[10]年轻的赵无恤睿智勇敢，他坚信如若像其他两位君主一样将国土拱手相让便会威风扫地，于是他没有屈服于智襄子来使的要求，将使者遣送回国，并集结军队准备迎战。鲁莽的智襄联合韩康子和魏桓子一同攻赵。赵无恤毫无畏惧，正面迎敌，但之后他发现，韩魏两家对智襄也有所不满，其实不想与智襄联盟。于是他明白要靠智取而不是武力来取胜。

密谋打倒智襄

赵无恤带着军队撤退至晋阳（CINYANG）。他早已在那里囤积了粮草，备足了兵器，智襄不敢强攻。晋阳地处平原，智襄便毁坏河堤，试图水淹晋阳。

赵无恤得到了韩魏两家的密报，便命城内的百姓和士兵迅速开凿了一些水渠，引走了湍急的大水，城池得以保住，有惊无险。他知道韩魏两家对智襄的予取予求早已心怀不满，而此次又被迫卷入战争，敌意不减反增，便派遣心腹重臣张孟谈（CHANGMENGTANUS）前往面见。张孟谈冒着生命危险，趁着夜深人静游至河对岸，亲口向两位君主传达了赵无恤的口信。

一句谚语

他说道：“诸位一定知道这句古老的谚语：唇亡则齿寒。[11]同理，如果今日智襄子在你两家的帮助下打败了我家君主，那么明日他就会用同样的手段对付你俩。”说完这话，他便与韩魏两家商定了共同对付敌人的方法和日子。协议达成之后，张孟谈便游回了晋阳。约定的日子来临，赵无恤如约派遣一队士兵袭击守堤的敌军，韩魏两家在河道另一侧为士兵们让出通路。他们杀死了守军，砸毁了堤坝，通过水渠将大水灌入智襄军队的营帐。突如而来的水流让智襄的军队不知所措，四散逃窜。就在此时，赵无恤的军队从晋阳城开出，与韩魏两家的军队一起横扫敌军，片甲不留，智襄子也为自己的骄纵蛮横付出了生命的代价。智襄的死还不能平息赵无恤的愤怒，他趁胜占领了智襄所有的领地，并派人灭其全族。

用敌人头颅做成的杯子

他将智襄的头颅刷上那种能让物件变得闪亮且不易损坏的珍贵油漆[12]，当作杯子使用。在中国人看来，这是将复仇做到了极端的象征。

复仇的尝试

就算再糟糕的人也有人拥护，智襄也不例外。他的一名臣子豫让（YUIANGUS）不能忍受自己主君的头颅被做成杯子这种奇耻大辱，决定刺杀赵无恤以报辱君之仇。[13]他不假思索地将匕首藏于衣中，乔装打扮混入了进宫的仆人之中。

他在宫中伺机刺杀毫无防备的赵无恤，但事业未成便已暴露，还好及时逃出宫外。他知道自己被追缉，便用一种不知是何物的黏性物质涂抹在身伤，还用碳染黑嘴唇，假装自己是得了麻风病的哑巴，暗中继续等待刺杀君主的机会。他骗过了自己的妻子，但却没有骗过一位故友。这位故友见他不成人形，心中涌起同情，对他说道：“朋友啊，昔日你还大权在握，备受尊敬，今日你何以如此癫狂？难道你不知道，如果你侍奉赵无恤，他会给你和从前一样的官职？如果如你所说，对死去君主的悲悯让你落到如此田地，难道不更应该抓住机会向赵无恤示好表忠，慢慢找机会复仇吗？快改变主意吧！快让愤怒消散，别自掘坟墓了！”听了朋友的劝诫，豫让说道：“你的这番话或许能说服那些只追求高官厚禄的人，而我对此不屑一顾，你凭什么认为我会被说服呢？无论是过去还是现在，我都坚定地认为赵无恤该死，我又怎能忍受臣服于他呢？如果我做了此等不忠诚之事，那我就是有二心（在中国人眼里，有什么比有二心更令人不齿呢？），与一女嫁二夫无异。

现在我所做的事确实给自己造成了不小的困难，但为了崇高事业而抱有的信念能够给我带来安慰。我坚信此举会让人们明白，一臣不事二君，违者是多么的可耻。”话音未落，便见赵无恤骑马缓缓而来。豫让惊恐万分，慌忙躲到桥下，他知道赵无恤必会从桥上经过，并竖起耳朵听着动静，握紧匕首随时准备刺杀。赵无恤正要上桥，他的马却突然停住了，无论挨多少下鞭子都不愿向前半步。

复仇之剑刺中了自己

对主公的忠诚带来高洁的名誉

这无疑是危难将至的信号，赵无恤的随从们立刻四处寻找，很快发现并认出了豫让并立即处死了他。中国人懂得欣赏真正的美德，在他们眼里，像豫让这样忠于一主之人值得称颂。他们是忠臣，而不是奸臣（奸在汉语里等同于背叛者）。

文侯，哲人之友

魏桓子去世，其孙文侯（VENHEUS）继位。[14] 文侯为人慷慨随和，非常敬重有学识的人，因此哲人们纷纷来到他的领地。有一天，文侯和几位哲人一同打猎，归途中在一间茅屋停留吃饭，此时天空忽然乌云密布，眼看狂风暴雨就要来袭。文侯想赶在风雨来临前策马回宫，但哲人们劝他留下。其中为首的哲人对文侯说道：“饮酒行乐之时下雨是天降吉兆，上天堵住你的去路，就是要让你留下。你就遵从上天的意愿和朋友一起等到天空放晴吧！”文侯听从了哲人的建议，表现出了对哲人的尊敬。[15]

雨是天降吉兆

一句谚语

这件事被总结成了一句谚语，茅屋赛王宫，用来赞美一个敬重知识分子的人，就像文侯心甘情愿留在茅屋中倾听哲人论道一样。

文侯的将军乐羊（LOYANGUS）夺取了北直隶境内的中山（CHUNGXAN），今日名为真定（CHINTING）[16]，文侯便将该地赠予自己的长子作为世袭封地。这有悖于中国的律法。按照律法，世袭封地只能由君主赐予兄弟和次子。魏文侯向大臣们询问对此事的看法。要知道在王宫里谄媚比真诚更受用，因此不少大臣表示了赞同，只有任座（GINZOUS）直言不讳：“违反律法将封地赐予长子而非次子不是正确的做法，也违背了传统。”听闻此言，文侯大怒，任座担心自己会被发难，便离开了王宫。随后，文侯就此事询问哲人翟璜（YAOQUANGUS）[17] 的看法。翟璜为人正直，他告诉文侯，任座的回答诚恳真切。文侯问：“你何以得知？”翟璜答道：“我认为在一

给君主的警言

位正直明君的宫廷里，大臣们应该忠心耿耿，敢于进言。任座直言不讳，是忠臣的表率。你身边的廷臣如此忠心，我怎能不认为你是一位明君呢？”文侯听出翟璜话中有话，意识到自己对次子有失公允，也对任座的耿直心生赞赏。他立即命翟璜派人将任座请来，亲自设宴迎接，任座也因自己的睿智和忠诚得到了君主的赏识和尊敬。

一日，文侯问其老师李克（LIKEUS）[18]：“我常听你说，一个贫穷的家庭如有诚实勤俭的女主人，则能一点点地积累财富，而诚实睿智的阁老也能让国家繁荣昌盛[19]。我十分敬重翟（CHINGUS）、璜（HUANGUS）二人，想将阁老之位授予其中一人，你告诉我应该选谁吧。”

李克回答道：“我认为需要考量他们个人日常生活中如何行为举止。如果是富人，就看他花钱多少、购置何物；如果他贫穷，就看他拒绝什么；如果是大臣，就看他将官职交给何人，以及为何一个人穷却又拒绝官职。这样就能明白应当将高位授予何人了。”[20]

选臣之道

为了说明野心能让人坠入何等深渊，在这里我简单讲讲吴起（UKIUS）[21]的故事。吴起是个勇猛善战的士兵，但他过分追求荣耀，为了达到目标甚至不惜犯下弥天大罪。当时鲁国正与齐国交战，吴起用尽方法想要成为指挥官，但却遇到了绊脚石：鲁王因他妻子出生于齐国而对他产生了怀疑。为了消除鲁王的疑虑，吴起杀死了妻子。之后他在战场上告捷。因此，尽管不少人指责他弑妻上位，战功彪炳的吴起还是配得上军队最高将领的头衔。他还打败了秦王，夺得了五座城池，若不是两军议和，他攻下的城池绝对不只五座。吴起能力卓越，为人也非常谦逊。在军队中他就像一名普通士兵，吃穿用度都与士兵无异。他与士兵们一起干活、执勤，拿一样的军饷和战利品。对他而言，财富无关紧要，荣耀才是要用尽解数去追求的唯一目标。之后我还会讲到他。

吴起弑妻上位

第三十二任皇帝

安［王］（GANUS）

在位 26 年

第三十九甲子第 17 年，公元前 401 年

威烈王之子安王继位时世道昌平。他的侄子[22]田［和］（TIEN）打败了齐王，田和用武力夺得了齐国，由于齐王没有子嗣，周安王便封田和为齐侯。安王二十三年，自周武王时期以来统治齐国二十九任的太公（TAICUNGUS）[23]一族绝嗣。

魏文侯去世后，他的儿子武侯（UUHEUS）继位。武侯将吴起纳入麾下，许给他灿烂的前程。[24]一日，武侯与吴起乘舟泛河，谈起国家的繁荣与强盛。

一名战士的睿智言语

吴起说："国家的安定并不取决于金钱和武力，而是取决于德。如果君主无德，仅凭几支薄桨便可在国内掀起轩然大波。"武侯十分欣赏吴起，认为他不仅是骁勇的指挥官，也是一位智者，因为他说了真话。

武侯向秦国发兵，命吴起指挥军队，希望他能一如既往地旗开得胜。吴起果然不负所望，将敌人打得溃不成军，秦王不得不前来求和。吴起在战场上凯歌连连，极大地增强了魏国的力量，但愈发膨胀、永无止境的野心害了他，最终他被赶出了魏国。当时武侯在将阁老之位

吴起的对手

授予吴起还是田文（TIENUENUS）一事上犹豫不决，吴起和田文因此事针锋相对，争相向武侯邀功。[25]田文狡猾阴险，自知才能不及吴起，便抓住对手异邦人的出身，试图令武侯起疑。吴起对这种诡计心知肚明，也不想因此蒙难，便投奔了楚悼王。在楚国，吴起的功绩得到了肯定，在所有人的一致同意下他成为军队的最高将领，后来率军多次取胜。他还说服了一些诸侯与楚国建立友好关系，获得了自己渴求已久的威望。然而，他的功绩招致了嫉妒。一些大臣不能忍受一个异邦人在这么短的时间内取得如此大的荣耀，开始想方设法让楚王怀疑他的能力和忠心。但是楚王十分了解吴起，对他的能力和价值更是深信不疑，没有听信谗言。大臣们发现阴谋未能得逞，便决定将楚王和吴

起一同除掉。吴起发现了他们的企图，为了保住自己和楚王，他杀死了一众密谋者，并将共犯流放，还让楚王通过了削弱大臣过多权力的变法方案。于是，原本国君需要听从大臣们的建议，现在变成了国君决定一切，所有人都要等着国君点头。在吴起的帮助下，楚国的财富和威望大增，远远超出楚王最初的期望，但吴起却没有获得相称的回报。周边诸侯都惧怕强大的楚王，纷纷想方设法逼走吴起。与此同时，贵族高官们对吴起也恨之入骨，他们无法原谅他杀死和流放了自己的亲戚，还削弱了他们的权威。这些人根本不关心所有人民的福祉，只考虑自己的利益，加上其他诸侯也鼓动他们推翻吴起，他们便进入吴起家中将他杀害。[26] 这就是吴起的结局。

吴起之死

第三十三任皇帝

烈［王］（LIEUS）

在位 7 年

第三十九甲子第 43 年，公元前 375 年

关于安王之子烈王，并没有什么值得一提之事。彼时的周朝已经日渐衰落，皇帝的威信不断降低。各路诸侯已经自立门户，对皇帝没有丝毫的顺从与尊敬，只有田氏后裔齐威王例外。周朝先皇封他父亲为齐侯，他也对周朝现任君主宣誓忠诚并因此获得了众人的赞誉和忠君的美名。

威王任人唯贤

中国史书中对齐威王的智慧称赞有加。他非常认真地考察各省官员的工作，绝不听信大臣们带有偏见的评价，而是派遣心腹前往各处调查各地上交的治理报告的真伪。

一次诬告

当时有两名地方主政官员（governatori），一名在管辖地享有非常好的声誉，而另一位则声名狼藉。[27] 齐威王与平常一样，派了亲信暗中考察他俩，而查出的真相却完全相反。大臣们口中那位不值一提的官员将辖地管理得井井有条，而据说受人尊敬的那位却将辖地治理得十分糟糕。于是，齐威王在众臣面前召见这两人，对一人说：“自

从我将[即]墨（ME）（位于山东，今胶城附近[28]）交予你管理，关于你的恶言恶语就不断传来，但我通过可信之人得知，你开垦田地、发展农业，那里的百姓衣食无忧；因为没有斗殴冲突事件，官府事务也不繁忙；你防御了敌人对我国边境的侵扰，辖地各处洋溢着和平与安宁。我还知道为什么你能力出众却口碑极差，因为你没有用钱财贿赂大臣，也没有用礼物来请求他们为你美言。"说完，威王便提升了他的官职。然后，转向阿（OO）地（今山东东平[29]所在之地）主政官员，对他说："自从我将阿地交给你管理，每天都传来溢美之词，但是我很清楚你根本就没有照看田地和农民，那些受你管理的百姓都死于饥寒；若不是卫鄄王（KIUENUS）来救，薛陵（PILING）[30]早已被敌人夺取，这些都是源于你的疏忽。[31]我知道关于你的赞誉之词是怎么来的，那是你用重金厚礼买通了在场的诸位臣子。你哪来那么多钱？还不是从辖地搜刮的民脂民膏？你这样的人根本不值得活下去，和你一起死的还有那些你用别人的钱收买的官员！"语毕，齐威王下令活活烧死了所有为此人说话、犯下欺君之罪的官员。其他的大臣和官员惊恐万分，再也不敢用虚假的德行去掩盖自己的缺点和罪责，所有人都尽忠尽职地完成自己的任务。齐威王也因此获得了正直的美名，人们对他的敬重甚至超过了皇帝。君主对子民的关切是多么重要啊！

严厉的处罚

第三十四任皇帝

显[王]（HIENUS）

在位48年

第三十九甲子第50年，公元前368年

烈王死后，他的弟弟显王继位。显王在位多年，徒有皇帝之虚名，未能行皇帝之职。各路诸侯都拒绝臣服于他，对象征着君王权威的九鼎虎视眈眈。显王见九鼎已成为众人谋害自己的源头，便命人将它们沉入泗水（SU）之中，觊觎它们的人也就失去了希望。直到秦王统一中国后才命人打捞九鼎，动用了数以千计的劳力但却一无所获。显王悲惨的命运似乎早有先兆：显王八年（公元前 361 年），一颗流星划破中国西部地区的天空，而流星被认为是厄运的象征。[32] 当时有一名前途大好的年轻人，他足智多谋，求知若渴，尤其醉心于刑法的研习。

商鞅的性格与天赋

此人名 [商] 鞅（YANGUS）[33]，是卫国国君庶出之孙。他求学于魏国阁老 [公] 叔痤（XOZOUS），为了更好地聆听先生们的教诲，他便侍奉公叔痤左右。公叔痤尽管注意到了商鞅的认真、严谨和聪慧，但还是认为不宜倾囊相授，便只传授给了他一些笼统的知识。他其实是害怕天赋异禀、求知若渴的学生超越自己，青出于蓝而胜于蓝。一日，公叔痤病重，魏王前来探望。言谈间，魏王问起商鞅为何人，来自何处，公叔痤答道："此人尽管年纪轻轻，但已经显露出了如长者般出众的智慧。希望主君能委以重任。无论你交给他什么任务，他都能尽忠职守，出色地完成。"见魏王沉默不语，方才还提议重用商鞅的公叔痤立马改变了语气："若是你不想重用此人治理国家，那么你一定得立刻将他处死，防止他前往别国效力。"魏王大悦，说道："我一定按你所言去做！"，便起身告辞。魏王刚走，公叔座便派人将商鞅叫来，告诉他刚才自己对魏王说过的话，催促他立即动身逃离。商鞅听完大笑道："魏王既然没有听从你重用我治国的建议，你说要杀了我，难道他就会听吗？"商鞅在魏国又待了一段时间，直到有一日，他察觉到自己已经失去了魏王的信任，为了不以身犯险，他离开魏国前往秦国。

危险之人

商鞅的好运

[秦] 孝 [公]（HIAUS）将商鞅考察了一番，通过其早先在魏国的履职经历确认了他的才能与智慧。秦孝公认为重用商鞅于国有利，便任命他为阁老，将他留在自己身边敬重有加。商鞅制订了许多利国利民的法律 [34]。

商鞅变法

举报奸谋的人与杀敌立功的人获得同等赏赐，帮助隐匿奸谋的人按临阵降敌给予同等惩罚；立军功者可以获得巨额财富和官爵；懒惰成性、不务耕织就是对国家的破坏，不务正业者被归拢在一起强制从事有利公众的劳动；四肢健全、拥有劳动能力者若以乞讨为生则全部入狱，等待看中他们的人家收其为奴，但只能从事最卑微的工作；不得仅因宗室出身而被授予军衔；对国家没有功劳者不得享有荣誉或头衔，在家中和公共场所都不得穿着华服、炫耀名贵的装饰；为国家付出一己之力的人，即便是穷人也应得到重视，不以工作或公职谋生的懒汉无论在被告席还是证人席都不可被信任，因为对这些人来说，食物比真相更重要，根本不能相信他们不会犯下勒索和背叛的罪行；只有获得官府颁发的许可证才能出游，以便严密监控国人的动向。这样的一系列变法让秦王的势力异乎寻常地崛起，秦孝公也开始觊觎整个帝国。

新法颁布后，商鞅要求所有人严格守法，他态度坚决，不留一丝余地。一日，秦国太子犯了法，此事被上报给秦王，商鞅说道：“如果统治者知法犯法，那么民众定会效仿，新法不能顺利施行也就不足为奇了。我不能惩罚太子，他是王位的继承人，我也害怕他父亲会大发雷霆。因此我要惩罚他的老师，因为太子的教育由他负责。老师替代学生受过天经地义。”

老师代替学生受过

事件的结局

商鞅说到做到：太子的老师公孙贾（CUNGSUNKINUS）代太子受刑，以烧红的铁在额头烙印。[35] 商鞅任秦国阁老十年，期间严格施行新法，秦国也因此重回繁荣富强。百姓路不拾遗，林间无强盗，城里无刺客，粮价极低，兵力大增，将士勇猛，还吸引了不少哲人定居。问道与尚武并存的情况十分罕见，但就是在秦国，战神和智慧女神结合在了一起。

商鞅治理下的太平景象

商鞅受人憎恨

之前我说到，商鞅在法律的执行上极为严酷，再微小的过错也必须受罚，因此也背上了残暴的骂名，遭到了很多人的怨恨。[36] 秦孝公死后，商鞅的敌人指控他谋反。年轻的秦惠王（HOEIUS）早就记恨商鞅，因为他不仅经常尖锐地批评自己，还残酷地对待了自己的老师。秦惠王倾向于相信谗言。商鞅了解秦惠王的想法，害怕自己遭到报复，于是决定出走。但他无处可去，因为按照他自己颁布的法律，没有官府的通行证不得借宿他处，最后他不得不回到了自己的封地。

悲惨的结局

秦惠王将商鞅丢给愤怒的百姓处理，人们杀死了商鞅[37]，还对其抄家灭门，证明了狮子的鬃毛只用梳子是无法理顺的。据说商鞅临死时说自己是自作自受，因为是他自己颁布了没有通行证不得寄宿他人家中的法律。

立法者死于自己颁布的法律

这边秦国上演着令人称奇、耐人寻味的故事，另一边齐王和魏王之间却发生了一次似乎不该在君主之间产生的争执。当时，齐王和魏王正密谋攻打秦王，他们以打猎的名义在两国边境密会，商议如何击败秦王，议事过程中偶然地说起了宝石这个话题[38]。魏王问齐王是否拥有稀有的宝石或完美的珍珠，齐王回答说自己没有，而且也不喜欢。此时魏王说道："我魏国国土虽然不大，但有十颗鸡蛋般大小的宝珠，可以照亮十二里。"[39]齐王回答道："我的宝石与你的不同，它们是活生生的会呼吸的人。我有四个臣子管理着四个省份，他们才能出众，名扬千里，用贤能保我国泰民安。"魏王听罢面露惭色，他明白了有能力的人比宝石更值得欣赏。齐王的话流传下来，成了至今中国人仍在使用的谚语，用来称赞贤能的大臣：四臣照千里。[40]在这番宝石之论发生之前，魏王已经打败了赵王，攻下了城防坚固的邯郸（HANTAN），但是，胜利的果实没能保持多久，因为后来齐王违背盟约，起兵打败了魏王。

良相如珍宝

一句谚语

当时中国人作战经常使用战车，一位名叫苟变（KIUPENUS）[41]的将军在此类战事中声名显赫，他骁勇善战，精于兵法，据说能独自指挥五十辆战车。

战车

但是，卫国国君却因为此人曾经犯下一些小过而不想予以重用，其中一项是苟变仍是地方小吏时曾偷过农民的两个鸡蛋。在卫国大败于齐国后，同为将军的子思（ZUSUUS）对卫侯说："君主选将犹如木匠用木，木匠不会因为某块木头长度不合适就丢弃它，而是会取其所长，弃其所短，削刨打磨。现在世道艰难，请你不要因为苟变过去犯下的小错而拒之门外，就让他做自己最擅长的事吧！"卫侯听取了子思的建议，很快便派苟变指挥战车作战。

严肃的军纪

恰如其分的类比

不久之后，魏国王出兵攻打韩王，韩王认为自己兵力储备不足，直到齐国答应出手相助才奋起应战。一段友谊的结束是一场新战争的开始。[42]魏王为了抵挡韩齐联盟的攻势到处召集军队，并命自己的儿子申（XINUS）为军队首领，派庞涓（PANGKIENUS）辅佐。当然，魏王的目的不仅仅是应战而已。在占领了邯郸城班师回朝途中，魏王曾与齐王交战，魏军败北，因此魏齐两国已经结下矛盾。在齐国将领们的帮助下，韩军在太子申的必经之路上选择了一处险要之地设下埋伏，对其进行突然攻击，太子申全军覆没，在马陵［大名（TAMING）[43] 附近山间的一处地名］被俘。

庞涓自尽

大将庞涓不愿活着落入敌军手中，便自刎而死。他认为自己应当为这次战败负全责，他过于自信，也太过狂妄，因此没有预料到敌人的阴谋。事情是这样的：太子申进入韩国时，齐国的后备军队攻入魏国，直取都城，魏王无力抵挡，便命人召回太子申和庞涓。但庞涓自视甚高，看不起齐王的军队，于是抗命不归。率领齐军的是齐王的亲戚田忌（TIENKIUS），他得知对手如此傲慢轻敌，便心生一计。[44] 他先率十万兵力与其对阵，然后佯装逃跑，撤回营地。几天后，他率五万兵力对阵，假装另一半都已经战败逃走；双方交战结束，齐军撤回营帐，齐营四周都筑起土台，外人看不出其中究竟。又过了几天，他仅留两万人在营中，将剩下的兵力都埋伏在马陵。他在那里刮去一棵高大的松树的树皮，刻上"我已将庞涓杀死，战败逃走的士兵们快来吧，魏国的气数就看你们的了！"[45] 然后命令埋伏在那里的士兵以火为信，见到火光便一起冲出袭击庞涓，而他在另一边率两万人迎敌。正当双方交战正酣之时，他同前两次一样，拔起战旗，吹号撤退。

田忌奇谋

庞涓认为敌军已败，便奋起直追。他求胜心切，甚至顾不上整理队形，而田忌则指挥军队按照既定路线撤退，引诱庞涓的军队在入夜时分到达设伏地点。庞涓经过那棵大松树时便命军队停下，见到树上的文字，庞涓大怒，立刻命人点火烧树。埋伏的军队见到火光，认为那是将领发动进攻的信号，瞬间如离弦之箭般冲出，杀向魏军。魏军毫无防备，被杀得措手不及。同时，田忌率军在非常危险的位置勇猛抗击追赶的敌军。庞涓的战败告诉我们，任何时候都不能轻敌。将领在出征前如果没有仔细评估敌军的力量，那便是给敌军打开了胜利的大门。

著名哲学家孟子（MENCIO）[46] 也生活在那个年代，他是孔子嫡孙子思（SUTIUS）的门徒，其哲学思想在中国备受推崇，仅次于孔子。一日，他问当时已经年迈的老师，什么才是达成良政善治所要考虑的首要之事。[47]

良政善治的规范

子思回答应以百姓的利益为先，于是孟子说道："贤德的君主教导百姓懂得爱与公正，他也正是用这两种美德来治理国家。我不明白为什么你认为金钱才是最应当被看重的。”子思解释道：“你仔细思考一下就会发现其实我俩的看法是一致的。我所说的利益是真正的利益，来自爱与公正。如果统治者没有仁爱，那么他不仅会危害子民，也会危及自己的地位；统治者如果不公正，那么他所做的便根本不是治理国家，而是提供各种恶行的庇护所，那百姓的利益又从何谈起？国家离灭亡也不远了！只有爱与公正才能带来国家的安宁，正如我先前所说，要得到真正的利益就必须在仁和义之间找到平衡。”所以《易经》中说：“利应与公正相伴，寻求利益无可厚非，但目的必须是为了生活的安宁和道德的弘扬，这才是利与公正的完美体现。”[48]

显王三十三年，孟子见魏惠王（HOEIUS）。此次会面是孟子关于一位理想的君主应以美德来管理臣民的对话录的开篇。

当然，该书[49]还涉及良政善治之外的其他主题。下面我将摘录此书中我认为有必要让读者了解的一些思想，正如通过指甲能判断狮子是否勇猛，通过对良政善治艺术的详细定义我们也可以窥见中国哲学的独创性。

哲人孟子的教诲

孟子说：“君主不应在农耕时节要求农民从事其他劳动，耗费他们的体力，阻挠他们耕作。如果不顺应农时劳作，那就不会有丰收，储备粮也会消耗殆尽。君主不应允许人们使用细网捕鱼，人们应当只捕捞大鱼，让小鱼可以逃走并长大繁殖，才能保证所有人都有鱼吃。只有在必要时才能砍伐木材，并且必须选择恰当的时间；年轻的树木和尚未结果的树木都不得砍伐。如果人们遵循这些规则，那么生活将会变得容易，逝者也能享有尊严，既然没有了民怨，君主也无需出手安抚。”这是孟子关于木材砍伐和树木的主张。[50]中国人使用很多木材建造房屋，用木头作为支柱，此外，木材还被用来打造棺材。

中国人在活着的时候就购买华丽的棺材

中国人认为，在生前就能买到一副上好木料打造的棺材是一件非常幸运的事。通常一副用来自遥远地区的稀有坚硬木材打造的棺材的价格会超过两千个金币。无论你去到哪座城市都能见到棺材。尽管棺材价格不一，但是几乎所有人都会提前多年为自己备上一副棺材置于家中。孟子还说过：“不应在农田里种植树木，因为树荫会损害农作物的生长。在房屋附近应当种植桑树，用于养蚕丝织，为长者织造外衣。

只有成年的牲畜才能屠宰

母鸡、猪、狗和其他牲畜只有在完全长成后才能屠宰，只有这样人们才能一直有肉吃。”[51] 中国人遵循这一规范，按照自然法则，不宰杀未长成的牲畜。他们一听到我们想要买乳猪或小母鸡烤着吃便会笑起来，因为市场上根本不售卖这类牲畜。

关心教育

孟子还说：“君主最应当关心的是学校和教育，因为所有孩童和年轻人都学会服从和尊重长者。如果这样的教育得以实现，那么年轻人就不会眼见长者从事辛劳的工作或是背着沉重的包袱走在路上而无动于衷。懂得尊重他人的孩子不会回避这份责任，而会主动代替父母从事辛苦的工作。君主一定要相信一点，那就是尊敬父母、兄弟和同伴的人绝不会是不忠谋反之辈，他们定会对君主忠诚顺从。我相信，只要保证这些规范在自己的国家里得到遵守，那么君主一定能拥有太平盛世。如果君主和大臣豢养的那些除了在街上捡食之外一无用处的狗伤害了百姓，君主不能对此视若无睹，搪塞说是天时不利带来的饥荒导致了百姓的死亡。君主说出这种话就好比派遣一队士兵去杀害百姓，然后辩解说人不是自己所杀，而是士兵所杀。君主不能总将罪责推诿给天时，因为饥荒往往是糟糕的统治造成的。”孟子教给魏惠王这些，还有其他很多东西，[52] 于是魏惠王说道：“长者啊，你说了许多重要的道理，我的理解是美德可以兴国，而糟糕的统治则会导致国家的覆灭。我虽然不能夸口自己有多少美德 [君主称自己为寡人（GUAGIN），就含有美德不足之意]，但仔细想来，我认为自己在很多方面都胜过其他君主，我行使权利时一直坚持正义，同时也不忘谦逊。我已经失去了太子申，还大败于齐王，不得不割地换取和平，为什么我不能有更大的野心，吞并周边国家以扩大自己的国土呢？”[53] 见惠王说了这么些，孟子答道：“哦，大王，人们说你喜欢兵法，那么请你听听这个在士兵之间流传的故事。一支军队在敌方刚发动进攻、兵器和鼓号齐响时便溃不成军，甚至为了逃命将兵器也丢弃了。奔逃之中，有的人跑了十里路，有的跑了五里，有人两里，而有的人只跑了一里。跑了五里路的人嘲笑跑了十里的，跑了两里路的嘲笑跑了五里的，只跑了一里的嘲笑跑了两里的，[54] 各人都指责对方或跑得慢或

恰当的类比

胆子小。大王，你对此怎么看？”“这些都不是勇者之举，”[55]魏惠王说道，“只跑了一里的人虽然逃跑的路程最短，但一样是逃兵，一样胆小，不比其他人强。”孟子听完说道：“既然你明白了其中道理，那就不应该为自己的国家不及邻国繁荣而惊讶，因为你管理国家不得当，就好比是那个只跑了一里路的逃兵，任何一个国家在这种情况下都只能听天由命。”

孟子说过，在这世上有三件事最为重要：首都城内的高官们，城镇里尊敬长者的风气，以及无论在何处都不可或缺的美德。 孟子眼中三件最重要的事

孟子还有许多关于如何控制强烈情感和外部感觉的论述，令人敬佩，尤其是其中关于坚定意志的论述。孟子将坚定意志分为内在和外在两种。

第一种是无惧无畏、坚信自己终将取得胜利、绝不灰心丧气的坚定意志；第二种则是从不行不义、一贯以理性思考作为行动准则的坚定意志。与第二种坚定意志相对的是行不义之事和不讲道理之举的软弱意志。[56] 两种坚定意志

孟子还有一部关于人性的著作，记载了他和哲人告子（CAUTIUS）的辩论。[57]在这本书中，告子谈论了人性的本质，孟子则着重论述了人性中的美德和向善性。两人用的言辞不同，但论述的概念是相同的。

孟子认为，人性向善，就像水往低处流一样，行不善之事不是人的本性。人只有在被胁迫的时候才会作恶，就像水在没有外力推动的条件下不会逆自然规律向上流。[58]关于孟子无需多言，他的学说中有一条最为突出，那就是宁可纳妾也不能无子。他认为人若是无子就犯下了大不孝的罪过，无法报答父母的恩情，为了避免发生这种情况，人们应当想尽办法繁衍子嗣，让父母享受子孙满堂的天伦之乐。[59][……] 孟子的学说

孟子生活的时代还活跃着其他哲学学派，其中一派的代表人物是仲子（CHUNGCIUS）。[60]

仲子避免接触一切可能不义或是来源于不义的事物。他认为父母的房子由不义之人建造，因此拒绝在其中居住；他担心父母兄弟未能完全按照正确的标准分配食物，因此拒绝接受他们给予的食物。一日，仲子前去探望母亲，得知有人送了兄长两只鸭子[61]，便对母亲说：“千万 哲人仲子惧怕不义

要保证这份礼物与不义之人或不义之事无关，否则最好将鸭子归还。”

母亲表面上答应了他，但暗地里却宰杀了一只，烹饪成美食端到了仲子面前。不明真相的仲子大快朵颐，完全没有一丝怀疑，直到他的兄长回来，笑着对他说：“哎呀，你不是义正词严地要求归还这两只鸭子吗？怎么自己吃了起来？”一听这话，仲子立刻起身跑出家门，将刚才吃下的鸭肉全都吐了出来。因为他觉得，胃里装着与不义相关的食物是一种罪过。孟子对这种小心翼翼持嘲笑态度，他说道：“仲子吃妻子为他准备的食物，却不吃母亲做的菜；住在农民的屋子里，却不愿住在父母家。有谁能保证他妻子准备的食物完全与不义不沾边，又有谁能断言农民的屋子是由正义之士建造的呢？如果不能拿出证据证明不义，就不能说某件事不义。要是人人都像仲子一样对每件事物都产生怀疑，那只有变成蠕虫才能活下去了，因为蠕虫的食物和居所来自大地，活着的时候也不需要为是否正义而烦心，要知道我们生活中所需要的一切都隐藏着义或不义之争。”

戏谑的话语

倡导勤劳的哲学流派

如果我没记错的话，我记得在第欧根尼的书中曾经读到一位来自斯基泰的哲学家[62]，他参加奥林匹克运动会所需一切都由自己亲手制作，震惊了整个希腊。在孟子生活的时代，中国也有一个类似的哲学流派，其代表人物许行（HIUHINGUS）[63]带领着一些弟子过着这种自给自足的生活。他们用植物纤维织布做衣，编结绳子制作凉鞋，用稻草做床垫，自己耕种获得食物。

物资的共享

他们认为人与人之间没有差别，人人生而平等，因此不应有主仆之分，也不该有赋税，甚至金钱都不应存在。懒惰绝不可取，鉴于人人都需要食物，他们制定了人人都需要尽全力劳动的规则。他们希望所有物资都能共享，通过交换大家各取所需，没有人会拒绝向他人提供帮助。许行希望通过这种方式消灭世上的欺骗和虚伪。

孟子的批判

孟子批判这一学派，主张世人应有分工，有人从事脑力劳动，有人从事体力劳动，有人应当比其他人承担更多责任。从事科学工作和道德进步工作的人用智慧创造大众福祉，手工艺人和农民则从事体力劳动，并有义务供养教育和管理他们的阶级。人们应当缴纳赋税用来发放官员的俸禄、应对公共灾害、支付战争费用。孟子举了很多例子来说明即使是那些从未耕种过土地的人，大难当前时也愿意为国家和不幸的人们做出自己的贡献，这才是伟大之人的责任，而犁地耕作的辛劳则应留给平民和农民。

哲人夷之和兼爱之说

而古老的墨家学派[64]的改革者夷之（ITIUS）则犯了另一个错误。他认为在人世间存在着普天之下同样的爱，也就是说，人们对父母的爱不会多于对亲属或是其他人的爱，这些爱之间只有时间的先后差别，而浓烈程度则没有不同。孟子反对这种荒谬的说法，他认为若真是这样，人们对父母的爱便有两种方式——先于对他人的爱、浓于对他人的爱，这与理智相悖。[65]上天只给了我们一种爱，我们将这种爱同时施与所有人，但在爱父母和亲属的时候表现得更加浓烈。[66]我说了很多关于中国哲学家的事，也许有些离题了，因为现在这些学派都已不复存在，中国的哲学学派只剩下之前我说过的由孔子创立的儒家学派了。

苏秦，高傲的哲人

在那段时期，秦国国君接见了苏秦（SUCINIUS）。苏秦是一位十分高傲的哲人，对自己的学识非常自豪，他提出帮助秦王成为整个国家的主人。[67]

苏秦遭拒

秦王向来讨厌多嘴多舌、无事生非之人，因此要求苏秦立即离开秦国。苏秦无法忍受这般侮辱，便决定不择手段摧毁秦国，以报此仇。他巧舌如簧，编造了一个自己是受害者的悲惨故事，通过欺骗感动了整个中国和所有的国君。

复仇

苏秦离开秦国后途经赵国来到燕国，求见[燕]文公（UENCUNGUS）并成了燕文公的朋友。在一个恰当的时机，苏秦对燕文公说：“大王，你的国家能够维持和平、免遭秦国武力的威胁，靠的都是赵王。赵国位于你国和秦国之间，就像一堵墙保卫着燕国。想要和平安宁永续就必须与赵王成为盟友，与他订立共同防御秦国的协议。”燕文公十分欣赏这一建议，便命苏秦全权负责建立联盟一事。

一个建议

一次出使

苏秦求见赵王，十分恭敬地说道：“大王，在当今山东[68]诸国中，赵国虽然位于各国之间，地处平原，但无疑是最强大、最安全的国家。但是，要知道你国与秦国接壤，事实上暴露于危险之中，你国也没有随时随地都准备好防御秦国。你知道秦王的势力强大，也一直觊觎着帝国大权，但他如果不能通过你国领地，根本就没有希望得胜。因此，你应当动用一切手段做好应对各种可能的准备。燕文侯派我来此是为了告诉你，如果秦王向你宣战，燕国愿意出手相助。如果勇敢的你除了防御之外也想进攻的话，就应当竭尽全力消灭秦国。我认为此事应当邀请魏国和韩国共同参与，因为这两国的存在是秦国至今未攻打赵国的原因。秦王非常清楚，就算他占领了赵国，魏韩两国也不会允许他大量屯兵。为了保证在战争中取胜，我认为你应当同他们结盟。为了各国的安全着想，你们应当将军队联合起来一同对付秦国。”苏秦在说服了赵王后，又说服了魏、韩两国。之后，楚国和齐国也听从他的建议加入了联盟。合纵盟约达成，在苏秦的建议下，各国将军队联合了起来。

秦王听说各国为了对付他而结成了联盟，在仔细权衡之后，他决定在敌军集结完毕之前就将他们各个击破。[69]他派遣使者带着礼物前往东部最遥远的国家，以求结为友邦，就这样，齐国和魏国打消了参战的念头。齐、魏两国地处偏远，因此也相对安全，他们本就惧怕秦王的势力和强大兵力，听了秦国使者的三言两语之后便接受了礼物，撕毁了之前立下的盟约。与此同时，秦王迅速集结了一支强大的军队进入赵国。事出突然，各国根本没有时间联合兵力防御。秦王为了洗脱自己称霸的嫌疑，声称此次入赵并不是为了讨伐赵国，只是为了让在各国君主间挑起不和的那个敌人为自己的所作所为付出代价。秦王要找的正是苏秦，因为他确信，一旦杀死或赶走了苏秦，各国之间的合纵之约便会自然解散。赵王眼见自己毫无准备便大难临头，首先便向齐王和魏王求援。

齐王和魏王以不能因苏秦一人之过而将百姓置于危险之中为由拒绝了赵王的请求，赵王大怒，斥责苏秦是一切祸事的起源。苏秦知道罪责在己，十分害怕，请求赵王派自己为使者前往齐国求助，以巩固摇摆的盟约。

苏秦之死

苏秦刚到齐国，齐王便以挑唆战争和欺骗之罪命人将他捉拿并处死。秦王听闻此事立即班师回朝，放弃了眼前的胜利。这么做是为了让各国相信他无意占领他国，只是想让苏秦得到应有的惩罚。如果当时他没能让各国消除疑虑，很可能会被各国盟军攻打。就这样，合纵之盟解散。此事发生于显王三十七年。

和平没能维持多久。不久之后，各国重新结盟对抗秦国，只有齐王没有参与此次结盟，关于此事我之后详说。

第三十五任皇帝

慎靓［王］（XICINIUS）

在位 6 年

第四十甲子第 38 年，公元前 320 年

慎靓王从父王显王那里继承了皇帝的头衔，但没有留下什么值得一提的功绩。他本可以从各国的纷争之中取得渔翁之利，却因为软弱而任由王权日渐式微。

一国战胜五国的战争

慎靓五年，所有国家都开始惧怕一直以来都实力强大的秦国，其中五国（楚、赵、韩、魏、燕）结成联盟讨伐秦国。秦王集结所有军队迎敌，在一次惨烈的战争中消灭了五国联军，据说死者达三万人。[70]如果秦王当时乘胜追击，定能轻取五国国土，但他却退而与各国和解，认为当时是向西拓展疆域的大好时机；战胜五国一事大大增强了秦国的实力，程度非言语能及。这次胜利吹响了秦国一统全中国的号角。现在我来讲讲秦国在西部的扩张。

当时的西部地区，也就是今日的四川省（SUCHUEN），还不是秦国的领土，而是分别属于巴王（PA）和蜀王（XO），长期以来血腥厮杀不断[71]。巴、蜀两国均与秦国接壤，其中一国在另一国不知情的情况下派遣使者前往秦国求援，秦国趁此机会从中谋利。事实上，秦王之所以与其他五国议和，正是为了夺得巴蜀之地，他希望借着帮助其中一国对付另一国的机会取得其中一方的国土。于是，秦王决定派［司马］错（ZOUS）为将军，协助巴国对抗蜀国。秦王的另一位将军张仪（CHANGIUS）[72]对此决定有所不满，也许是因为他认为自己出征更为合适，抑或他觉得秦王无法从这场战争中得利，又或许是在

他看来不宜立刻起兵，总之，他对秦王这么说道：“大王，要博取名声应该去朝廷，要赚取金钱应该去集市和通过贸易，这个道理你非常清楚。今时今日，金钱不仅能买下一个国家，甚至能买到整个中国。如果你要的是权力和声望，那就用钱去买吧！现在军队大获全胜，定能为你统一天下开辟道路，此刻可千万不要止步不前！为什么要让到手的机会白白溜走？为什么要执着于与周边民族交战？他们的确拥有更多土地，但一旦你拥有整个天下，他们自会向你俯首称臣。大王，现在是占领韩国的大好时机，那里才是通往荣耀和帝王功业的大道。如果你想要赚取财富，那么现在就该让商贸发挥作用。”司马错抱有异议，他说道：“想要使国家富强必先开拓疆土，想要使军队强大勇猛必先让百姓富庶，想要一统天下必先树立自己的德望。只要做到这三点，帝王功业便水到渠成。蜀国与其他国家不同，那里财富遍野，人民却遭受肆意妄为的昏庸暴君统治。如果你征服蜀国，让那里移风易俗，那么整顿国家的功劳就是我们的，之后我们也可从该地获取大量财富。占领蜀国不会引起其他国家的鄙夷或嫉妒，大家都会认为我们收服了周边民族，带去了正统律法。但是，如果坚持攻打韩国，那我们会成为众矢之的，君主你会失去正义之名，还得不到一点好处，而周天子也会和众君王一起与我们兵戎相见。”秦王听从了司马错的建议，发兵攻打蜀国。秦军大获全胜。蜀国全境失守，蜀王被杀，早已与秦国达成协议的巴国自愿归顺，接受秦王的庇护。

与此同时，在另一边铩羽而归的魏王担忧自己和国家的命运。为了保证国土平安不受威胁，魏国向秦国朝贡，像归顺周天子那样臣服于秦国，意欲与秦国交好。秦王十分乐意地接受了魏王来朝，将此视作征服东方各国的起点，在下一任皇帝在位期间，秦王沿着这条征服之路越走越远。

第三十六任皇帝
赧［王］（FOUS）[73]
在位 59 年

第四十甲子第 44 年，公元前 314 年

慎靓王之子赧王虽然在位时间长，但却配不上帝王的称号。他不仅失去了所有领土，还被秦王俘获，皇帝的头衔也一并被剥夺，下面我来详细说明。

赧王一年，秦王穿过业已俯首称臣的魏国国境向齐国发兵，宣告了自己统一中国的野心。齐王自知弱不胜强，便向鲁王求助，并派遣使者前往楚国，请求楚国向秦地发兵，以削弱秦王势力，迫使其撤军。楚王应允。秦王担心，便想尽办法拉拢楚王，阻止形成新的联盟。[74]他派睿智能干、经验丰富的大臣张仪为使者前往楚国。张仪到达楚国后便对楚王说道："秦王是你的兄弟、我的君主，他派我过来是希望你能继续做秦王的朋友，不与秦王的敌人齐王交好。秦王愿以秦国与你国接壤的六十里地作为交换，并将之前秦、齐交战时得到的貌若天仙的齐王之女献上。"张仪没有多说其他，但狡猾的他对楚王的大臣们采取了攻心计，尤其针对那些在楚王心中德高望重的大臣。他用厚礼将这些大臣几乎全部收买，让他们向楚王进谏，劝说楚王与秦王结盟。一天，堂上大臣一致赞成秦王的提议，唯有陈轸（CHINCHINUS）连连摇头，脸上流露出对楚王善变的不满。其他大臣看出了端倪，便问他何故与大家意见不同。于是陈轸表达了自己的态度，让人明白他的意见："大王，秦王对你的尊敬和忌惮来自你与齐王的结盟，而现在秦国形势一变，他便转而希望你背弃朋友。请你仔细思量一下秦国通过此举究竟想得到什么。你若背弃盟约，他就割地与你，多么伟大的承诺啊，但我担心其中有诈。在我看来，比起你的利益，秦王更看重的是他自己的。他想让楚国与北邻齐国成为敌人，以便从西边攻打楚国。他的求和提议不可信，并且一定会令你身处险境。我担心这次结盟会让你两面树敌，齐王必然不能接受你如此轻率地违背诺言，大失所望之下，他定与秦国结盟对抗楚国。"

这毫无疑问是一番睿智之言，但楚王却听不进去，还是采纳了其他人的意见。秦楚结盟，张仪的使命已达成了一半，为了进一步巩固成果，他故意在楚王和齐王之间挑起仇恨，暗中为战争铺路。[75]他在楚国都城逗留多日，但却从不面见楚王，而是在市井坊间向人们抱怨楚王的虚伪，称楚王只是假意撕毁与齐王的盟约，他的话根本不能采信，一旦取得了秦国的割地，楚王一定会重新与齐王联手组建联军。那些被张仪收买的大臣将这些话传到了楚王耳朵里，楚王回应道："若张仪是因担心我不与齐王划清界限而不来见我，那我就让他看看我的忠心。"话一说完，楚王便派兵加强北部边境防守，并派使者前往齐国，当着齐王的面撕毁了结盟条约。齐王受到此番羞辱，勃然大怒，也当场将条约撕成碎片，赶走了楚国使臣，立刻派人前往秦国求和。楚王接受了张仪的建议，仿效魏国，向秦国俯首称臣，放弃了自己的军队和武装，却完全不知张仪其实满口谎言。张仪见事情的发展均如其所愿，便带着楚王的人马离开了楚国，去往秦国取他允诺的六百里地。一入秦境，张仪便再无忌惮。他指着一座山对楚王的人马大笑道："拿去吧！这就是我承诺割给楚王的地！"楚王的人马大失所望，对秦王的恶毒恨得咬牙切齿。一心想报仇的楚王立刻就向秦国宣战，但他刚进入秦国就被打败，不得不屈辱求和。这场战争本不应该发生，当时陈轸向楚王进谏，劝楚王放弃攻打秦国的念头，转而发兵齐国。陈轸的话是这样的："我认为现在应当向齐国发兵，而不是结束与秦国刚刚建立的联盟。从齐国你能得到更多土地，而秦国最多只会给你六百里地。"但是楚王忘记了上次的惨痛教训，又一次无视了陈轸的智慧。

张仪的骗局

与此同时，与秦王结盟后的齐王认为自己安全无虞，便发兵攻打燕国。秦王公开表示支持，并派遣了一队秦军协助。各国交战必然兵力大伤，这样他便可以趁机侵略别国，使其成为附庸国。齐王非常幸运，占领了几乎燕国全境。燕王在都城近郊战死，留下已经成年的儿子昭［王］（CHAUS）。昭王品格高尚，英勇无畏，虽然战败但其精神可以与胜者匹敌，侥幸从战场上逃脱的士兵和抵抗住敌军的百姓便拥立他为王。[76]此后两国战战停停，后来燕昭王得胜。他本想趁胜占领齐国全境，但又忌惮秦王的势力，认为尚未到大肆进取之时，便撤回了军队。

赶走齐军后，燕昭王认为重建毁于战火、陷入贫穷的国家是当务之急，因此便用丰厚的报酬和官职广招天下精兵强将。此外，他还邀请当时最博学的哲人前来燕国，并许以厚待，而他之所以这么做是因为听了哲人郭隗（COQUEIUS）说的一个故事，郭隗也因此获得了燕王的信任。

买马和马骨的故事

故事是这样的：曾有一位君主十分钟爱马匹，不惜重金命人到处买马。他派遣亲信去往遥远的国度寻觅良驹，执着于买到传说中日行千里的快马。最终马虽然找到了，但却已经咽了气。前去找马的人不愿空手而回，便花五百个金币买下了马的骨头。这位君主见到马骨觉得十分荒唐，勃然大怒，但在听了亲信的解释之后便慢慢平息了怒火。其中一人代表所有人说道：“大王，我们已竭尽全力为你寻找千里马，可惜只找到一具尸体，但你大可放心，不久之后便会有许多人前来献马。我们花重金买马骨的事情一旦传出去，商人们便会被利益所吸引，将许许多多千里马带来给大王看。”大王被这番话逗笑了，但就在那年人们献上了三匹千里马，大王终于达成夙愿。[77]

听完这个故事，昭王明白博学多才的异邦人也应当受到厚待，因此便慷慨地接待了那些来到燕国宫廷的学者。有才的能人们纷纷前来，其中就有之后助燕王一臂之力的乐毅（YOYUS）[78]，这我之后详说。

就在那段时期，秦王命忠心耿耿的张仪出使各国，劝说各国君主臣服于自己，尊其为帝。[79]如果各国应允，他便承诺给予保护；倘若拒绝，他就以战争相威胁。当时秦王的庞大势力足以震慑各国，但他的突然离世使得称帝霸业也随之湮灭。在各国君主看来，秦王之子的能力无论在战时还是平时都不及其父王，便纷纷背弃了他。为了防止秦国入侵，各国重新结盟对抗秦国。但事实上，秦王的儿子比他父亲更加勇猛，也更渴望权力。他一听说各国合纵抗秦，原本臣服的诸侯也忠心不再，便立即派一众将领率大军攻入韩国，包围宜阳（JYANG）[80]。若攻下宜阳，秦国便有拿下整个帝国的希望。当时，宜阳被围五月仍未破，秦军将领从未经历过如此艰难的攻城，而敌方联盟的庞大军队此时也到达了。年轻的秦王并非胆小懦弱的年轻人，他集结了所有人马发起

一次大胜

猛攻并大获全胜，一举歼灭敌军六万有余，城中守军弃甲投降，交出了宜阳城[81]。齐王和魏王也臣服于秦王，并请求他的原谅。作为接受原谅的条件，秦王迫使齐魏两国加入了一场凶险异常的大战，他们向西挺进，对抗已经穿过单于[82]国直逼秦国边境的外族。为了扫除这一来自外族的威胁，秦王放弃了与盟军的对抗，小心翼翼地将大部分兵力撤回，并马上与各国达成和解。虽然这位君主总能打败敌军，从不惧怕任何强大武装，但却因自己的盟友而陷入困局。生于齐国的孟尝君（MENTANGKIUNUS）对秦王恨之入骨，差点令秦王失去了自己庞大的国家。[83]孟尝君智慧过人，声名远播，被秦王拜为阁老，但在秦王死后，新的秦王和许多新君一样不欣赏辅佐先王的老臣，尤其讨厌孟尝君。那些嫉妒阁老的丰厚俸禄、无法忍受国家最高官职被外国人占据的人便趁此机会进献谗言，增加秦王对他的怀疑。

他们称既然孟尝君来自齐国，必然以齐王的利益为上，出于对祖国的热爱，他定会毫不犹疑地策划谋反，毁灭秦国，因此绝不能相信这个外国人。秦王也正在谋划着将孟尝君削职，便顺水推舟免去了他的官职，另命他人为相。之后他又听信那些嫉妒孟尝君的告密者和小人的谗言与指控，命人杀死孟尝君。孟尝君机敏过人，他预见到自己将被免职，甚至会落入更加糟糕的境地，便在一只打鸣的公鸡的帮助下设法出逃。

鸡鸣时分的逃逸

有人说是孟尝君的一个门客善于模仿鸡鸣，但其实事情是这样的[84]：有天晚上，孟尝君在逃亡路上必须经过一座要塞，但是这座要塞只有在鸡鸣时才会打开，而此时距天明尚远，孟尝君便在附近等待天亮，希望能找到一线生机。而尚未天明，追兵将近，在这万分危急的时刻，孟尝君不知用了一个什么方法让他随身携带的一只公鸡开始打鸣，他自己也跟着模仿起来。[85]要塞里的公鸡听到呼唤纷纷起鸣，守卫要塞的士兵以为开门时间已到，便毫不怀疑地打开了大门，孟尝君得以通过要塞，侥幸逃脱。

孟尝君为自己的遭遇感到不公。为了报复，他先怂恿齐王拒绝向秦王纳贡，之后还挑唆齐王撕毁了与秦国的盟约，联合魏韩两国一同伐秦。魏韩两国认为此役胜券在握，便与齐国联合组成了一支非常庞大的军队。当时的秦国正忙于与西边的战事，可以调动的兵力远不及齐、魏、韩联军，因此联军信心大增。孟尝君在此时发动进攻，毫不费力便大获全胜。秦王派遣使者向三王求和，甚至提出了对自己极为不利的条件，可谓不惜一切。秦国的许多大将都试图劝说秦王放弃求和的念头，毕竟要想击退三国联军并非难事，只要让士兵在那次战败后休整一段时间重整旗鼓便可。但是秦王却选择立即割让一部分国土，并许给对手些许自由，来避免失去整个国家的危险。然而，齐、魏、韩三国的国君都认为自己胜券在握，大臣们和孟尝君也都建议乘胜追击，三国便拒绝了秦国的求和。此举迫使秦王渡过黄河，在河西安营扎寨以阻止联军前进。秦王用这种艰难的方式重启了与联军的谈判，齐、魏、韩三国以秦国让出黄河源头以东的所有国土为条件。[86] 秦王应允，和平协议达成，尽管孟尝君反对。

当时有个著名的诡辩学家[公]孙龙(SUNLUNGUS)，他能言善辩，也非常狡猾，但智慧不足。[87] 在一次哲人的聚会中，他抛出了人有三只耳朵，其中两只可见，而不可见的那只耳朵则用来倾听。他雄辩滔滔，没有人敢提出辩驳。 哲人[公]孙龙

因此，中国人用“论臧三耳”来表示对一些明显与事实相悖的论点的论证[88]。 一句谚语

齐王善兵好战，在脱离了秦国的控制后，他便向宋国起兵，将其吞并。[89] 但他仍不满足，随后又入侵楚国。他因接连取得胜利而扬扬得意，自命为天子。然而，他在忙于吞并其他国家的时候却失去了自己的国土和自己的性命。之前我提到过的燕昭王见齐王忙于战事，便与相国乐毅酝酿出了一个击败齐王的方法。[90] 燕王招募了一支大军，命乐毅为大将军。此时，魏王与韩王正因齐王自命天子一事感到自己遭受了奇耻大辱，便与燕国结盟，大大扩充了兵力。乐毅率领大军攻打齐国，齐国上下惊恐万分，齐王集中国内全部人力进行抵御。但在济水[91] 西岸的那次大战中，齐军大败，数万士兵战死，只有极少数侥幸逃生。济水穿过山东省，齐国因此水得名。惨败的消息传入齐国国内。齐国大乱，敌军直捣都城，一路大肆破坏，将美轮美奂的王城里所有的奇珍异宝都掠去献给了燕王。这次意想不到的胜利令乐毅信心倍增， 一次惨败

他确信自己将会获取更多的胜利，便派遣兵马攻打齐国的其他城池，而那些城池也早就准备好投降，接受燕国的驻军。齐湣王（MINIUS）向南逃往临近楚国的莒地（KIU）。在那里，他请求楚王原谅自己曾经攻打楚国一事，并许下大量承诺以换取楚王的援助。楚王正想趁此良机进入齐国，便派淖齿（NAOCIUS）为大将军率军前往救援。[92]

背信弃义

淖齿邀请齐湣王前往军中，承诺会不惜一切护他周全，但齐王一到他便将其囚禁。之后他又与燕王达成了瓜分齐国的协议，并将齐王杀害，犯下滔天罪行。齐国南部落入楚王之手，北部则归属燕王。楚燕两国消灭了劲敌，国力大大增强。

在当时的齐国生活着一位名为王蠋（UANGXOUS）的哲人，以美德与睿智著称。乐毅想方设法将他吸纳至燕王麾下，还给他写了一封满溢褒奖之词的长信，希望他能接受邀约，但都遭到了拒绝。之后乐毅又亲自前去拜访，但王蠋闭门不见。

乐毅和心如止水的哲人

乐毅失去了耐心，不愿意再等待，便命人包围了王蠋居住的院子，对其威逼利诱，一边许诺他重要的官职，一边又威胁说如不立刻露面便要杀了他。王蠋面对利诱毫不为所动，面对威胁也无所畏惧，他宁愿至死忠于齐王，也不愿意见乐毅，最后选择了上吊自尽。[93]一个真正的哲人不该遭受如此悲惨的结局，但他却受到了敌人的赞颂，因为中国人十分欣赏以死效忠的行为。乐毅将王蠋厚葬，并为他修建了纪念碑，希望后人记住这一难能可贵的忠诚品质。在中国，忠心耿耿的大臣往往选择一死来避免落入自己君主的敌人手中、被迫为他人效力，这是由来已久的传统，在今日的中国依然通行。不与君主同死、转而效忠他人的行为直至今日仍然被认为是极大的耻辱，因此许多人都宁愿光荣赴死（至少他们自己这么认为），也不愿遭受不忠的指责。中国人将这份忠诚看作最高的美德之一，并为此修建了各种雕像和庙宇。在我生活的这段时间里，我们见到过许多被鞑靼人残忍处死或者自尽的中国人，他们宁死也不愿遵守鞑靼律法、不愿如奴隶般地削去头发。

哲人自尽

齐国被敌人占领并瓜分后在再次获得重生也要归功于一位妇女的美德和她对君主的忠诚。这位妇女现已年迈，值得被铭记。她的儿子名为 [王] 孙贾（SUNKIAUS），在齐王身边任高官。[94]齐王被杀后，王孙贾便躲在母亲家里。他的母亲是个智慧之人，她责备王孙贾抛弃主君，鞭策他为主君战斗至死。她对儿子说："我宁可失去自己的儿子，也不愿他不忠于主君。"王孙贾羞愧难当，同时也受到了母亲言语的鼓舞，便来到集市振臂高呼："楚君大将淖齿占领我国，逆天意、违民愿。他背信弃义，杀害湣王，罪恶滔天。爱君爱国、有胆找淖齿报仇的勇士请跟我一起来！"一听这话，众人纷纷站出来，愿意为国家重获自由而献出生命。他们突袭了淖齿的家并杀死了他。报仇雪恨之后，齐国所有百姓围聚在王孙贾周围，共同拥立齐王的儿子、隐姓埋名躲藏已久的 [田] 法章（FACHANGUS）为王。[95] 田法章未经多大困难便将楚军赶出了莒地，重新执掌原本属于他父亲的国家大权。

当时乐毅正在齐国北部作战，得知田法章即位，认为占领齐国全境的时机已到，便集结军队向田法章宣战。双方在即墨开战，即墨守将让士兵一字排开守在城外御敌。双方激战，乐毅的作战能力和军队装备更胜一筹，齐军战败，守将被杀[96]。没有了指挥官的士兵们逃入城内，誓死不降。他们推举智谋过人的普通士兵田单（TIENTANUS）[97] 为首领，听从他的指挥。就在这一时期，燕昭王去世，他的儿子燕惠王（HOAIUS）嫉妒乐毅的势力，想要除掉他，便不再像他父王那样为乐毅提供援助和金钱，反而想尽办法进行阻挠。田单意识到燕王对乐毅的敌意为他提供了下手的绝好时机，为了防止计划泄露，他十分小心谨慎，派亲信到处散播关于乐毅的流言蜚语，而这些流言也传到了燕惠王的耳中，说乐毅与齐王密谋占领燕国的部分土地，之后还要发起叛乱，燕惠王忧心不已。乐毅躲在齐国并继续作战，是因为他担心燕王会让他遭受应得的惩罚。齐王非常清楚燕王对于乐毅的冲突非常焦虑，并希望能尽快见到乐毅，但乐毅担心燕王会用更为信任的人取代他来统帅军队。这些是传给燕惠王的疑点，而此时他已对乐毅敌意重重，使他立即将乐毅召回燕都，免去他上将军的职务，命骑劫（KIKIEUS）取而代之，完全不顾乐毅的一片忠心。田单听闻此事大喜过望，他原本唯一的顾忌便是忠心不二、能力远胜他人的上将军乐毅，现在乐毅已被免职，他觉得自己胜利在望。

乐毅蒙难

乐毅在年轻鲁莽的燕王那里遭受了奇耻大辱，但他平息了复仇的冲动，将军队交给了骑劫，自己向赵王请求庇护。赵王久仰乐毅大名，十分乐意地接纳了他。乐毅被免职一事使得军心大乱，爱戴乐将军的士兵们愤然哗变，背离新将军，转而拥立他人。哗变导致军队四分五裂，对即墨的包围圈也渐渐松散。但后来，燕王亲自上阵指挥，还招募了新的军队，两军交战继续白热化。

与此同时，守卫即墨的田单对燕军的情况早有预料，也十分清楚燕军的战斗力，因此不仅指挥士兵们上前御敌，还要求即墨城内的百姓参与，甚至连妇女也不例外。他善于用兵的能力让他在手下将士中声名鹊起，只要是田单指挥，他们就会从城市出动并参加战斗。

机智解围

田单明白指挥官的榜样和威望在军中的作用，也看到了士兵们服从指挥官的意愿，因此只要取得了士兵们的信任，便可以实施他天才般的计划。他先是让妇幼病弱分批出城，一次一小批人，假装逃跑。一旦被敌人截住，他们便谎称城内情势严峻，已没有粮草，军队马上就要投降[98]。敌军听闻喜不自胜，觉得自己获得天助，胜券在握，便放慢了围攻节奏，放松了戒备。此时，田单在附近的田间搜罗了一千头牛，命人在每只牛角上绑上锋利的尖刀，在牛背上披挂红绸，将牛装扮成天龙的模样，在牛尾上则绑上灌好油脂的芦苇。一切就绪后，他们在深夜将牛从大开的城门和城墙上早就开好的洞口赶出，后面跟上五千名勇士，点燃牛尾上的芦苇。同时，城墙上锣鼓喧天，号角齐鸣，男男女女都高声呐喊。愤怒的牛群横冲直撞，不管面前是谁，都用尖刀和火将他撕成碎片。围城的军队惊恐万分，完全不知发生了何事，这些动物看起来就像月黑风高的暗夜中出现的幽灵和魔鬼。惊慌失措的士兵们慌忙离开了自己的哨位，开始仓皇逃窜。有一些被牛群和尾随的敌军杀死，另一些虽然幸存，但也只能丢下武器离开营地，自行逃命。田单见围城已解，便带着自己的军队乘胜追击，大开杀戒，留下踏平的敌营任凭他人掳掠。他一路追击，毫不停歇，一举攻下七十余城。燕军战败的消息传来，齐国人民奋起抗敌，将燕军赶尽杀绝，齐国重新回到了田法章手中。回到莒城的田法章被民众拥立为王，称为襄王。他铭记自己得到的恩惠，便封田单以最高的官职，将军队全部交给他指挥。田单自此稳居高位，关于他的事我稍后再说。

赵王拥有一块中国人称之为“玉”的珍贵宝石。[99] 玉与雪花石和玛瑙类似，由摩尔人从喀什噶尔带入中原，被用于制作帝王的印章。玉的体积越大，价值就越昂贵，特别是边长大于一拃 [100] 的方形玉更是价值无量，只有帝王才配拥有。赵王当时便拥有一块这样的玉，秦王想要得到它，便派使者去往赵国，以十五座城池换取宝玉。赵王一听便明白这只不过是秦王攻打赵国的借口，他立即召见最有智慧、最可信任的大臣 [蔺] 相如（SIANGIUS）寻求建议。蔺相如说道：“大王可以自己决定，但无论你做出了什么决定都只会对你造成不利。若是你拒绝秦王的要求，秦王必然不悦，但倘若秦王得璧却拒绝交城，你就知道他是多么损人利己、言而无信。我倒是有一个办法，你把玉璧交给我，我保证要么将它带回给你，要么带回十五座城池。”赵王被这番话说动，蔺相如便携带玉石前往秦国。他事先将玉璧交与一队可信任并服从命令的亲信，命他们留在边境以内小心照看，自己只身进入秦国都城。他以使者的身份向秦王索要先前允诺的城池，声称只要城池交付便立刻献上玉璧。秦王迟疑，蔺相如便明白秦王其实只希望白送与他，便命人马上将玉璧带回交给赵王，自己留在秦国都城。过了一段时间，他告诉秦王，因为秦王食言，玉璧已不在他身上。秦王见蔺相如擅作主张将玉璧送回了赵国，怒不可遏，威胁要杀掉蔺相如。蔺相如面不改色，应对道：“我因忠于君主而死，死而无憾，我愿听你发落！”秦王见蔺相如忠诚勇敢，便没有伤害他，还赠与厚礼并与其告别。

蛮横求玉而未得

中国人用“价值连城”来赞美那些罕见而贵重的事物。

一句谚语

之前我们说过，成为帝王不仅意味着拥有一个称号和象征权力的符节，还意味着可以得到禹命人铸造的九鼎，虽然许多诸侯都认为那些是被扔进泗水的九鼎的完美仿制品。但是，既然九鼎价值无法估量，是只有帝王才可以拥有的无上权力象征，真的有人会将它们沉入泗水吗？楚王觊觎九鼎，还想得到帝王的符节，便向周朝皇帝宣战。如果他如愿得到九鼎，那么皇帝的权威和头衔自然也会属于他。但他的一位大臣给出了一个明智的建议。[101] 这位大臣说道：“为什么大王想要得到一个方圆只有百里的国家呢？楚国已幅员辽阔，就算你得到了周

九鼎之争

天子的土地，你又能拓展多少疆土呢？楚国已经拥有大军，得到的百姓也不能扩大军队。为了得到这个微不足道的胜利，你不怕因此背负犯上作乱的恶名吗？我知道你只是想要拥有九鼎和那些王权的象征之物，但为了这些物件发动战争真的值得吗？因为你冒犯了周天子，各国都会支持周天子，借着保护他的名义入侵富庶的楚国。现在各国为了那古老的九鼎，连唯一一头没有了皮毛的老虎都要去猎取（意指没落的周王朝），哪怕这头老虎一点用处都没有，一口就能被吞下。而楚国犹如庞大的鹿群般诱人，一旦他们得知九鼎在此，你觉得他们会怎么做呢？”楚王觉得言之有理，便放弃了原来的打算。

与此同时，秦王结束了西边的战争，占领了西部地区，开始谋划夺取帝国的大业。要想夺取帝国有一条捷径，那便是穿过赵国。因此，秦王想方设法与赵王交好。赵王内心并不拒绝与秦王做朋友，但是碍于和别国结盟在先，便拒绝了秦王过赵的要求。

秦王设下鸿门宴

秦王被拒。他担心招来各国联军，因此不敢公开对抗赵国，于是便给赵王设下了一个陷阱，先佯装交好，背地里密谋刺杀。一旦赵国无君，秦军进入赵国便不再会有阻碍。秦王带着军队向赵国进发，他将大部队埋伏在边境地带，带着一小队人马继续前进，仿佛只是一次出门打猎。秦王邀请赵王相会，两人像朋友似的小聚一会儿，但赵王担心有诈，拒绝了邀约。[102] 他深知秦王因他与别国结盟，早就与他不和，便向心腹臣子蔺相如和廉颇（LIENPOSUS）求教。蔺相如和廉颇都劝说赵王接受邀约，因为直接拒绝便是公开表示不信任秦王。这两位臣子告诉赵王赴会的要领，并嘱咐他一定要先立太子。这样一来，就算发生不测，秦王也无法篡夺赵国的王位，而且因为王位后继有人，刺杀君主也就失去了意义。最后，赵王决定让蔺相如与他共同赴会，廉颇则留下照看国家，并在必要的情况下保证新君获得众人的支持。蔺相如挑选了一支精兵陪伴自己和赵王。这些士兵打扮成仆人模样，将兵器藏在衣衫之下，一旦收到预先约定的信号便迅速护驾。两王相会，他们先寒暄了几句，随后秦王便邀请赵王赴宴。为了不引起怀疑，他还邀请了赵王的一些随从一同入席。席间，秦王故意对赵王出言不逊。蔺相如坐在赵王身边，一向对赵王忠心耿耿的他从未经历过如此

智慧且中肯的建议

生死攸关的场合。他对秦王的举动提出了抗议，认为这有违待客之道，并厉色怒斥道："你冒犯我主君，小心我让你和你的人血溅当场！"秦王的侍从见状立刻拔出兵器，蔺相如怒目呵斥，发出信号，赵王的人也立刻操戈相向。秦王不仅被地位低于自己的人羞辱，还发现赵王的仆人是由武士乔装，不禁大为震怒，但眼见自己处境凶险，不禁心生恐惧，愤然离席。尽管蔺相如的手下已经利剑出鞘，但他还是阻止了他们刺杀秦王，毕竟此行的目的只是保护赵王，并非加害秦王。[103]

赵王回国后，加封蔺相如为阁老。蔺相如为官严谨谦卑，即便是那些原本妒忌他的人也因为他的和蔼可亲而与之交好。廉颇勇猛善战，深受尊敬，无法忍受蔺相如位居其上，因此总是抓住一切机会中伤蔺相如。蔺相如意识到了这一点，便想尽办法避免与廉颇相遇。每当廉颇进宫，蔺相如便去往他处，这样廉颇就无需遵循规矩让路与他；蔺相如若乘车出行，必然避免从廉颇身旁经过。大臣们笑话蔺相如，说他过于胆小，不应如此对待自己的对手，蔺相如在朝堂上回应道："我们的国家之所以能够躲过秦国的算计和进攻，就是因为他们知道我和廉颇共同在此。如果我俩不和，因为矛盾而互相敌对、分崩离析，赵国便会陷入危险。如果有一天赵国蒙受国难，那罪责便在我俩。为了君主和国家的安危，我不愿与尊贵慷慨的廉颇为敌，宁愿为了国家的利益而放弃个人的私怨。" 相如的谦卑

这番话传到了廉颇耳中。他顿觉羞愧难当，悔恨不已，便赤身负荆，前往蔺相如府上请罪。 化敌为友

就这样，两人之间建立起了坚如磐石的友情。在中国人的比喻中，坚如磐石意味着十分牢固，不能被任何事物打碎。这充分证明了与复仇相比，温和才是化解敌意的良药。[104] 坚如磐石的友情

现在我们回来说说田单，他为自己稳住了齐国国运而洋洋自得，开始计划入侵燕国。[105] 他包围了狄城（TIE）[106]，并向齐国能人仲连（CHUMLIENUS）寻求建议。[107]

仲连预料到田单意图攻打狄城，便对他说道："你可以包围此城，但必然无法攻下。"此话激怒了田单，他愤然说道："是我仅用少量兵力便重整了齐国，也是我将燕王永远地赶出了齐国，我还攻下了百 一番真诚的忠告

余座城池。现在我手握百战百胜的大军，难道就攻不下区区狄城？”语毕，田单拂袖而去，连一句告别的话也没有留下。后来，田单围攻狄城三月而不得。他惊惧不已，羞愧难当，再次拜访仲连，战战兢兢地询问当时为何预言狄城难破。这时候仲连说道：“尊贵的大将军，你在即墨的时候远离一切享乐，心里只有战斗，就算有人向你献上享乐之物，你也会毫不犹豫地拒绝。你会奋勇冲上前线，坐下吃饭时也将生死置之于度外。你无惧危险，不顾生死。后来，你从齐王手中得到了高官厚禄和封地，心里便只剩享乐。你贪生怕死，渴望加官晋爵，开始害怕失去自己拥有的一切。正是这些想法令你失去了背水一战的勇气。”田单听完回答道：“此言诚恳，句句在理。我的心思被你看透，在你面前我仿佛一丝不挂。你说得没错，我一定不负你这番真诚的忠告！”他马不停蹄地回到军中，抛开一切享受而一心练武，不久便拿下了狄城，迫使燕王向齐王求和。

发人深省的忠告

忠告带来了胜利

田单不仅以勇猛善战闻名，还对穷人充满怜悯，对士兵关爱有加。见到赤身裸体之人，他会给人送上衣裳；见到挨饿之人，他便给人送上食物。他会去探望病患，给他们带去安慰，解决他们的需求，他也因此受到了所有人的爱戴。齐王不由开始担心田单会利用他的威望和人民的拥护而谋求国家大权。齐王身边有一位名叫贯珠（QUONCHUUS）[108]的大臣，同时身为哲人的他用非常严谨的逻辑解除了齐王的忧虑。[109]

充满智慧的建议令疑虑烟消云散

他说道：“如果大王将田单对百姓的爱变成自己对百姓的爱，那岂不是更好？你为何不嘉奖他对你和对国家的善意呢？只要大王你听我的，很快人民便会只爱戴你一个人。你要公开宣布自己十分尊敬田单，欣赏他为穷人和士兵所做的一切善行，并希望他继续这么做。那么田单之后无论做了任何善事，百姓都会认为那是大王的意思，大王便能从中得益。所有人都会对自己受到的善待来自大王这一点深信不疑，举国上下都会将你称为‘人民之父’和‘国家之父’，他们会说你与人民同悲切，与衣不蔽体的人们共颤抖，与辛苦劳作的人们同操劳。大王只要这么做，田单便会心甘情愿地行更多的善，用他的德行完成你的心愿，保证你的安全，为你增添财富。”[110]

之前我提到过乐毅这个人，他因年轻的燕王对他充满敌意而逃往赵国。赵王不了解乐毅，不知道他心灵高尚、善于用兵，只知道他与燕王不和，便希望同他一起攻打敌国。

未受感激的爱国之情

乐毅品格高尚，认为尽管燕王无视他的忠心，自己也不能做出报复这等无德之事，因此便劝说赵王道："现在我效忠于大王你，将你看作我的君主，但无论过往如何，我都曾经效忠过赵王。[111] 因此，我不能伤害你们中的任何一个。我离开祖国的原因并不完全是因为功绩没有得到应有的认可，更多的只是为了保住性命。因此，尽管祖国并未感激我，我也不愿对其不忠。大王他日若是想要攻打燕国以外的国家，我一定全力以赴，伴大王左右，至死效忠大王。"赵王听罢便打消了进攻燕国的念头，对乐毅尽管未受到应有的认可却还对祖国一片赤诚产生了深深的敬意。

回国之邀

燕王得知乐毅身在赵国，感到十分不安。他担心乐毅胸中怀有怒气，认定乐毅一有机会便会向他报复。他给乐毅写了一封书信催其回国，信中燕王许下了很多承诺，却没有开诚布公地向乐毅道歉。[112] 信中写道："倘若你出走赵国仅仅是因为燕国不懂欣赏你的忠心与热忱，希望借逃跑救自己一命，那么你在正义和美德的道路上还没有偏航太远。但倘若你是因为忘记了先王，忘记了你的祖国而出走，并且正在谋划报复先王的儿子，也就是我的话，那就真的是无德无义，令人不齿。想想怎么做才有利于你的名声吧，想想你的祖国，快回来吧！要知道你的归来必定会令举国欢腾，尤其是我，我一定会非常高兴。要知道你可是要回到朋友身边啊！"乐毅回复道："我一直要求自己不辜负先王的信任，因此我的所说所想都一直忠于先王，直至今日仍是如此。我把敌人们对我的诽谤看成是命运的捉弄。但无论如何你要知道，如果没有受到不公的对待，我绝对不会离开故土一步。古代的君子与人断交时绝不会对曾经的朋友恶言相向、恶行相待，但一名抛弃了自己的君主和祖国的臣子却很难成功地让人相信自己的忠诚、为自己的逃跑辩解。我不会为自己的逃跑辩解，因为我不愿指责我的君主，我只希望保住自己的好名声。若我无法对你效忠，我也不会不忠于你，因为当我还是你的臣子时，我效仿的是古代的君子，他们不会记恨自己受到的冤屈。”这封信的汉语原文字字铿锵，燕王读后便相信了乐毅，并将乐毅的头衔封与他的儿子，对他尊敬有加。

与此同时，联盟各国争执不断，秦王因此渔翁得利。赵王和魏王攻打韩国，迫使韩王向秦国求助。秦王见显示兵力的机会已到，便派出了一支大军参战。经过多番激烈征战，秦军大胜，战败各国的军队纷纷逃窜，场面十分血腥。[113] 时为赧王四十二年。

一次愚蠢的割地求和

魏王担心杀红了眼的敌人得寸进尺，便派遣使者前去，以割让南阳地区的全部土地为条件向秦国求和。魏王的大臣苏代（SUTAIUS）竭力反对，他对魏王说：“大王，用献地来向秦国求和无异于抱着干柴去救火。”魏王的反应非常冷淡，他说自己完全明白苏代的意思，但秦强魏弱，秦国完全有能力让魏国蒙受更大的损失，因此献地一事不可反悔。苏代又劝说道：“大王，带鹰隼去狩猎，只有在它们饿着肚子时才会放飞。如果鹰隼已经饱食，那就应该让它们休息。一旦明白了表面上看起来会带来利益的计划实际上会带来损害，足够小心谨慎的人就会改变计划。”但固执的魏王没有听取这些建议，依然将南阳献给了秦国。秦王得到南阳后，不仅没有满足，反而胃口大开。之后我会讲到，他在战胜各国后便开始了夺取周朝帝国的大业。

魏王后悔没有听从苏代的建议，但是为时已晚。为了在强大的秦国面前保证自己的安全，他转而与齐王交好。他派遣使者前往齐国，成功说服了齐王，但是使臣之间的不和给魏国带来了灭顶之灾，引发了一场悲剧。[114]

范雎善辩

魏王命须贾（SUIKIAUS）出使齐国，并派能言善辩的范雎（FANCIUS）[115] 相随。齐王非常欣赏范雎的雄辩，在告别前给了他一小笔钱作为赏赐。

对赏赐的嫉妒

两人回到魏国，须贾不知是出于嫉妒还是出于对魏王的忠诚，将出使任务终了之前发生的这件事告诉了担任魏国阁老的魏齐（GUEICIUS）。他说道：“阁老，范雎用阴谋背叛了我们，他一定将我国的秘密告诉了齐王，并与齐王密谋损害我国之事。否则为何齐王要赏赐他那么多金钱？”阁老马上对范雎叛国之事深信不疑。他怒火中烧，先是对范雎进行鞭打，后又对他拳打脚踢，并且越打越愤怒，

众人的损失

一拳打落了范雎的牙齿。范雎倒地装死，阁老见状便命人用席将他卷起，丢入垃圾堆。范雎趁着夜色潜入小径，最终得以脱身。后来他改头换面，隐姓埋名，悄悄回到了城里隐藏，没有让人认出他来。此时，秦王派了一名使者来到魏国，商议联合对抗齐国一事。使者离开魏国时，范雎悄悄尾随，径直进入了王宫。他重新换上哲人的衣衫，想要说服秦王立即起兵攻打魏国并与齐王议和。

跪地听取告诫

各位需要知道一点，那就是中国的帝王，无论多有权势，在听取哲人和智者的告诫时通常都会双膝跪地。[116] 哲人和智者是博学真诚之人，他们会告诫君主戒除恶习、践行美德、为国家谋福祉，而他们也从来不会因坦诚而受到责罚。范雎进入宫中，想要混入侍臣之中，但侍臣们见他面生，不禁起疑，命他立即离开。此时范雎突然戏谑地高声说道："秦王之所以能在宫中乐享太平，全靠他的国相穰侯（YANGHEUS）啊！"秦王立即听出了其中的讥讽，尽管他不认识范雎，但从衣着言行也能判断出这是一名哲人。因此，秦王立即跪地[117]，请范雎细说秦国国运。范雎说道："既然大王允许我当面直言，那我就要告诉你三件对你和你的国家十分重要的事。"秦王说道："若能立刻直言相告，我将感到不胜荣幸。"听闻此言，范雎接着说道："那我就不再有所保留了。我来自异邦，在祖国受到了不公对待，因为受到的欺凌变本加厉，我选择了逃亡，来到秦国。若有可能，我愿意效忠大王。虽然现在我还没法证明自己值得信任，但我可以给你几个建议，并承诺将为秦国的福祉竭尽全力。大王，现在我在你处，你很快就能明白我究竟是值得信赖之人还是疯癫的傻子。我现在还不知道你心里对我的态度，也许日后我会为自己的直言而后悔，但如果我所说的将对秦国有所裨益，那我便死而无憾。"秦王见范雎欲言又止，便鼓励他说："你听我说，你的进谏于我而言是大幸，你大可放心，畅所欲言。"范雎听罢便凑近秦王身边，对秦王说道："秦国幅员辽阔，秦军数量庞大，士卒勇猛，要想夺取帝国就好比韩卢搏兔，轻而易举。然而令人费解的是，秦国却至今未能拿下山东[118]，而山东是夺取帝国其他领土的要道。仔细想来，造成当前局面的罪魁祸首便是国相穰侯。我认为他心怀嫉妒，有意让人民憎恶你。他给你一些糟糕的建议，以便将自己作出的错误决定归咎到大王一人头上。”这番狂言令秦王心生不悦，但他还是请范雎继续说下去：“请你具体说说穰侯错在何处，而我又是怎样让拓展疆土的机会白白流失。”范雎见秦王没有大怒，便更为自信地阐述起来：“大王，现在你想要攻打齐国，可为什么要越过韩国和魏国，去攻打齐国这样一个遥远的国家呢？难道不应该与地处遥远、威胁较小的国家交好，而向边境邻国开战吗？若是大王采取远交近攻之法，你将得到的就不只是远处的一块巴掌大的土地，而是近处的一里地。这样大王便可以扩展权力范围，扩大秦国的疆土。韩魏这两个邻国是帝国的中枢，一旦秦国掌控了韩魏，齐国和其他国家便自然会臣服于你。”范雎逻辑缜密，秦王被他说服，决定与齐国交好，发兵攻打魏国。另外，尽管范雎没有提出要求，秦王还是马上封他为大臣，然后成为秦王的谋臣。范雎辅佐秦王拓展疆土，夺取帝国。穰侯死后，秦王拜范雎为阁老。范雎无疑是幸运的，但更幸运的人是秦王。在范雎的辅佐下，秦王的权势达到了顶峰。

边境之战

魏王听说秦王要发兵魏国，赶忙派须贾使秦。承诺愿意不惜一切代价来换取和平，成为秦国的朝贡国。然而，范雎对须贾和魏国的仇恨难以平息，因此搅黄了和平谈判。[119]

范雎乔装

范雎一听说须贾来到了秦国，便换上朴素寒酸的衣衫去见须贾。他以自己的真实身份求见（连秦王都不知道他的真名），并按照惯例将自己的真名写在了谒上。须贾以为范雎早已死在魏相手里，见到他的名字大吃一惊，立即命人召见。他问道：“你真的是范雎吗？你不是在骗我吧？”之后便设宴款待，还送了范雎一件新衣，全然不知眼前就是能够决定议和与否的国相。席间，范雎询问须贾此行为何，须贾如实相告，范雎便允诺将须贾引见给国相大人。须贾见终于有人可以帮助他见到国相，十分高兴，便驱车带着范雎前往相府，完全没有意识到国相正坐在他的身旁。

自揭身份

一到国相府，范雎便匆匆下了车。“我先入内，”他说道，“通报后马上回来告诉你下一步该怎么做。”范雎一去久久不回，须贾等得心烦意乱，便询问仆人刚才进府的那个人去了哪儿，怎么不见踪影。仆人告诉他，那就是秦国的国相啊。须贾一听大惊失色，自知罪孽深重，立即跪地求饶，一路跪行进入国相府。府中的范雎身边围绕着达官显贵，他对须贾说："你今天免于一死，全靠你给我的这身衣裳，这份小小的礼物证明了你还念及往日情分。但是，你休想完成此行的任务，除非你回国告诉魏王，让他把魏齐的人头拿来给我！"之前我曾说过，范雎由于须贾的不实指控而遭到魏齐的鞭打。范雎说完这话便当着达官显贵的面大张旗鼓地将须贾送出了国相府。

须贾没能完成使命。在回国的路上，他想象着魏王震怒的样子，又想起魏齐的权势，非常害怕，为了不把自己置身于危险之中，便决定逃往别国，[120] 之后的命运便也无人知晓了。

受诬陷的朋友

而在齐国，年事已高的田单却被人指控对齐王不忠，因为人们总是嫉妒美德，而不知仿效。[121] 当时有九名大臣控告他收受敌方贿赂，并将他带到齐王面前逼其招供。这时，一位名叫貂勃（TIAOPOUS）的谋臣说了一番话，为田单洗去了所有嫌疑。他说道："当年田单突围即墨，一举收复齐国千里领土，并忠诚地将城池交还到了大王手中。当时天下根本没有人能够阻止他的大军，如果他有心自立为王，齐国早已落入他的手中。事实摆在这里，结论不难得出。田单若是想要夺取胜利的果实简直易如反掌，但他却将果实献给了大王你。他一向忠心耿耿，难道现在会突然谋反吗？田单绝不会如此愚蠢！"听了这番话，齐王平静下来，命人杀掉了那九个策划阴谋、制造谗言的大臣。

谗臣受罚

秦王听从国相范雎的建议，开始招募大军，准备占领帝国。时值赧王五十年，秦王分别从左右两翼同时出兵，攻打赵国和韩国。当时赵国新王刚即位不久，年仅十五岁，主事的是他的母亲，一个骄傲且不知审时度势的女子[122]。

一名女子的糟糕建议

她向齐王求助，却不顾大臣们的反对拒绝了齐王提出的合理要求，因而失去了齐国的援助。与此同时，大将王龁（UANGHEUS）率秦军左翼进入韩国，随后占领山东[123]。那里的士兵纷纷给秦军让道，百姓们也丢下自己的土地逃往赵国。赵国腹背受敌，多次战败，赵王便把这一切归咎于冥顽不灵的母亲。

蒙受了如此重大的损失，赵王更换了军队的将领，不仅质疑他们的能力，甚至还怀疑他们不忠。随后他任命既勇敢又精通兵法、令敌人闻风丧胆的异邦人赵括（HOUS）担任大将军。[124] 赵括一到军中，便着手重整松散的军纪，操练士兵。日复一日的苦练强壮了士兵们的身体，重振了军队的士气，胜利的希望在这支屡屡战败的军队中重燃。赵军的突袭取得了几次胜利，秦国的士卒便不敢再与他们正面交锋，秦王也开始害怕起赵括来。眼看在战场上战胜赵括无望，秦王想出了另一个方法来打败赵括，达到自己的目的。

用计奇袭

当右翼指挥[武]安君（GANKIUNIUS）[125] 率军迎战时，由王龁率领的左翼部队已经快要到达。他与王龁约定佯装败退，匆匆逃入位于山谷深处的壁城。[126] 山间有一条捷径通往壁城，赵括率军经过这条通道追击敌军。他相信可以获胜，却铩羽而归，因为防卫森严的壁城抵挡住了赵军的攻击。与此同时，王龁依照约定率领左翼部队逼近，堵住了山谷的出口。赵括的处境就像一句古老的谚语所说的那样——前有狼，后有虎，被困在十分不利的境地。四十六天过去，赵军已经断绝了补给，不得不靠吃人肉来缓解饥饿之苦。赵军派人抄小道去往齐国求援，请求齐王援助兵器和食物。齐王之前已对赵国太后不满，因此拒绝了赵国的请求。赵括失去了一切希望，但他宁可亲自率领部队背水一战，也不愿在耻辱中饿死。尽管身处不利位置，士兵们也已精疲力竭，但他们还是抱着一丝突围的希望，在山谷出口与王龁的部队交锋。然而，王龁已经做好防卫，其营帐如有铜墙铁壁，难以攻破，同时武安君也率军冲出城外痛击赵军。双方鏖战多时，最后赵括中箭战死。

一场惨败

赵军六神无主，惊惶失措，战死无数。那是一场大屠杀，据记载有大约四万人战死。只有少数人爬过陡峭的山崖，侥幸逃命。赵军被俘二万八千人，秦王将他们放回了赵国。[127]

魏王在冲突伊始便自知胜利无望，于是决定臣服于秦王，向秦国纳贡。即便如此，魏王还是觉得不够安全，便派人到处搜罗精通兵器和善于用兵之人，以备不时之需。

智慧的孔斌成为谋士

当时有位名人名为孔斌（CUMPINIUS）。他智慧过人，学识渊博，魏王便邀请他前往魏国。尽管孔斌百般不愿，魏王依然坚持拜他为谋士[128]。前去邀请他的使者带去了魏王赠送的大量礼物，但孔斌却说：

"如果大王想要听取并采纳我的建议，那我非常愿意为大王在困境下出谋划策，但事实并不是这样。他不欣赏我的建议，也不想听我说话。因此，就算我去了魏国也没有任何用处，我做谋士和他人做谋士对魏王来说并无差异。"听闻此言，使者中的一位回应道："倘若大王不想听取你的建议，他就不会邀请你进宫，我们今日便是奉大王之命前来相邀。若最终未能由先生率我们回国，那我们的使命就没有圆满完成。"孔斌最后接受了邀请，前往魏国面见魏王。[129] 魏王询问他对于近期战事和各种不幸事件的看法。孔斌答道："人们病逝的原因通常是因为患了不治之症或是未能对症下药。今天的帝国已病入膏肓，若不能找到良医，必将走向灭亡。问题是好医生无法寻到，即便是寻到了，也无法医治这不治之症。秦王的势力已过于强大，他和他的军队已经成为帝国的威胁。愿上天能消灾避难吧！我所担心的是，不出二十年，天下就都将归秦国所有，因为现在已经没有人能够阻止秦王了。""所言甚是，"魏王说道，"赵国和韩国业已战败，因此众人都建议我追随秦王，与秦国组成联军，共同攻打秦国的敌人。他们说这样的联盟能使我得益，让我成为秦王的朋友。"

孔斌听罢，继续说道："大王，我不建议你冒如此大的风险！秦王反复无常，想要建立的是帝国霸业。一旦初尝甜头，成功收服了一些国家，他必然会无视你的存在，甚至会更加贪婪地将手伸向魏国，因为届时魏国将是他胜利途中的唯一障碍。因此，我建议大王远远观望，静观其变。我所担心的是秦王一旦掌握了你的军队，便调转矛头要你灭亡。要知道一个贪得无厌、不仅渴望他国领土还觊觎帝国霸业的人不值得你给予一丝信任。这就好比燕子在屋檐下筑巢，将小鸟留在窝里，自己悠然自得地和伴侣在空中翱翔，开心地歌唱，以为一切威胁已经远离，再也无需惧怕。但只要一丝小小的火星引燃房屋，火苗很快便会烧着屋顶，导致巢毁燕亡，等到毫不知情的亲鸟发现的时候便为时已晚了。大王你好好想想吧！秦王就好比火焰，占领了韩国和赵国之后，若是你不起兵反抗，将战争的大火扑灭，而是任凭烈火熊熊燃烧，那么下一个蒙难的就是你了！"孔斌用这番话说服了魏王放弃与秦王的联盟，并派兵支援赵王共同抗秦。魏王派勇猛无畏的儿

中肯的建议

一个类比

子无忌（UUKIUS）[130]指挥军队。双方交战初期，魏军取得了几次胜利，无奈天意顺秦，正如我们即将看到的那样。

与此同时，秦军大败赵军，杀死了赵将赵括，入侵赵国，占领了众多城池，包围了防御森严的邯郸城。若是邯郸失守，赵王只能被迫

准备出使

投降。身处重重困境的赵王派平原[君]（PINGYUENUS）赴楚国求援。[131]平原君带了十八个人一同前往，其中既有武士也有文人，但出发不久，出使的队伍里就多了一个人——各方面能力出众但不为人所知的毛遂（MAOSIUS），实际上，毛遂不喜欢抛头露面。平原君见到毛遂时

一个类比

对他说道："贤良的人才就好比匠人手里的工具，如果一直放在匣子里不取出来用，那这工具的用处便无人知晓。你在我门下已有三年，我曾经坚信你能发挥自己的价值，但直到今日你都碌碌无为，我只能认为你是懒惰自私之人。"毛遂忍住了心中的不平，回答平原君道："没错，之前我一直躲在暗处，好比一只小小的蜜蜂躲在自己的蜂巢里酿蜜，而现在国难当头，是时候发挥我的才智了。只要是有能力为国效力，都不应该再躲躲藏藏，而是应该挺身而出为国家出力。我听到了心中爱国之情的呼唤，也正是因此，我希望与你同去。在楚王那里我将做些什么你不仅将看到，也将能直接感受到。"[132]

平原君到达楚国，向楚王递交了赵王的信函，告诉楚王秦国正在攻打赵国，请求楚王出手相助，共同抗击敌人。楚王谴责赵王背弃友情，撕毁盟约，一整天都在怒斥赵王。平原君吓得屏住了呼吸，而毛遂却不以为然。突然，他拔出腰间的佩剑，拾阶冲上王座，直截了当地对平原君说道："我们的大王现在身处困境，等不了那么多废话。为什么明明几句话就能说清楚的事，我们要在这里大费唇舌，大为光火呢？楚王，请立即与我王结盟，并提供支援！"楚王遭到冒犯，大为震怒，命毛遂立刻闭嘴，否则不会让他有好下场。毛遂面对威胁毫无惧色，反而更加勇敢。他逼近楚王，对他说道："大王，我们现在与你交好，向你请求援助，得益的不仅是我国，还有楚国本身。楚国幅员辽阔，方圆五千余里，大王有权有势，还有着战无不胜的美名。若是与赵王做了朋友，与赵国结成联盟，那帝国霸业便唾手可得。我们的大王之所以做出与楚国联盟、向楚国求援的决定，那是形势所迫，并非心中

所愿。现在他正为此感到耻辱，之后甚至会后悔，因为能从中得益的只有大王你啊！”楚王听闻此等狂言，十分震惊，立即杀鸡取血，请平原君饮用。歃血为盟的仪式在今天的中国依然常见。无论是君王还是平民，都会用这种方式宣告友谊的建立。匪贼之间还将歃血视为一种神圣的仪式，意味着互相忠诚，相互帮助。随后，楚王派出一支由春申［君］（CHUNXINIUS）[133] 率领的大军前往支援赵王，但最终未能成就任何值得一提的大业。

歃鸡血为盟

赧王四十八年，王龁率领的秦军围攻邯郸业已多时。[134] 之前我已经讲过，魏王派儿子无忌前往援助。

无忌率军大破秦军，解除了城市的包围，而在另一边，［郑］安平［君］（GANPIGNIUS）攻打赵军，杀死约两万人 [135]。秦军有胜有败。年轻的无忌傲慢无礼，得胜后遭到了许多人的仇视。一位友人再也忍受不了他的颐指气使，小心翼翼地试图让他意识到这一点。他对无忌说道：“有些事需要记住，而有些则需要忘记。人不应该忘记受过的恩惠，也不应该记住自己行过的善。大王，你思量一下吧！现在你只是取得了一场胜利就如此高傲自大，这样的行为无论是赵王还是你的父亲都不会喜欢。你的骄傲会辜负你的父亲对你的期望，要知道骄傲是万恶之源，绝不会带来善果。”

年轻的无忌接受了这番劝告，之后哪怕是获得命运的最大眷顾，他也能够保持谦和。只要有人谈起他的战绩，他便会红起脸来，好像这些赞美给他带来了困扰。有一次，他率军经过一座城市附近，赵王那时正在城内，便邀请他赴宴，并赠与他五座城池作为胜利的奖励。无忌拒绝了赏赐，他坚称战功属于将士们，而不属于他一人。赵王见未能赏赐无忌，便想将五城送给无忌的大将仲连（CHUNGLIENUS），但也遭到了拒绝，于是他命人赏赐仲连相当于五座城池价值的金钱。

忠告见效

仲连依然不肯收，他说道：“这不是我最为看重的。于我而言，最重要的始终是直面危险保护国家、大王和人民，不需要赏赐。另外，我希望在场的所有人都听明白我下面要说的话：如果有人因自己为人民尽了义务而收取报酬，那他就是一个商人。商人之名为我所不齿，这样的交易对我来说比死亡更糟糕。”仲连无疑是值得尊敬的，但他

被拒绝的礼物

的自负削弱了他的美名。他将赵王的慷慨相赠视为冒犯，随即辞官前往他处，终身没有回到赵国。

此时，秦王又招募了一支军队入侵赵国。魏王想派大将晋鄙（CINPINUS）率领军队支援赵国（他认为儿子无忌不能胜任）。秦王书信一封，谴责魏王多次撕毁盟约，并威胁他要为支援赵国付出代价[136]。秦王在信中写道："现在我攻打赵国，如果你不安安分分地待在自己的国家而去援助赵国，那么我的大军将会开进你的国家。不久我便能攻下羸弱不堪的赵国，到那时，谁要是出手相救，那他就等着瞧吧！"这番威胁令魏王心生恐惧，命晋鄙以使者身份前往赵国，劝说赵王效仿自己，支持秦王称帝，归顺为附庸国，否则赵国将永无宁日，因为秦王不得到整个帝国绝不会罢休。仲连不同意这一做法，他在魏王的使者前往赵国的路上遇到了他们，便试图劝说使者回头。他说道："秦王是不讲道义之人，他滥用权力入侵各国。倘若他的目的达成，那天下将要经历怎样的劫难啊！鄙弃礼仪伦常的秦王又能做出什么善事来呢？我能预见到他一定会是个暴君，施行暴政。啊，到时候律法与我国现行的将完全不同！眼见这些不幸降临，我的灵魂必然无法支撑多久，我宁愿向东去往海边，以求眼不见为净。无论我在那里是生是死，都不会再关心这里发生的事。为什么你的大王如此惧怕秦王？为什么他不自信一点，相信自己的国家不会屈服于秦国的强权之下？为什么他明明应该拼尽一切去抵抗，却要主动支持秦国的扩张？魏王也许没有想到，秦王是不讲道义之人，一旦位于万人之上，难道会因为良心而主动选择放弃吗？他真的以为只有自己是安全的吗？一旦魏国成了秦国的诸侯国，难道魏王就真以为秦王会满足于所得，不再觊觎他国领土，不再贪得无厌吗？"使者一听便掉头回到了魏国，将仲连的话一字不差转告给魏王，说服他取消了这次出使。

一次不应成行的出使

这时候，赵王依然在向魏国求助。见魏王犹豫不决，赵王的妻子——也是魏王的女儿、无忌的姐姐——便向弟弟施压，要求他支持自己的丈夫对抗秦王。她对无忌寄予厚望，因为她听说了无忌解围邯郸时的勇敢表现[137]。姐姐的恳求无忌听在耳里。倘若能自己做主，他早就做好准备随时出征，但要与晋鄙并肩作战，帮助自己的亲戚赵王对抗秦王，无忌需要得到父亲的首肯。魏王坚决反对此事，无忌大怒，招呼也没打就离开了赵国[138]，带着一班人马（车骑一百乘）前去对抗秦军，毫无畏惧。此时，一位友人拦住了这位鲁莽的将军，向他建议道："公子此行勇猛无畏，但你要知道，仅凭区区百乘不可能取得大胜。现在你带这些人去围攻秦王，就好比以肉投虎。公子听我一言，暂且平息冲动，停下步伐，让我教你该怎么做。我听说你父王将印鉴藏于卧榻，他的小妾如姬（JUYA）可以轻而易举取得印鉴交给你。你要告诉她印鉴是用来制作招募军队对抗秦王的假诏书。如姬深爱你父王，只要她确信此事对你父王有益，必然会答应。"[140]如姬原本是周朝女子，是魏王最钟爱的小妾，也是窃取王印最合适的人选。之后的一切都按部就班地进行：无忌得到了王印，撰写了假诏书并盖上印鉴，之后便将印鉴物归原位，魏王丝毫没有察觉。随后，无忌快马加鞭赶往晋鄙军中，手持诏书宣布大王命自己为大将，并威逼众人听从他的命令。他担心晋鄙不从，便事先买通了一名力大无穷的杀手。杀手手持四十斤重的铁锤，当场一锤砸破了晋鄙的脑袋。晋鄙因叛变而被大王处死的消息立即在军中传开。将士们看到了大王的诏书，无忌顺理成章地成了军队统帅。

窃取王印[139]

八万大军立即拔营援赵，向秦军进发。魏王得知此事，立即召回无忌，派大将廉颇前往收回军令，窃取王印援助赵国的计划宣告失败。[141]

骗局暴露

此时的秦王已经占领了几乎赵国全境，还打败了楚王的军队，夺取帝王霸业的道路上已经没有了障碍。他派将军［赵］摎（KIEUS）率领一部分人马攻周。秦军实力远超周军，轻而易举便大获全胜。[142]赧王的结局令人唏嘘不已。

他不得不向战胜自己的秦王当面求饶，扑倒在秦王脚下向秦王表达敬意，尊其为君主，并向其献上自己所有的三十六城封邑，命令周军全军三万人宣誓效忠新帝。赧王卑躬屈膝，得以免于一死，但秦王还是命卫兵将他带走，在范雎陪同下发配西部。范雎在秦王称霸过程中审时度势，提出了一系列建议，帮助秦王连连得胜，教会秦王何事可、何事不可，本应受到秦王的感激。

中国皇帝向胜者求饶

第四十一甲子第四十四年，公元前 254 年

中国的一些历史学家将秦统一中国的年份定为公元前 254 年[143]，因为那时候整个中国只有一个皇帝。韩王听说周赧王被俘，惊恐万分。他亲自前去面见秦王，将自己的国家拱手奉上，尊秦王为帝，自愿成为附庸国，并将军队悉数交出。赧王战败发生在前一年，然后在编年史中，这一整年的纪年还是属于他。秦王名昭襄（CHAOSIANGUS），他威震四海，以残暴著称。据说在他祭天的时候，上天曾经显灵，当然这也可能是他为了让人相信自己是奉天命执掌天下而杜撰的。史书还记载道，就在战败当年，赧王不堪痛苦，在陕西郁郁而终。周朝选出一名新君，名为周君（CHEUKIUNIUS）。

第三十七任皇帝

周君（CHEUKIUNIUS）

在位 9 年

第四十一甲子第四十四年，公元前 254 年

这位由大臣和王公们选出的周朝新君的命运并没有好过他的哥哥赧王，因为令人畏惧的秦王计划带领自己的人马攻打周君，未曾听说他打过败仗。尽管齐、楚、魏三国都不赞同，不愿支持，找了各种借口推脱，但是傲慢的秦王仗着自己与日俱增的势力，在战场上又凯歌连连，还是和将军吕不韦（LIUPUGUEUS）[144] 率军攻打周君。周君在战事中陷入绝望，感觉大限将至，任何抵抗都是徒劳。他害怕更糟糕的祸事降临，便马上选择了主动退位。[145]

周朝的灭亡

周君宁愿成为一介平民保全自己。就这样，统治中国许许多多年的周朝因周君的懦弱而灭亡。秦昭襄王的帝位也没能坐久，他命中无福消受自己用武力获得的一切，在周君退位前便于第四十一甲子四十七年去世。他的儿子孝文（HIAOUENIUS）继位。孝文和父亲一样善于用兵，在战场上高奏凯歌，但仅仅过了一年，在他满心念着打赢战事的时候却突然死去。他的命运不禁令人感慨人生无常。孝文王去世后，他的儿子庄襄王（CHAOSIANGUS）[146] 继位。他在位三年，

在大将军蒙骜（MUNGAUS）的帮助下多次战胜魏国。最后，各国国君见多了秦军的胜利，开始谨慎行事。他们看到秦王不仅想执掌帝国大权，还想让各国灭亡，杀死所有的国君，因此终于决定联合起来对抗共同的敌人。他们招募了一支百万大军，由信陵君（SINLINIUS）指挥，在魏国大败秦军，蒙骜逃窜。此时，庄襄王崩，他的儿子政（CHINGUS）继位。他一样因善于作战和受上天眷顾而战无不胜，最终得以结束所有战事。关于他，我将在下一卷详述。

尾 注

1 战国时期，公元前 453—前 221 年。（陆商隐注）

2 原名赵鞅，又名志父，亦称赵孟，当时晋国执政大臣之一，也是后来赵国基业的开创者。（中文版注）

3 《资治通鉴前编》卷十八，第 13 页所载与文中所述大不相同，其中没有对伯鲁的任何记载，该事件的发生年代也被记载为元王在位期间。与卫匡国所述吻合的版本出现在《资治通鉴纲目》卷一《威烈王二十三年》，第 25 页。似乎从此处起，卫匡国的参考书目变成了朱熹于公元 1172 年编著的《资治通鉴纲目》，该书简要记载了自公元前 403 年至 959 年的历史事件。（陆商隐注）

4 智伯（前 506—前 453），姬姓，智氏，名瑶，因智氏源自荀氏，亦称荀瑶。谥号“襄”，史称智襄子。是春秋末期晋国执政大臣，后遭韩赵魏所灭。智氏亡而三晋分，三晋分而七国立，中国从此进入战国时代。这里，卫匡国写道智伯留下儿子智襄，不知何据。（中文版注）

5 当时，韩康子和魏恒子还是晋国的卿大夫，但文中，卫匡国称他们为国王。（中文版注）

6 见《资治通鉴纲目》卷一，《威烈王二十三年》，第 25 页。（陆商隐注）

7 这句话文献中没有找到，似乎是卫匡国的发挥。（中文版注）

8 《资治通鉴纲目》卷一，《威烈王二十三年》，第 25 页。（陆商隐注）

9 “无故索地，诸大夫必惧”，《资治通鉴纲目》卷一上。卫匡国理解有误。（中文版注）

10 《资治通鉴纲目》卷一，《威烈王二十二年》，第 25 页。（陆商隐注）

11 “唇亡则齿寒”，见《资治通鉴纲目》卷一上，第 26 页。（陆商隐注）

12 这是卫匡国对“漆”的定义。在中国古代，给物件上漆不仅是为了增添美感，还能使其具备防水特性、耐高温、免遭木虫和其他昆虫的啃噬。《资治通鉴纲目》卷一上，第 27 页。（陆商隐注）

13 卫匡国此段参照了《资治通鉴纲目》卷一上，第 27 页。（陆商隐注）

14 《资治通鉴纲目》卷一上，第 27 页。（陆商隐注）

15 “四方贤士多归之。文侯与群臣饮酒，乐，而天雨，命驾将适野。左右曰：‘今日饮酒乐，天又雨，君将安之？’文侯曰：‘吾与虞人期猎，虽乐，岂可无一会期哉！’乃往，身自罢之。”《资治通鉴纲目》卷一上。卫匡国的描述与历史记载有些出入。（中文版注）

16 见《中国新地图集》意大利文版，第 33 页右栏。本段出自《资治通鉴纲目》卷一上，第 28 页。（陆商隐注）

17 卫匡国可能混淆了“翟”和“曜”。（陆商隐注）

18 《资治通鉴纲目》卷一上，第 28 页。（陆商隐注）

19 “家贫思良妻，国乱思良相。《资治通鉴纲目》卷一上。（中文版注）

20 “居视其所亲，富视其所与，达视其所举，穷视其所不为，贫视其所不取，五者足以定之矣。”《资治通鉴纲目》卷一上。（中文版注）

21 《资治通鉴纲目》卷一上，第 29 页。吴起（前 440—前 381）是战国时代著名将领、政治家，以领导了公元前 395 年起的楚国变法闻名。该次变法以剥夺贵族和高官过分膨胀的权力和贪腐为目的。他削减了贵族高官们的俸禄，裁减了无关紧要和怠惰的官员，将许多贵族发配到偏远地区，以削弱他们在都城的影响。楚国在他的领导下成为强国。然而，楚悼王死后，吴起被受变法影响的旧贵族

们杀害。（陆商隐注）

22 卫匡国用的词是 nipote，在意大利文里，可以是侄子或外甥，也可以是孙子，但没有史料表明田和与周安王之间存在着亲属关系。公元前 391 年，田和自立为齐君；公元前 386 年被周安王册封为诸侯，姜姓齐国为田氏取代，为战国时期田氏齐国开国国君。（中文版注）

23 姜子牙（？—约前 1015），姜姓、吕氏，名尚，字子牙，号飞熊，又称太公望。（中文版注）

24 《资治通鉴纲目》卷一《安王十五年》，第 33 页。（陆商隐注）

25 《资治通鉴纲目》卷一《安王十五年》，第 34 页。（陆商隐注）

26 吴起最终是死于楚君灵堂。（中文版注）

27 《资治通鉴纲目》卷一，第 38 页。（陆商隐注）

28 《中国新地图集》意大利文版，第四省，第 58 页左栏。（陆商隐注）

29 《中国新地图集》意大利文版，第四省，第 56 页左栏。（陆商隐注）

30 卫匡国应当是弄混了汉字“薛”和“辟”，或者混淆了“薛”的读音。（陆商隐注）

31 不存在卫鄄王，是卫匡国理解错了。“昔日赵攻鄄，子不救；卫取薛陵，子不知。”（中文版注）

32 卫匡国此处的纪年与官方纪年完全吻合。西方流星一事与后文所述均记载于《资治通鉴纲目》卷一《显王八年》，第 41 页。（陆商隐注）

33 《商君书》记载，商鞅（？—前 338），原名公孙鞅，著名政治家，他受法家学说启发，是主导秦国变法的关键人物。商鞅认为人生性愚昧自负，唯有律法才能管理人民，维护国家稳定。有赖于他的变法，位于偏远地区的秦国一跃成了强大的中央集权国家。详情可参考戴闻达（J. J. L. Duyvendak），《商君书：中国法家经典》（*The Book of Lord Shang: A Classic of the Chinese School of Law*），伦敦：Arthur Probsthain 出版社，1928。（陆商隐注）

34 卫匡国忠实地参照了《资治通鉴纲目》卷一《显王十年》，第 42 页。（陆商隐注）

35 《资治通鉴纲目》卷一《显王十年》，第 43 页。（陆商隐注）

36 《资治通鉴纲目》卷一《显王三十一年》，第 50 页。（陆商隐注）

37 商鞅死于车裂之刑，该刑罚将四肢绑在四辆车上，套上马匹，分别向四个方向拉。（陆商隐注）

38 《资治通鉴纲目》卷一《显王十四年》，第 44 页。（陆商隐注）

39 卫匡国理解有误。《资治通鉴纲目》卷一上：“丙寅十四年，齐魏会田于郊。魏惠王问齐威王曰：‘齐亦有宝乎？’威王曰：‘无有。’惠王曰：‘寡人国虽小，尚有径寸之珠，照车前后各十二乘者十枚。岂以齐大国而无宝乎？’威王曰：‘寡人之所以为宝者与王异。吾臣有檀子者，使守南城，则楚人不敢为寇，有盼子者，使守高唐，则赵人不敢东渔于河。有黔夫者，使守徐州，则燕赵之人从而徙者七千余家。有种首者，使备盗贼，则道不拾遗。此四臣者，将照千里，岂特十二乘哉！’惠王有惭色。”（中文版注）

40 卫匡国所说的谚语未能找到，但在《资治通鉴纲目》中有一句话符合他的表述：“此四臣者，将照千里。”（陆商隐注）

41 《资治通鉴纲目》卷一《显王二十三年》，第 46 页。（陆商隐注）

42 之后的事例记载于《资治通鉴纲目》卷一，《显王二十八年》，第 48 页。（陆商隐注）

43 见《中国新地图集》意大利文版，第 35 页左栏。（陆商隐注）

44 《资治通鉴纲目》卷一《显王二十八年》，第 48 页。主要是孙膑策划了马陵之战，卫匡国未提及，

疏忽了，见后一注释原文。（陆商隐注）

45 “孙子度其行，暮当至马陵，马陵道狭而旁多阻隘，可伏兵，乃斫大树，白而书之曰：‘庞涓死此树下！’于是令齐师善射者万弩夹道而伏，期日暮见火举而俱发。庞涓果夜到斫木下，见白书，以火烛之，读未毕，万弩俱发，魏师大乱相失。庞涓自知智穷兵败，乃自刭，曰：‘遂成竖子之名！’齐因乘胜大破魏师，虏太子申。”《资治通鉴》卷二《周纪二 · 显王二十八年》。（中文版注）

46 孟子（前 372—前 288），名孟轲，是继孔子之后儒家学派最伟大的思想家。他周游列国寻找愿意接受其学说的君主，但最终却不得不退回讲堂。孟子认为，人性本善，但会被社会腐蚀。参考赖发洛（Leonard A. Lyall），《孟子》（*Mencius*），格林，伦敦：朗文出版社，1932。孟子的思想记录在用其本人名字命名的书籍《孟子》中。

47 《资治通鉴纲目》卷一，《显王三十三年》，第 51 页。（陆商隐注）

48 此段对《易经》的引用载于《资治通鉴》卷二《显王三十三年》，第 64 页。由此可见，卫匡国可能也参考了司马光于 1084 年所著的《资治通鉴》。（陆商隐注）

49 此书为《孟子》，见本卷注释 46。（陆商隐注）

50 选自《十三经注疏 · 孟子》卷一，第 2 页。（陆商隐注）

51 选自《十三经注疏 · 孟子》卷一，第 2 页。（陆商隐注）

52 选自《十三经注疏 · 孟子》卷一，第 2 页。（陆商隐注）

53 《十三经注疏 · 孟子》卷一，第 2-3 页。卫匡国将魏惠王的问题拼贴在了一起。（陆商隐注）

54 孟子用的是五十步、一百步。（中文版注）

55 见《十三经注疏 · 孟子》卷一，第 2 页。（陆商隐注）

56 孟子认为人有四端——规范人们德行的四个基本准则：恻隐之心，仁之端也；羞恶之心，义之端也；辞让之心，礼之端也；是非之心，智之端也。见《孟子》卷三下，《十三经注疏》，第 2691 页。（陆商隐注）

57 这一辩论没有单独成书，而是《孟子》一书的第十一、十二章，内容是对人性的描述。告子（前 420—前 350），全名告不害，是与孟子同时代的哲人，他的思想通过《孟子》一书的两个章节得以流传。

58 《十三经注疏 · 孟子》卷十一， 第 84 页。（陆商隐注）

59 基督教不赞成纳妾，这与孟子的思想是相左的。

60 《十三经注疏 · 孟子》卷六，第 57 页。仲子，全名陈仲子，是战国时期的另一位思想家。（陆商隐注）

61 原文是“鹅”。（中文版注）

62 第欧根尼 · 拉尔修（Diogene Laerzio）（约 180—240），希腊哲学家。卫匡国提到的作品可能是第欧根尼唯一的著作《名哲言行录》（*Raccolta delle vite e delle dottrine dei filosofi*），其中第一卷第 viii 页提到了斯基泰人阿那卡尔西（Anacardi lo Scita）（公元 5 世纪中叶？），此人被认为是锚和陶轮的发明者。

63 《十三经注疏 · 孟子》卷五，第 41 页。许行（前 390—前 240）属于农家学派，遵循中国传统观点中农业创始人——神话帝王神农（前 2838？一前 2698？）的教导。

64 墨家是由思想家墨子（前 470—前 381）创立的学派。墨子名翟，其学说建立在兼爱的理念之上。见梅贻宝，《墨子的伦理政治论著》（*The Ethical and Political Works of Motse*），伦敦：

Arthur Probsthain 出版社，1929 年。（陆商隐注）

65 这里描述的是孟子的“爱有差等”思想，卫匡国对墨家“兼爱”和儒家“爱有差等”的表述都比较清楚，但是孟子对兼爱的反驳这句却似乎逻辑不清。（中文版注）

66 《十三经注疏 · 孟子》卷五，第 43 页。（陆商隐注）

67 此事记载于《资治通鉴纲目》卷一《显王三十六年》，第 52–53 页。苏秦（？—前 317），以治国之道和外交策略为理论基础的哲学学派纵横家的代表人物。他同时在六国任国相（腰间挂有六国相印），是著名的外交家。（陆商隐注）

68 此处之山东系指崤山以东。（中文版注）

69 《资治通鉴纲目》卷一《显王三十七年》，第 54 页。（陆商隐注）

70 《资治通鉴纲目》卷一《慎靓王四年》，第 60 页。根据记载，此事发生于慎靓王四年。（陆商隐注）

71 《资治通鉴纲目》卷一《慎靓王五年》，第 60 页。（陆商隐注）

72 张仪（？—前 310），纵横家，负责化解各国结成的抗秦盟约，为秦国统一中国铺路。（陆商隐注）

73 卫匡国混淆了“赧”字和“服”字。（陆商隐注）

74 见《资治通鉴纲目》卷一《赧王二年》，第 63 页。（陆商隐注）

75 见《资治通鉴纲目》卷一《赧王二年》，第 63 页。（陆商隐注）

76 见《资治通鉴纲目》卷一《赧王三年》，第 64 页。（陆商隐注）

77 见《资治通鉴纲目》卷一《赧王三年》，第 64 页。（陆商隐注）

78 乐毅，生卒年月不详，燕国大将、军事家，才智过人。燕王任命他为卿，予以重用。乐毅是赵、魏、楚、韩、燕五国联盟对抗齐国的统帅。（陆商隐注）

79 见《资治通鉴纲目》卷一《赧王四年》，第 64–65 页。（陆商隐注）

80 宜阳位于河南，见《中国新地图集》意大利文版，第 62 页右栏。（陆商隐注）

81 见《资治通鉴纲目》卷一《赧王八年》，第 67–68 页。（陆商隐注）

82 即鞑靼。鞑靼的国王被称为单于。卫匡国原文中将“单于”拼写为 Tanyu 是因为“单”字为多音字，亦可读作“dan”。

83 下文所述事件记载于《资治通鉴纲目》卷一《赧王十七年》，第 72 页。卫匡国可能将“尝”字错认为“当”。孟尝君（？—前 279），名田文。据《孟尝君列传》记载，田文出生时他的父亲已有四十个孩子，便将他丢弃，想让他饿死。田文年少时便智慧过人，能将最优秀的人才揽至自己门下。齐王任命他为相，田文总能完成齐王交代的任务，化解与邻国的冲突。孟尝君田文与信陵君魏无忌、春申君黄歇、平原君赵胜并称为战国四公子，他们的封地相当于国中之国，可以收取税赋作为私有财产。（陆商隐注）

84 见《资治通鉴纲目》卷一《赧王十七年》，第 73–74 页。（陆商隐注）

85 模仿鸡鸣的是孟尝君的一位门客，卫匡国可能在阅读时疏忽了。（中文版注）

86 黄河源头以东的领土近乎秦的全部领土，不知卫匡国此处描述基于何据。作者可能误解了“河外”一词。（中文版注）

87 公孙龙（约前 325—前 250），名家离坚白派代表人物，以辩论似是而非的论点为乐。他的著名论述为就白马非马而展开的《白马论》。

88 论臧三耳的故事出处同上。（陆商隐注）

89 见《资治通鉴纲目》卷一《赧王三十年》，第 78 页。（陆商隐注）

90 见《资治通鉴纲目》卷一《赧王三十一年》，第 78 页。（陆商隐注）

91 流入渤海的一条河流的古称。见《中国新地图集》意大利文版，第 53 页左栏。（陆商隐注）

92 见《资治通鉴纲目》卷一《赧王三十一年》，第 79 页。（陆商隐注）

93 见《资治通鉴纲目》卷一《赧王三十一年》，第 79 页。（陆商隐注）

94 见《资治通鉴纲目》卷一《赧王三十二年》，第 80 页。（陆商隐注）

95 即齐襄王，公元前 284—265 年在位。（中文版注）

96 见《资治通鉴纲目》卷一，《赧王三十六年》，第 82-83 页。（陆商隐注）

97 田单，生卒年月不详，以智谋过人著称，下文所述的战略战术之狡猾堪比特洛伊之战中的阿喀琉斯。

98 见《资治通鉴纲目》卷一，《赧王三十六年》，第 84 页。（陆商隐注）

99 《资治通鉴纲目》卷一，《赧王三十二年》第 80 页记载了一块来自楚国、以人名“和氏”命名的绝世美玉，它形状扁圆，中有圆孔，人称“和氏璧”。在中国，玉被认为是一种宝石，它美轮美奂，质地坚硬，因此需要十分精湛的加工工艺。中国的炼丹术士们还认为玉具备防止尸体腐烂的内在力量，因此，在汉代（前 206—220），玉被广泛用作皇室和贵族的随葬物品。直至今日，中国人仍然佩戴玉饰驱邪。见萨尔维亚蒂（F.Salviani），巴索（S.Basso），《中国艺术》（*L'Arte Cinese*），《伟大的艺术史》（*La grande storia dell'arte*）第二十二卷，佛罗伦萨：Education.it，2006，第 16 页。（陆商隐注）

100 西方的一拃的长度是指手掌张开，从大拇指尖到小拇指尖之间的距离。在古希腊，雅典的一拃是 0.222 米，而在亚历山大里亚则是 0.231 米。（中文版注）

101 见《资治通鉴纲目》卷一《赧王三十四年》，第 81 页。（陆商隐注）

102 见《资治通鉴纲目》卷一《赧王三十六年》，第 82 页。（陆商隐注）

103 见《资治通鉴纲目》卷一《赧王三十六年》，第 82 页。（陆商隐注）

104 卫匡国似乎给负荆请罪的故事添加了一点色彩。在《资治通鉴纲目》卷一第 83 页和《史记》卷八十一《廉颇蔺相如列传》第 2443 页的记载中，廉颇肉袒负荆至门谢罪，遂为刎颈之交。“刎颈”意为“割破喉咙”。（陆商隐注）

105 见《资治通鉴纲目》卷一《赧王三十六年》，第 85 页。（陆商隐注）

106 大同的古称，见《中国新地图集》意大利文版，第 40 页左栏。

107 田单久攻不下，接受鲁仲连帮助的是聊城。（中文版注）

108 贯珠者，并非齐王大臣。原文：“左右顾无人，岩下有贯珠者，襄王呼而问之曰：‘汝闻吾言乎？’对曰：‘闻之’，王曰：‘以为何如？’”见刘策，《战国策 · 齐策六》。（中文版注）

109 见《资治通鉴纲目》卷一《赧王三十六年》，第 85 页。

110 见《资治通鉴纲目》卷一《赧王三十六年》，第 85 页。在《资治通鉴纲目》中，此事的记载先于卫匡国之前所述的事件。（陆商隐注）

111 此处应为“燕王”。（陆商隐注）

112 见《资治通鉴纲目》卷一《赧王三十六年》，第 85-86 页。（陆商隐注）

113 见《资治通鉴纲目》卷一《赧王四十二年》，第 87 页。（陆商隐注）

114 见《资治通鉴纲目》卷一《赧王四十五年》，第 89-90 页。（陆商隐注）

115 范雎（？ 一前 225），以善于言辞和随机应变著称。

116 见《资治通鉴纲目》卷一，《赧王三十六年》，第 85-86 页。（陆商隐注）

117 卫匡国用了跪地一词(inginocchiatosi)。“跽而请”之跽，是跪坐之意，是尊重对方的坐姿。不是跪地。也许卫匡国没有理解“跽”字的意思，也许他没能找到一个确切的对应的词来翻译。（中文版注）

118 此处之山东系指崤山以东，而非今之山东省。

119 见《资治通鉴纲目》卷一《赧王四十九年》，第 91 页。（陆商隐注）

120 “魏须贾聘于秦，雎因辱之，使归告魏王曰：‘速斩魏齐头来，不然，且屠大梁！’齐走赵，匿平原君家。”《资治通鉴纲目》卷一《赧王三十六年》。（中文版注）

121 见《资治通鉴纲目》卷一《赧王三十六年》，第 85 页。（陆商隐注）

122 此处的女子不是什么普通人，而是赵国太后。见《资治通鉴纲目》卷一《赧王五十年》，第 92-93 页。（陆商隐注）

123 此处之山东当指殽崤山以东，卫匡国误认为是山东省。（中文版注）

124 见《资治通鉴纲目》卷一《赧王五十五年》，第 96 页。（陆商隐注）

125 即战国时期秦国名将白起。（中文版注）

126 “赵括乘胜，追造秦壁”，秦壁为秦国的防御工事，而非“壁之城”。（中文版注）

127 卫匡国记载的数字错误较多。根据文献记载，赵军战死四十万，仅有两百多人活着回到了赵国。（陆商隐注）

128 孔斌的实际职位是魏国国相，但这里卫匡国用词是“顾问（consigliere）”（中文版注）

129 见《资治通鉴纲目》卷一《赧王五十六年》，第 97 页。（陆商隐注）

130 [魏]无忌（？ 一前 243），人称信陵君，是战国四公子之一。（陆商隐注）

131 见《资治通鉴纲目》卷一《赧王五十七年》，第 98-99 页。平原君（？ 一前 253），战国四公子之一，是赵国最著名的政治家之一。（陆商隐注）

132 这段毛遂自荐的对话卫匡国自由发挥得有点多，而且人数也不对，之后毛遂见楚王的对话描述也与文献差异很大。见《资治通鉴》卷五《周纪五》周赧王五十七年和《资治通鉴纲目》卷一下。（中文版注）

133 春申君（？ 一前 238），战国四公子之一。（陆商隐注）

134 见《资治通鉴纲目》卷一《赧王五十八年》，第 100-101 页。时值赧王五十八年，而非卫匡国所写的四十八年。（陆商隐注）

135 “魏公子无忌大破秦师于邯郸下，王龁解邯郸围走。郑安平为赵所困，将二万人降赵，应侯由是得罪。”《资治通鉴》卷五《周纪五》周赧王五十八年。这里后后面一句话的意思卫匡国完全说反了。（中文版注）

136 见《资治通鉴纲目》卷一《赧王五十七年》，第 99-100 页，此事记载于前文所述事件之前。

137 见《资治通鉴纲目》卷一《赧王五十七年》，第 100 页。（陆商隐注）

138 此处应该是魏国。（中文版注）

139 这里卫匡国所说的窃符救赵的故事与史实有些差异。魏安釐王二十年，秦昭王已破赵长平军，又进兵围赵都。公子姊为赵惠文王弟平原君夫人，数遗魏王及公子书，请救于魏。魏王使将军晋鄙将十万众救赵。却又留军壁邺，名为救赵，实持两端以观望。夷门侯生向信陵君献计：“‘嬴闻晋鄙之兵符常在王卧内，而如姬最幸，出入王卧内，力能窃之。嬴闻如姬父为人所杀，如姬资之三年，自王以下欲求报其父仇，莫能得。如姬为公子泣，公子使客斩其仇头，敬进如姬。如姬之欲为公子死，无所辞，顾未有路耳。公子诚一开口请如姬，如姬必许诺，则得虎符夺晋鄙军，北救赵而西却秦，此王霸之伐也。’公子从其计，请如姬，如姬果盗晋鄙兵符与公子。”公子又从侯生计，带屠者朱亥一起“至邺，矫魏王令代晋鄙。晋鄙合符，疑之，举手视公子曰：‘吾今拥十万之众，屯于境上，国之重任。今单车来代之，何如哉？’欲无听。朱亥袖四十斤铁椎，椎杀晋鄙。公子遂将晋鄙军。”（中文版注）

140 是信陵君为如姬报了杀父之仇，才使她冒死为信陵君偷来晋鄙兵符，而不是如姬深爱信陵君的父王。详见《史记 · 魏公子列传》。（中文版注）

141 卫匡国在这里混淆了史实，廉颇实为赵国大将，之后文中会提到，见本书卷六，第 196 页。“得选兵八万人进兵击秦军。秦军解去，遂救邯郸，存赵。”见《史记 · 魏公子列传》（陆商隐注）

142 见《资治通鉴纲目》卷一《赧王五十九年》，第 102 页。（陆商隐注）

143 事实上，赧王死于公元前 256 年。（陆商隐注）

144 吕不韦（前 291？ —前 235），是秦昭襄王的首任丞相，之后成为秦始皇帝的国相，因卷入太后的阴谋而自尽。关于他，在下一卷中会有详细阐述。他于公元前 239 年主持编撰了《吕氏春秋》，一部汇集了当时中国各大哲学学派思想的百科全书。该书有德语译本：卫理贤（R.Willreim），*Frühling und Herbst des Lü Bu We*，耶拿（Jena）：Eugen Diederichs 出版社，1928。另可参考：艾帝（A.Andreini），《中国古代的个人主义理论变迁：黄老学派著作和〈吕氏春秋〉中的杨朱思想》（*Evoluzione delle teorie individualiste nella Cina classica: l'eredit à di Yang zhu nei testi Huang Lao e nel Lüshi chunqiu*），柯拉迪尼（P. Corradini）主编，《中国文明的认识与阐释》（*Conoscenza e interpretazioni della civiltà cinese*），威尼斯：Ca'foscarina 出版社，1997，第 49-83 页。（陆商隐注）

145 卫匡国此处的阐述似乎没有参考某部特定的文献，而是对下一卷将要详细展开的内容进行了一番概述。（陆商隐注）

146 史料表明这里应该是庄襄王，但是卫匡国用的词却是 CHAOXIANGGUS(昭襄王)，应是他的笔误或是排版员的错误。下面一处也是如此。（中文版注）

秦朝（CINA）

第一位皇帝

政（CHINGUS），称始［皇帝］（XIUS）

在位 37 年

秦王［嬴］政在执掌中国统治大权后命人称自己为始皇帝[1]。他功过交织，毁誉参半；慷慨大度，却又残酷无情。他为了建设公共设施不惜一掷千金，之后我会说到其中一些。这些设施美轮美奂，万世留名。他极尽一切办法压榨、虐待百姓，甚至连律法也置之不理。而对待士兵他却十分慷慨，关怀备至，因为他想拥有一支强大的军队。出于对了解新事物的渴望，他派遣了一支庞大的舰队载着大量人员向西航行。这是中国人首次经过印度的全部近海，收服了大部分所经之地，之后又在陆上进入孟加拉地区，直至 SCORI[2]，还进入了柬埔寨。他征服了南方各省，大大扩展了国家版图。这些事迹之后我慢慢详说。在这里我必须先表达一下自己的看法：在我看来，印度人和其他外国人对中国人的称呼很有可能来自始皇帝所建立的朝代，正是因为这一原因，“SINI”或更准确地说“CINI”是在这些君主统治时期在国外广为流传的关于这一帝国的名称。最先使用这一名称称呼这一帝国的是印度人，之后是占领印度的葡萄牙人。[3]被称为“秦（CINA）”的这一王朝统治着中国西部的大部分地区，它四处征战，如我们已经描述的那样，它也与外族交战，当秦朝的边境线得到明确后便被称为秦朝（CINESE）。国力达到顶峰后，秦朝与外族冲突不断，因此在外族语言中出现这个朝代的名称便不足为奇。尽管之后朝代更迭，中国

第四十一甲子第 52 年，公元前 246 年

中国人因何得名?

所在的这片远东地区也有过不同的名称，但“秦”这一最早为外族所知的名称却在外国被保留了下来。在发音的时候我们需要注意一点，那就是“秦（CIN）”的首字母发音与意大利语不同，它更接近于西班牙语和德语，发音时带有粗糙的z音。这一发音的准确性的证据来自在陕西省出土的一块著名的石碑（将在后文合适的地方详说），石碑由最早向中国人传教的人刻于公元782年，上面的文字一部分为汉字，一部分为叙利亚文[4]。石碑上用“ZINOSTON”指称这片亚洲最远端的地区，意为“ZIN”所在的地区或领土。这是我关于中国名称起源的看法，但不排除更优假设的存在。现在我们回到史实上，关于CINA的首字母还是处理成柔软的轻音为佳，这个音更容易发出，也可能正因为这一原因使其更为普及。

一句谚语

中国有句谚语：“鹬蚌相争，渔翁得利”[5]，也就是我们所说的“两人争执，第三方得益”。这句谚语说的是一些牡蛎在露出海面后便会张开自己的壳，在沙滩上晒太阳休憩，而海鸟看见牡蛎睡着了，便会贪婪地扑向它们，用爪子紧紧抓住牡蛎后飞走。受到了攻击的牡蛎立即闭紧双壳，用自身的重量将鸟儿拖至地面，而捕鱼人看到后便将海鸟和牡蛎一同捉走了。类似的情景也发生在当时的中国。各国联盟在秦国获胜后解散，但不甘于天下太平的他们却开始互相攻打，始皇帝正是利用了各国之间的冲突将他们一一歼灭，从而获益。

首先爆发的是魏国和赵国之间的战争。[6]赵王在大将廉颇的帮助下战胜了魏王，占领了繁阳城（FANIANG）。赵王死后，他的儿子命他人取代廉颇的大将军之位。廉颇不愿卸甲，便举兵攻击对手，但未能取得胜利，随后廉颇逃往魏国，并在那里挑起了两国之间新的纷争。廉颇身强力壮，能举起十个大汉才能勉强举起的重量，饭量也能抵过十人。

始皇帝见时机已到，便命将军王翦（UANGCIENUS）为统帅，率军伐赵。[7]在邯郸一役中，王翦横扫了已被联盟抛弃的赵军，并乘胜占领了邯郸，囚禁了赵王。始皇帝下令灭赵王全族，不留一个活口，并将赵国收归为秦郡。秦军伐赵前，始皇帝买通了赵王手下的几名大臣，对因勇猛而备受尊敬、又因精通兵法而为敌人惧怕的大将军李牧

受诬陷的大将李牧

（LIMOUS）进行中伤，诬陷他叛变。要知道，人一旦身陷危险便会更容易听信别人的话，赵王也不例外。他相信了造谣者，用其他两名大将换下了李牧。李牧大怒，杀死了这两名大将，军队迅速分成两派。尽管身边仅剩少数忠臣，赵王还是决定出兵迎敌，但无奈两军实力相差悬殊，赵军大败，赵国灭亡。

随后，燕王的儿子丹（TANUS）想要为自己的亲戚赵王报仇，杀死始皇帝。他联合了生于魏国的荆轲（KIMCOUS）[8]，命受到不公对待而离开秦军的逃兵樊於期（FANYUKIUS）为军队首领。鉴于秦军实力强大，在战场上恐无法轻易取胜，三人便密谋刺杀秦王。他们决定派荆轲代表燕王前去面见始皇帝，以燕国督亢（CHOCHEU）[9]地区作为交换向秦国求和，并许诺燕国成为秦国附庸国。督亢地区位置重要，一旦占领该地，便能继续攻克北部地区，还能轻松到达鞑靼人的活动区域，阻止他们的侵扰。荆轲将匕首藏于衣袖之中，打算借着向始皇帝递交地图的时机行刺[10]。一切就绪后，荆轲便启程前往秦国国都——陕西咸阳（HIENYANG）。

密谋推翻皇帝

始皇帝听说荆轲前来，也得知了他此行的目的，便十分高兴地接见了他。正当始皇帝接过地图之时，被一众大臣包围之下的荆轲突然拔出匕首，不顾周遭径直向皇帝刺去。情势危急，始皇帝赶紧欠身，侥幸躲过了这一刺。见荆轲仍要行刺，始皇帝慌忙站起身来在大殿内逃窜。勇猛异常的荆轲紧随其后，挥舞着匕首为自己开出一条路来。大臣们想要上前阻止，无奈手无寸铁，因为当时律法森严，皇宫内携带兵器者以不敬皇帝罪论处。

始皇帝当时大惊失色、恐惧万分，甚至不记得自己腰间配着剑，直到一位大臣提醒后才想起，于是他立即拔剑将荆轲一劈为二。虽然皇帝一时惊慌失措，但他还是能在顷刻间恢复勇气，成功自救。

皇帝成功自救

危险解除后，始皇帝怒火中烧，对燕王大发雷霆。他不相信这一切都是燕国太子一手策划，认为幕后主使必然是燕王，便派大军横扫燕国，踏平了燕国的每一寸土地。

燕王想尽一切办法以求得始皇帝的原谅、换来国家的太平，并且不惜杀死了策划刺杀秦始皇的太子丹，将他的头颅送给皇帝。但这一

太子为求和而枉死

切只是徒劳，始皇帝已经下定决心实施报复，最终还是抓获了燕王，并命人将他杀死，一并被杀的还有被俘获的所有燕国百姓。就这样，燕国灭亡，入为秦郡。[11] 这一系列战争持续了五年，期间始皇帝还曾向魏王掇（TUONUS）[12] 发兵。攻打魏国的军队由王贲（PUENUS）统帅，几乎在秦军打败燕国的同时拿下了魏国，逼迫已被长时间包围的魏王投降。王贲起初对待被俘的魏王非常客气，但后来听说皇帝下令消灭所有君主，将所有国家并入秦国，他便杀死了魏王。至此，幅员辽阔的魏国也入为秦郡。[13]

如有天助的始皇帝在极短的时间内吞并了中国北部的所有国家，只剩齐国统治下的山东省地区。

始皇帝之前与齐国有着和平协议，现在在暗中谋算着撕毁条约。他还想将南方各省并入国家版图，因此不得不向统治着江西（KIANGSI）、河阳（HUYUANG）[14] 及周边地区的楚王宣战。[15] 他将军队将领之一的李信（LISINIUS）招来，问道："我需要你的帮助来征服楚国。请你准确计算一下需要多少军士和车马才能确保战胜势力强大的楚王？"李信回答道："二十万人足够了。给我二十万人，我便能完成任务，将楚国交到你的手上。"皇帝又用同样的问题询问业已效力多年、军功显赫的老将军王翦，王翦答道："楚王势力强大，统治着庞大的国家，兵力雄厚，没有六十万人我不会出兵，而楚王的军队一定远超六十万。我要提醒你，面对高风险的任务时一定要手握足够的兵马，并且毫不犹豫地将他们派上前线。"皇帝听罢，笑笑说："你真的是老了，如此谨慎也不足为奇。"始皇帝没有听从王翦的建议，而是派李信带着他要求的二十万军士去攻打楚国。楚军人数众多，远超秦军。激烈鏖战后，李信败逃，秦军惨遭屠杀，据说死者八万有余。

一次惨败

皇帝听闻战败的消息，不由垂头丧气。他担心此次战败会导致更大的灾难，便立即赶往王翦处，求他执掌军队。[16] 这时候王翦说："现在的我比起受你嘲笑时年纪更大，还病痛缠身，但如果你真想让我为你攻打楚国，就给我六十万人。我定可扭转战局，夺取楚国奉上。"皇帝同意了他的要求，命人招募军队，但王翦仍然不甚满意，又从各处招来了退伍士兵和曾与他共同征战的将领，终于率领着一支数目庞大、操练整齐的军队攻向楚国。楚军数目相当，由项燕（HIANGYUENUS）指挥。[17] 战争异常激烈，胜负难分，但最终还是王翦取胜。楚军战败，项燕英勇战死。

据说此战双方共有二十万士兵战死，战场上血流成河，血水没过幸存者的膝盖。

一次更为惨烈的战败

此次大胜后，王翦占领了楚国大片土地，而与此同时，楚王招募了一支百万余人的大军，气势汹汹地开向王翦的军队。王翦开始拖延时间，希望能借此消耗敌军体力。他的军营壁垒坚固，军队驻扎其中，闭门不出。他命人在附近的田地里搜集了大量的粮食带入营中，信心满满地认为这些补给必能坚持到楚军饥饿难耐的那一天，毕竟楚军数量庞大，人马众多。但是他错了，因为楚国大地广袤富饶，楚军的补给源源不断。

眼见如此，王翦便改变了计划，使用另一种计策战胜了敌人。他仍然紧闭军营，命战士们在营中不断操练，练习根据指令保持队形、站到指定位置和撤退。之后，他一声令下，秦军迅速冲出大营，排成队列停下，楚军见状立即出营应战，这时王翦却下令撤退。此景重演了多次，每次楚军都以为开战在即，直到几乎兵器相交，却发现屡屡被骗。他们已经被弄糊涂，并且疲惫不堪，在备战中便开始懈怠和疏漏百出。这正是王翦所希望的。既定的日子终于到来，那天清晨，王翦命令其战士穿上盔甲、带上兵器，突然冲出大营。秦军队列整齐，士气勇猛，迅速扑向惊慌失措的楚军，展开了一场大屠杀，如果史书记载没错，当时的战场上一片血海，箭头和长矛漂浮在血海之上。也在营中的负刍（FOSOUS）（楚王的名字）和他的家人全部被俘，刚见到始皇帝便被残忍处死。就这样，始皇帝获得了整个楚国，和其他已经被征服的领土一样，楚国也被降为 [秦国] 的一个省。[18]

一个计策

一次惨败

处死战败国国君及其所有男性家人的野蛮传统由来已久，并延续至今。这些年里我们亲眼见到了多少年岁尚幼的无辜王子，只是因为贵族出身便惨死在鞑靼人的铁蹄之下！没错，我所说的就是大明朝的朱氏家族，直到今天，鞑靼人还没有停止对他们的残害。

一次残忍的血洗

关于负刍的家族，史书中只有零星记载。他的曾祖父名横

（UONUS）将王位传给了儿子考烈（KAOLIEUS）；考烈长寿，却没有子嗣。[19]

无后即为大不幸

中国人将没有子嗣视为最大的不幸之一。不仅仅是王室贵族，连平民百姓也不能无后。在他们的哲学里，没有子嗣便是对父母的最大伤害，因为这意味着家族血脉中断，香火熄灭，子女便会背上比犯下重罪更严重、更耻辱的罪名。死后无人哭丧、无人安葬是大悲之事，因此，已婚男子们一旦无法在婚内获得合法子嗣便会纳妾，考烈也一样。楚国宰相春申君[20]担心楚国国运，向楚王进献了大量少女，希望其中有人能为楚王诞下渴望已久的子嗣，但都没有成功。其中有一位平民出身的年轻女子美艳绝伦，父女两人都是演喜剧的戏子，春申君疯狂地迷恋着她。有一天，她发现自己怀了春申君的孩子。在父亲的建议下，她对自己的情人说：“你知道楚王至今无后，而且也没有妻妾怀孕，因此，楚王死后，王位便会由他的弟弟继承。你可要小心了，之前你曾多次得罪他，拒绝了他的要求。当然你只是遵循了楚王的意思，但在他看来这些可都是你的决定。一旦他登上王位，必然会想起之前遭遇的种种不公，甚至可能会处死你！听我的话吧，我的爱人。我怀孕了，但此事只有你我两人知晓。现在你赶紧将我和其他姑娘一样进献给楚王，天意会助我为楚王诞下王子。虽然他其实是你的儿子，但楚王一定会相信并立他为太子的。”她的情人春申君接受了这个放肆的建议，倒不仅仅是因为一时脑热，而是他也希望自己的儿子能成为太子。为了不泄露丝毫风声，他立即让这名女子离开，回到她父亲的家中。当天春申君便去面见楚王，告诉他自己找到了一名面容姣好的优雅少女，并用最美的言辞盛赞这个少女。楚王急不可耐，想要见到这名少女，就在当日她便被献给了楚王。从那一刻开始，这名原本在舞台上唱喜剧的戏子将一出悲剧搬进了王宫。怀胎足月后，她诞下一子，宫内宫外、举国上下一片欢腾。王子名幽（YENUS），成了负刍[21]的继承人。全国百姓都允诺会像对待王子那样尊敬他，将他的母亲、楚王的唯一所爱视为王后。这名女子确实得到了后冠，他的父亲也从一介平民一跃获得了显赫的地位。然而，嫉妒总是伴着好运而来，罪恶开始在王宫内蔓延。[22]

戏子用计成为王后

春申君眼见这名低俗的戏子不仅可以与自己平起平坐，甚至头衔比自己还高，心中愤愤不平，而后者则担心他说出实情，因此想尽办法试图除掉春申君。考烈的死为此事推波助澜，新王的母亲借着虚假的指控，成功地让儿子处死了亲生父亲。春申君自尝苦果，那名戏子不仅命人杀光了春申君全家，还将新王身世的知情者一一灭口。于是，春申君和女戏子的儿子幽王成了楚国国君，被秦始皇所杀的负刍便是幽王之子。

共犯之间的仇恨

此时，仍然掌控着自己国家的就只剩下齐王建（KIENUS）。始皇帝向他许下承诺，言之凿凿，劝他接受议和，解除与其他各国的盟约。齐王身边尽是虚伪不忠之辈，他们收受始皇帝的贿赂，按照其旨意想尽办法不断地劝说齐王同意秦国的条件。始皇帝急切渴望一统天下，而当时他觉得已经没有别的国家可以攻占了，于是，恶毒的皇帝便命将军王贲攻打齐国，已经没有盟友的齐王建战败被俘。[23]

齐王自尽

始皇帝不想杀齐王，而是命人将其囚禁于一片美丽的松树林中的一个狩猎场。猎场四周封闭，齐王只能得到极少的食物。其实，始皇帝根本无需用此等刑罚来折磨齐王，因为后者选择了比这更为惨烈的方式——活活饿死。

于是，韩王马上前往拜见始皇帝，将韩国的土地和军队拱手相让，承诺成为秦国的附庸。始皇帝见状便将他留在宫中予以厚待。韩王精通中国哲学，是十分睿智之人，因此始皇帝任命他为谋臣，经常与他讨论法律和治理国家的问题。[24]

要知道，世间绝无永宁之时。在这段时间，秦国的一位高官嫪毐（LAOTOUS）[25]策划了一次叛乱，但被始皇帝镇压，嫪毐及其三代以内亲眷均遭处死。[26]嫪毐曾服侍过始皇帝的母后，并与荒淫的主子发生男女关系，生有两个儿子。[27]在情人的帮助下，他的野心越来越大，甚至开始觊觎皇位，这简直令人难以置信。

盗用玉玺

他把计谋建立在鲁莽，特别是盗用在始皇帝的母后手中的玉玺之上。他用玉玺制作了一份假文书，调动了一支大军攻打皇帝，但之前我就已讲过他的结局：此人战败被杀，为自己的放肆和背叛付出了代价。被愤怒刺痛的太后还与战功彪炳的将军吕不韦有着私情。东窗事发后，吕不韦出逃，始皇帝对他进行全面搜捕。不想落入皇帝手中的吕不韦便选择了自尽。皇帝将愤怒发泄到了不知廉耻的太后头上。他流放了太后，处死了嫪毐的两个儿子。他心里非常清楚，大臣和哲人们绝不会容忍这样的不孝行为，下令对于冒昧进谏他这么做是错误的大臣处以死刑。中国人笃行的是不讲缘由的孝顺，他们对待父母恭敬顺从，为人子女绝不敢对父母动怒或者违背父母之命。之前我就说过，中国人身上的这种品行值得称颂，也正是因此，他们比其他任何民族更为优秀。

严禁规劝皇帝

有人不从

尽管法令严苛，在死刑面前却仍有大臣固执进言。他们不能容忍皇帝违反传统，对母亲不孝不敬。

砍头二十五人

在之后的几天里，二十五[28]个进言的大臣被处死，他们通过上书或觐见的方式对皇帝严加苛责，还有人斗胆提出将流放中的太后接回。

茅焦的坦诚

出生于齐国的哲人茅焦（MAOCIUS）是一名大臣，他对皇帝的残酷无情忍无可忍，他的祈求和劝说打动了皇帝，让皇帝明白了他是多么不赞成流放太后的做法。[29]他是这么说的："陛下，你犯下的大错理应受到谴责。君主犯错时站出来讲理的人不仅可以纠正君主的过失，还应当将这看作一桩功绩。我想说的是，你下令禁止别人对你进行规劝，而贤明的君主们一直以来都十分乐意接受规劝，并将它看作一桩益事。这一命令对你建立权威毫无益处，请立即撤回并像那些受人爱戴的皇帝一样将规劝看作善意，虚心接受！如果你觉得效仿明君是一种耻辱，那就是让自己走上错误的道路。你要承认祖先们听从规劝才是正确的做法，而你拒绝这么做就是一个糟糕的皇帝。"茅焦的坦诚惹怒了皇帝，他既感到心痛，又气得咬牙切齿，盛怒之下无法自持，一把抽出佩剑指向茅焦。但皇帝没有刺下这一剑，因为在他看来，死在剑下还不够残忍，茅焦应当受到更为严酷的刑罚。于是，他命人立即搬来一口大铜锅，要将茅焦放入锅内，烧火折磨他。

坦然以对

茅焦毫不畏惧这一令人发指的酷刑。他凑近一步，在皇帝面前跪下，平静地说道："从小我就在那些伟大作家的书籍里读到，一生正直的人不应惧怕死亡。我还读到，君主一旦犯错，就应当为自己会被推翻感到担忧。害怕因为正义而死的人不配活着，不害怕失去国家的人不配当统治者。统治者首先想了解的便是有关生死存亡的道理，陛下，你想不想听呢？”这番话暂时平息了皇帝的怒火，他对茅焦说话时的语气也变得平静了：“我不明白你要谈的是什么，请解释一下！”茅焦继续说道：“陛下，既然你允许我直言，那我就将心中所想如实相告。我的话将会使你受益，而如果你听完之后为自己的行为感到羞耻，那么所有人都会从中受益。你犯下了四重史无前例的重罪，必须受到谴责，而你自己却没有意识到。如果不能深切悔过，你必然生无宁日，死无尊严，甚至会给国家带来厄运。第一，你对先王的在天之灵不敬。你将太后流放，就是公开羞辱先王的妻子，让她因违反婚约的不贞行为而被公众谴责。你的另一大罪行是对母亲不敬、过于严苛。你到处犯下残暴的罪行，甚至在家里也一样。你命人杀死了两个弟弟，而他们都只是无辜的儿童，和你一样由同一个母亲所出。你的双手还沾满了二十五个正义之士的鲜血，他们都是你的朋友，心里只想着为你好。历数史上以残暴闻名的君主，试问其中有哪一位暴虐至此？比桀和纣[30]更暴虐的是谁？正是你啊！你的残暴超过了他们二人（为什么我只类比了他们二人？），远超历史上所有的暴君！一旦这些暴行在全天下传开，你知不知道会发生什么？到时候全天下都会憎恶你和你的家族。人民爱戴皇帝是因为皇帝的美德，而不是他的恶行。因此，善良的人绝不会愿意成为你的臣子，你将会被全天下抛弃。到时候你怎么办？我相信你不会因我坦诚直言而认可我的话，但是，若你不听，我担心你的所作所为将会将你引向灭亡，你也会因自己所犯的罪行而失去通过征战得来的江山。”语毕，茅焦脱下官服，取下官印，扔到皇帝脚下。

茅焦得胜

皇帝一时惊讶万分。片刻之后，他走下宝座，双手捡起茅焦的衣衫递还给他，并称赞他忠诚无畏。皇帝对自己的行为十分后悔，立即命人召回太后，并亲自前往迎接，礼数俱全。他卑微地请求太后原谅，举国上下一片欢腾。

之前我已经讲过一些勇敢的大臣直言责备君主的故事，我相信欧洲人一定十分仰慕他们，但是谁都不会有勇气效仿。

无论如何我们都需要知道，中国人的这种做法不仅仅存在于古

若君主不听劝诫，大臣便会辞官

代，直至今日仍有这么一些大臣，如果他们的建议未被皇帝采纳，便会当着皇帝的面脱下朝服、丢弃官印，称自己无用，辞官回乡。他们担心皇帝不听建议、一意孤行之下做的决定会损害所有人的利益时便会当众辞官。数年前，也就是因到处留情而声名狼藉的万历皇帝在位年间[31]就发生过这么一件事。万历（UANLIENUS）已有子嗣，其中还有嫡出的太子人选，但他还是想将自己疯狂爱恋的小妾所生的儿子扶上正位，朝中大臣无一赞成。眼看皇帝根本不理会大臣们的建议，当时在都城之中的所有官员（我认为大约有两千名）集体进宫，放下官印，逼迫皇帝将嫡出皇子立为太子。[32]同样的事情在公元1651年，也就是我出发离开中国之前也发生过。当时北京的皇帝驾崩[33]，有人（一名鞑靼人）以新皇年幼、不宜执政为借口，企图篡夺王位。他的勃勃野心遭到了文武百官的反对，他们纷纷交出官印，迫使他放弃了这一想法。之后，十六岁的皇子顺治（XUNGHI）即位，开始治国，一切顺理成章。[34]现在我们回来说说始皇帝。

几年之后，始皇帝长途跋涉，视察了整个帝国，完成了一次伟大的旅行。他渡过长江（KIANG），将越国也纳入了帝国版图。这次旅程中发生了许多值得铭记的事件，特别是在浙江省境内距离省会杭州不远的地方，始皇帝登上山顶远眺大海，直到现在这座山仍被叫做秦望山。还有一次，韩王的大臣张良（CHANGLEANGUS）[35]行刺始皇帝，始皇帝差点因此丢掉性命。张良足智多谋，但不善用武。他将自己的财产悉数变卖，用得来的钱雇了一名勇猛的杀手，在始皇帝巡游途中进行刺杀。当时始皇帝正向中国的东部地区行进，途经一片沙地，行路艰难，杀手就在此刻突然冲出，手持匕首袭击皇帝。幸亏他所乘坐的马车侧壁为他挡了这一刀，否则皇帝必然当场毙命。杀手刺杀失败，立即遁逃，很快便消失得无影无踪。皇帝命人四处搜捕，却再也没能寻到他的踪迹。张良也逃到山中躲了起来。后来，刘邦[36]遭到众人反对时，只有张良站出来支持他，为他出谋划策，帮助他夺得了整个帝国，成了始皇帝的继任者。此事我们之后详说。

始皇帝执政三十二年时，皇帝北巡，遇见刚从海上长途旅行归来的卢生（LUSENGUS）。卢生向皇帝献上了一些物品，其中有一张地图，上面绘有远东亚洲地区的部分区域和东海（MARE EOO）上的一些岛屿[37]。因此可以推断，中国人早在始皇帝统治时期便已经到达了印度、日本、吕宋[38]和更为西边的区域。有人认为 CINGALA（僧伽罗，斯里兰卡的古称）一词便源于中国人的航海远行，人们原本用这个词命名中国船队曾经沉没的浅滩，而 CEILAN 或 SINLAN（锡兰）原本指的也是中国居民，也就是中国人。这些名称都以 C 开头，验证了我们之前所说的 CINI 一词来源于秦王朝（CINA）的观点。有证据证明中国人曾到达过圣洛伦佐岛（SAN LORENZO）[39]，因为直到今天，岛上还有中国人居住，特别是在圣克拉拉湾地区，我曾多次听到在那里靠岸的水手们说起，那里有浅肤色的人会说中文。中国船只源源不断地开往印度洋诸岛，甚至到达了印度，直到葡萄牙人到来。鉴于这些航线路途遥远，中国人又对葡萄牙人心怀恐惧，之后他们便放弃了这些航线，他们的贸易伙伴也变成了大海另一边的日本，还有菲律宾、望加锡[40]、爪哇、柬埔寨、暹罗[41]和交趾[42]。中国的史书作者们对这些事情兴趣寥寥，这也不足为奇，因为他们自视甚高，无视其他民族，不屑将发生在外族和外国的事件载于史册。事实也的确如此，与中国人相比，整个印度地区的居民完全是野蛮未开化之辈。

中国人[可能]是日本人的祖先

就在那些年，有一支中国船队从日本返回。船长通过向皇帝撒谎骗取了再次出海的机会，以实现占领其中一个岛屿的目的。他告诉皇帝岛上生长着一种仙草，服用后便可长生不老。他向皇帝索要了士兵和船只，还索要了大约三百名少女和同等数量的青年男子，声称只有他们才能找到和摘取仙草。

远行的目的

皇帝相信了他的话，同意了他的要求。此人得以回到日本，在那里建立了一座城市并自立为王。从此日本的人口开始快速增长，日本人也以自己是中国人的后代为荣。

皇帝在北巡时发现一些地区遭受鞑靼人的侵扰，便开始思考如何防御[43]。他派将军蒙恬（MUNGTIENUS）[44]带着三十万大军攻入敌人的领地，并在短时间内击败了敌人，使他们不再来犯。

中国长城

之后，始皇帝命人对边境地区进行了细致的测绘，将平原和山谷在地图上一一标明。据中国史书记载，修建长城的伟大工程也在那时开始。[45] 长城自辽东省 [46] 沿海一直延伸到陕西省位于黄河岸边的临洮（LINTAO），绵延一万华里，在敌军来犯较多的区域筑有塔楼和小堡垒。如果按一里格对应十六华里来算，长城的总长应为六百里格（lega）左右，我在另一本远东地图集中对长城的长度有精确记载。长城（被中国人称为“万里城”（UANLICHING）是一项非同一般的宏大工程，而且至今保存完好，汇聚了无数中国人民的辛劳与汗水。

全国三分之一的人口参加修筑

全国百姓中有三分之一参与了长城的修筑，在不同的地点同时开工，历时五年才修筑完成。皇帝要求这一工事坚不可摧，连一颗钉子也不能钉入，谁要是在石头间留下了缝隙，就会丢掉性命。在辽东的一处海湾，装满大块生铁的货船被沉入两里深的水底作为长城的地基。长城的宽度可以容纳六到八匹马并排通过，而不会互相碰撞，这也是这项耗时五年的工程令人赞叹之处。长城在河流流经之处未采用拱形结构支撑，但在大同（TAITUM）的悬崖峭壁间修筑的长城会经过一段极为宽阔的急流，他处的河流远不可与其相比。

大同居住着大量狄人（TIE），他们被秦军打败，大部分被迫留在了长城的这一边。皇帝命人在此段长城修筑了大量的小城堡用于屯兵，还在城墙各处修建城门，以便在必要之时更迅速地袭击鞑靼人，同时也方便贸易。

长城守军百万

为了保护长城，中国的皇帝们在长城的驻军几乎一直保持在近百万人的规模。尽管这些军队根据需要被分散成小队，但他们还是能在固定的时间收到来自帝国各处的足量补给。

公元前 215年长城建成

长城于公元前 215 年竣工。

若皇帝想要的只是美名和尊敬，那这一工程定能让他流芳百世，

无尽的野心

但他心里只想让自己一个人名垂青史，因此便命人将先前的皇帝都从史书中删去。他认为自己的功绩远超他人，因此只希望后世记住他一个人的名字。

焚书

为此他还颁布了一条法令，以极为严酷的责罚为要挟，命人烧毁天下所有的书籍 [47]，希望通过这种做法让关于其他皇帝的记载都从世间消失，在所有书籍中只留下他一个人的名字。[48] 秦始皇帝三十四年，皇帝终于找到借口使这条法令生效。可以想象，无论是当时还是现在，

这样的法令使他被所有中国人憎恶。始皇帝死后，天下百姓开始用比较温和的方式对他的恶行进行报复，在提及始皇帝时对他极尽羞辱诅咒。就这样，皇帝本想用修筑长城换来一世英名，最后却只得到了耻辱和谴责。建议皇帝焚书的有时任宰相的李斯[49]。书中记载，李斯一直反对诸侯分封制，在朝中讨论焚书一事时，厌恶研习学问的李斯说道："在过去，国家由许多诸侯国组成，当时研习学问的确很有必要，因为这样便能从书籍中读到不同国家的统治方式。但现在情况不同了，全天下都在一人统治之下，只听从一个人的命令，因此也只需遵守一种法律便可。我不明白今时今日还有什么必要研习学问？我认为多读书不仅无用，甚至有害。为什么呢？因为读书人既懒惰又好争执，我们为什么要容忍国家充斥着这样的人呢？国家的昌盛来自农业和农作，我们需要领导百姓参与劳作，成果应当去田地里收获，而不是从无用的文字当中汲取。文人从事的都是些过气的事，他们认为研究过去十分重要，却拒绝将眼光放在当下，认为当下不值得他们花费力气。他们只专注于过去，将精力都浪费在研究历史上，醉心于历史的他们不明白世道已经发生了巨变。文人们活在一切都一如往常的幻影中，无法适应新事物，还特别好为人师[50]。每当皇帝颁布新法，他们便会仔细研读一番，只有当法律与古代旧法相符时他们才会赞同，否则就会对新法和皇帝提出尖刻的批评，而其中原因只是因为新法与过去缺少联系。这种言论自由会导致人民不服统治，甚至会引发起义。因此，皇帝必须实行严格的监管，确保所有人无论在家中还是在其他地方都不得藏有除农、医、神之外的书籍，若有人拒绝立即焚毁书籍，便将其处死。如果有人想要了解我们国家的法律和命令，不要想从书籍中，只要聆听朝廷配备专门负责解释的官员即可。"这番言论导致了一场学术灾难，几乎所有的书籍都被付之一炬，而这场大火也有了一个专门的名字——秦火（CINHO）[51]，意为秦朝的火。当时的官员们搜寻和焚毁书籍的热情令人震惊。皇帝本人也极力推进这一运动，在他的命令下，藏有书籍的人一旦被发现，就会被立即处死，一些家庭就这样从世上消失了。这场大火一直存在于中国人的记忆中，直到今天他们还会惋惜它给书籍和文化带来了多少不可挽回的损失。损失最为惨

反对书籍和文人的错误言论

重的是数学和音乐，要知道当时的中国人在这两个领域遥遥领先，现存的古代数学笔记和对音乐的赞颂便是很好的佐证。在那场惨痛的文化灾难中，依然有大量的书籍在皇帝的严酷律法下幸存，其中不乏年代久远的古籍。

用智慧保存下来的书籍

我了解到一种当时藏匿书籍的方法。据说有一位爱好文学的老妇人，她将孔子、孟子和一些其他哲人的书籍拆开，分页粘贴在自家的墙上。当时尚未使用纸张，就像现在的印度一样，文字被写在树皮或木片上。这些书页用耐用的材料制成，外面覆上白色的灰浆，隐藏在墙上完全不会被发现。后来秦朝灭亡，这位老妇人的后人将它们从墙上取下，再将书籍抄录给需要的人。可惜的是，由于时间久远或是湿气的作用，书中的一些文字已经无法识别，尤其是孔子的著作损毁最为严重。其实人们对这些损毁的部分究竟是什么都十分清楚，但没有人敢在重印的时候将其添加到正文中，只是在页边以注释的形式呈现。孔子的著作备受景仰，即便书中存在明显的空白之处，也绝不允许他人修改订正。与我们对《圣经》的崇拜比起来，中国人对于孔子著作的尊崇有过之而无不及。然而，很多人仅仅凭借人类不完美的智慧便不假思索地把神圣的著作删改得面目全非，将它们随意扭曲并进行错误的阐释。在焚书事件发生的当时，有两位身为大臣的哲人为了保证研习学问的自由和安全而离开皇宫，逃往山间的隐秘之处躲藏。他们不敢当面向皇帝说明，便书信一封，解释了离开的缘由，并且义正词严地谴责了焚书一事。皇帝得知此事后更为震怒，命人开始了新一轮的残酷搜查。所有将书籍看作自己最珍贵的财产而不愿放弃的人都被投入监狱，而在那些藏匿于山中的书生中，有四百六十余人被拖至广场，和他们的书籍一起被扔进火堆。[52] 太子扶苏（FUSUUS）钟爱研习学问，对皇帝的这一残酷行径感到十分伤心。他多次恳求父亲停止破坏，但都无功而返。皇帝因他为知识分子求情而非常生气，命他不得在自己眼前出现，随后便将北方边远地区封给太子，将他流放，接受将军蒙恬（MUMHOEUS）[53] 的看管。这位王子远离皇宫和故土，本应享有的权利也被剥夺，没过多久便去世了。之后我会说到此事。

焚烧书籍和书生

华丽恢宏的宫殿

皇帝钟爱宏大华丽的事物，他命人在咸阳（HIENYANG）建造了一座恢宏壮丽的宫殿。咸阳位于陕西省，现在的省会是西安（SIGAN）。那是一座十分庞大的宫殿，但在皇帝看来还是过于狭小朴素，因此便又命人加盖了一座高大华美的宫殿。这座宫殿东西长五百步，南北宽一百步，布局整齐，哪怕不算上庭院的空间，也能供一万名负责保卫皇帝人身安全、看护宅邸的精兵居住。

被城墙围住的宫殿又扩建至南山，其中一部分被围起来作为园林供享乐之用。之后皇帝又兴建了环绕整座城池的新城墙。城墙大部紧临渭河，只有通过山侧的一条仅可步行的道路才能进城。皇帝命人在山顶建造了一座坚不可摧的高堡，并在堡垒之下挖通一条密道，经由地下蜿蜒至城内。除了地道之外，他还命人修建了一条大路通往城内。园林中的果园、鱼塘、花园和其他装饰多到无法用言语形容，耗资巨大。皇帝强迫百姓参与这项工程的建设，遭到了骂声一片，之后我会详说。

当然，皇帝的生活也很艰辛。他四处征战二十五年，好在总能得到命运的眷顾，终于在公元前 222 年[54]平定天下。这是秦国年鉴中最重要的年份，因为就是在这一年，秦王获得了全天下的认可，宣告成为中国的皇帝。他将秦朝首位皇帝的称号授予已经故去的父亲，自己则作为第二任。

父贵于子

这是中国人的惯常做法，也体现了他们对父母的崇敬。父亲的高度是子女永远无法企及的。一旦因自己的功绩取得了比父亲更高的地位，子女们便会立即举行一个盛大的仪式与父亲共享这一称号，即便父亲已经死去。这也许可以当作一种父辈享有的身后权利。

皇帝颁布新法，变更了统治国家的模式。他以月亮进入射手座之日为岁首，将军队的徽章和旌旗之色定为自己钟爱的黑色。[55]

皇子失去王的封号

皇帝当时已有数名子嗣，大臣们便要求在立长子为太子后按照传统封其他皇子为王，但此事遭到了官衔最高的大臣之一李斯的反对。李斯说："古代王朝的皇帝封儿子和侄子们为王，但是历史的经验告诉我们，封王没有好结果。受封的侯王们势力愈发强大，没过多久便会起兵自相残杀，造成天下大乱。我认为我国的皇子们也好不到哪儿去。分封制是战争和暴动的源头，这一点有目共睹。因此，我认为封王不是一个好建议，既然新皇以功德获得了天下的认可，为何还要给儿子们兵权，给他们毁灭国家的机会呢？我们可以在他们受封的城市建造豪华的宫殿，让他们在那里过着王一般的生活，享受丰厚的俸禄，但没有兵权也不享有任何权威，这难道不是一种更好的方式吗？一旦皇子们的命运掌握在皇帝和大臣们手中，他们便没有理由用武力扰乱国家太平，也就没什么值得担忧了。”皇帝赞同李斯的看法，按照他的建议安顿了皇子们，这一做法一直沿用至今。

始皇帝三十七年，皇帝决定东巡。次子胡亥（HUHAIUS）请求同往，并在宰相李斯的帮助下成行。始皇帝在东巡途中病逝，时为当年七月。皇帝在去世前不久给长子写了一封书信，并附上帝国玉玺，一同交给胡亥，命他立即递送给大哥。

被私藏的书信和玉玺

但胡亥并没有立刻照办，为了防止人民起义，他隐瞒了父皇去世的消息。纵使他万分小心，大臣们还是得知了皇帝病逝，并开始策划政变。其中一些人虽然表面上效忠皇帝，其实心中埋藏着对秦王朝深深的憎恶，一心期盼着秦朝的覆灭，其中之一便是影响力颇大的大臣赵高（CHAOCAUS）[56]。赵高将筹划已久的阴谋付诸行动，并决定不令秦朝灭亡绝不罢休。为了让最为忠心耿耿的大臣李斯放弃皇长子，转而让皇帝幼子继承皇位，赵高对李斯说道：“皇帝想要传给长子的玉玺现在在次子胡亥手中，而胡亥是你的朋友。继承皇位的是胡亥还是扶苏完全掌握在你的手中。既然你们是好朋友，那么我想你一定会那么做的。”李斯依然一心忠于皇帝，听闻此言，气愤不已，简直想立即杀死赵高。但最后他还是忍住了怒火，对赵高说道：“你怎能如此不忠？不忠之人根本不配活在这个世上，留你一条小命完全是因为我的善良。你的计划目的何在？难道不是想要颠覆国家？哪怕最恶毒的人也不至说出这样的话！”赵高似乎对这番话毫不在意，他回答道：“李斯你以智慧有功于天下，而且没有人嫉妒你的权力，这点便非同寻常。其中原因便是你从不滥用职权，在这个职位上的付出远远大于所得，你的功绩也因此值得被铭记。但是，现在请你反思一下自己做的事吧！你明明知道皇子扶苏（MAYNUS）[57]现在与蒙恬在一起，蒙恬对他一片忠心，两人之间已经建立起了伟大的友谊。如果登上皇位的不是胡亥而是扶苏，你的势力将根本无法与蒙恬相提并论。难道你就这么不看重阁老之位和执掌天下的玉玺吗？你明明可以将玉玺留给胡亥，自己保住阁老之位，难道你对这两件事都毫不在意吗？胡亥虽是次子，但又有什么关系？他站在我们一边，手里已有玉玺，只要你助他一把，他便能拥有天下。如果他因你的帮助而登基，那他对你将是多么感激！也许智慧诚实之人不太欣赏我的这番话，但这位年轻人品行高贵、充满善意、体恤民众，这些品质和其他种种美德一同在他身上闪耀，仿佛星辰闪烁在天空。他是配得上皇位的人，难道这些对你来说还不够吗？我恳求你别再犹豫了，让定能称为明君的人执掌大权吧！”这番蛊惑人心的话令李斯大为惊讶。最终，在利益和责任之间，他选择了前者。[58]

法定继承人被剥夺皇位

就这样，李斯逆皇帝之命，不顾自然法则和帝国法律，让年轻的胡亥作为始皇帝钦定的继承人面见群臣，他利用自己的威望，轻而易举地说服众人承认了次子继位的合法性，并臣服于新皇。皇长子在蒙恬的帮助下想尽了办法，希望取得大臣们的支持，但却一无所获。因为李斯已经出面反对，只要有人愿意出兵支持皇长子，就会遭到几乎所有大臣的反对。皇长子没有足够的兵力应对，不得不选择了放弃。扶苏和蒙恬也因此背上了颠覆国家的罪名，被认定为叛乱者，胡亥登基后出于安全考虑便逼迫他们自杀了。[59]

第二位皇帝

二世（ULXIUS）

在位 3 年

第四十二甲子第 29 年，公元前 209 年

古话说，不义之财必散尽，这位新皇的悲惨命运恰恰印证了这句话。这名靠杀人登上皇位、什么都敢做的年轻人仅仅用了三年时间便葬送了自己，也覆灭了国家。皇帝二十二岁登基，二十四岁那年被拥立他登上皇位的那群人处死。密谋推翻他的就是赵高。尽管此人因个人功绩已经取代李斯成为阁老，手握兵权，但他心中却依然埋藏着对

秦朝深深的憎恶。

无论是品德还是勇气，[秦] 二世（这名皇帝登基后的称号）都不及他的父亲。他贪婪成性、荒淫无度，除了享乐什么都不顾。

贪图享乐的皇帝如是说

据说他曾对赵高这么说道："人生在世就好比驾着六匹骏马拉着的马车飞奔。生命短暂，那我就要尽享自己喜闻乐见的所有东西，享尽自己心中喜欢的任何事物，我要竭尽全力去享受，在幸福中度过余生。我希望赵高你能教我做到。"[60] 诡计多端的赵高回答道："贤明的皇帝啊，你可以为所欲为，但恐怕你的任何努力都是徒劳，因为感官的欢愉没有尽头，而在你父皇的老臣面前，你所期望得到的可能连一星半点都无法实现。他们会打扰你休息，催促你去处理那些远在天边的事务，一看到你有享乐的念头，他们便会对你提出尖刻的批评。因此，如果你想充分享乐，就必须撤去他们的官职，换成由效忠于我们的人担任。只要剥夺了他们发声的权利，你就可以得到想要的一切，觉也能睡得安稳。"这番建议其实经过深思熟虑，因为一旦忠于秦朝的老臣被废黜，这名居心不良的人便能让自己的朋党占据高位，在他想要夺取政权时听其差遣，助他一臂之力。皇帝听取了赵高的建议，废黜老臣，用新人替换。但老臣们绝不能容忍这番羞辱，他们发动人民奋起抗争，要求得到应有的尊重。抗争随着时间的推移渐渐平息，但秦朝却在抗争结束前就灭亡了。

糟糕透顶的建议

[陈] 胜的阴谋

都城驻军头领之一的 [陈] 胜（XINGUS）是最先看到起义征兆的人。皇帝命他带兵向南平息叛乱，但一些士兵在坎坷难行的道路和洪水中丧生，任务随即失败。[61] 作为将领的陈胜一想到要回都城面见皇帝便十分担忧，他召集了军中官员，对他们说道："伙伴们，命运抛弃了我们，让我们落入了如此困难的境地，大家心中自然会感到愤懑。我们必将受死，除非荒淫无度的皇帝不那么生气，但即便那样，他也必然会要求我们还乡。这是一种耻辱，而且无论是受死还是归乡都会带来痛苦。你们很清楚，我必须听从的是一名以胜利论英雄的君主的独裁命令，而我们却输了，连老天爷都站在了我们的另一边。所以，勇猛的伙伴们，难道我们未获战功就要死去？难道我们要毫无尊严地被荒淫无度的皇帝所杀？我希望他找不到足够勇敢的人来对我们动手。他双手沾满亲哥哥的鲜血才登上了皇位，这一点毫无疑问。他杀死了扶苏，但是扶苏的儿子还活着，帝国应该属于他。让我们在正义的帮助下，在我们自身价值的引领下，站出来维护他吧！我们绝不听从一个昏庸残暴的杀人犯皇帝！”众人听完这番话纷纷响应，改称皇位的合法继承人——扶苏之子为皇帝。时任四川省长官的吴广（QUAMKIUS）听闻此事后对起义军的勇气大为赞赏，便决定不再效忠皇帝，转投起义军。[62]大军集结完毕，所有人都将原来的旌旗撤下，换上扶苏儿子[63]的标志，以掩盖自己叛军的身份。旌旗的颜色骗过了大部分敌人，叛乱的阴谋没有暴露，但就连陈胜的部下也被他骗了。在征服了楚国、占领了楚国全境后，陈胜不再掩盖自己的野心，自立为王。此时众人才明白，他不是为了扶苏之子而战，而是为了自己。阴谋败露，陈胜被孤立，起义无法继续，他不得不放弃称王。张耳（CHANGULUS）和陈馀（CHIYNUS）曾建议他不要心急，也向他解释了为何还没到称王的时机，若是当时陈胜听从了他们的话，那么楚国一定是他的囊中之物。事实上，陈胜的兵马勉强能支持扶苏之子的旧部，若是他能拥有人数更多、装备更精良的军队，那他所能攻下的就不仅仅是楚国，而是整个天下了。我之前就已说过，野心勃勃但不懂等待的人只会让命运之神远离自己，他们的阴谋也终将败露。那些跟随他的起义军最后也放弃战斗，选择和平，自行解散了。

陈胜暴露

皇帝逃过此劫，但却没有放弃懒散的生活方式。他将国家交给大臣们管理，自己在赵高的帮助和建议下纵情享乐。赵高是竭尽所能颠覆帝国之人，他没有将精力用在镇压叛乱上，甚至还让叛军中的一些人燃起了希望，认为自己将会得到命运的垂青。他用从人民身上榨取的税收修建园林、新的宫殿、公园和其他满足皇帝任性享乐的场所，并在都城驻军五万，保护皇帝安全并保证他安心享乐。[64]之后发生的事印证了一个道理：如果没有自身的德行和百姓的拥护，再小心谨慎也无济于事。一个名叫刘邦（LIEUPANGUS）的人在楚国北部河南附近发动起义，对抗皇帝，起义很快蔓延至全国。刘邦和一些同伴结伙，自命为首领，在沛湖（POI）[65]附近及周边山区以强盗打劫为生。[66]尽管他只是一介土匪，并非将领，却和将领一样在边境对抗外族。他出

皇帝的懒散

身平民却有贵族风范，中国的史书作者们对他不吝赞扬，称他集智慧、善良、勇敢和好运于一身。刘邦志向远大，不屑操心生计琐事。作为匪帮首领，他用同样的标准要求所有人，不允许他们去做一些鸡毛蒜皮之事。他为人忠厚、言语诚恳，很快获得了众人的喜爱。而关于那位生活糜烂的皇帝，我只能说真正的男子汉若不追求帝王的尊严，那毋宁去死。

刘邦曾偶遇一位叫做吕公（LIUCUNGUS）的人。吕公擅长相人之术，仔细观察了刘邦的面容后他猛然下跪，口中高呼："从此刻起，我便是你的子民，因为你将成为皇帝，你的脸上有明显的帝王之相！我曾经为许多人解读过命运、预言过未来，但至今我从未见过像先生你这样的人。若我所读过的那些古老而珍贵的预言书所言不虚，你定能登上皇位。我对此事深信不疑，因此从今日起我便臣服于你。如果你同意的话，我愿将自己唯一的女儿嫁与先生为妻。她貌若天仙，聪慧过人。请你记住，你生来便注定是高贵之人，我期待着你成就一番大业。"刘邦听闻大喜，便同意了这桩婚事。他的妻子行事谨慎，在刘邦之后的事业发展中给予了巨大的帮助。[67]然而，好运的降临往往会带来性情的改变，这位夫人成了皇后之后就变得心狠手辣，之后我会细说。

秦二世虽然终日懒散，却醉心于占星，十分喜欢观星占卜。据说他通过行星的轨迹预见到自己的继位者将会立即到来，并且此人来自陕西省南部。于是，为了改变不利于自己的命运，他便前往该地，仔细调查甄别，确保不放过任何一个可能受到上天指派和保护而来到人间威胁其皇位的人。就这样，他来到了刘邦及其人马的所在地。刘邦事先得知了皇帝到来的消息，便逃往沛湖附近的高山中躲藏，他的儿子、兄弟和亲戚当时正受刘邦邀请共进午餐，便与他一同前往。有一天，

蛇被杀的预言

刘邦和亲戚们用过晚餐后在茂密的树林里散步。当时天已经黑了，忽然一条巨蛇向刘邦游来，他见状立即拔剑，挥起两剑将巨蛇砍成几段。[68]与此同时，一位正在找蛇的老妇人见到蛇被砍死，便放声大哭起来。她一边哭一边说道："啊！我那化身为白蛇的儿子本将成为帝王，现在我却再也见不到他了！能杀死他的只有赤龙，这是天意要让赤龙执

掌帝国啊！杀死我儿之人必将成为皇帝。”听闻这番预言（我认为刘邦为了鼓舞手下的士气杜撰了这一故事），众人欢欣鼓舞，认为天下必将属于刘邦。因此，无论刘邦下达什么命令，大家都遵照执行，尊敬他如同尊敬皇帝一般。时至今日，中国人依然认为权力来自不可更改的天命，就好像是被系在绳子上从天而降；他们还认为，坐在皇位上的人只要紧紧抓住天命之绳，便可以按照自己的意愿管理国家。上述事件发生后，刘邦的威望大增，众多盟友与他一起组成大军，也因此逃过了秦二世的搜捕。

与此同时，觊觎着楚国大权的陈胜虽然被大部分手下抛弃，却依然没有失去信心。他在占领了一些地区后，带着军队向以沛湖命名的沛县靠近。沛县县令向刘邦求助。刘邦先是派遣了一支先锋队，之后更是亲自率领整支军队前往援助。陈胜得知这一消息立即去往了别处，县令认为自己已无危险，便拒绝刘邦的救兵进城。

大怒的刘邦率军围住县城、登上城墙，在城内百姓的帮助下夺取了沛县。他用弓箭传信的方法，将写有县令如何背信弃义的字条缚于箭上射入城内，煽动城内百姓起义。城内的士兵杀掉了县令，随即转投敌军麾下，刘邦的军队人数骤增，还获得了大量战利品，他本人也从一介土匪一跃成了将领。那天杀死巨蛇后遇见的老妇人将其称为赤帝，并说这是命中注定的名字，他便以红色为旌旗的颜色，并只允许军中使用红色这一种代表着好运的颜色。　弓箭传信

皇帝得知了这些消息后，命会稽（HOEIKI）[69]郡守用武力阻止刘邦。郡守立即派出一支大军，由项梁（HIANGLEANGUS）指挥前往楚国，却没有考虑到与服从命令相比，爱国之情往往更占上风。这一决定导致秦军战败，会稽郡守也因此丢了性命。[70]项梁出生于楚国，他没有带领军队攻打自己的祖国，而是希望楚国能像过去一样拥有自己的国王。在他看来，要实现此愿十分容易，因为士兵们对他十分忠诚，随时愿意起义造反。另外，他的一个侄子名为项羽（HIANGYUUS）[71]，是一名勇猛善战的年轻人。项梁将会稽郡许诺与他，因此他便出手相助，杀死了会稽郡守。

杀死郡守后，项梁带着他的共犯侄儿一同逃往楚国。据说项羽愚

愚蠢无知的项羽

钝不堪，被送去读书却连认字都学不会。他的叔叔因此责备他，项羽却说书籍除了让后人记得前人的名字之外一无用处。之后他便被送去学习剑术，但他对剑术和对读书一样，丝毫兴趣都没有。叔叔责备他好逸恶劳，项羽便说自己喜欢兵器，但不想学习只是如何战胜一两个人，他想学的是战胜很多人的方法。于是，项羽便向叔叔学习兵法。

兵刃交错、起义频发，而皇帝却还未从享乐的美梦中醒来。他不理朝政，当齐王后裔田儋（TIENXENUS）[72]起兵时，皇帝不管不顾的态度促使了更为残酷的叛乱纷至沓来。田儋为人城府极深，是非常危险的敌人，在不满皇帝统治的人们的帮助下占领了原本属于齐国的部分国土。与此同时，韩广（HANQUANGUS）入侵并占领了燕国。有王族血统的武臣（UUCHINUS）效仿他们，入侵了原本属于他祖先的赵国，但他在赵国只获得了一个月的平静，因为后来燕王因边境纠纷对他宣战，武臣战败被俘。当时的监狱守卫松散，武臣因此得以向陈胜所在的楚国求救。陈胜答应出手相助，命两名深受信任的将军张耳和陈馀前往攻打燕国。这两名将军在动武之前派遣了一名使者前往燕国，向燕王表明楚军强大、定能获胜，要求释放武臣，但燕王不听。他置"万民法"[73]于不顾，将使者处死，继续囚禁武臣。张耳和陈馀见状便带领军队进入燕国报仇。燕军首领收到了楚军来犯的消息，便来到燕王面前对他说道："大王，你认为张耳和陈馀是怎样的人？"燕王答道："我认为他们听命于自己的主公，并对他忠心耿耿，他们的忠诚直到现在也没有一丝疑点。""但我不这么认为，"将领反驳道，"他俩出征并不是为了自己的主公，而是为了自己。他们以服从主公命令为借口来讨伐你，而一旦将你赶下了王位，他们就会背弃陈胜，瓜分楚国和燕国。如今帝国动荡，大家都想从中渔利。我恳求你释放武臣，这样他俩就会徒劳而返。反之，若继续关押武臣，那你就要准备接受更糟糕的结局。"韩广听从了他的建议，释放了武臣，在短时间内平息了冲突，但是没过几天他便去世了，张耳和陈馀将赵国交给了他的孙子怀（HOAIUS）。

几乎是与此同时，魏国也有了新王，名咎（KIEUS）。这些事件均发生于秦二世二年。

军事家张良以用计谋害皇帝出名，叛军首领们请他给予一些建议，但张良没有接受邀请，而是投入当时势力不及其他叛军，也没有请他出谋划策的刘邦麾下。[74]在被问及战争中何为、何不为时，张良说："起义反抗皇帝的将领们希望通过武力或欺骗夺取天下，毫不掩饰自己对权力的迫切渴望，而刘邦期盼的只是一次获取胜利的机会。他在等待上天的帮助，而上天也定会相助。是天下在找寻刘邦，而不是刘邦在谋求天下。"

张良的三种能力

据中国人所说，张良的兵法无人能敌，他观星象、察四季，仔细研究战场的草木、高山、山谷与河流，并且知道如何练兵和维持军纪。

与此同时，项梁杀死会稽郡守后占领了会稽，并招募了一支大军攻打自己的祖国——楚国。[75]他与陈胜的军队交战并且取得了胜利，这重燃了他内心对皇位的渴望。为人万分谨慎、深受项梁尊敬的长者范增（FACENGUS）对他提出了警告，他直截了当地对项梁说："仅凭攻克楚国战士们的武器无法让帝国崩塌，这一点你非常清楚。众人之所以支持你，那是因为你入楚的目的是赶走陈胜，这是他们欢迎你的唯一原因。他们所希望的是你能为楚国立一名君主。但如果你执意使用暴力，恐怕很快就会好运不再、困难重重。难道你觉得陈胜不想称帝吗？他一定也有和你一样的想法，但请不要效仿他的做法，否则你定会步其后尘！百姓们对他们的王室十分爱戴，因此，请你听我一言，选择一名在陈胜手中有幸保下命来的王室血脉，立他为王吧。这样举国上下和所有的军队都会忠心为你效劳，打败皇帝也将变得轻而易举。你既得了封号，又得了尊敬，得到的东西甚至会超出原本的预期。"长者的这番话充满智慧，项梁听了之后便放弃了原本的打算，在众人的欢欣鼓舞下立楚王的孙子心（SINUS）为王，后称怀王（HOAIUS）。

另一边，一名出身王室、名为黥（CHINGUS）[76]的人招募了一支几千人的大军发起攻占韩国，宣称其对韩国的主权。

皇帝的荒淫无度和无所事事招来了众多人民的憎恶，这些凶险的战事均发生在短短一年之内也早有预兆。饱受暴政压迫的百姓早就决定另选他人为帝，以求生计得到改善。皇帝得知了起义消息后大骂军队指挥李斯，责骂他未能履行好职责，并像许多君主经常做的那样将自己被民众抛弃一事归咎于朝中大臣。[77] 李斯上书回应道："贤明的皇帝应当实行严酷的惩罚。过于温和定会失去权威，继而没有人会惧怕皇帝；反之，如果任何罪责都坚决处以残酷的死刑，不容许一丝一毫通融，那么大家便不会作恶了。"他清楚皇帝是残暴之人，便顺着他的本性给出了一些其他的叮嘱。

皇帝的残暴

皇帝立即命人严厉镇压起义。只要落入皇帝手中便会遭受火烧或者其他酷刑，那些最为心狠手辣的地方官员获得了皇帝的赞赏，但其中很多人借执行皇帝命令之名，行私怨报复之实，将仅有一丝疑点的人也处以死刑。他们还开始加重税赋，无限度地压榨人民，谁从百姓身上榨取的钱财更多，谁就能得到更多的赞赏。

这些做法导致民怨沸腾，而皇帝的初衷却是驯服民众，令他们顺从。各城各郡期待着起义军带来自由、结束暴政，并自愿接受他们的管理。皇帝原本可以借助善良与温和维持和平，但他却用懒散、荒淫和暴力摧毁了一切。

奸佞赵高用恶毒的建议让灾难更快地降临到了皇帝头上。他用虚假的罪名陷害自己的对手，将忠于皇帝、忠于秦朝的大臣们一一处死，一心加快秦朝的灭亡。为了不让自己的不法行径和不轨企图被发现，他施行了一个掩盖在忠诚外壳下的邪恶计划，让皇帝将大权交给自己，只听从李斯的建议，其他大臣概不见。要知道悦耳的建议不一定有益，因此君主一定要学会明辨是非，而这些事件恰恰印证了这一点。[78]

献给皇帝的糟糕建议

据说赵高这么对皇帝说道："过度的亲近会招来轻视。如果臣子经常见到皇帝，他们就会看到皇帝的缺点，对他的尊敬便会减少，甚至会对皇帝不敬并嘲笑。如果皇帝想始终受到景仰，就要避免出现在臣子面前。因此，最好要求臣子用书面的方式上奏，皇帝也用书信回复。臣子在神圣的君主面前放纵，或者用不敬的眼光审视君主，应该要极少发生，或者更准确地说就不应该存在。清楚了这一点，皇帝就应当明白如何行事。他应当谨言慎行以保护自己，如此这般，所有人便都会对他尊敬有加。他的权威披上了神秘的面纱，便会显得更有威慑力了。"经验不足的皇帝被这番话蒙蔽。他不再上朝，不再接见任何人，关于国家的消息只从李斯和赵高处获取。事实上，他也很少接见李斯和赵高。

众臣叛变

李斯和赵高都获得了极大的权力，但两人行事并不一致，因为李斯对皇帝忠心耿耿，而虚伪的赵高却早已另有他心。最后，李斯被赵高说服，同他站到了一起。他们共同谋划杀害皇帝，瓜分天下，一南一北，各据一方，但他们的计划却遇到了两个障碍。李斯的长子李由（LIYEUS）在平息起义的过程中加入了叛军，李斯得知这一消息后便任命了一名新的指挥官，行使了只有皇帝才能行使的权利。这两件事使得李斯被投入了监狱。[79]

对手的结局

其实这是赵高暗中策划并等待的时刻，他无法容忍有人与他分庭抗礼，最终说服了皇帝给李斯定罪。他使尽浑身解数，最终得以将李斯腰斩于都城的广场之上，独自把持朝政，实现了心中长久所愿。

另一边，怀王被立为楚王。楚国广袤国土上的百姓一直期盼能有生于本国的人成为君主，立刻对他表示臣服。既然国内太平，楚王便决定向皇帝宣战，以报仇雪恨。他知道刘邦英勇，便邀请他担任军队首领，之后又召集了项羽、项梁和宋义（SUNGYUS），对他们说道：“将领们，我简单说说召唤你们前来的原因。我希望你们率领各自的军队去对抗皇帝，但目的不是为我夺取帝国，我只希望保有你们已经为我打来的江山，同时我希望你们也能成为国君。谁攻下皇帝所在的咸阳城，将皇帝赶下宝座，我就将秦国许诺与他。勇敢地去战斗吧！希望你们的勇猛能带来胜利的消息。战争的结局掌握在你们手中，我期盼着秦朝的早日覆灭。”

大军向皇帝进发

项羽和宋义同项梁一起带领大军开往鄱阳（POYANG），而刘邦则听取了张良的建议，带领一小队人马抄近路穿过河南一直向西。其他人的军队很快到达了皇帝所在的陕西省。皇帝听闻情况危急，终于从懒散中惊起，集结军队前往对抗叛军。他命军队攻击实力更强的楚军，因为他知道一旦击溃楚军，击退其他部队也就不在话下。他派章邯（CHANGTANUS）[80]带领装备精良的部队迎战项梁。项梁在鄱阳城附近的一场血战中获胜，项梁乘胜追击，在定陶（TINGTAO）再次大败章邯在战败后整顿起来的剩余部队。战斗中死伤无数。[81]

另一边，刘邦也受到了命运眷顾，获得了一场胜利。他进入陕西省西部与秦国交界的地区，大破守军，实力大增。

这边项梁因取得的胜利而狂妄不已，对其他人嗤之以鼻。他沾沾自喜，仿佛皇帝已是唾手可得。他军中战士锋利的兵器闪闪发亮，但却训练不足，尽管这样，他还是要率军与敌军交锋。宋义认为应当谨慎为上，就算此役并非十分凶险，他还是建议项梁严肃军纪。宋义这么说道："将军，虽然你能力非凡，但我还是为你感到担忧。我恳求你不要这么鲁莽，不要过于自信，轻视敌人，要知道敌人行事谨慎，也曾多次获胜。"高傲的将军无视了这番建议，再次与章邯交战，在上次大获全胜的定陶惨败。章邯重整后的军队勇猛迎战，击败了项梁。项梁战死。那些因打了胜仗而骄傲自满、疏于整顿军纪的将领应当以此为戒。[82]

刘邦听闻项梁战败，便集结了四散各处的士兵，组成了一支大军。

章邯不满足于此次胜利，他带领高奏凯歌的部队跨过黄河，攻打赵国。尽管皇帝只是命令他占领楚国，他依然认为赵王是十分危险的敌人，可以轻而易举地断绝秦军的补给和武器，因此不能置之不理。实力不济的赵王向楚王求助，楚王便又派了一支部队前往。项梁手下的所有军队都交由宋义指挥，而被认为虽然勇敢但是残酷无情的项羽则必须听从宋义的命令。秦二世三年，宋义的军队到达安阳城（NANYANG）[83]，在该地驻扎四十六日，休整部队。[84]急不可耐的项羽想要立即开战，便大骂宋义道："究竟要休战到什么时候？我军不久前刚刚经历了一次大败，叔叔战死。楚王现在需要的不是按兵不动，而是我们的帮助。若是我们不能献上他期盼已久的胜利，楚王一定吃不香、睡不着。所以我们应当放下所有的不确定，马上发起进攻！"宋义依然犹豫不决，一向行事果敢大胆的项羽便冲进营帐杀死了他。[85]他号召军队听命于他，允诺给士兵丰厚的战利品，以此骗取他们的支持。同时，他告诉士兵们，叔叔的大仇不报、战败的前耻不雪，绝不收兵。

逃跑与沉船

他与听命于他的军队匆匆登船，渡过黄河到达对岸。军队上岸后，项羽给他们留下三天的口粮，为了断绝胆小懦弱者的逃生之路，他命人将船只全部沉入水底。“将士们，你们看看，”他说道，“逃跑已经不可能了，我们只有用自己的勇猛来保护自己。我们背后有大河阻挡退路，面前是等待已久的皇帝的军队。现在只有两个选择：要么战，要么死！要是你们看重生命、荣耀和财富，那就拿出勇者的样子来！”说完，他便指挥大军与暂代秦军将军一职的王离（UANGUANIUS）[86]交锋。项羽的九次进攻都被击退，直到最后他才得以击溃敌军。王离被俘，所有的将领都认为秦朝气数已尽。没有人敢向皇帝禀告此事，赵高也将此事隐瞒了下来。

另一边，刘邦占领了魏国的昌邑（UUCHING）[87]，当地县令彭越（PUNGYUENUS）不敢反抗，与城内所有百姓一起投降。刘邦十分乐意地接受了彭越的归降，在确定了他的忠心后便派他继续攻克魏国，保留了他的官职。

而皇帝只是在王离被俘、彭越叛变后才被告知情势危急。彼时大难将至，似乎无论做什么都已于事无补，但皇帝还是派章邯率领装备精良的军队迎战项羽。章邯与项羽多次小型交战，但都以失败告终，后来他便不敢再在战场上与敌军交锋，因为没有交战便不会惨败。另外他也希望身在对方国土上的项羽部队会因缺少补给而陷入饥饿。

若是僵持的时间更久一些，也许项羽的军队真的会陷入困境，章邯也能找到获胜的机会。但急不可耐的皇帝希望不费吹灰之力消灭项羽，愤怒之下他给章邯书信一封，用尖刻的措辞责骂他不够果敢，命令他立即停止等待。章邯派一位名叫欣（SINGUS）的将领前往面见阁老赵高，向他解释自己的计划，并请赵高向皇帝禀报，同时请求更多的兵马和粮草的支持。[88]欣为了见赵高足足等待了三天，最后愤然离开，没有见到阁老，也没有达成任何使命。他回到章邯那里，忿忿不平地说：“将军，这可怎么办？我们还要被困多久？根据现在的形势，就算是战胜也挽救不了我们。现在统治我们的皇帝根本不配坐上皇位，他根本不听我们理论。如果说这点还勉强可以忍受，那么最不能忍的就是必须听从赵高的命令，他可是世间最恶毒之人。此人以发号施令为乐（真是卑鄙！），喜欢别人领受自己的恩惠，根本不考虑人民和帝国的利益。他不让我们进言，若是我们有话要说，他便会将我们推向门外。我在他的门前受辱整整三日，等待他的接见，但我等来的却只有拒绝。”章邯听完这番诉说，火冒三丈：“既然皇帝不关心我们，我们也不再关心他了！天意不可违背，这只会加速秦朝的灭亡。”说完，他便让欣前去会见项羽，要求加入他的部队。这一举动令秦朝和皇帝本人陷入极大的危难，皇帝本人应该从这场灾难中明白一个道理，那就是君主若是忽视并冒犯其臣民，他必将过得胆战心惊。

赵高比皇帝先一步收到了章邯叛变的消息，他担心自己会因此受罚，便决定杀死皇帝。既然心意已决，他便开始寻找恶贯满盈的杀手。找到此人后，他便引其入宫，借其之手杀死了年轻的秦二世皇帝，当时他登基不过三年。[89]为了洗脱自己杀害皇帝的嫌疑，赵高称病多日，闭门不出；而皇帝被杀的消息一传开，他便立即出现在公众眼前，要求搜捕杀手和共犯，并加以严惩。为了让人们相信他一心忠于秦朝，赵高将秦王室成员 [子] 婴（INGUS）立为皇帝，并让举国上下都宣誓效忠于新帝。他试图用这种方法洗脱自己的嫌疑，但终究未能成功。

第三位皇帝[90]

婴（INGUS）

在位 46 日

第四十一甲子第 52 年，[91]公元前 206 年

赵高受罚

子婴登基三天，便有人告发赵高恶毒残暴。起初，子婴大为光火，但考虑到阁老手握巨大权力，他决定将复仇计划暂时搁置。[92]他对自己的儿子说：“我将佯装生病，而只有赵高才有权前来面见。儿啊，你提前躲在暗处，当赵高独自一人前来的时候，你便冲出来，趁他惊魂未定之时用这把匕首将他刺死。”皇子怀揣兵器，按照计划杀死了赵高。这名邪恶之人终于丢掉了性命，并且家族三代[93]均被株连杀头。中国史书中记载，秦二世在位时，赵高权倾朝野，可以任凭自己的意愿任命或处死大臣。

赵高之恶毒

任何人的生死和命运都取决于他的意愿或评判，因此，若是说出或做出违背其意愿的事，便会遭来祸事。据说有一次他牵着一头鹿来

到皇帝面前，告诉皇帝那是一匹马。[94]皇帝见状大笑，指出了他的错误，但赵高坚称那是一匹马，并询问周围的大臣，让他们说说那是鹿还是马。有人说是鹿，有人说是马，还有人为了不得罪任何人便沉默不语。赵高暗中记下了那些说鹿的人，之后便处死了他们。自此之后所有人都惧怕赵高，什么都依着他的意思，为了取悦他甚至可以歪曲事实，将鸡蛋说成蝎子。[95]

与此同时，刘邦率领着强大的军队高奏凯歌，一直深入到通向都城的山谷。子婴的全部军队则占领了位于东侧山坡的另一侧关口，并下令调兵去峣关（YAO）增援。[96]刘邦逼近，急于开战。若非张良阻止，他一定会立即攻打皇帝的军队。而张良之所以阻止他，是因为他非常清楚敌军占领的地形更为有利，人数也更多。

一个计谋

机智的张良想出了一个妙计。只要敌军受命发动进攻，他便让人在山顶上挂上许多红色的旗帜，让敌军以为他们人数众多，诱骗敌军撤退。然后，他派信任的人去皇帝那里假装逃兵。这些人在皇帝那里受到了款待，随后便开始执行任务，劝说了许多秦军士兵转而支持刘邦。尽管依然有忠心耿耿的人出于谨慎而选择了留在君主身边，起义终究还是爆发了。策划这一切的张良站在高处看到了士兵们的异动，便告诉刘邦进攻的时机已到。刘邦带领军队穿过陡峭的小径，历经艰难险阻越过了蒉山（QUEI），从背后包围并突袭了敌军。秦军被杀无数，剩下的也都纷纷败逃。刘邦带领大军继续追击，两军在蓝田（LANTIEN）[97]交锋。皇帝当时躲在蓝田，见自己已失去所有依靠便主动投降。此事在下一卷中将会细说。秦朝持续了四十三年，历经三位皇帝。现在我回头来说说刘邦。

尾 注

1 嬴政（前 260—前 210），自称“始皇帝”，并认定自己将是一个漫长朝代的始建立者。他深受法家的政治思想影响，成为一代暴君，对待自己的反对者——尤其是儒家学者——十分无情。他使中国成了真正意义上的统一国家，统一了文字、律法和度量衡。他和历史上的许多独断独行的统治者一样喜欢大搞建设，他命人建造了长城，用来对抗异族入侵，又在西安命人建造了规模宏伟的兵马俑军队，用以守卫自己的陵墓。他的施政方式导致民怨沸腾，很快便发生了人民起义，秦朝只经历了两代君主便灭亡了。

2 我们未能找到这到底是什么地方。从卫匡国用词看，SCORI 前面用的介词 a，因此可能是孟加拉、缅甸或印度的一个城市或地区。（中文版注）

3 早在罗马帝国时期，中国就被称作“Sinae”，这是源自秦朝的名称，而中国人则被称作“Seres”。见本书卷一，注释 101。（陆商隐注）

4 此碑为公元 1625 年在西安出土的唐代大秦景教流行中国碑，碑文包含 1756 个汉字和 70 个叙利亚文，记载了公元 781 年第一座景教教堂的落成。耶稣会士经常引用此碑以证明基督教团体在古代中国的存在。该石碑现存于西安碑林博物馆。见 Y.Saeki，《景教文献与遗物在中国》（*The Nestorian documents and relics in China*），东京：Maruzen 出版社，1951。（陆商隐注）

5 著名谚语“鹬蚌相争，渔翁得利”的字面含义为“当鹬和蚌争执不下时，捕鱼人便能从中得益”。（陆商隐注）

6 见《资治通鉴纲目》卷二《秦始皇帝二年》，第 111 页。（陆商隐注）

7 见《资治通鉴纲目》卷二《秦始皇帝十八年》，第 119 页。（陆商隐注）

8 荆轲（？—前 227），武士、诗人，因刺杀秦始皇帝而成名。（陆商隐注）

9 见《资治通鉴纲目》卷二《秦始皇帝二十年》，第 120 页。文献中记载的礼物为督亢地图。（陆商隐注）

10 匕首应该是藏在地图之中，还有樊於期的首级没有提到，刺杀的过程也稍有出入。（中文版注）

11 见《资治通鉴纲目》卷二《秦始皇帝二十一年》，第 121 页。（陆商隐注）

12 见《资治通鉴纲目》卷二《秦始皇帝二十二年》，第 121 页。文献记载当时魏国君主为魏假，卫匡国应当是混淆了“假”字和“掇”字。（陆商隐注）

13 见《资治通鉴纲目》卷二《秦始皇帝二十二年》。《史记》卷六《秦始皇本纪》，第 234 页也记载了王贲水淹灭魏一事。（陆商隐注）

14 这里疑为原文的抄写或排字的错误，原文的 HUYUANG 疑为 HUQUANG（Q 错成了 Y），对应的是湖广省。前面一个也是省名江西。另外河阳为今吉利、孟州一带，在焦作一带，在河南西北靠近山西之处。（中文版注）

15 见《资治通鉴纲目》卷二《秦始皇帝二十一年》，第 121 页。（陆商隐注）

16 见《资治通鉴纲目》卷二《秦始皇帝二十二年》，第 121 页。（陆商隐注）

17 见《资治通鉴纲目》卷二《秦始皇帝二十三年》，第 122 页。（陆商隐注）

18 见《资治通鉴纲目》卷二《秦始皇帝二十四年》，第 122 页。（陆商隐注）

19　见《资治通鉴纲目》卷二《秦始皇帝九年》，第 115 页。（陆商隐注）
20　春申君（？ —前 238），楚国著名政治家，战国四公子之一。（陆商隐注）
21　此处谬误，应为“考烈”。（陆商隐注）
22　见《资治通鉴纲目》卷二《秦始皇帝十年》，第 116 页，原文直译。（陆商隐注）
23　见《资治通鉴纲目》卷二《秦始皇帝二十六年》，第 122 页。（陆商隐注）
24　见《资治通鉴纲目》卷二《秦始皇帝十四年》，第 117-118 页；《史记》卷六《秦始皇本纪》，第 232 页。（陆商隐注）
25　卫匡国似乎将“毐”字误以为“毒”，因此将此人的名字记为 LAOTOUS。此事发生于始皇帝即位早年。（陆商隐注）
26　“秋九月秦嫪毐作乱伏诛夷三族”，见《资治通鉴纲目》卷二上。（中文版注）
27　见《资治通鉴纲目》卷二《秦始皇帝九年》，第 114-115 页；《史记》卷八十五《吕不韦列传》，第 2512 页。（陆商隐注）
28　《资治通鉴纲目》卷二《秦始皇帝九年》，第 115 页中记载为二十七人。（陆商隐注）
29　《资治通鉴纲目》卷二《秦始皇帝九年》。（陆商隐注）
30　桀和纣分别为夏朝和商朝的末代皇帝。（陆商隐注）
31　万历（1563—1620）是明朝（1368—1644）第十三位皇帝，1572 年至 1620 年在位。（陆商隐注）
32　此事发生在 1601 年。（中文版注）
33　这里卫匡国将时间和地点弄混了。清朝的皇太极驾崩于 1643 年的盛京，而非北京。顺治登基也是在 1643 年的盛京，此时大清还未入关。1644 年三月十九，李自成的大顺军占领北京，摄政王多尔衮进入北京是 1644 年五月初二。1644 年 10 月，顺治在北京举行登基典礼。1650 年十二月初九，多尔衮逝世。1651 年是顺治开始亲政的时间。（中文版注）
34　此处所述的事件主人公为满族王子多尔衮（1612—1650）。顺治（1638—1661）是清朝（1644—1912）的第二位皇帝，十四岁时执掌国家大权。他出生于 1638 年，于 1651 年登基。（陆商隐注）
35　见《资治通鉴纲目》卷二《秦始皇帝二十九年》，第 127 页。张良（？ —前 189），字子房，韩国政治家，公元前 208 年参与刘邦推翻秦朝的叛乱。他与韩信、萧何并称为“汉初三杰”。（陆商隐注）
36　刘邦（前 257—前 195）于公元前 202 年登基成为汉高祖，详见后文。（陆商隐注）
37　见《资治通鉴纲目》卷二《秦始皇帝三十二年》，第 127 页。
38　吕宋（Luzon）是菲律宾群岛最大岛屿卡拉苏南岛（Kalusunan）的西班牙语名称。（陆商隐注）
39　马达加斯加岛；在地理大发现后，它被西方人称作为圣洛伦佐岛。也见本书卷二，注释 37。（中文版注）
40　位于印尼。（陆商隐注）
41　泰国。（陆商隐注）
42　位于越南南部。（陆商隐注）
43　见《资治通鉴纲目》卷二《秦始皇帝三十二年》，第 128 页。（陆商隐注）
44　蒙恬（？ —前 210），秦朝著名将军，在讨伐蒙古部落匈奴的战争中战绩显赫，后监修长城。《史记》卷八十八《蒙恬列传》记载了他的生平，该卷译本见卜德（D.Bodde），《中国古代政治家、爱国人士和将军》（*Statesman, Patriot and General in Ancient China*），北平：Henri Vetch 出版社，1940，第 53–57 页。（陆商隐注）

45 见《资治通鉴纲目》卷二《秦始皇帝三十三年》，第 128 页。秦长城的修建主要是将自公元前 5 世纪以来已经建成的要塞和壁垒连在一起，以抵御外族的入侵。当年卫匡国所见的长城应当是今日所见的长城，为明朝重建。长城总长约 6350 千米。（陆商隐注）

46 卫匡国原文是 Provincia di Leaotung（辽东省）。（中文版注）

47 “烧毁天下所有的书籍”表述不严谨，烧的是医药、卜筮、种树之书。（中文版注）

48 见《资治通鉴纲目》卷二《秦始皇帝三十二年》，第 128 页。（陆商隐注）

49 李斯（？—前 208），属法家，秦始皇帝统治时期任宰相，是秦国政治战略的制定人。他实施了一系列重要的改革，将中国变成了高度集权的国家。另见卜德（D.Bodde），《中国的第一个统一者：从李斯（前 280？—208）生平看秦王朝》（*China's first Unifer: A Study of the Ch'in Dynasty as Seen in the Life of Li Ssu, 280?–208 B.C.*），莱顿：E.J.Brill 出版社，1938。（陆商隐注）

50 此处明显是因孔子将古代君主作为良政善治典范而进行的攻击。（陆商隐注）

51 此事在今日常被称为“焚书坑儒”，将李斯于公元前 213 年至公元 216 年所做的两件重创文化之事并称：焚毁书籍和活埋四百六十名儒生。（陆商隐注）

52 此事及之后的事件均记载于《资治通鉴纲目》卷二《秦始皇帝三十五年》，第 129 页。卫匡国误解了文献中的记载，儒生没有被烧死，而是在咸阳被活埋。（陆商隐注）

53 即上文提到过的蒙恬，此处卫匡国应当是将“恬”字误认为“活”了。（陆商隐注）

54 此处有误，应为公元前 221 年。（陆商隐注）

55 此事和之后记叙的事件载于《资治通鉴纲目》卷二《秦始皇帝三十七年》，第 130–131 页。（陆商隐注）

56 赵高（？—前 207），宦官统领，尽管他并非阉人，但由于出生时的身体缺陷而天生不举。他发动的政变导致了秦朝的覆灭。

57 此处应为扶苏（FUSUUS）。（陆商隐注）

58 见《资治通鉴纲目》卷二《秦始皇帝三十七年》，第 131 页。（陆商隐注）

59 发生于公元前 210 年。（陆商隐注）

60 见《资治通鉴》卷七《二世皇元年》，第 252 页。（陆商隐注）

61 见《资治通鉴纲目》卷二《二世皇帝元年》，第 133 页。（陆商隐注）

62 此段关于陈胜与吴广这一段叙述与史书文献中的记载出入非常大。（中文版注）

63 子婴（？—前 206）（陆商隐注）

64 见《资治通鉴纲目》卷二《二世皇帝元年》，第 132 页。（陆商隐注）

65 沛湖即文献中讲的丰西泽。（中文版注）

66 沛也是刘邦出身的县城之名，位于卫匡国所处时代的江南省，现在的江苏省徐州市西北部，处于苏鲁两省交界之地。见《中国新地图集》意大利文版，第九省，第 100 页左栏和 108 页右栏。（陆商隐注）

67 见《资治通鉴纲目》卷二《二世皇帝元年》，第 134 页；《史记》卷八《高祖本纪》，第 344 页。

（陆商隐注）

68　见《资治通鉴纲目》卷二《二世皇帝元年》，第 134 页；《史记》卷八《高祖本纪》，第 344 页。（陆商隐注）

69　公元前 222 年秦朝设立会稽郡，为吴越故地。治所吴县，今江苏苏州。（中文版注）

70　会稽郡守殷通亦欲反秦，作者叙述失实。（中文版注）

71　见《资治通鉴纲目》卷二《二世皇帝元年》，第 135 页。其中提到一人名为项籍，后改名为项羽，卫匡国在此处直接将其称为项羽。项羽（前 232—前 202），楚国大将，与刘邦争夺帝位，战败后被杀。后文将会提起此事。（陆商隐注）

72　见《资治通鉴纲目》卷二《二世皇帝元年》，第 135 页。卫匡国可能混淆了“儋”字和“赡”字。（陆商隐注）

73　古罗马法律，产生于公元前 242 年。万民法（ius gentium）对罗马公民专有的市民法（ius civile）形成补充，适用于处理居住在罗马管辖的领土范围内的罗马公民和异邦人之间的关系，或不同的异邦人之间的关系，标志着罗马人与异邦人在法律制度上的一体化。（中文版注）

74　见《资治通鉴纲目》卷二《二世皇帝元年》，第 137 页。文献中刘邦被称为“沛公”，是他在前一年获得的称号。卫匡国在此处仍用其名“刘邦”，可能是为了避免令读者混淆。（陆商隐注）

75　见《资治通鉴纲目》卷二《二世皇帝元年》，第 138 页。（陆商隐注）

76　疑作“信”，然与史实也不符。（中文版注）

77　见《资治通鉴纲目》卷二《二世皇帝元年》，第 139 页。（陆商隐注）

78　见《资治通鉴纲目》卷二《二世皇帝元年》，第 139 页。（陆商隐注）

79　见《资治通鉴纲目》卷二《二世皇帝元年》，第 139-140 页。（陆商隐注）

80　卫匡国混淆了“邯”和“郸”两字，这两字曾出现在之前提到过的地名“邯郸”中，这也许是引起混淆的原因。（陆商隐注）

81　见《资治通鉴纲目》卷二《二世皇帝元年》，第 140 页。定陶位于山东省，见《中国新地图集》意大利文版，第四省，第 56s 页。（陆商隐注）

82　见《资治通鉴纲目》卷二《二世皇帝元年》。（陆商隐注）

83　安阳在今山东省菏泽市曹县境内。此处的地名写作 NANYANG，可能为笔误或排字时出错。（中文版注）

84　见《资治通鉴纲目》卷二《二世皇帝三年》，第 141 页。（陆商隐注）

85　见《资治通鉴纲目》卷二《二世皇帝三年》，第 141 页；另见《史记》卷七《项羽本纪》，第 304-307 页。（陆商隐注）

86　见《资治通鉴纲目》卷二《二世皇帝三年》，第 142 页。卫匡国将“王离”记作“UANGUANIUS”，可能是混淆了“离（離）”和“万（萬）”两字的读音。（陆商隐注）

87　文献中记为“昌邑”。（陆商隐注）

88　见《资治通鉴纲目》卷二《二世皇帝三年》，第 143 页。（陆商隐注）

89　“阎乐曰：‘臣受命于丞相，为天下诛足下。足下虽多言，臣不敢报！’麾其兵进。二世自杀。”《史记 · 秦始皇本纪》。（中文版注）

90　子婴没有即位为皇帝。（中文版注）

91 这里的年份和前后对不上，应当是第四十二甲子第 32 年。（中文版注）

92 见《资治通鉴纲目》卷二《二世皇帝三年》，第 143-144 页。（陆商隐注）

93 被诛杀三族，而非三代。（中文版注）

94 同本卷注释 92。（陆商隐注）

95 这里，卫匡国引用了《路加福音》第十二章第 11-13 节的句子来比拟指鹿为马："你们中间作父亲的，谁有儿子求鱼，反拿蛇当鱼给他呢？求鸡蛋，反给他蝎子呢？"（中文版注）

96 同本卷注释 92。（陆商隐注）

97 位于陕西省，见《中国新地图集》意大利文版，第三省，第 46 页左栏。（陆商隐注）

汉朝（HANA) 第一编

第一位皇帝

刘邦（LIEUPANGUS），称高祖（CAOZUUS）

在位 12 年

据中国史书记载，汉朝[1]开始于子婴向刘邦投降、并将整个天下让渡于他的那一年[2]，但当时刘邦不愿称帝，只允许人们称他为秦王[3]，后来才经臣子们的劝说接受了皇帝的称号。下面由我慢慢道来。

第四十二甲子第 32 年，公元前 206 年

子婴在位总共四十六日。得知刘邦率领大军开向都城时，他已经历了一次战败，无力抵抗，更害怕自己会像其他人一样遭受更大的折磨甚至被杀，便向战胜者低头归降，请求宽恕。

皇帝尊严尽失

他颈上系着绳子，捧着皇帝的玉玺和符节，坐上象征着哀恸的白色马匹牵拉的车辇，前往刘邦处。[4]到达之后，子婴下车，跪在刘邦面前献上皇帝符节，将实际上已经不属于他的天下双手奉上，随后邀请刘邦进城并恳求他免其一死。子婴在登基短短四十六日后便痛哭流涕地跪倒在其反叛的臣民的脚下，这一耻辱之举令他成了最没有尊严的皇帝。[5]

胜利者的宽恕

得胜的将领们千方百计试图说服刘邦处死子婴，但刘邦没有接受，还命他们不得冒犯。他说：“我们的大王楚怀王 [HOAIUS] 命我前来的目的是为他夺取天下，承诺让我成为管辖秦朝之人。他坚持让我协助他，就是认可我品格高尚、待人宽容，这于我而言就是一种荣耀。现在大王和我们所有人都渴望已久的大业得以完成，这便是我人生中最高兴的一天，难道你们想让一个手无寸铁降服于我的无辜之人血溅

当场，为这个幸福的日子蒙上污点吗？老天爷啊，请不要让这样的事情发生！我不会愚蠢到在执掌国家的第一天就用杀戮带来哀恸。”这番话说服了众将领，随后他便宽宏大度地扶起子婴，与他一同进入都城。他允许士兵们在华丽的咸阳城（HIENYANG）内尽情搜刮掠夺，但一律不得伤害百姓，违纪之人必受严惩。咸阳城内找出的珍宝和财物数不胜数，深受刘邦尊敬、知书达礼的萧何（SIAOHOUS）[6]取得了其中最珍贵的一件。

唯一的战利品

萧何是爱好学问之人，因此，他面对唾手可得的金银财宝毫不动心。在进入一名高官满是珍宝的府邸后，他却只拿了全国的地理图册和详细记载各省要塞、居民人数和谋生方式的文书簿册。他从这些文件中为刘邦整理出了国家情况，令包括刘邦在内的所有人都大为惊讶为什么他知道得这么多。每当出现状况需要应对的时候，萧何都显得非常有能力，对相关情况非常了解，得到的封赏也远远超过进城时所能搜刮到的财富。与士兵们掠夺到的战利品相比，萧何从书籍中得到的收益更多。

刘邦将皇宫留为己用，不允许任何人出入。皇宫金碧辉煌、装饰奢华，宫中充满奇珍异宝，骏马仆从无数，美女如云，刘邦一见到这个景象便被深深迷住，决定留在那里，对秦朝以外的财富已经不再有欲望。

君王不应奢侈懒散

将军樊哙（FANKUAIUS）劝他回到军中，并谴责他留在宫中的念头。樊哙对刘邦说道：“这些令你赞叹不已的东西是历任皇帝挥霍钱财、穷尽办法得来的，也正是它们导致了秦朝的覆灭。执着于奢侈的生活、挥霍无度会毁掉一个皇帝。大王，你现在想要模仿这些帝王的生活方式，难道不怕自己的结局和他们一样吗？我恳求并乞求你放弃这些危险的享乐，立即回到军中，完成你业已开启的辉煌大业。不知你被何种享乐所分心，或者沉迷于何种怠惰，以至于明明可以扬名整个国家，却偏偏满足于执掌一国之权？我有预感，若是你放弃这已经属于你的天下，将来连这个你中意的国家都难以保住。你若是不听我言，那你的好运也马上就要到头了。”刘邦拒绝了这一睿智的建议，他认为现有的一切已经足够，决定选择安逸，留在城中。樊哙的目的没有达到，他知道刘邦最欣赏张良，对他言听计从，便向张良求助。张良见到刘邦时便说："刘邦你战胜了秦王朝，现在声名显赫。说实话，这一切都是你出众的品行配得上的，你就是终结这个挥霍无度的王朝的天选之子。我恳求你谨慎行事，否则上天也会以相同的原因弃你而去。[7]你应当一切简朴克制，若是你意在惩罚那些劣迹斑斑之人，那么你自己就不应该与他们同流合污。现在你刚刚征服了秦朝，难道就忘记了谦逊，想要让秦朝的奢华与恶习复生，生怕百姓们不记得吗？你难道没有想起，正是你向往的这种奢华生活促使了桀、纣[8]和其他残暴的君主做出种种丧尽天良的暴行吗？是奢侈迷了他们的眼，让他们拒绝听从忠诚的朋友们给出的建议。如果你无视樊哙的建议，我们便不得不鄙视你！拒绝服下苦口的药便会加重病情，而拒绝中肯的建议只会让莽撞的行为更加令人厌恶。[9]求求你听从樊哙的话吧！他可是一片忠心。安于享乐之人必遭灭顶之灾，而天下只会属于听从睿智建议的人。"刘邦不敢反对张良，于是他放弃了享乐，离开咸阳城回到军营。

不久之后，秦朝所辖各郡县都派来使者向他表示臣服。刘邦友好地接待了他们，并将来使聚集到一起，消除他们的一切担忧，让他们安心。他对使者们说："我知道你们深受秦朝残暴的律法压迫，受了许多苦。现在上天派我带来和平，你们可以松一口气了，因为那些不公的律法从今日起将被永久废止。在楚国的众将领中，是我第一个攻进了都城，因此，按照约定，现在我就是秦国的主人。我将是你们的国君，这于你们应是值得高兴的事，因为终于将有人如父亲一般对待你们了。谁要是手上沾上了他人的血，我便要他血债血偿，只有这样才能平息我的愤怒。犯下盗窃之罪或其他违法之事的人将依罪行轻重予以惩罚，这样才不失公正。我也会征收赋税，像那些爱护百姓的皇帝曾经做的那样。但在这一切之前，我会先派忠良的大臣和官员来不懈地保护和照顾大家。"说完他便离开了，使者们也高高兴兴地离去。刘邦表现出的温和与善良得到了众人的支持，贤君的名声也在各处传开。就这样，不动一兵一卒，整个秦朝都甘愿臣服于他，之后他甚至得到了整个天下。

得知竞争对手刘邦第一个占领了秦朝，项羽是怒火和嫉妒攻心，立即向刘邦发兵。刘邦为此十分担忧，因为他知道项羽性子粗暴、无所畏惧，打起仗来非常勇猛，手下军队也人数众多，兵力很强。出于这些原因，刘邦不敢与项羽在战场上交锋，只是派出了一小队士兵在函谷关（HAN）的入口巡视。此时项羽发动突袭，消灭了这支小小的驻军，随后向都城进发，攻打在城外扎营的刘邦。项羽军中的一些将领催促他快马加鞭，其中一位名叫范增（FANCENGUS）的将领对他这么说道："刘邦在尚未称王时就贪财好色（中国人用"色"表示"爱情"），现在他面对大量的财富和美女却控制住了自己，这一鄙弃[财色]的态度对于我们来说十分危险，必须早做准备。现在的刘邦心里只有大肆夺取城池、享受胜利带来的荣耀，但他的谦卑令人生疑。他的志向非常高远：他所想要的不只是秦国，而是整个天下。你可千万别让他成就了这番事业啊！赶快发动进攻吧！我们的人数和装备都更胜一筹，赶紧听从命运的召唤吧！战胜刘邦，天下就是你的了！"心之所往无需他人多言。[10] 范增的这番话得到了回应，项羽立即命令士兵备战，在第二天的拂晓时分开战。项羽对众人说道："伙伴们，拼尽全力去战斗吧！等待你们的将是丰厚的战利品！"项羽的父亲[11] 项伯（HIANGPEUS）与张良熟识，两人是十分亲近的挚友，于是那天他便趁着夜色前往敌营，将这个消息告诉了张良。尽管刘邦惧怕项羽，但他还是决定按兵不动，因为他不相信项羽真的会挑起冲突。项伯告诉张良，战斗即将在拂晓时分开始，并恳求他离开刘邦以保全性命，但忠诚的张良就算危难当头也不愿抛弃自己的主公，他这么对自己的朋友说道："我是韩国人，秦军大败韩王后我选择了跟随刘邦，诱导他反抗皇帝，为我的君主和我的祖国报仇。现在我的目的达到了，韩国有了新的大王，秦朝也覆灭了。因此，刘邦于我有大恩，这是我欠他的恩情，我要不惜一切去偿还。幸时跟随，不幸时背弃，这种事我绝不会做！无论胜败生死，我都追随刘邦！"说完，张良便说服了项伯与他一同面见刘邦。刘邦礼数周全地招待了他们，并命人准备了盛大的宴会，在席间还向项伯提亲，请求娶项伯的女儿为后。他对项伯说："我俘获了皇帝，占领了都城，本可以大肆搜刮战利品，大量增加士兵们的财富。但我担心楚王不悦，因此没有充分行使作为战胜方的权

汉语中的"色"就是"爱"

利。而你的儿子所到过的地方都被洗劫一空，大到珍贵物件，小到生活用品，甚至连精壮的士兵他都要带走。因此，消灭镇守函谷关的那一小支队伍对他来说十分容易。关于这件事我已没什么可多说的了，他的做法是好是坏由你自己判断。我唯一想提醒你的是，教唆楚王的军队去攻打、屠杀自己的伙伴是重罪，我们绝对不应该这么做，而且这也于我们无益，只会令我们失信于主公，丧尽天良。倘若兄弟之间都要手足相残，那我还能再多说些什么呢？我们身上流着相同的血、属于同一个国家，我们是同一个大王的子民，为什么要自相残杀呢？我无心占领秦国，定夺的大权在楚王手中。若是他下令，我也十分乐意将秦国让给你的儿子。我说这些话都是为了双方着想，所以请你立即将这些转告给项羽，因为我知道他的想法与我完全不同。”项伯答应会在儿子面前为刘邦说话，同时建议他在天明时分亲自与项羽会面。

项伯来到项羽面前，对他说道：“你又在密谋什么？又想闯什么祸？难道你要攻打一名与我们效忠同一主公的人吗？更何况是他战胜了皇帝、打败了敌人，为我们的大王报了仇，此人值得我们的尊敬。你这么做完全违背良心，天理难容，楚王和楚国人民也不会愿意看到。我们与此人本就是朋友，我劝你还是去巩固这段友谊，像对待真朋友一样对待他吧！”就在此时消息传来，刘邦带着一百名骑兵到达。[12] 项羽按照中国人的习俗，立即前往迎接刘邦，仿佛那是自己的朋友。两人都小心翼翼地掩盖着矛盾。项羽被刘邦的热情深深吸引，他放下了心中的仇恨与凶残，将刘邦留在身边做客几日，还举行了盛大的宴会庆祝。[13] 我不知道应该惊讶于刘邦的勇气还是项羽的转变：前者主动去到了残忍暴躁的对手身边，而后者在自己多次试图战胜的敌人和两人都一心想得到的国家都唾手可得的时候却放弃了机会，与本来势不两立的敌人成了朋友。这一出人意料的转变无疑是命运给刘邦的馈赠，他命中注定要登上皇位。

胜利者的愤怒

拜访的日子过去，项羽与刘邦一起进入都城。项羽心中的复仇之火熊熊燃烧，在对秦朝的仇恨驱使下，他置城内的繁华与富庶于不顾，下令放火烧城，并自己点火烧毁了皇宫。据史册记载，大火持续了整整三个月。[14]

他命人打开了秦皇室的墓穴，将尸骨烧成灰烬，并撒到山间偏僻之处；他亲手将受到刘邦宽容对待的子婴杀害，并劫走了宫中大量财宝、美妾、装饰品和其他一切能带走的东西。愤怒发泄完毕后，他便从东边进城时的道路出城了。为了不激怒项羽，刘邦看着他劫掠屠城却什么都没有做，他坚信命运一定会给自己留下更好的机会。项羽在回程中还做了一件十分残忍的事。随章邯反水的士兵对章邯十分不满，并对烧城掘坟一事有诸多埋怨。项羽得知此事后，命人包围了这支部队，卸下他们的兵器，将他们全部杀光。据说总共有二十万人被杀。[15]这一暴行震惊了所有人，这件事也让项羽遭到了大家的记恨，而热情、善良、正义的刘邦则获得了所有人的爱戴，因此获得皇位也是众望所归。之后我将会提到，项羽最终因放纵自己的愤怒、仇恨和残暴而丢掉了性命。

残暴至极

项羽东进途中还做了另外一件事，印证了他是一个毫无理智的残暴之人。当时项羽想把陕西省让给刘邦，将军们认为这有损项羽的利益，建议他留下陕西。其中一位名叫韩生（HANSENIUS）的人对他说道："陕西省肥沃富饶，猛士辈出，物产丰饶，一面环山，一面临水，可以防御敌人的突袭，也便于出兵攻打其他省份。请你将陕西省留下，切勿将其让给对手。如果他在陕西称霸，到时你就更要想办法将他赶走，因为若是让他留在此地，就是给了他机会与你兵戎相见。"项羽心里只有打仗，他大笑着说道："都城已经烧毁，皇宫也已是一片废墟，没有任何可以带走的珍贵之物。我不明白在这么一个贫瘠之地我将可以做些什么？财富一旦消失就会一去不复返，在此地无论做什么事都是无用的，就像缝补一件破旧的衣裳，已经毫无意义。"[16]韩生听到这个愚蠢的回答后反驳道："有句谚语说楚国人不是人，而是猴子，他们不看事物的本质，只注重表象，听不懂有益的建议，果然是这样。"[17]项羽听后勃然大怒，命人将韩生活活烧死。[18]

毫无理由地处决了韩生后，项羽派遣使者面见楚怀王，询问他将对秦国作何处置，是打算将它交给别人还是打算留给自己。怀王修书一封告诉项羽，他已按照先入咸阳者得秦国的约定将秦国给了刘邦。项羽思量着如何让刘邦失去秦国，同时找个借口向他宣战。他建议怀王将秦国掌握在自己手中，并愿意拥其为帝，用权势让所有人都承认怀王的皇帝身份。但怀王对自己的现状很满意，不想与其他各国国王产生纷争。失望的项羽开始密谋反对怀王，眼见怀王不愿将楚国[19]给他，他便决定杀怀王而后取之。在此期间他假意顺从，静待实现罪恶阴谋的时机到来。在离开陕西前，他派亲信前去拜访刘邦，告诉他楚王决定将秦国赠与他，但仅限于陕西西部地区[20]，并命他放弃其余部分，否则项羽就要自己讨回公道。刘邦听闻此消息勃然大怒，拥有同等兵力的他在一些将领的怂恿下差点就毫不犹豫地向项羽发兵[21]，但萧何反对这一冲动的决定，他说道："一个暴戾之人对你毫无来由的欺侮丝毫不会有损你的尊严。在我看来，你无需感到困扰。项羽终将被所有人唾弃，威望一天天减少，而大家对你的爱戴和崇敬则会与日俱增。现在你若是止住出兵的步伐，之后必有大运，哪怕你心里并不想要，皇帝的头衔也必将属于你。历史上志向高远的君主都选择了用悲悯战胜残酷、用宽容战胜傲慢这条路。我希望你记住这句话，小不忍则乱大谋。总之，我建议不要开战，从源头上避免让百姓蒙受损失。我们应当放下武器，寻求和平，颁布公正的法律，治理好这片给你的土地。一旦你的王国治理好了，你就足够强大，可以去征服天下了。"刘邦听从了这一睿智的建议，放弃了报仇的计划，并任命萧何为阁老，授权他重整国家秩序[22]。萧何一腔热忱地投身于这一工作，他颁布了新法和新的管理方式，秦国也变得非常强大富饶，为刘邦征服全中国提供了足够的支持。

项羽对这些温顺的做法感到厌烦，他想方设法挑衅刘邦，希望将他卷入战争，但他的计划一直未能达成，于是他便将这一切归咎于张良。由于他未能得到想要的国家，便开始攻打张良的故乡韩国，向韩成王宣战。项羽暗地里编织着他的阴谋，蒙在鼓里的张良请求刘邦让自己回到祖国，保卫自己的大王。张良跟随刘邦的目的只有一个，那就是消灭秦王朝，恢复祖国昔日的荣光。项羽攻进韩国，俘获成王并以允许自己的臣子与刘邦并肩作战的罪名将他处死。[23]张良对韩王忠心耿耿，当得知韩王因自己而死，便不顾一切地回到了刘邦身边，一来可以避开项羽的怒火，二来也是为了帮助刘邦摆脱项羽。刘邦正是在张良的帮助下打败了项羽，征服了天下，之后我会细说。

第四十二甲子第30年，公元前204年

五星聚合

中国史书记载，公元前204年年初，五大行星会聚于秦朝的分野，具体位置是今日的巨蟹座起始一直到狮子座的起始处。[24] 我无意讨论这一观察记录的真伪，因为我没有时间进行精确的计算，留给有兴趣的读者自行为之。这一天象也有可能是中国的天文学家为了让刘邦获得支持而编造的，因为按照他们的计算，类似天象的出现意味着征服天下并公平治之的新皇即将登基。

之前我曾说到，项羽将陕西东部与刘邦的封国分开。随后，他便将这一地区分给了三名将军管辖，并封他们为诸侯。

受封的几位都享有与秦王同级别的头衔，他们分别是章邯、[司马]欣（HINGIUS）、[董]翳（IUUS）。项羽希望借助他们的力量消灭刘邦，而刘邦却恰恰在他们的帮助下开始了征服帝国的大业。韩信（HANSINIUS）成为这一大业的统领，他是一名卓越的将领，在简短的介绍后我会叙述许多和他相关的事件。[25] 韩信好比被命运操控的皮球，先被高高抛起，后又重重跌落。他从一名乞讨者成了有权有势之人，后来落难，被他所救之人所杀。

猛将韩信的出身

韩信出生于南京（NANKING）北部的淮安（HOAIGAN）[26]。他生活困苦，艰难求生，依靠在城郊的河中钓鱼获取一点点食物。[27] 如今在他钓鱼的地方建有一座美轮美奂的祠堂供奉他，我也曾去过多次。当时有一位名为漂母[28] 的老妪眼见钓鱼无法为他提供充足的食物，便经常施舍给他一碗米饭。有一次，韩信在感谢她时对她说道：“也许有一天你会因曾经帮助过我而高兴。”漂母无不鄙夷地回答道：“可怜的人啊，你连自己都养活不了，还觉得能为我做些什么吗？你现在要因为我给你的施舍而承诺将来的帮助吗？我这么做完全不是为了这个，我帮助你不是因为对一无所有的你有所企图，而是为了帮助王孙，让他沐浴天恩。上天从未让我沦落到需要你回报的田地。”

懒惰的年轻人

韩信穷困潦倒，被大家认为既懒惰又无能，这完全是他咎由自取。他虽说人高马大，却不愿受苦受累。明明任何活计对他来说都是小菜一碟，他却从来活不沾手。终于有一天，他不堪羞辱，开始反思自己的境况。

那一天，韩信经过屠宰场，在一名顽童[29]的鞭打威胁下被迫从对方的胯下匍匐而过。围观的人们眼见这位游手好闲的大高个儿被一名孩童戏弄，纷纷大笑起来。韩信愤怒至极又羞愧难当，便逃到了别国，趁着楚王军队的将领项梁（HIANGLEANGUS）领兵经过淮安的机会入伍，成为一名长矛手。 一朝觉醒

后来项梁战死，韩信本想留在军中追随项梁的侄子项羽，但却未能成功。如中国人所说，这是天意，让他转投刘邦麾下。韩信在军中级别低微，入伍不久便违反军规，被判死刑。正当他被拉出大营、即将行刑之时，刚好见到了军队首领之一滕公（LACUMIUS*）[30]，于是他便大声喊道："难道我们的皇帝刘邦不想主宰天下吗？强壮勇猛的战士才是胜利的希望，现在为什么要用如此严苛的军规将壮士处死呢？"这个将死之人的无畏和机智令滕公颇为惊讶。 韩信被罚

他立刻明白了韩信话中的深意，见其身强力壮，便赦免了他的死罪，将他留下。他与韩信谈论兵法，以便了解此人的能力。韩信滔滔不绝，展现出了自己的能力，滕公便将其引见给刘邦，并对其大加赞赏。刘邦与韩信进行了一番长谈，确认滕公所言不虚后便授予韩信要职。韩信在履职过程中经常与军队的最高将军萧何（SIAHOUS）打交道，萧何被他的言谈所吸引，对他的尊敬和仰慕也与日俱增。楚军士兵把停战休憩的时刻称作懒散时间，他们急不可耐地想要东进占领天下，对刘邦让大家滞留在国内的抱怨不绝于耳。而刘邦根本无意立即出兵，眼见抱怨无用，许多士兵和不少将领便偷偷远走，离开了刘邦。[31] 免于一死 宏图大展

长期驻军也令韩信感到百般无聊，便也随即一走了之。萧何知道后立即前往追赶，整整两日后终于追上了韩信，并将他带回军中。与此同时，军中传言萧何也逃跑了，刘邦得知此事非常伤心，觉得自己从此失去了夺取天下的干将，也担心局势会变得更糟。最终，韩信回到了军营，同他一起归来的还有萧何。皇帝之前因为失去他而伤心哭泣，现在看到他们回来，心里虽然十分高兴，但还是责备了萧何。 弃职离去，无法忍受懒散生活

萧何认为自己的离开理由充分，他对皇帝这么说道："皇帝啊，你听信了虚假的消息，但上天绝不容许我的忠诚被这等可耻的叛逃行为玷污。我若是真要离开，为什么不大方承认呢？事实上，我从未有

过背叛之心。我得知韩信和其他将士离去，便立即前去追赶，想将他们带回到你身边，绝不是弃你而去，要知道你可是我万分景仰之人。”刘邦听罢问道：“此话当真？你真的没有逃跑？在逃跑的将士当中级别高于韩信的大有人在，而你却唯独追赶韩信一人，这让我如何信你？换作任何人都会认为你在说谎吧？”萧何反驳道：“要想在国内找到与那些逃跑的将领能力相当的替代者一点都不难，但去哪儿才能找到韩信这般的将领呢？他能力出众，无人能及。皇帝啊，如果你想变得更加强大，执掌整个帝国，那你就需要韩信的帮助，若是少了他，你便无法完成荣耀大业。他勇敢、谨慎、明智，总而言之是才华出众之人，你可一定要听从他的建议。”“你所言甚是！”刘邦说道：“将士们想要东进，而我却让他们驻军国内，因此这段时间军中不断有人逃走。但你认为这能成为逃跑的理由吗？难道你们觉得我真的满足于一国，要留在这里无所事事、荒淫度日吗？我和你们一样只有一个愿望，那就是拿起武器向东和向南进发，但这需要等待合适的时机。现在时机已到，此刻出兵军心必然大振，我也将满足将士们的心愿。快！下令整装待发！”随后，刘邦派人召韩信前来，向他询问东进策略。

指挥军队

韩信的回答显示出他非凡的能力，刘邦因此任命他为军队统帅。全军欢欣鼓舞，大家都听闻韩信经验丰富、勇气过人，认为他担任统帅实至名归。将士们相信在韩信的领导下必将取得胜利，因此都发誓百分百听从他的指挥。

韩信接到任命后按照惯例前往刘邦处表示感谢。刘邦对萧何说道：“你常常称赞韩信，当我得以亲眼看见他并亲耳听闻他的言论，我也认为韩信值得夸赞。那么现在我想听他自己说说，这场仗应当如何打赢。”[32]

韩信说道：“我们的敌人项羽少言寡语、词不达意（这么说是因为项羽不会说当时受过教育的人所使用的汉语，只会讲楚国方言）、生性野蛮。尽管身边尽是文明之人，他也不知道如何规范举止，因此必将被自己向恶的本性所害。他不知区分恶习与美德，自信心过度膨胀；他固执、傲慢，不懂得知人善用，认为只有自己才配拥有一切。虽然论野蛮和残暴无人能及得上他，其实却缺乏真正的大勇。我们不必发动进攻，只需派英勇善战的猛士带领士兵们顽强抵抗，便能轻易地打败他。一支论功行赏的军队哪有不能战胜的敌人？只要有功便能得到奖赏，又有谁会不愿为我们的皇帝而战呢？现在我认为应当让大家明确地知晓我们对陕西东部地区所享有的权利，这样人们就不会觉得你在索取本不属于你的东西。若非不明事理之人，谁会不服一位正直贤明的君主呢？请你想想项羽的暴行，再和你的高尚事业相对比：他因为区区小事，甚至可以说是毫无理由，便惨无人道地将二十多万人在一日之内处死；他将从你手中抢去的土地分给了自己仅剩的追随者章邯、司马欣和董翳，而这三人恰恰是秦朝的叛徒；他命人放火烧城，将子婴的宫殿化为灰烬，并且亲手杀死子婴，掘开陵墓，抢走大量财宝；他滥杀无辜，难道不是丧尽天良？没有人不憎恨项羽，恨得甚至痛彻骨髓。只要看见你的旌旗在风中飘扬，哪怕只有区区三面，所有人都会前来追随，根本无人会跟随项羽，因为举国上下人人都遭受过项羽的迫害，根本没有人爱戴他。而你不同，想想你完成的事业，想想那个败给你的皇帝，尽管他曾是暴君，你却依然留下了他的性命，百姓们都因此而称道你的勇气和善良；他那金碧辉煌的宫殿你没有动一丝一毫，百姓们都仰慕你的节俭与克制；你废除了严苛的刑法，代之以公平正义的法律，在百姓们眼中你不仅是一位君主，更像是一位父亲。你还在想什么啊大王？难道你不觉得我们可以一举歼灭三个敌人吗？我坚信，如果你听从命运，平定三秦将会像挥挥手那样简单。那里的百姓正在期盼你的到来，并因为你迟迟不往而哭泣。”

这番话令刘邦大喜，听完之后他便后悔没有早点与韩信交谈，即刻命萧何留下守卫国家，自己以韩信为大将军，带兵东进。韩信带兵第一仗便平定了三秦，简直就是活生生的“旗开得胜”。

韩信不满足于一次胜利，在好运的陪伴下继续前进。在南阳城他遇见了王陵（UANGLINIUS）[33]，一位出身贵族的将军，带着几千人离开项羽投奔刘邦。

项羽得知此事后将王陵的母亲——一位德高望重并且年数已高的老妇人——投入监狱，威胁说若是王陵不回来便杀了她。中国人向来敬爱母亲，王陵也不例外。他担心母亲的安危，便派人前往项羽处求

母亲代子入狱

情，希望他释放自己的母亲。这位老妇人向项羽承诺会传达让儿子归来的口信，因此被允许与使者说话，还可以为他们送行。行至几步处，她认为已经可以安全地表明自己真正的心意，便悄悄地对使者说："我被允许见你们是要传一个口信给派你们来这里的我的儿子。请你们告诉他，我要他千万不要离开刘邦，一定要对他忠心。我不想让他因我而焦虑，我自会照顾自己。虽然我已是无用老妪，但我也想为百姓做点事。我只希望我的儿子继续好好侍奉刘邦这位正直贤明的君主，绝不站在项羽这样的暴君左右。请诸位将这些话告诉我儿子！"随后，她抓起身边人的佩剑，伏剑自杀，这样她的儿子就不用因为她的安危而担惊受怕了。一名女子身上能有如此勇气令人钦佩，但这绝对不值得效仿！

自杀

在刘邦平定东部地区的同时，张良（HIANGLEANGUS）[34]为了阻止项羽出兵援助三秦，便以刘邦的名义书信一封，告诉项羽自己只想拿回楚王允诺的土地，行使楚王决定赋予自己的权利。一旦拿回了应得的部分他就会退兵停战，绝不会觊觎属于他人的东西。项羽没有回信，他忙于编织阴谋诡计，妄图将整个天下拿下，他不仅要让刘邦灭亡，还要加害没有将秦国封给自己的楚王。当时防卫森严的韩国也在项羽手中，因此他决定离开北方地区回到南方，向江西省的九江城（KIEUKIANG）进发。

楚王死于将自己送上皇位的臣子之手

在九江，项羽设计杀死了正要与他会合的楚王，而当年正是他的叔叔将楚王扶上王位，尊楚王为帝的更是项羽本人。[35]君主若是放任臣子变得势力强大并可怕，便是让自己陷入极大的危险之中，这时君主应当立即设法削弱臣子的势力，因为他们一旦忘记了尊敬与忠诚，便会像鸵鸟食铁一样贪婪地想要拥有一切。当这一罪行传到了刘邦的耳朵里时，他立即抓住这个机会来为自己赢得百姓的尊敬。他表现出极大的悲悯，尽心尽力地按照中国传统为楚王举行了盛大庄重的祭奠仪式。随后，他鼓动楚国所有的大臣与臣民开展报复。为了帮助他们，刘邦拿出自己所有的钱财，催促他们协助自己，让残酷杀害楚王的项羽为犯下的罪行付出代价，绝不允许有罪之人逃脱刑罚。[36]"我之前决定，"刘邦对众人说道，"只要拿回自己的封地便不再向他人宣战，不再征服其他的疆域，但是现在我却坚信，与项羽的正面交锋在所难免。我相信没有人会认为向背叛君主之辈开战是不义之举。你们对大王的忠诚和爱戴让我坚信，只要我的旌旗招展，你们所有人都会奋起跟随。这些旌旗不属于我，而是属于你们的大王，因为我想要它们为大王飘扬！”刘邦平定陕西后便向项羽的大营进发。

山间的长桥

为了能更直接快捷地到达楚国，在张良的建议下，刘邦命人沿着道路铺上木板，这样一路走来就像走在桥上一样舒适。这条在山谷咽喉间绵延大约五十里的美丽道路从杭州（HANGCHEU*）[37]出发一直延伸到都城西安（SIGAN），对此我在远东地图集中有详细描述。那时候项羽正与齐王交战，因为只要穿过齐国，迎战刘邦就会更为容易。刘邦无论去到哪里都稳操胜券，他带领着总计五十六万人的浩荡大军来到处于战略要害位置的楚国的彭城（PENG）[38]。彭城城守立刻宣布效忠刘邦，城内食物充足，钱财不计其数。[39]

充满诱惑之地便是士兵的危险之境

彭城是个大美之地，皇帝[40]在这里停留了多日，根本没有想到舒适享乐的生活会消磨士兵们的意志。将士们开始陷入巨大的危险之中，对已经逼近的项羽和他的军队不屑一顾。其中有些士兵甚至还出城去往东边美丽的旷野。项羽得知这一情况后便留下大军继续与齐国交战，自己则带着仅仅三万士兵大步开向刘邦，刘邦的末日即将来临。项羽的军队出其不意地打击了懒散的刘邦大军，后者溃不成军，毫无抵抗之力。随后，项羽攻城，但刘邦及时收到了消息，得以在项羽追击逃兵之时筑起了防御屏障。项羽到达时发现为时已晚，便包围了彭城。按照中国人的说法，若不是老天要将天下交予刘邦、帮助他逃出生天的话，彭城必然会失守，刘邦也一定会溃败。第二天，天降暴风雨，呼啸的狂风摧毁了大片房屋，一些百年大树也被连根拔起。

道路在树下展开

在这些大树的根下出现了一条地道，而之前根本没有人知道它的存在。皇帝和他的人马进入了地道，一直走了好几里，从敌人的手掌心中逃脱，最后安全抵达了荥阳（YUNGYANG），而韩信早已在那里归拢了逃散的士兵。皇帝又从陕西调来了其他人马，与韩信归拢的士兵一起组成了一支数目超过以往的大军。项羽得知刘邦逃跑后大怒，命人在路上设卡阻拦，并派人到处寻找，但每次都一无所获。最后他听说刘邦在荥阳，并且有了一支庞大的军队，便将自己的士兵全部从齐国召回。一向无惧危险、坚定勇猛的他率军大步开向荥阳。出乎项羽的意料，在半路上他便遇见了刘邦，两军在城东的旷野上交锋。双方鏖战，场面惨烈，战局一度不明，但最后项羽惨败，被迫撤军，这也是他第一次遭受如此惨痛的失败，但不管怎样他还是得以逃出生天，准备之后的再次交锋。

刘邦大胜。为了让补给更顺畅地到达大营，他命人挖掘了一条可以通航的运河连接城市与河道，运河的河岸用巨大的方型石块筑成，这样人们就可以在逆流而行时更容易、更快速地拖拉船只，中国人不用牛马，而是辛苦地以人力拉纤。

随后，为了在接下来的战事中避免风险，他立儿子盈（INGUS）为太子，命他宣誓效忠，并将萧何留下辅佐太子治理陕西省。[41] 之后他便接受了皇帝的称号[42]，公开宣布要平定整个天下。当时的他已经手握都城、玉玺和符节。各国君主若是承认他的皇帝身份，便能保全自己的国家；若是有人不从，他便以开战威胁。他立即派遣使者前往距离最近的魏国，要求魏王豹（PAUS）接受条约、臣服于他。魏王豹拒绝，战争开启，韩信领兵。为了阻止韩信渡过临晋河（LINCINUS），魏王命人将船只全部拉到岸上，并派士兵在河岸驻守防御。[43] 韩信多次试图渡江都没有成功，但他观察到魏王豹经常离开大营前往几里之外的别苑放松。由于手边没有其他材料，他便命人用粗壮的树干凿成船只，趁着深夜派遣一小队士兵渡江，正在别苑消遣的魏王突然被抓。[44]

魏王豹沦为阶下囚

就这样，当晚魏王落入了韩信手中，但韩信并没有就此收手：他在无人察觉的情况下让整支军队分批渡过大江，突袭敌军。敌方士兵一听说自己的大王被俘，便放弃抵抗，纷纷逃散。韩信获胜，很快征服了整个魏国。

随后，韩信前往荥阳与皇帝会合，共商平定其他各国的计划，并向皇帝保证自己的军队再加上三万人便能平定赵、燕两国。韩信任命被陈馀（CHINYUUS）赶出赵国后投奔刘邦的张耳（CHANGULUS）指挥三万士兵，希望他能拼尽全力与时任赵国阁老的陈馀对抗，并且相信凭借张耳对赵国的了解，此次出征定能取胜。

赵王派出经验丰富、英勇善战的大将成［安君］（CHINGUS）[45]前往应战，正是此人当年大败秦军，为赵王夺回了整个国家。

这位大将品格高尚，就算有机会也从来不会施计。他总说自己是一名士兵，而不是土匪。在战场上他无所畏惧，取得胜利凭借的是一腔勇猛，从来不会使诈。正是这般高贵的品质导致了他的灭亡：他拒绝听从李左［车］（LIZOUS）将军的建议，本可以通过切断韩信粮草的办法赢得战争，但却输在了韩信的计谋之下。李左车当时对他这么说道："这场明明不动刀枪就能结束的战争还要持续多久啊？要知道韩信的军队虽然人数众多、连连得胜，现在却不愿承受更多的流血并且很快就会撤军，因为他和他的将士们正饱受饥饿的煎熬。他们的祖国远在千里之外，从那里运来补给路途遥远、困难重重，因此他们的粮草十分有限。我建议派一位将军带领三万士兵抄到敌方后面，拦住军队的后路，阻断所有补给。通往井陉（CINGKING）[46]的漫长山路狭窄而多石，士兵根本无法列队行进，只要挖一些壕沟便能阻断穿越山谷的通路，我们还能再设置一些障碍，让人和车马进退两难。与此同时，我们的士兵驻扎大营，全力防守，避免正面交锋，敌军却腹背受敌，活活饿死，将胜利双手奉上，我们根本不费一兵一卒。你要是接受这个建议，本月月底之前战争便能结束，你的人马不会受到任何伤害，我还能保证向你献上韩信和张耳的人头。"[47]这是一个良策，也是韩信所担心的。尽管韩信不知道李左车的计谋，但出于担忧，他还是派了一小队士兵守卫山谷。然而，李左车的建议没能说服陈馀，他还是决定在战场上迎敌，认为这是唯一能够战胜敌人的方式。韩信也从赵王身边的间谍口中得知了李左车的建议，他十分害怕，甚至想过撤军回国，因为他知道如果自己在那里久留，必将无路可逃。有一名间谍向他透露了陈馀的动向，韩信据此做出了不宜立即开战的判断。 陈馀不善用计

他灵机一动，想出了一个妙计，也是唯一能够战胜诚实而又勇敢的陈馀将军的办法。他命两千骑兵跟随自己，挥舞着大量红旗靠近赵王大营。[48]在那附近有一个十分适宜作战的山谷，可以隐藏于内而不被敌军发现，韩信回到军中，指着那个山谷对大家说："明日黎明之前你们便前往那个山谷，藏匿其中，一旦看见敌军离开大营，便冲上 妙计

前去进入大营，拔掉赵王的旗帜，换上我们的。这就是你们的任务，其余的事情由我负责。”士兵们听罢都笑了，但还是承诺服从命令。但如何才能保证第二天敌军会离开大营呢？韩信又说道：“敌军如何离开大营不需要你们操心，记得自己的任务，只管进入大营就好。”他任命一位强壮勇敢的人为队长，并把任务的执行方法告诉了他一人。大约在午夜时分，韩信命将士们准备，并带领他们埋伏到指定地点，随后他返回大营，另率一万兵力前往一处位于两条河流之间的狭长地带。他将士兵们分成两队，分发武器，让他们驻守在这两条河的河岸，并告诉他们之后应当怎么做。他要求士兵们在看到自己带领部队逃跑时按兵不动，若是有敌军追赶，就设法阻拦一阵，直到自己整顿好军队。这时候，此前佯装逃跑的军队便会调转方向，回来袭击追兵。安排好人马之后，韩信赶在黎明之前悄无声息地出发，故意经过敌营附近。敌军中的一些人认为韩信是前来宣战的，而陈馀却认为他想要逃跑，于是便派出了早已准备好的人马出营袭击。双方胶着时间不长，韩信按照之前的计划，带着自己的军队整齐划一地调转方向，向早已设下万人埋伏的地方撤退。陈馀当时认为自己一定能获胜并一举歼灭敌人，便率军追赶。当他靠近韩信军队藏匿之处时并没有意识到有埋伏，随着军队的前进，道路越来越窄，陈馀便让士兵们排成狭窄的长队缓缓前行。在那里埋伏的一万士兵见到敌军立即冲出抵抗，而韩信的军队也已经回转方向，发起了一场激烈的厮杀。

此时的陈馀远离大营，营中只留下了武器和少量守卫，躲在山谷后的两千名士兵突袭了大营。按照命令，他们进入了几乎空无一人的敌营，拔下敌人的旗帜，换上了自己的。陈馀的军队对此一无所知，还在英勇地与韩信的部队交战。就在战事结果尚未明朗之时，他们听到远处传来声响，仔细一看，红色的旌旗正飘扬在大营门口。陈馀军中的士兵们以为大营已被攻占（事实也的确如此），士气尽丧，他们担心敌军从背后袭来，于是阵脚大乱。已无人遵守军纪并继续战斗，众人各自逃散，心里只想着保住一命。狡猾的韩信立刻占据了上风，鼓舞士兵们扑向敌军。可怜的敌军瞬间溃散，士兵们都为了保命飞速逃走了。

这是一场惨烈的屠杀，约有二十万人在战役中丧命。[49] 赵王被胜利者活捉，之前从未打过败仗的陈馀英勇战死。

一次惨败

韩信在剿灭逃散的敌军时要求将士们将敌军杀光，只留下李左车一个活口。他下令不得伤害李左车，谁要是能将李左车活着带到他面前就能得到一千两银子。韩信知道李左车睿智、勇敢、善战，因此希望能说服他站到皇帝这边。他的希望没有落空，将士们在高额奖金的吸引下抓住了李左车，对他细心善待，将他带到了韩信面前。韩信请李左车上座，就像中国人对待他人和对待长者那般，自己坐在李左车身边，对他毕恭毕敬，仿佛他是自己的老师。韩信对李左车说道："见到你还活着我是多么高兴啊，简直比打了胜仗还高兴。大家都仰慕你的才能与智慧，因此我也希望能从你身上学到很多。我最先想知道的有两件事：一是如何征服燕国，二是能否占领齐国，因为皇帝要求我向这两国开战。"李左车答道："杰出的将军啊，你战胜了魏王豹，征服了魏国；打败了战无不胜的陈馀，在黎明之前就歼灭了敌军二十万，这对于你的敌人而言是多么惨痛的一天啊（若非亲眼所见，谁都不敢相信这是真的）。换作其他人，取得这样的胜利可能整整一日都不够。在不断取得了这么多大捷之后，难道你觉得还需要去打仗吗？你的武力已令各方恐惧万分，难道燕国国君不会立即向你投降吗？当然，有一点于你不利，但换做任何将军都会遇到这个困难：士兵们已经十分疲惫，在获得了大量战利品之后他们也想喘一口气。现在你让他们继续行军，远离祖国前往燕国，若是他们反抗不从，局势就会变得很危险。与此同时，齐王若是有可能的话定会准备迎接新的战斗，而皇帝公开的敌人项羽也正率领装备精良的大军逼近，这一点你十分清楚，他也将是你前进路上的巨大障碍。你可以通过恫吓敌人轻易取胜，非要用武力引起战乱呢？将军啊，你要是真为自己着想，那就听我的，不要开战！如果你想知道我的建议，那就是让军队好好休息，这样他们才能变得更加强壮，更好地迎接将来的战斗，同时你要派使者前往燕国，让燕王好好想想赵王身上发生的惨剧，这样他就会自愿臣服于皇帝了。只要你军队的声名在人们口中相传，燕王很快便会知道你如何大获全胜、声名大噪，你心中所渴望的东西很容易就能得到。你要先让对方对你感到恐惧，若是他们不为之动摇，那你再使用武力，这时候你的对手才不得不面临他们本可以轻易避免的冲突。”韩信用心倾听了这番建议，之后他也证实了这确实是一个中肯的好建议，因为燕王很快便派遣使者面见皇帝，表示愿意成为诸侯国，与刘邦组成联盟。[50]

刘邦对此次胜利十分满意，但还是非常担忧项羽不断增长的势力，毕竟项羽派几名忠心耿耿的大将杀死了楚王，占领了楚国全部，将势力范围扩张到了南部几乎所有省份，无论是疆域、人口和武装力量都胜过刘邦。因此，当他知道刘邦想要发动新的战争，便提高了警惕。刘邦身边的谋臣有一位名叫陈平（CHINPINGUS），出身贫寒的他凭借能力赢得了尊重和地位，他才智敏捷，给刘邦出了一个良策。[51]他对刘邦说：“项羽脾气急躁，性格固执、莽撞，不讲忠诚，但是这些缺点至今没有对他造成负面影响，他的势力反而增长了。他的成功依赖的是三名忠诚的将军——亚父（AFUUS）、钟离（CHUNGNANIUS）[52]和龙且（LUNGCIEUS），因此要想办法用诱人的条件让他们转投到我们的阵营。如果他们拒绝，我们就设法让项羽怀疑他们不忠，将要背信弃义，让他们三人陷入悲惨的境地。这个计策听起来困难重重，但我愿意为了我效忠的皇帝接受这个任务。虽然这个计划对我来说也很难，但并不是没有实施的可能。项羽冲动、善变，对自己的人缺乏信任，他们军中已有很多人来到了皇帝你的麾下，并且在你军中受到了欢迎。我需要很多钱，有了钱就能办成事，如果你可以给，那我就能帮你获得你想要的东西。”皇帝被他说服，便给了他四万两银子。

狡猾又智慧的建议

陈平选择了几个亲信，将实施步骤详细地告诉了他们。他让他们带着银子前去拜见那三名将军，并对他们说这么一番话：“你们勇猛忠诚，追随项羽，但直到现在项羽都没有论功行赏，而且将来他也不会。但是，你们如果转投皇帝麾下，就可以用更少的付出获得更高的头衔。难道你们觉得项羽会将国家分出一部分，封你们为王吗？别做梦了！他根本不懂得感激，对金钱和权力都十分贪婪，怎么能指望这样的人分封你们呢？只有我们的皇帝才能给你们地位与钱财，他是唯一一个对臣子和诸侯慷慨奖赏的人，如果你们想要证据，这就是：他承诺，若是你们不再跟随项羽，转而加入他的阵营，那么他会将楚国一分为三封给你们。”陈平很清楚这三名将领的忠心，也知道任何条件都改变不了他们的忠心，因此他故意放消息给项羽，让他知道此次来访。项羽一得知这个消息便对将军们产生了怀疑，陈平又略施小计，伤害了以品格高尚与勇猛善战而受到项羽敬重的亚父，使得项羽的疑心越来越重。当时项羽已经召集了一支大军整装待发，但他十分警觉，一开始佯装向另一个方向进发，途中却突然包围了荥阳[53]。皇帝在城内只有少量士兵，不得不与项羽谈判，为了求和，他提议将帝国分割。项羽得到南方诸省，而皇帝则拥有北方，条件是双方不再开战。这个条约当然会侵害皇帝的利益，不过陈平用他的智谋及时化解了条约，成功地让亚父离开了项羽。为了达到这一目的，他命亲信以谈判为借口去往项羽营帐，像对待一位大王一般带去了丰厚的礼物，而当来到项羽面前，使者们就说他们受命来拜见的不是他，而是亚父。[54]

用兵之计

这一计划大获成功，无辜的亚父被怀疑叛变。他立刻来到项羽面前，向他证明自己的忠诚，并保证在一小时内攻下城池。但是项羽心中早已疑虑重重，怀疑自己遭到了背叛，便给亚父扣上了意图领兵谋反的罪名。亚父见状便将手中军队悉数交给项羽，随后请辞。他因自己的忠心受到怀疑而气愤不已，同时他非常清楚项羽是个喜欢报仇且无法遏制怒火的人，因此十分担心自己的命运。他在请求得到允许后便对朋友们说：“上天已经决定了天下的主人，为什么我要去抵抗呢？我要回到父母那里安度余生。”就这样，亚父离开了项羽，在路上他因痛苦万分而死去，但也可能是被人下了毒。

亚父的离去中断了项羽和刘邦之间的停战谈判，荥阳之围继续。与此同时，刘邦麾下的将军之一彭越（PUNGYUENUS）[55]进入河南，夺取了楚国十七城，希望能让项羽放弃对荥阳的包围，回来守卫自己的国家[56]。然而比起守卫国家，项羽更在乎的是攻城，因为他相信就算现在失去了国家，一旦皇帝落入自己手中或是被杀，国土必能失而复得。荥阳似乎无法解围，韩信又远在北部，援兵不能赶来，皇帝的确危在旦夕。眼看末日将至，荥阳城守、对皇帝最为忠诚的将领之一纪信（KISINIUS）选择牺牲自己为皇帝开辟一条生路。[57]纪信见项羽

纪信救主

坚持围城，而韩信的救兵又无法赶来，他认为皇帝唯一的生路便是出逃。他派了一支武装骑兵队前往西城门，自己则前往东城门，开门请项羽进城议和，并承诺交出皇帝。项羽的军队听闻这个消息大喜过望，渴望扫荡战利品的他们立即开拔向距离西门超过一里格距离的东门行进，而与此同时，皇帝在骑兵队的护送下从反方向那个门[58]出了城。当项羽终于进入城内，要求纪信兑现承诺时，忠于皇帝的纪信坦诚地告诉敌人，自己已经设法让皇帝脱离了险境。项羽勃然大怒，当下便命人将纪信活活烧死。

纪信被杀

随后，项羽解除了对荥阳的围攻，率军快步追赶皇帝，差一点就要迎面遇上径直前来救援的韩信大军。项羽急行军抄小道到达了成皋（CHINGCAO），并一举攻破了城池。他以为皇帝就在城内，而事实上他还是来晚了一步。他疯狂地寻找皇帝的踪迹，最后却得到了皇帝再次脱逃的消息。项羽怒不可遏，咬牙切齿，指甲都几乎扎进了肉里。彼时他的军队已经疲惫不堪，项羽不敢继续前进，又担心韩信会马上赶到，便整顿军队向后防御。在将军队集结完毕后，他成功地躲过了一次韩信的伏击，逃回楚国，驱赶已经占领了楚国大部的彭越。就这样，项羽一无所获，被迫回到了已经失守大部的楚国。现在我回来说说皇帝。

皇帝在黎明时分到达了己方大营，他得知韩信和张耳尚未起身，便下令不得惊醒二人。他只身进入二人的营帐，取走了兵符，调换了守将的位置。这时候，张耳醒了。他马上为自己的懒散而道歉，但皇帝却友好地打断了他，并对他说道："请回去睡觉吧，我知道你累了，就让我来为你值守。我不觉得为臣子做卫兵是屈尊降贵，反而，这更彰显了我的高大。"这番友好、谦卑的话语消除了二人的恐惧（此时韩信也醒了），但也令二人为自己的懒散而羞愧，皇帝随后便让他们赶紧回到自己的位置上。他得知项羽正挥师南下，尽管根本无需惧怕，他还是派张耳带着一部分军队守卫赵国，命韩信带着其余人马向北方唯一不愿臣服于刘邦的齐国进发。

项羽在南下对抗彭越的路上攻克了成皋，并在那里驻扎大量人马。他命令守将周苛不得离城，就算皇帝的军队宣战也不能出城迎战，只能守卫。[59] 在未将彭越赶出楚国之前，他希望皇帝不要南下，而皇帝也不认为那是南下的好时机，因为他担心还未完全降服的北方民众会发动起义。项羽到达了第一个与楚国决裂的城市外黄（VAIHOANG），围城几日后便将其收复。他本想将城市付之一炬，借此给其他几座叛变的城市一个严厉的教训，但城内一名十三岁左右的少年说了一番话，改变了他的想法。[60]

一名少年慧言救城

这位少年对项羽说："彭越围攻了这座城市，我们无力反抗，这一点你很清楚。在无力还击的情况下，与其用无谓的抵抗带来更大的死伤，不如向敌方求饶。我们十分肯定的是，一旦你归来，城市便能获得解放，因此便投降了。现在你的举动若是不符合大王的身份，而是表现得像是我们的敌人，那其他城市会怎么想？既然他们的罪责与我们相当（如果这真的算是罪责的话），那他们还有什么活路呢？其中有多座城市都在彭越的折磨下呻吟，正盼着你去收复。如果你对收复的第一座城市便如此无情，那他们还能有什么得救的希望呢？在绝望中，大家都会奋起反抗，你口口声声说着要带来和平，但大家不会相信能从一个暴怒之人的手中得到和平。相信我吧，暴行只会给你带去伤害，令你失去本可以用善意和仁慈获得的一切。"少年的这番话打消了项羽残暴的计划。

另一边，刘邦命韩信攻齐，同时还派了郦生（LIEXEKIUS）前往游说，若是齐王愿意臣服、尊其为帝、解除与项羽的联盟，便可停战。郦生对齐王说道："我若面对一个对天下一无所知的人，就不得不长篇大论，从多年前讲起，而现在我面对的是你，因此我只需简要说出皇帝交给我的使命便可。要知道，是皇帝击败并消灭了秦朝，率先占领了都城，获得了象征着帝王之尊的符节。他为这些成功付出了代价，并对取得的胜利感到高兴，但却不得不再次投入战争，对抗叛徒项羽，时刻准备着让项羽为刺杀楚王一事付出代价。皇帝无意痛击项羽，只是想灭其威望。他并非无情冷酷之人，相反，他胸襟广阔，宽容、善意地接纳了许许多多的人，这一点我亲眼为证。他公正贤明，赢得了那些有教养的诚实之人的尊敬和爱戴。而项羽呢？苍天啊！项羽完全是另一种人！他一心想要得到天下，为此杀死了自己的君主，用武力让全国上下不得安宁，用鲜血抹去自己犯下的罪行所留下的每一丝痕迹，根本不记得自己受过的恩惠，甚至还会恩将仇报，因此遭到了所有人的憎恶。难道你宁愿与这样的人为伍，也不愿意站在皇帝这一边吗？皇帝虽然带着他战无不胜的强大军队进入了你的国家，但却不想付诸武力，只要你离开那个叛徒、强盗、杀人犯，向皇帝的军队投降，他便许你继续当你的大王。”[61] 听完这番话，齐王表示愿意站在皇帝这一边，臣服并效忠于他。

彼时，韩信已经进入齐国，听闻郦生说齐成功，便打算撤兵。但是，狡猾的蒯彻（QUAICHEUS）与齐王不和，便劝说韩信发兵开战。[62] 他对韩信说道：“卓越的统帅啊，这是怎么了？为什么此时你却想要撤兵？面对唾手可得的胜利却不让自己的士兵们前进，你是如此欠考虑之人吗？战争的结局已经注定，你却要在此时放弃吗？要是你真的相信旁人所说，那你就是个大傻子！皇帝口口声声希望和平，但实际上却十分好战，你怕不是唯一一个没有认识到这一点的人吧？他派遣使者前往齐国，为的只是让齐王放弃集结军队的念头，若是他真想要和平解决，就有义务写信或派信任的人第一时间通知你，阻止你继续冒险打仗。而皇帝没有这么做，为什么呢？皇帝想要的是占领齐国，而不是一句虚无缥缈的臣服，这也许便是个中原因。赶紧出兵吧！用武力为皇帝开辟疆土，让自己名垂青史吧！”听了这番话后，韩信在虚荣心的驱使下决定继续征战。他率军前进，所向披靡，所有人都向他投降。

使者被杀

齐王因被骗而大怒，立即下令将郦生活烹。他弃都城而去，为了保命逃往东部遥远地区，躲过了敌军的他在高密（CAOMIEN）[63] 召集了一支军队，准备尽快迎战韩信。[64]

为了援助彭越，皇帝集结了一支大军，跟随韩信来到南部地区。军队到达成皋，围城不久后便夺取城池，随后开往广武（QUANGUU）。项羽得知这一消息，便撤回了对彭越的围攻，转头迎向皇帝的军队，而此举恰恰导致了他的灭亡。他腹背受敌，兵力很快便消耗殆尽，而皇帝这边的粮草补给源源不断地从刚刚夺回的成皋运来，兵力仍能维持很久。项羽担心自己的手下逃跑或叛变，便提出与刘邦议和。对于刘邦而言战利大于和，因此他不屑地拒绝了项羽的求和。项羽站上营地正中的石堆，身边带着皇帝被囚禁的爷爷[65]和妻子吕后（LIUHEUA）[66]，对刘邦喊话道："刘邦，你听着！既然你拒绝议和，那之后你的爷爷和妻子就将葬身火海。和解还是火海，你自己选吧！"刘邦答道："似乎你已不记得我们同为楚王臣子时结为兄弟的盟誓了，若是我俩一直相敬如宾，那今天我们仍是兄弟。战争并非由我挑起，是你首先宣战，后又杀死了大王，现在与你打交道，我不知道如何才能让我自己安心，因此我会按照你的意愿行事。是敌是友，全凭你的表现！如果你因我不愿议和而执意将我的爷爷和妻子投入火海，最终伤害的还是你自己。盟约对我俩的约束是相互的，我希望你将他们的肉分我一份。"[67]

不可能达成的和解

中国历史学家们对刘邦的这番话持批评态度，他们认为用这种方式获得和平是不正当的，而社稷的重要性也不能与两条人命相提并论。中国人常说应当爱戴和尊重父母与长者，而国家的社稷则远远排在其后。刘邦狂妄自大的回答激怒了项羽，他下令点火，准备烧死刘邦的爷爷和妻子。这一残酷的复仇计划令项羽的父亲恐惧不已，他对项羽说道："儿啊，在盛怒下做出的决定经常令人悔不当初。你现在将两个无辜之人烧死能得到什么好处？或许他们活着会更有用呢？"项羽听了这话，怒火虽未能完全熄灭，但也渐渐平息。

天下与亲情孰轻孰重?

第二天，项羽遣使去往刘邦处传话挑衅："我俩还要将人民和军队置于危险之中多久啊？难道我们真要等到天下覆灭才收手吗？若你真是有勇气的男人，那我俩就用决斗来结束这场战争，胜者便可得到一切。"

皇帝对项羽的狂妄自大嗤之以鼻，他告诉来使："我会与你交战，但凭借的不是我的军队，而是智慧与勇气。我俩之中究竟谁能获得天下就凭智慧和勇气来决断，而你一定会输，因为你根本不懂如何作战，而且你身上背负着重罪。"接着，刘邦便列举了项羽犯下的最重的十条罪行。

此时的项羽正站在石堆之上，能看见并听见皇帝说话，面对这番冒犯之言他暴跳如雷。在盛怒之下他操起一把由四人才能勉强抬动的

在愤怒中产生勇气

巨大弓弩，凭一人之力张弓搭箭，向刘邦射出一支长箭。皇帝身侧中箭重伤，差点丢了性命，而项羽则趁混乱之际得以逃脱。受伤的皇帝不得不进城躲避，为了不在军中引发恐慌，他强忍着伤口的疼痛，坚持坐在轿子上检阅军队。与此同时，韩信大败齐王手下的一众将军并占领了齐国大部。深陷危险的齐王向项羽求助，项羽便立即派龙且率大军前往救援。双方的军队和齐王都到达了潍河（YUNG）[68] 岸边，宽阔的河面挡住了韩信的军队，想要到达对岸打击敌人，除非找到河流中可徒步涉水之处，否则没有其他任何方法。[69]

一个计谋

这时韩信想出了一个化解困境的办法。他命人连夜在河床上垒起装满沙土的袋子以截住水流，上游的河水被堵住，因此，上游很长一段距离的水位上升，拍打着高高的河堤，而下流的水量则因此减少，形成了一条可涉水而过的通道，可供一部分军队顺利通行。韩信毫不迟疑，命令留下的军队保持阵型，已经渡河的部队则立即开始战斗。双方交战不久，他便发出撤退的信号，军队从这条通道退回，佯装溃逃。龙且和他的人马信心满满，奋起追击，扑向河床，确信胜利就在前方召唤。当一部分敌军已经渡河、剩余部队正在一片混乱中追赶的当下，韩信命人拉起系在沙袋上的绳索，将沙袋拉掉。一时间大量水流奔涌而下，冲散并卷走了正在通道上渡河的士兵，也让对岸的部队无法与同伴汇合。韩信此计带来的伤亡十分惨重，以至于根本没人能将惨败的突发消息带回。河水仍在奔腾，韩信不顾危险，命军队迅速前往对岸击溃敌军残部，杀死龙且，活捉齐王，用武力夺取了齐国全境。

韩信想要得到齐国，并认为自己的战功理应得到皇帝的奖赏，因此，在将胜利的消息带回时，他也传达了自己的要求。话大致是这么说的：“齐国从来未曾明白应当站在哪一边，他们今天与一国结盟，明天又转投别国，有时又与所有人站在一起。在结盟这件事上，齐国反复无常。因此，我请求你将齐国交与我统治。一直以来我都对你忠心耿耿，将来我也会铭记这份恩赐，忠心不二。”

皇帝听了这番话很不高兴，但在张良和陈平的劝说下，他还是同意了韩信的要求。张良和陈平是这么说的：“为什么你不愿答应他的要求呢？难道攻下齐国并主动要求成为封国不是一腔忠诚的明证吗？

他本可以直接占有齐国，但他没有，你却要拒绝他的要求？他是一位机智和杰出的将领，你也已经不止一次见证了他的智慧。他的军队爱戴自己的将军，与他共进退并且无条件服从于他。若他的愿望能得到满足，战争很快便能结束。”皇帝听取了两人的建议，命人准备封王所需的符节和文书。与此同时，北方各地也只剩楚国尚未征服，韩信领命前往，对战项羽。

此时，皇帝要求项羽交还自己的爷爷和妻子，而项羽则要求以议和交换。于是，双方达成协定：项羽得到洪沟（HUNGKEU）南岸的所有地区，中国的其他部分，也就是北部和东部的所有省份，都属于皇帝。[70] 双方签订了和约[71]，但是，就在皇帝的爷爷和妻子刚刚被送回之际，张良和陈平即诱导皇帝背弃诺言。两人都反对议和，尽管他们都是哲人，也自称是美德的追随者，却不停地劝说皇帝开战，希望皇帝撕毁和约。因此，历史学家们对他们提出了犀利的批评，将他们认定为不义之人，不配称为哲人。他们这样对皇帝说道：“如今整个天下唾手可得，你已鏖战多时，此时统治全国又有谁会对此感到惊讶呢？过去你还担心自己能不能攻下全国，而现在胜利已经到手，你却要把接近一半的国土分给敌人？在项羽还是率领大军的常胜将军时你都不怕，现在他战败了，你为什么却要与他议和？皇帝啊，求求你改变想法吧，千万不要让项羽毫发无伤地回到自己的国家，继续统治。小心莫要养虎为患，当老虎长大了，便会忘记得到的照料，再也不听主人的话了。”皇帝被这番话说服，决定撕毁和约，但不久之后，他便因自己的不诚信受到了惩罚：项羽为了复仇，在固宜（CUXI）[72] 城附近发动进攻。尽管项羽军队人数不及刘邦，却依然让刘邦遭受重创，后者甚至不敢应战，在韩信和张良[73] 率全部军队前来支援之前一步都不敢迈出大营。[74] 他向两位将军承诺，只要他们英勇奋战打败项羽，便可获得楚国一部分国土。在获得富庶楚地希望的驱使下，他们袭击了项羽，后者败逃。此时韩信展现出了高超的智慧，他命令士兵们保持队列，放弃手边的战利品，继续追击项羽，而后者此时正向屯有重兵的亳州[75] 进发。项羽一踏进亳州城，一路尾随的韩信便包围了城池。等军队悉数到达后，他派人守住向城内运送补给的要道，切断项羽的

撕毁和约

粮草，让楚军陷于饥饿之中。但是项羽生性勇猛，比起困在城内，他选择冒险迎战，率领集结整齐的大军在城外与韩信对垒。双方鏖战许久，战局一度不明，最终人数不敌的项羽不得不撤回大营，大营守卫森严，韩信一方亦无法进入。项羽继续被围，急需支援，但他从楚国调回的大部分士兵都认为项羽气数已尽，纷纷转投皇帝麾下。一天夜里，项羽正若有所思地走在小径上，忽然听到附近皇帝军队的营帐中传来楚歌。尽管项羽并未气馁，但听到歌声，他深感自己被众人抛弃，一时悲从中来。此时的他众叛亲离，深陷重围，唯一的出路便是逃跑。回到营帐后，他唤来美貌无双的妻子虞（HIA）[76]，与她饮酒歌唱，并把为了不被敌人活捉而不得不逃跑一事告诉了妻子，让她鼓起勇气不要害怕。他对妻子说："请不要因我现在离你而去而抱怨，这个大营坚不可破，不久之后我便会带着大军归来，我俩定会再见。"

楚王出逃

随后，他向妻子告别，在妻子的帮助下穿戴好了盔甲，趁着夜色登上马背。

八百骑兵与他一同出城，向着敌军杀出一条血路。韩信的军队遭到突袭，惊恐而起，拿起兵器，项羽的一部分骑兵落马而死，另一部分则溃散逃窜，只有项羽只身向前。他渡过淮河，只身来到阴陵（UUGUEI*）[77]城附近，迷失了道路，进入一片沼泽。韩信从俘获的项羽随从处得到了这一消息，立即派人前去寻找，并允诺只要找到项羽，无论死活，都能得到丰厚的奖赏。深陷沼泽的项羽知道自己已经迷失道路，也料到了皇帝正在寻找自己。黎明已至，项羽好不容易从沼泽中脱身上岸，正准备前往和州（HOCHEU）[78]城，皇帝的二十八名骑兵[79]突然出现在他的面前。项羽一见，便停下来感叹道："我身经七十战从未失败，难道现在要惧怕这二十八只兔子吗？老天啊，请不要这样侮辱我！全天下都知道我是被上天抛弃，而不是被敌人打败，让我停手的是老天，而不是敌人！"多好的话啊！语毕，他便扑向敌人，将他们全部杀死。随后，项羽来到距和州不远的乌江（UKIANG）边，乘坐货船渡江，此时的他已经精疲力竭。"我要在此地停下脚步，这里是河流的起点，也将是我人生的终点。现在已无人效忠于我，我该惧怕的不再是敌人，而是我自己的部下。若是我继续向西，我该如

只身对垒三十二人

何面对自己的朋友与亲人？我现在非常清楚自己该做什么，我已失去天助，与其让闪耀的荣光沾上羞耻的污点，不如就此一死！”[80]此时的项羽明白自己已经没有出路，他坚定地站在江边，一剑砍下了自己的头颅。项羽是勇猛无畏之人，但内心险恶残暴。正因为如此，他没能成为天下的主人。若是他在用军队占领城池的同时得到百姓的心，凭他的征战能力，夺取天下本是轻而易举之事。他是暴君，一心只爱自己的士兵，当然士兵们也对他十分爱戴，但之后这些人却转而效忠刘邦，用自己的能力帮助刘邦完成大业。

与自己的对抗

另一边，韩信攻入了项羽的大营。营中无帅，韩信轻取，但他也没有借着胜利滥用权力。他下令不杀俘虏，还邀请被俘的士兵加入自己的军队，同时放走了想要归家的人。这一温和的做法赢得了众人的尊重，因此大家十分乐意听从韩信的安排。楚国已经缩小到了极限，已经准备投降，唯有鲁城一地不愿服从。[81]皇帝大怒，派人前往鲁城传话，若是不开城门便放火烧城。但有一天，皇帝碰巧从鲁城城墙外经过，听到城内传来歌声与笛音。皇帝感叹道：“听啊！热爱音乐之地必有守礼之民，这里的百姓没有背弃自己的大王，对他忠诚并愿意为他而死。这番勇气值得赞赏，因此我决定改变计划，只要他们投降，便可保住自身周全。多希望我的百姓们也能如此待我啊！”就在这时，皇帝派去寻找项羽的人马带回了项羽的人头，皇帝便将人头悬于长矛之上展示给城内民众。百姓大惊，立刻投降。皇帝为项羽举行了隆重的葬礼，接纳并厚待了项羽的父亲，赐予他田地和汉公的称号。[82]汉公的称号取自汉朝的名称，这在中国人看来是极大的恩赐和至高的荣誉。

音乐是守礼的标志

战事完结，皇帝出发前往定陶。按照之前的约定，他封韩信为楚侯，彭越为梁王[83]，管辖楚国境内的梁地。[84]韩信铭记漂母的恩惠，便将生活贫苦的她召来，赠予一千两银子，还将那个曾经在淮阴的屠宰场公开羞辱自己的男孩封为高官。只有品格高贵之人才能做到以恩惠报答怨仇。[85]

以恩惠报答怨仇

在山东高州（CAOCHEU）举行的一次集会上，各路诸侯和将领共举刘邦为帝。称帝后，刘邦出发前往洛阳，在那里举办了盛大的宴会，犒赏将士。[86] 相谈甚欢间，刘邦询问众人，征服天下的为何是他，而不是别人。在座的将士们纷纷说出理由，有些是直言不讳，有些则是阿谀奉承。皇帝听完，对大家说道："我之所以能够征服天下，就是因为我善于用人，在我手下，每个人的长处都能得到充分发挥。在这一点上，项羽根本无法同我相提并论。我知道子房（ZUFANGUS）[87] 善于用兵，无需走出家门和营帐，甚至远在千里之外也能指挥军队，赢得战事，比我强得多；我知道萧何不仅能保障国家的稳定、安康与和平，还善于计算国库收入，保证有足够的金钱支付薪俸、购买粮草，比我强得多；我还知道韩信善于领兵，能够带兵取得大捷，比我强得多。因此，我便按照各人的长处用人，继而征服了天下。我意识到他们三个的能力和经验都远超他人，因此给他们安排了最适合的位置，并在他们的帮助下登上了帝位。慧眼识人远难于执掌天下，做出有利于天下的决定也比打败敌人更加复杂。我承认自己在许多方面都不如他人，但善于用人是我的长处，这一点无需谦虚。项羽身边明明有范增这样的全能之士，却不懂利用，这才导致了自己的灭亡。"皇帝的这番话不但赞美了将士，还称颂了自己。

刘邦善于用人

与此同时，齐国有一位名叫田横（TIENHENGUS）的人，他有着王室血统，曾在项羽的帮助下在民风强悍、篡权盛行的山东省境内发动多起暴乱。得知项羽的死讯，他便带着五百人前往东海海岸附近的一座岛屿上生活。[88] 在岛上，他收到了前去面见皇帝的命令，如若不从便要杀头。

三人自尽

于是，田横带着两名随从出发觐见皇帝，但三人却在快要到达时刎颈自尽。消息传到岛上。为了表示对主公的绝对忠诚，尽管主公已死，所有的民众也都跳海自尽了。

项羽麾下的将军季布（KIPUS）曾多次公开与皇帝为敌，眼见自己无路可逃，便离开军队，剃去头发、修剪胡须后前往鲁国，为那里的一名朱姓（CHAUS*）[89] 人士效力。此人是一名勇猛能干的将军，当得知季布并非出身奴隶，出于对其境遇的同情，便让他栖身于自己檐下。一天，朱 [家] 去到为皇帝效力的大将军夏（SIEUS）[90] 那里，向他问道："季布究竟何罪之有？他一直效忠自己的主公，这一点无可指摘，反而值得称赞。皇帝现在一人执掌天下，一定不希望用处死一个子民的方式来报仇，更何况罪名仅仅是恪尽职守。只有慷慨之人才懂得宽恕，放弃仇怨，展现高贵的内心。”夏侯将此番话语转告了皇帝，皇帝随后派人召见季布，并因他忠于主公而赐予官职。

而季布的舅父、项羽的另一员大将丁公（TINGKUNGUS）的命运却截然不同。他主动将自己的军队悉数交给皇帝，最后却被处死。（敌人也懂得嘉奖忠诚之人）

皇帝对他提出了尖刻的责备：“这里不欢迎可疑的归降。你本应当带着军队为自己的主公效力，而一个对自己主公不忠的人通常不会对任何人忠诚。因此，我以这样的方式处置你就是要告诉大家切勿效仿你的例子。”平定天下后，刘邦进入咸阳城。之前我已多次提到，咸阳城是陕西省的首府，刘邦也是在那里开始了自己的统治。（不忠则被惩罚）

然而，平静未能维持很久，韩信密谋篡位的谣言开始在坊间流传[91]。皇帝以巡视各省为借口前往楚国边境地区，途中他悄悄打探消息，一旦确定韩信有罪便准备立即捉拿。韩信并不知道谣言的存在，因此，皇帝的到来没有让他起一丝疑心。和往常一样，他带着几个随从前往迎接皇帝，结果当场被拿下。据说从惊诧中缓过神来的韩信是这么说的：“究竟发生了什么事？这是为什么？皇帝就像在田间抓野兔一般抓住了我，怎么会这样？无辜的我言行从未失当，但这一点却给我招来了灾难。担任守卫之职的人反而被抓，这难道不奇怪吗？其实我早已明了，高飞的鹰隼都被杀了，反抗的敌人也被歼灭，现在阻碍天下一统的所有危险都已消除，因此，弓箭被收藏起来，天下已没有战事，皇帝也已经不需要我的帮助了。这才是我唯一的罪过啊！天下的战火已尽，现在该把我烧死了。”[92]（韩信被囚）

皇帝仔细斟酌了一番，最终认定韩信无罪，并且封他为淮阴侯，而淮阴正是韩信的家乡。（韩信获释）

皇帝问韩信自己能领多少兵，韩信回答说不超过十万，皇帝惊讶万分，[93]接着问道：“那你觉得自己能领多少兵？”韩信答道：“再多的兵我都能带好，皇帝你也一样，再多的将领你也一样能指挥好。论知人善用，没人能胜过你，大家都愿意听从你的指挥，这一点众人皆知。”据说皇帝十分欣赏这一机智的回答，对其中肯定他在知人善（正中要害的回答）

用方面能力出众的部分尤为欢喜。

张良的谦卑

之后，皇帝便开始重赏那些在战争中立下战功的将领。张良被封为留侯（LIEU），食邑位于辟城（PI）不远处。他本来可以获得更多食邑，但谦卑的他却拒绝接受，只留下了留城一处。书中是这么描述他的想法的："皇帝啊，我真的不知道自己功在何处，也许是我的建议帮到了你吧。我认为自己的言行不配得到这么大的奖赏，以我微薄的贡献，获得留城一地足矣。在你尚未得势时我便能伴你左右，这于我来说已经是一种赏赐了。"

因谦卑而拒绝馈赠

皇帝将酂城（ZUON）的大片土地都赐给了萧何，并封陈平为户牖（HUYEN）侯，但遭到了陈平的拒绝，后者提出应将无知（UUCHIUS）封为户牖侯。无知对陈平有恩，当年就是他在皇帝面前大力称赞并引荐了陈平。他对刘邦说道："皇帝啊，若我真的立下了值得赞赏和嘉奖的功劳，那有功的也是无知，因为是他让我遇见了你。若没有他，我根本一文不名。"皇帝惊诧之余也感到高兴，对他说道："你放心吧，我很清楚要感激的不仅有你，还有无知。请你收下给你的食邑，无知自会得到他应得的。"

慷慨之心害了皇帝

此番封赏对皇帝造成了几乎致命的打击。所有人都认为自己值得嘉奖，但却不是人人都能如愿，其他将军见自己被忽略，便开始准备起兵，甚至计划杀死皇帝。张良用一番充满智慧的言语勉强阻止了那些在盛怒中扬言威胁皇帝的将军，同时也说服了皇帝尽快在立下功劳最小的人中选择几人加以封赏。他是这么对皇帝说的："只要这么做，其他人就会认为自己也能得到封赏，那谋权篡位之事便会暂时停歇，你也可争取时间保护自己。"皇帝接受了这个建议，分别封雍齿（IUNGCHIUS）和曹参（ZAOSANUS）为什方（XEFANG）侯和安平（SAPING）侯，众人感到十分满意，都相信自己能够得到更大的封赏，皇帝的险境得以解除。[94]

鉴于秦朝的灭亡要归因于皇帝们没有将自己的族人封为诸侯，继而在危难时得不到任何援助（之前我提到过，秦朝的皇帝们不让自己的近亲担任要职），刘邦认为应当恢复古老的传统。他封长子刘贾（KIAS）为荆（HING）王，次子刘恒（HIUNG）为代（TAI）王[95]，私生子肥（FIUS）为齐（CI）王。其中次子恒之后成了汉朝第三任皇帝，肥则是刘邦年轻时与一不知名女性所生。[96]

他命叔孙（XOSUNIUS）重修礼法，更新宫廷的各项礼仪。[97]就这样，和平岁月持续了六年。时年公元前200年[98]，刘邦召集各路诸侯和高官重臣，举办了一次盛大的典礼。据说叔孙仔细推敲了每一个细节，整场仪式都极尽奢华，皇帝一出现便震慑全场，令所有人崇拜景仰，他本人也对这场奢华的典礼十分满意并赞叹道："我终于知道了身为皇帝的尊贵啊！"[99]正当举国上下都沉浸在和平与庆典的欢乐气氛中时，匈奴却突然越过了长城，穿过现在大同（TAITUNG）要塞所在的山西省入侵中原，到处抢掠。皇帝派韩信率兵出征，战事很快打响。

鞑靼[100]（匈奴）入侵中原

开战不久，韩信就失去了命运的眷顾，被善于骑马的匈奴人逼退。遭受惨败后的韩信在马邑（MOYEM）[101]躲避，很快便被包围，走投无路之下将马邑城让给匈奴并投降。[102]皇帝决定亲征，他得知匈奴人退至代（TAI）谷，便派亲信在附近监视敌军的行踪。[103]匈奴首领冒顿（MAOTUNIUS）[104]发现后，便命军中最精良的骑兵隐蔽起来，营中只留下一小部分装备松散的士兵。汉朝的间谍们眼见冒顿只有区区几个羸弱的士兵，便报告说此战必胜。正当皇帝准备出兵之时，同样被派遣监视敌军的刘敬（LEUKINGIUS）归来并祈求皇帝立即停手。刘敬说道："尽管我在匈奴人那里没有发现任何值得惧怕之处，但我还是不能相信他们会如此不知轻重，进入中国却毫无作战准备。如果真是这样，那他们是如何打败韩信、入侵我国的呢？我担心其中有诈，他们可能故意将精兵藏了起来。因此，我觉得在没有得到敌军确切消息的时候出兵是非常不谨慎的。"

韩信战败

皇帝大怒，指责劝阻出兵的刘敬为叛徒，命人给他加上镣铐，并在大战告捷后立即处死。攻下广武后，满怀出师必胜之心的皇帝到达大同[105]，军队尚未全部抵达，匈奴人便在大同东边的白登（PETENGUS）山上将皇帝围住。怎么办？往哪儿走？皇帝无路可逃，只能给贪婪的敌人送去大量礼物。为了换取和平，皇帝承诺送给匈奴大量的钱财，以及许多男子和女子给匈奴阏氏（王后）作为和平的代价，而这些都是匈奴每次来到富饶的中国所渴求的。随后，韩信被召回，

因过于谨慎而身陷危险

那些被派去监视敌军的间谍首先被处死，而刘敬则因其谨慎受到称赞，并被封为建信（KIENSIN）侯。

陕西省受到大量战事摧残，民不聊生。省内居民稀少，能在田间劳作的更是屈指可数，因此不得不采取一些补救措施。各省均选出一些壮丁送至陕西，他们和当地在税赋的重压下幸存下来的贫穷家庭都得到了房屋和田地。就这样，人口慢慢地增长起来，农业也开始兴旺，据史书所说，形成了十万户新的家庭。

皇帝到达长安（CHANGAN）[106]，萧何在自己壮丽的宫殿里接待了他。但萧何意识到，尽管皇帝没有显露出来，心中还是暗暗嫉妒并感到愤怒，于是便对皇帝说："*皇帝以天下为家，任何奢华的宫殿在天下面前都黯然失色，就像微小的星辰比不过太阳的光辉。如果皇帝所处的宫室配不上天子的身份，那么他的光辉便会暗淡，威严也会随之减弱，无法震慑天下。*"中国的史书中对此番言论并不赞同，尤其是此番话居然还出自哲人口中。史书作者们认为君主的权威建立在善良和正义之上，君主只有善良贤明才能得到臣民的尊重和服从；如果君主生活奢靡，便不会得到臣民的尊敬，也无威望可言。这是所有人都赞同的观点。税赋应当被用于帮助有需要的百姓，这样民众才会爱戴自己的君主并对他忠诚，这才是一个帝国所需要的。

彼时，匈奴人又开始进犯北部地区。为了不让这样的入侵反复重演，皇帝派刘敬前去和谈，希望为自己的一个儿子迎娶匈奴单于的女儿。[107]

一场婚姻骗局

据一位中国历史学家记载，这是皇帝给匈奴人精心设下的骗局，匈奴公主最终嫁给了一个仆人的儿子，因为娶匈奴人为妻会让中国的贵族蒙羞，就算对方是匈奴阙氏也不行，而皇帝的儿子娶匈奴妻室更是奇耻大辱。中国人自视甚高，与他们相比，任何其他民族都一文不值。

皇帝继续巡视，来到赵国。他曾答应将女儿嫁给赵王的儿子敖（GAUS），按照惯例，赵王将信物和聘礼送给了皇帝，但不知为何却没有遵循礼制，皇帝因此十分生气，对赵王恶言辱骂。[108]赵王的大臣［贯］高（CAUS）和［赵］午（YUUS）试图劝说大王杀死皇帝报仇，[109]因为是皇帝先破坏了宾主之礼，但赵王不听，两人因提出邪恶的建议受到了惩罚，还被责令不得胡言。

然而这件事还是传到了一个与贯高交恶的人耳朵里，他便趁机向皇帝告发了赵王和贯高。赵王被囚，他所有的臣子也成了共犯。臣子们听闻自己被传唤，担心会被处以极刑，都想选择自尽。忠于赵王的贯高对这一懦弱的集体求死行为十分鄙视，他说道："如果我们自尽了，谁来维护大王？谁又能证明大王的忠诚和清白呢？"语毕，他立即前往面见皇帝，并向他坦白是自己给赵王出了谋反的主意，但赵王并未听从。皇帝听完后仍不相信，想用酷刑逼他说出实话，但是贯高的表现令所有审讯官员大为震惊。贯高是这么说的："这有什么好奇怪的？大王的命难道不比我自己和全家之命更重要吗？我今天认罪，我的亲人都将受到株连而死，但对真相的追求盖过了对死亡的恐惧，我宁愿用自己和家人的命去维护真相。我才是有罪之人，是我提出了谋反的建议。大王无罪，他忠心耿耿、服从皇帝，根本没有接受我的建议。"这番忠诚令皇帝震惊不已，他不但释放了赵王，还为贯高卸下了刑具，并让赵王封其为宣平（SIUENPING）侯。[110] 贯高本可以一帆风顺，加官晋爵，但他却对自己产生了厌恶："我已经救回了大王的性命，此生无憾。我想要的只是证明赵王的清白，现在目的已经达到，就算曾经身陷危险我也没有后悔。现在我选择去死，人们都说我是叛徒，而我还不至于无耻到背负此名继续侍奉皇帝。我只效忠于我的大王。"

赵王被囚

坦白认罪

说罢，他便刎颈自杀了。

自尽

皇帝对自己最受宠的小妾戚姬（CIEA）所生的儿子如意（IUYUS）最为宠爱。[111] 他封如意为赵王，并以正宫所出的皇子羸弱多病为由，有意让如意取而代之，成为皇位继承人。诸侯和大臣们为了反对这一决定说尽了道理，但最后却是口吃的昌（CHANGUS）成功说服了皇帝。

昌对皇帝说："我完全不善言辞，舌头根本不听使唤，不能说出我心中所想，但现在我说不出话并不是因为这一缺陷，而是因为眼见皇帝不行正义，悲痛惊慌而说不出话来。"他说的话字词混淆，勉强才能听懂，但他还是不停地重复着："我知道这样不行。"皇帝见他这般慌乱，说话也不利索，忍不住大笑起来，同时也被昌的韧劲折服，改变了原本的想法。众人皆大欢喜，其中最高兴的便是吕后。

坦白罪过

与此同时，大将陈豨（CHINHIUS）率领大军从南部省份出发，前往守卫为了防御匈奴人而修建的长城。[112] 经过淮阴时，陈豨前往拜见韩信。两人独处时，陈豨握住韩信的手，对他说道："你为什么如此懦弱，也不为自己争取些什么？难道你忘了是你用英勇征服了天下吗？论勇气、论战功，你都远在他人之上。你的士兵个个装备精良、训练有素，我曾经也是其中一员。如今我仍想为你效力，随你征战，但在这之前我要先去推翻皇帝。他将你作为叛徒投入大牢，这对于从未受过丝毫怀疑的你来说就是一种冒犯，此仇怎能不报？相信我吧，此生你再也不可能平安了。只要你活着，那个暴君就会终日惴惴不安，因此，我建议你尽快为自己想想。我会在长城等你，到那儿找我吧！皇帝若是派兵攻打你，我必听从你的命令，我还会去攻打防守羸弱的陕西省。在命运和武力的帮助下，你将会成为那里的大王，一旦获得了陕西省，你定能进一步夺取更多。"[113]

叛徒韩信

韩信很喜欢这番说辞，很快便与这位朋友结盟。要是他们篡位的阴谋没有被发现，皇帝的末日便近在眼前。但是韩信的一个仆人偷听了他们的对话，并把此事告诉了皇上，希望借此得到奖赏。年关在即，皇帝没有向韩信发兵，而是策划了一个陷阱，想要不费一兵一卒就将其置于死地。他派吕后和萧何出访全国各地，并故意让他们经过淮阴。韩信按照礼节前来迎接皇后，正当他按照中国传统向皇后恭祝新年快乐时，突然冲出的几名大汉将他牢牢抓住。这些收了钱的杀手当场就砍下了他的头颅。[114] 这是一名深受皇帝敬重的非常卓越的将领，但谋反的嫌疑却玷污了他的赫赫战功，他也因此丢掉了性命。[115] 与此同时，皇帝以攻打匈奴为借口，带着大军向着陈豨所在的地方出发。陈豨察觉到危险已至，便立刻准备应战。之后便是旷日持久的战事，战局一度不明，但最终陈豨战死，用自己的血为皇帝铺就了胜利之路。皇帝尽管身受重伤，但还是在谨慎与武力的帮助下，让自己远离了失去天下的危险。

韩信被杀

在征战中皇帝曾途经梁国（LEANG），那是他封给彭越的诸侯国。当时彭越身体有恙，未能按照礼制前来迎接。皇帝假装没有察觉到彭越的缺席，在获胜归来后，他也没有剥夺彭越梁王的称号，而是想将其流放。但在皇后看来，这一惩罚远远不够，她想要彭越死。为了说服皇帝，她这么说道："我担心你会因自己的仁慈而后悔。你很清楚彭越是一名卓越的将领，而让敌人操起兵器的最好办法便是先击打后放生。他对你的恨将会绵绵不绝，不报流放之仇绝不会罢休，不杀他后患无穷。我还是要坚持劝你尽快处死彭越。"

皇帝被说服，宣布彭越、韩信和陈豨为乱党叛徒。他立即下令处死了忠心耿耿的无罪之人彭越，并将他的头颅悬挂在洛阳城的广场上。

无辜之人因一名女子的话而受死

就在此事发生前不久，彭越派能言善辩的大臣栾布（LUONPUS）出使齐国。栾布听说大王被杀，头颅悬于广场之上，便立即返回洛阳。当时头颅还在滴血，栾布跪倒在头颅底下，痛哭着汇报自己的出使情况。皇帝得知后，便命人将他逮捕。[116]

对死去大王的忠诚

栾布得知，自己被提出大牢后将被烧死，便厉声对皇帝说道："我可以一死，但我想让你明白一些道理。当初你被项羽围于洛阳[117]和成皋，若不是彭越前来救援，你早就没命了，也不会得到天下。是彭越救了你，保障你登上皇位，他还立下了其他功劳，当下无需一一历数。然后呢？难道韩信不值得称赞吗？我不想多说，只想提醒你，如果你毫无来由，甚至是随便找一个借口，便对这样的人下手，那么那些可能会遭到你猜忌的人便会人人自危，想方设法让自己不要落得韩信和彭越一样的下场。还有谁会迟疑呢？人们看到你一旦不再需要那些勇猛之人便会将其宰杀，试问有谁会不感到害怕？皇帝啊，如果你真的在乎长久的皇位，就要收敛这种残暴之心啊！道理说完了，现在我任由你处置，我已经准备好去死了。"这番话令皇帝震慑不已，一时哑口无言，回过神来之后，他命人释放了栾布，并拜为高官。

皇帝不欣赏这份忠诚

淮南（HOAINAN）王黥布（KINGPUS）的举动证明了栾布所言非虚。眼见皇帝毫无来由地将最勇敢的手下处死，为了不落得同样的下场，他公开发动了一场兵变，并因此丢掉了性命。[118]他公开叛变，抛下南方各省不攻，一路直奔北方。他过于心急，因此陷入了危机。途经省份的官员都派兵截断他的粮草，与此同时，皇帝也派了一支大军向他开来。黥布在自认为不会有任何危险的蕲城（KI）附近战败而逃，虽然得以捡回一命，但却找不到隐蔽之所。最终，黥布在南北夹

又一次叛乱

击下被俘，后被处死。据说皇帝得到叛变的消息后曾经问过叛军向何处进发，一听说他们翻山越岭北上陕西，皇帝便说道："我们安全了，叛军没什么好怕的。如果他们入侵了南方各省，那就真的危险了，而现在我信心十足，因为我们必能将他捉拿，获得胜利。"

此战告捷，皇帝在回程中染病，并且病情不断加重。[119] 他感到大限将至，便提出将深爱的小妾戚姬（CIEA）所生的儿子如意（IUYUS）立为太子，戚姬也曾多次求他将皇位传给自己的儿子。所有大臣都反对此事，他们认为这是个错误的选择，都想方设法让皇帝明白这一决定将会危害天下，但皇帝不听。吕后为自己儿子的命运担忧，便请求张良想办法维护皇子的权利。张良足智多谋，他对皇后说道："言语不能打动皇帝，现在需要的是事实。我有一个主意，你好好听着。秦朝时有四位伟大的哲人为了躲避战乱而躲进乡野，在远离战争的安全之所专心治学。你让儿子 [刘] 盈（INGUS）给他们写一封满溢赞美之词的书信，并邀请他们做自己的老师，剩下的事就交给我吧。"随后张良便前往寻找这四位哲人，将皇后的愿望告诉了他们，并央求他们教导皇子，因为皇子受到良好教育对于整个帝国来说十分重要。哲人们读了皇子的书信，接受了皇子的礼物并同意了这个要求。他们带着这封书信前往面见皇帝，告诉皇帝此行是受到了盈的邀请，并将给予刘盈他所要求的帮助。皇帝对这几位高龄哲人十分敬重，也惊讶于他们得体的举止，在询问了他们各自的名字后，皇帝说道："伟大的贤人们啊，之前你们一直隐居在家，远离于我的宫廷，但错不在你们，而是在我，是我不值得你们的辅佐。现在我的儿子能将你们请来，我是多么嫉妒他啊！他能得到你们的教导，因此，他比手握权杖的我更为幸运。请告诉我他是如何说服了你们，我真的不敢相信我的儿子具备这样的能力。"哲人们拿出了皇子的书信，说道："你的儿子善良谦恭，热爱学问，也爱戴有学识的人。若是他继承了皇位，我们的帝国将会国运昌隆，因为他定会使帝国繁荣昌盛。我们将会竭尽全力好好教导他，这样，所有贤明之士都会爱戴他并且前来为他效力。"皇帝送别哲人后，叫来了他的小妾戚姬，对她说道："尽管盈不想得到天下，但是天下还是选择了盈，并坚持将皇位传给他。现在所有德高

有利于继位的建议

望重、智慧贤明的人都赞美他、尊重他，因此，我无法实现多次向你承诺过的事了。全天下的百姓都会追随贤人的榜样，我可不能背道而驰啊！”说完，他便立刘盈为太子，众人皆欢欣鼓舞。

皇帝如何对待子民

皇后将萧何看作一位重要的朋友，若不是她出手相助，被皇帝以莫名缘由囚禁的萧何也难逃一死。萧何突然失去皇帝的信任并不是因为他犯下了什么过错，而是因为中国的一种古老传统。中国的皇帝历来都不会尊敬自己的臣子，直到如今还是这样。不管臣子的官衔多高，皇帝对待他们的方式与对待奴隶并无二致。只有皇帝才能发号施令，因此他们认为自己是一切的主人，甚至可以决定人们的生死。每个人在社会和公共生活中的地位都由皇帝决定，只要皇帝愿意，就算出身草芥也可以加官晋爵。在人们看来，皇帝就是主宰一切的神，他的威力令人惧怕。皇帝经常会因一些无足轻重的原因或小小的蛛丝马迹将备受敬重之人撤职或处死，尤其是那些在战场上能力出众的英勇之士，因为他们令皇帝感到惧怕。只要有一丝半点疑虑，皇帝便会暴怒。军中的将领和大将军们，尤其是那些最有能力的，都十分清楚这一点。他们不会对皇帝特别忠心，因为皇帝对待他们也并不公正。由于尊严经常会遭到侵犯，这些将领们随时准备哗变。只要战功显赫，便有被杀头的危险。通常来说，一旦打完胜仗、遣散了军队，这些将领便知道自己死期将近了。正是因为如此，在战乱时期的中国经常听说士兵哗变的消息，哗变事件愈发血腥，人们对勇敢和忠诚这样的品质也愈发不在意了。[120]

皇帝大限将至，吕后去看望他时对他说道：“圣明的皇帝、我深爱的丈夫啊，我知道你最善于揣摩人心，知人善用，没人比得过你，因此我希望你能告诉我，在萧何之后该任命谁为阁老，要知道萧何年事已高，恐怕也不久于人世了。”皇帝听罢，回答她道：“首选曹参，其次王陵，但王陵需与陈平分权。皇帝千万不能让陈平一人独掌大权，他智慧过人，经验丰富，但也正因为如此，他是一个极为危险之人。他自信满满又野心勃勃，论扰乱朝纲无人能及。皇帝要谨慎行事，知道如何利用这一点，不拒绝建议，但也不能相信任何人。王陵不适合独自一人担当这一重任，[121]但只要身边有另外一个人监管着，一切都会按照你的愿望进行，人民也能从中受益。”[122]说完这番睿智的话后不久，皇帝刘邦驾崩。他的一生是幸运的，他历经种种命运的轮回，从土匪变成了皇帝，为天下带去了太平，尽管持续的时间并不长久，他还开启了一个全新的朝代——汉朝。尽管他的子孙们纷争不断，其间也常有起义和战争扰乱天下的太平，国家甚至还面临过分崩离析的危险，汉朝的统治在之后的四百六十多年里却未曾中断，共有三十位皇帝先后即位。[123]刘邦深受子民们的爱戴，尽管他身上也有一些例如过分追求奢侈享受这样的缺点，但直至今日人们依然会赞颂他的美德。

尾 注

1 两汉时期（东汉：前 206—8；西汉：25—220）被认为是中国历史上的黄金时代之一。在这一时期，中国的文学、艺术、科学都取得了巨大的进步，军事扩张也成效明显，中国的影响力远远超出了国土范围，一直延伸到了越南、蒙古、朝鲜和中亚地区。也正是因此，从那以后“汉人”便成了指代西汉、东汉时代的人，以及汉族人的名词，与中国范围内的其他民族区别开来。

2 “汉元年十月，沛公兵逐先诸侯至霸上。”见《史记卷八 · 高祖本纪第八》。（中文版注）

3 “吾与诸侯约，先入关者王之，吾当王关中。”见《史记卷八 · 高祖本纪第八》。（中文版注）

4 见《资治通鉴纲目》卷二《汉王刘邦元年》，第 145 页。（陆商隐注）

5 子婴甚至没有接受皇帝的称号，只称秦王，死后才被称为秦三世皇帝。（陆商隐注）

6 萧何（前 257—前 193），刘邦的谋臣，后任丞相，是杰出的政治家和朝廷中的关键人物。他忠于君主，品行端正，无可指摘，为人们所称颂。之后有很多皇帝都希望能找到如萧何一般的忠臣。（陆商隐注）

7 此处提到了“天命”这一概念，君权由上天授予皇帝，若是皇帝行为不端、品行不正，那么上天便会收回君权。（陆商隐注）

8 卫匡国的这段话是对《资治通鉴纲目》卷二《汉王刘邦元年》，第 145 页中“助桀为虐”一词的翻译。（陆商隐注）

9 这句话是卫匡国对“良药苦口利于病，忠言逆耳利于行”的翻译。

10 见《资治通鉴纲目》卷二《汉王刘邦元年》，第 146 页。（陆商隐注）

11 应为叔父。可能是因为“季父”这个词，让卫匡国误认为项伯是项羽的父亲。“楚左尹项伯者，项羽季父也”，见《史记 · 项羽本纪》。后文的对话也大多无记载。（中文版注）

12 见《资治通鉴纲目》卷二《汉王刘邦元年》，第 146 页。卫匡国完全遵照原文，没有添加解释和评论。（陆商隐注）

13 此处卫匡国对鸿门宴的概括和描述与中国史书的描述有较大差别。（中文版注）

14 见《资治通鉴纲目》卷二《汉王刘邦元年》，第 147 页。（陆商隐注）

15 项羽屠杀秦降卒在入关前，即巨鹿之战之后，而非火烧咸阳后，原因亦有异。“秦史卒多窃言曰：‘章将军等诈吾属降诸侯。今能入关破秦，大善；即不能，诸侯虏吾属而东，秦必尽诛吾父母妻子。”见《史记 · 项羽本纪》。（中文版注）

16 这句话应该是卫匡国对“富贵不归故乡，如衣绣夜行，谁知之者”（《史记 · 项羽本纪》）的转写，而非原文直译。（中文版注）

17 同本卷注释 14。这句谚语是：楚人沐猴而冠。（陆商隐注）

18 “羽闻之，烹韩生。”见《资治通鉴纲目》卷二《汉王刘邦元年》。（陆商隐注）

19 从上下文逻辑看，应为秦朝。（中文版注）

20 今为咸阳之西南。《资治通鉴纲目 · 卷二下》“立沛公为汉王，王巴蜀汉中，都南郑。”（中文版注）

21 “汉王怒，欲攻项羽，周勃、灌婴、樊哙皆劝之。”见《资治通鉴 汉纪一》。（中文版注）

22 “萧何谏曰：‘虽王汉中之恶，不犹愈于死乎？’汉王曰：‘何为乃死也？’何曰：‘今众弗如，百战百败，不死何为！夫能诎于一人之下而信于万乘之上者，汤、武是也。臣愿大王王汉中，养其民以致贤人，收用巴、蜀，还定三秦，［（胡三省注）雍、翟、塞为三秦。］天下可图也。'汉王曰：'善！'乃遂就国，以何为丞相。”见《资治通鉴·汉纪一》。（中文版注）

23 “项王以张良从汉王，韩王成又无功，故不遣之国，与俱至彭城，废以为穰侯；已，又杀之。”见《资治通鉴·汉纪一》。（中文版注）

24 《资治通鉴纲目》卷二《汉王刘邦元年》，第149页。但之后所述的事件依然发生在刘邦登基元年，即公元前206年。（陆商隐注）

25 韩信（？—前196）是一名能力出众的将军，以常胜不败著称。在刘邦与项羽胶着时，是韩信领兵征服了整个中国。（陆商隐注）

26 韩信出生于淮阴县。公元前223年，秦灭楚，设淮阴县，属泗水郡（一说东海郡）。南齐永明七年（489年），“淮安”之名始见。明代，设立淮安府辖山阳、清河、安东、盐城、桃源、宿迁、沭阳、睢宁、赣榆、邳州、海州，共9县2州，范围包括今苏北五市绝大部分地域。（中文版注）

27 这里及之后所述的事件与《资治通鉴纲目》原文相符。见《资治通鉴纲目》卷二《汉王刘邦元年》，第149–150页。（陆商隐注）

28 此处卫匡国对人名有误解。“[信]钓于城下有漂母见其饥而饭之信喜曰吾必有以重报母怒曰大丈夫不能自食吾哀王孙而进食岂望报乎。”《史记·淮阴侯列传》。（中文版注）

29 此处的“童”一般解读为无赖少年。（中文版注）

30 此事记载于《资治通鉴纲目》和《史记》卷九十二《淮阴侯列传》，第2610页。史书中记载为滕公，并非卫匡国注音的LACUMIUS。（陆商隐注）

31 “汉王至南郑，诸将及士卒皆歌讴思东归，多道亡者。”见《资治通鉴·汉纪一》。（中文版注）

32 《史记·淮阴侯列传》：“信拜礼毕，上坐。王曰：'丞相数言将军，将军何以教寡人计策？'”（中文版注）

33 见《资治通鉴纲目》卷二《汉王刘邦元年》，第151页。王陵（？—前181），在帮助刘邦登基后被封为安国侯（陆商隐注）。

34 卫匡国在此处应该有一个笔误，他将张良（CHANGLEANGUS）写成了HIANGLEANGUS。这也可能是抄写员或排版员的错误。张良遗项王书曰：“汉王失职，欲得关中，如约即止，不敢东。”又以齐、梁反书遗项王曰：“齐欲与赵并灭楚。”项王以此故无西意，而北击齐。汉太祖高皇帝二年（丙申，前205）（中文版注）

35 见《资治通鉴纲目》卷二《汉王二年》，第151–152页。然而九江这一地名并未出现，仅在《资治通鉴》卷九《太高祖皇帝二年》第314页中有记载。（陆商隐注）

36 见《资治通鉴纲目》卷二《汉王二年》，第152页。（陆商隐注）

37 应该是汉中，可能是排字时的错误。“汉三年，军荥阳南，筑甬道，取敖仓事。”（中文版注）

38 今江苏徐州。（中文版注）

39 在《资治通鉴纲目》卷二《汉王刘邦二年》第154页中，此事件发生于“夏，四月”；在《史记》卷七《项羽本纪》第321页中记载为“春，四月”。（陆商隐注）

40 卫匡国一直称刘邦为皇帝（imperatore），而文献中此时只记载为汉王。（中文版注）

41 《资治通鉴纲目》卷二《汉王刘邦二年》，第155页。（陆商隐注）

42 据《资治通鉴纲目》卷二《汉王刘邦元年》记载，刘邦于公元前202年2月28日在山东定陶

汜水之阳举行登基大典，定国号为汉。（中文版注）

43 此事记载于《资治通鉴》卷九《高祖皇帝二年》，第 323 页。

44 根据《史记 · 淮阴侯列传》和《资治通鉴》，沉船的是韩信而不是魏王；另外，卫匡国可能误以为临晋是河，并把“安邑”理解成了别院。（中文版注）

45 此处仍然是陈馀，因其也被称为“成安君”，但不知在这上下几行间为什么卫匡国对同一个人的描写却用了不同的名字。（中文版注）

46 位于河北省，见《中国新地图集》意大利文版，第一省，第 33 页右栏。（陆商隐注）

47 见《资治通鉴纲目》卷二《汉王刘邦三年》，第 156 页。（陆商隐注）

48 见《中国新地图集》意大利文版，第一省，第 33 页右栏。（陆商隐注）

49 见《资治通鉴纲目》卷二《汉王刘邦三年》，第 156 页。（陆商隐注）

50 见《资治通鉴纲目》卷二《汉王刘邦三年》，第 157 页。（陆商隐注）

51 见《资治通鉴纲目》卷二《汉王刘邦三年》，第 159 页。（陆商隐注）

52 卫匡国混淆了“离（離）”字和“难（難）”字。（陆商隐注）

53 见《资治通鉴纲目》卷二《汉王刘邦三年》，第 156 页。（陆商隐注）

54 陈平离间项羽与亚父，系对项羽使臣言，非使使臣使项羽。（中文版注）

55 彭越（？—前 196）是同韩信一起为刘邦夺取天下的另一位勇猛的将军。（陆商隐注）

56 见《资治通鉴纲目》卷二《汉王刘邦三年》，第 160 页。（陆商隐注）

57 见《资治通鉴纲目》卷二《汉王刘邦三年》，第 159 页。在《资治通鉴纲目》中，对此事件的记载先于前文所述。（陆商隐注）

58 当为西门。（中文版注）

59 此处与历史记载不符。“六月，羽已破走彭越，闻汉复军成皋，乃引兵西拔荥阳城，生得周苛。羽谓苛：‘为我将，以公为上将军，封三万户。’周苛骂曰：‘若不趋降汉，今为虏矣；若非汉王敌也！’羽烹周苛，并杀枞公而虏韩王信，遂围成皋。汉王逃”见《资治通鉴 汉纪二》。（中文版注）

60 此事在《资治通鉴纲目》和《资治通鉴》中均无记载，记于《史记》卷七《项羽本纪》，第 329 页。（陆商隐注）

61 卫匡国从这里开始继续参考《资治通鉴纲目》卷二《汉王刘邦三年》，第 160 页。（陆商隐注）

62 《资治通鉴纲目》卷二《汉王刘邦三年》，第 161 页。（陆商隐注）

63 位于山东省，见《中国新地图集》意大利文版，第四省，第 58 页。（陆商隐注）

64 见《资治通鉴纲目》卷二《汉王刘邦四年》，第 161 页。（陆商隐注）

65 卫匡国将“太公”（刘邦的父亲）误为爷爷了。（中文版注）

66 见《资治通鉴纲目》卷二《汉王刘邦四年》，第 161 页；《史记》卷七《项羽本纪》，第 327–328 页。吕后（前 240—180），名吕雉，高祖（刘邦称帝后的名号）之妻，史料中记载为一名渴望权力、野心勃勃的女性。高祖于公元前 195 年驾崩后，吕后以新帝年幼为借口成为女皇，并设法让自己的家人权居高位。为了达到自己的目的，她使尽欺瞒、勾结、酷刑、谋杀之勾当。

67 “吾与羽俱北面受命怀王，约为兄弟，吾翁即若翁；必欲烹而翁，幸分我一杯羹！”《史记 · 项

羽本纪》。（陆商隐注）

68 应为潍河，卫匡国可能将壅水理解为河流的名称了。《资治通鉴》卷十一：“十一月，齐、楚与汉夹潍水而陈。韩信夜令人为万余囊，满盛沙，壅水上流；引军半渡击龙且，佯不胜，还走。”（中文版注）

69 卫匡国忠实参照了《资治通鉴纲目》卷十一，第 162–163 页。（陆商隐注）

70 《资治通鉴纲目》卷十一，第 164 页。（陆商隐注）

71 卫匡国将和约的方位弄错了。“汉遣侯公说羽请太公。羽乃与汉约，中分天下，割洪沟以西为汉，以东为楚。” 见《资治通鉴纲目》卷十一。（中文版注）

72 文中记载为 CUXI，应当是抄写员的手误。

73 按《资治通鉴纲目》卷三上记载：“于是信越皆引兵来，”应是韩信和彭越引兵来救。（中文版注）

74 见《资治通鉴纲目》卷三《汉高祖皇帝五年》，第 166 页。（陆商隐注）

75 文献中记载为垓下，位于今日安徽省亳州市境内的一座城市，卫匡国笔下的 MAOZHEU 指的应当是亳州，商朝最早的都城，在《中国新地图集》中，卫匡国也将此地记为 Maozheu，混淆了汉字“亳”和“毫”。（陆商隐注）

76 卫匡国可能混淆了汉字“虞”和“虢”。此事记载于《史记》卷七《项羽本纪》第 333 页，在《资治通鉴纲目》中并无记载。（陆商隐注）

77 见《资治通鉴纲目》卷三《汉高祖皇帝五年》，第 167 页；《史记》卷七《项羽本纪》，第 334 页。但文献中仅提到阴陵，并未提到卫匡国记载的 UUGUEI 城。（陆商隐注）

78 见《资治通鉴纲目》卷三《汉高祖皇帝五年》，第 167 页；《史记》卷七《项羽本纪》，第 334 页。文献中提到的是东城，而不是和州。这两座城都位于安徽省。见《中国新地图集》意大利文版，第九省，第 108 页右栏。（陆商隐注）

79 二十八骑为项羽部，非刘邦部。“项王乃复引兵而东，至东城，乃有二十八骑。汉骑追者数千人，项王自度不得脱，谓其骑曰：‘吾起兵至今，八岁矣；身七十余战，所当者破，所击者服，未尝败北，遂霸有天下。然今卒困于此，此天之亡我，非战之罪也。今日固决死，愿为诸君快战，必溃围，斩将，刈旗，三胜之，令诸君知天亡我，非战之罪也。’”见《史记 · 项羽本纪》。后文标题中的“三十二人”疑似有误。（中文版注）

80 此段与史料记载稍有出入。“于是项王乃欲东渡乌江。乌江亭长檥船待，谓项王曰：‘江东虽小，地方千里，众数十万人，亦足王也。愿大王急渡。今独臣有船，汉军至，无以渡。’项王笑曰：‘天之亡我，我何渡为！且籍与江东子弟八千人渡江而西，今无一人还，纵江东父兄怜而王我，我何面目见之？纵彼不言，籍独不愧于心乎？’”见《史记 · 项羽本纪》。（中文版注）

81 见《资治通鉴纲目》卷三《汉高祖皇帝五年》，第 167 页，原文引用。（陆商隐注）

82 不知是否因为“季父”一词让卫匡国误认为他是项羽的父亲。实际上项伯是项羽叔父，被刘邦封为射阳侯，并赐姓刘。“诸项氏枝属皆不诛。封项伯等四人皆为列侯，赐姓刘氏。”见《资治通鉴纲目》卷三上。（中文版注）

83 卫匡国此处用了 principe tributario di Chu 和 re di Liang，我们据此直译。（中文版注）

84 见《资治通鉴纲目》卷三《汉高祖皇帝五年》，第 167 页，原文引用。（陆商隐注）

85 见《资治通鉴纲目》卷三《汉高祖皇帝五年》，第 168 页。（陆商隐注）

86 文献中似乎没有提到高州。无论是在《资治通鉴纲目》还是《史记》中，刘邦称帝的地点都是山东定陶，记载为“汜水之阳”。在《中国新地图集》中确实有一地名为高州，但位于广东省境内。（陆商隐注）

87 子房为张良的字。（中文版注）

88 见《资治通鉴纲目》卷三《汉高祖皇帝五年》，第 169 页。（陆商隐注）

89 见《资治通鉴纲目》卷三《汉高祖皇帝五年》，第 169 页。朱家，鲁之大侠。（陆商隐注）

90 卫匡国笔下的“夏”是夏侯婴，史书中记载为滕公。滕公是皇帝后来赐给夏侯婴的封号。（陆商隐注）

91 见《资治通鉴纲目》卷三《汉高祖皇帝六年》，第 172 页。（陆商隐注）

92 《资治通鉴纲目》卷三上《汉高祖皇帝六年》原文为：“信曰：果若人言，狡兔死走狗烹，高鸟尽良弓藏；敌国破谋臣亡。天下已定，我固当烹。”卫匡国对此理解和翻译得非常准确。（中文版注）

93 见《资治通鉴纲目》卷三《汉高祖皇帝六年》，第 173 页。（陆商隐注）

94 见《资治通鉴纲目》卷三《汉高祖皇帝六年》，第 174 页。（陆商隐注）

95 此处卫匡国搞错了各人的身份。刘贾为刘邦同族远房堂兄，代王也非刘恒，而是刘喜，刘邦的二兄。见《资治通鉴》卷十一。（中文版注）

96 见《资治通鉴》卷十一。史书中关于此事的记载排在上文之前。（陆商隐注）

97 见《资治通鉴》卷十一，第 176 页。叔孙通，生卒年月不详，是儒家哲人。高祖命他重修宫廷礼仪，废止秦朝统治期间风行的恶俗。（陆商隐注）

98 公元前 200 年对应汉高祖七年。（陆商隐注）

99 见《资治通鉴纲目》卷三《汉高祖皇帝七年》，第 177 页。（陆商隐注）

100 卫匡国在全书中都用 tartari 指称西北民族，本卷后面的 tartari 都处理为匈奴。（中文版注）

101 马邑位于山西省。见《中国新地图集》意大利文版，第二省，第 40 页左栏。（陆商隐注）

102 此处卫匡国引述了发生在前一年的事，见《资治通鉴纲目》卷三《汉高祖皇帝六年》，第 175 页。（陆商隐注）

103 此事记于《资治通鉴纲目》卷三《汉高祖皇帝七年》，第 178 页。（陆商隐注）

104 Baatur Tengrikan Mao-Tun，冒顿单于（前 234—174），是居于现蒙古国境内的匈奴人的首领。卫匡国在后文中还会提到多名匈奴首领，统一称为单于。（陆商隐注）

105 同上。史书中记为平城，大同城的古称。（陆商隐注）

106 现今的西安城。见《资治通鉴纲目》卷三《汉高祖皇帝七年》，第 178-179 页。（陆商隐注）

107 此处，卫匡国搞错了和亲的对象。“冬，上取家人子名为长公主，以妻单于；使刘敬往结和亲约。”见《资治通鉴》卷第十二。（中文版注）

108 见《资治通鉴纲目》卷三《汉高祖皇帝七年》，第 178 页，之后又在《资治通鉴纲目》卷三《汉高祖皇帝九年》，第 179 页中继续记载。（陆商隐注）

109 卫匡国对贯高和赵午试图杀死刘邦的起因的描述不对。“七年，高祖从平城过赵，赵王旦暮自上食，体甚卑，有子婿礼……赵相贯高、赵午……说敖曰：‘……今王事皇帝甚恭，皇帝遇王无礼，请为王杀之。’”见《史记·张耳陈馀列传第二十九》（中文版注）

110 卫匡国此处存在误解。“上赦赵王敖，废为宣平侯。”见《资治通鉴》卷十二。（中文版注）

111 见《资治通鉴纲目》卷三《汉高祖皇帝十年》，第 181 页。（陆商隐注）

112 见《资治通鉴纲目》卷三《汉高祖皇帝十年》，第 182 页。（陆商隐注）

113 据《资治通鉴》卷第十二，是韩信劝陈豨谋反。（中文版注）

114 韩信被杀场景一段与《资治通鉴》卷第十二上之记载差异较大。（中文版注）

115 见《资治通鉴纲目》卷三《汉高祖皇帝十一年》，第 183 页。（陆商隐注）

116 见《资治通鉴纲目》卷三《汉高祖皇帝十一年》，第 186 页。（陆商隐注）

117 当为荥阳。（中文版注）

118 见《资治通鉴纲目》卷三《汉高祖皇帝十一年》，第 186-187 页。卫匡国跳过了一些章节，但还是依照《资治通鉴纲目》所记载的事件来叙述。（陆商隐注）

119 见《资治通鉴纲目》卷三《汉高祖皇帝十二年》，第 188 页。（陆商隐注）

120 卫匡国初到中国时正值对抗朝廷战争时期，他很可能是在这时听到了这些消息。（陆商隐注）

121 与史书记载稍有出入。“王陵可，然少戆，陈平可以助之。陈平知有余，然难独任。”见《资治通鉴纲目》卷第十二。（中文版注）

122 见《资治通鉴纲目》卷三《汉高祖皇帝十二年》，第 190 页。（陆商隐注）

123 此处卫匡国明确表达了想要写完直到他生活年代的整本中国历史的愿望，但最终他的《中国历史》拉丁文版却止笔于汉哀帝。（陆商隐注）

卷八

汉朝（HANA）第二编

第二位皇帝

惠［帝］（HOEIUS）

在位 7 年

第四十二甲子第 44 年，公元前 194 年

刘邦与正室妻子，也就是“相面大师”之女所生的儿子在继承皇位后被称为惠帝。他本是一个智慧、慷慨、更是和蔼可亲之人，但后来却品德败坏，变得好色淫荡、纵欲无度，而且对母亲唯命是从。这些恶习消耗着他的身体，最终使得他在花样年纪早逝，国家大权落入吕后手中。[1] 随着时间的推移，吕后愈发阴险恶毒、不知廉耻。刘邦在世时她将这些品性隐藏得很好，而他的儿子也从来不敢责备她一声。她专横跋扈，随心所欲地罢免和处死大臣，并任命一些才刚刚走上仕途的新人替代老臣。

太后的残忍

吕后利用儿子对她的情感（也许称之为服从更为确切）滥用权力，报复她早已恨之入骨的小妾戚夫人和戚夫人的儿子如意。她的所作所为甚至在中国留下了这么一句俗语——“最毒不过妇人心”。她命人将戚夫人囚禁在宫中的一间屋子里，并宣戚夫人之子、时为赵王的如意进宫面圣。赵王拒绝了三次，最后，为了不被误解为叛徒，他不得不服从了命令。

皇帝见他前来拜访，十分诧异，以为他是前来觐见的，便以兄弟之礼相待，恭敬热情地命人为他准备了盛大的宴会。[2] 吕后一直警觉地观察着，等待复仇的最佳时机。很快，皇帝离席前往花园射箭，吕后便命大臣邀请如意坐到她的身边，与他举杯欢饮，同时示意仆人在杯中倒入烈性毒药，将毒酒递给如意。如意毫无怀疑地一饮而尽，毒药迅速侵犯全身，如意倒地暴毙。中国史书中记载，酒里下的是一种名为“鸩（CHIN）”的小鸟的羽毛，这种羽毛被研磨成粉后便是一种没有解药的剧毒之物。[3]

赶在皇帝从花园返回之前，吕后还对戚夫人下了毒手。她命人砍断戚夫人的手脚，割掉耳朵，挖去眼睛，并强迫其喝下毒药将其毒哑，然后将她扔进宫中的厕所，并命所有人将其当作猪来对待。女人的愤怒一旦失控，真的是无法平息啊！练完射箭的皇帝回来后得知了母亲的残忍行为，看到他父亲的挚爱戚夫人被折磨得惨不忍睹，立即号啕大哭起来。他悲痛欲绝，一病不起，过了整整一年才恢复。他命人召母亲来见，却没有勇气惩罚她，甚至连责备都不敢多说一句，只是对她说：“我不能责怪你，更不能惩罚你，因为我是你的儿子，我不能忘记对你应尽的责任，而且就算我可以这么做，我也不愿意。你的所作所为令我十分痛心，这绝对不是人所能做出的事。儿子对母亲发号施令为法理所不容，因此我决定退位，这样人们就不会认为这么无耻的事是我所做或是我所允许的。”[4]

皇帝不赞同母亲的残忍做法

皇帝不理政事

皇帝说到做到，他将帝国大权交给母亲，自己沉湎于酒色，很快便丢掉了性命。中国史书对他做出负面评价不无道理，一是因为他不懂得反对母亲的残暴，还授予她过多的权力，二是因为他在放弃皇权后成了恶习的奴隶。

齐王[刘]肥[5]是皇帝的异母兄长，得知皇帝生病的消息后便前来慰问。两人见面，情真意切。刘肥较皇帝年长，在宴会上便被安排在尊位。恶贯满盈的吕后早已是非不分，她认为此事于她是一种不敬，恨得咬牙切齿，便将下了毒的饮料递给齐王，但是皇帝巧妙地化解了这次危机。他早已料到杯中有毒，为了避免悲剧重演，他接过杯子假装要一饮而尽。吕后见状惊恐万分，一把抢过酒杯扔于地上。就这样，罪恶的行径暴露，刘肥立即离开了皇宫，迅速回到自己的封地。

兄长逃过一劫

惠帝二年，汉朝的栋梁萧何去世。[6]萧何位高权重，本可以得到大量财富，但他对功名利禄嗤之以鼻，甚至放弃了自己的封地鄼（ZUON），心满意足地居住在一处简朴的房屋内，远离金钱与享乐。他的朋友们劝他多为子孙考虑，他却说："如果我的子孙睿智诚实，那么我俭朴的生活将是他们的榜样。他们若是追随这一榜样，便能保证基本的生活所需。但倘若他们为人不善，那我更不会留下任何财富去祸害他们，让他们互残杀。贫穷与诚实相伴，生活便能平静安好；而人一旦有了财富，便会走向灭亡。"萧何在年轻时便与曹参是挚友，他十分了解曹参的为人，便在离世前不久推举他继任阁老一职，这也是刘邦死前所希望的。萧何和曹参两人都圆满地履行了阁老的职责，曹参以萧何为榜样，获得了同样的敬重，也得到了人民的爱戴，民间流传着许多诗歌表达对曹参的感激。

惠帝三年，皇帝将其异母妹妹嫁给匈奴单于（TANYU）。[7] 对于骄傲自持的中国人而言，匈奴大王娶中国公主为妻一事简直是一种耻辱，因此，在史书中他们将此事写成将一名在宫中服侍的女子送给单于。单于向吕后要求的嫁妆没有悉数得到，因此写了一封言辞尖刻的信给吕后。吕后大怒，立即对匈奴宣战。这一盛怒之下做出的决定得到了樊哙（FANKUAIUS）[8] 的支持，他愿出十万士兵帮助攻打匈奴。这时候，一位名叫季布（KIPUS）的大臣说道："你如此莽撞真的该死！难道你不记得刘邦皇帝被匈奴人围困时你手中有三十万人吗？当时你都未能成功解围，皇帝不得不用金子勉强赎回一命，现在你却要用区区十万人去攻打同样的敌人？"随后，他对吕后说道："你大可将匈奴人的话当作野兽发出的吼叫。若是他们话中带有好意，你自无需在意；对于他们话语中夹带的威胁更是无需过度忧虑。"太后听了这位大臣的话后便恢复了平静。

五年后，国相曹参去世；[9] 一年后，按照刘邦去世前的遗愿，王陵和陈平被任命为丞相。[10] 同年，于汉朝有大功的著名谋臣张良去世。

最后，惠帝在执政七年后终因沉湎酒色而到达了生命的终点。[11]　皇帝驾崩

惠帝死后，吕后独揽大权。为了巩固自己的权力，她将所有重要的官职都交给了最近的亲戚。当起义的暗流开始在国内涌动时，她任命吕产（LIUZANUS）和吕台（LIUTAYUS）为军队首领，让他们小心提防其他将领。[12] 她不希望由自己作为奶奶照管的刘邦子孙中的任何一位继承大统，而是将皇位交给了一个名为幼（YEUS）的尚在襁褓之

中的婴儿。[13] 幼出生卑微，被吕后抓来当作已故惠帝的儿子。为了避免事情败露，吕后命人将幼的母亲杀害，然后将孩子交给自己的儿媳妇来抚养。这场骗局本来可以一直隐瞒下去，没有人会发现，但是后来幼在将要登基时被杀，吕后亲口说出了真相。关于此事我之后再说。

太后惨无人道的行径

从那时起，中国人的命运掌握在一个女人手中整整八年，下面我来讲述这八年里发生的事。

第三位皇帝

吕后（LIUHEUA）

在位 8 年

第四十二甲子第 51 年，公元前 187 年

这个专横跋扈的女人将自己的亲戚都提拔成高官后还不满足，决定封其中几人为王。

中国人听命于一个女子

崇尚正义的王陵反对，坚称只有汉朝宗室才能封王，而且刘邦曾让所有大臣都发誓，若他人称王，必举兵相向。[14] 坦诚的王陵自寻死路，太后受到冒犯，命吕 [LIUI][15] 氏家族的人将其杀害，并任命陈平的朋友 [周] 勃（POUS）接替王陵的职位。太后十分中意陈平，因为陈平了解太后自负的性格，善于阿谀奉承。吕后问陈平对于封王的看法，陈平没有说出心中的想法，而是故意顺着吕后的意思讲："你的丈夫做皇帝时按照自己的想法作出了那些部署，维持住了国家权威。现在执掌大权的是你，你有权利随心所欲地行使大权！"[16] 太后听闻此话十分满意，随即以顺服作为诸侯的条件，封一些吕氏亲属为王。

吕后知道自己曾大大冒犯了齐王，因此一直十分焦虑。她曾想杀死齐王但未能成功，便想与他化敌为友。她任命齐王的弟弟 [刘] 章（CHANGUS）为将领，负责镇守一些要塞，却没想到此举后患无穷。后来，正是此人推翻了吕氏的统治并诛杀了吕氏全族。

假继承人被杀

掌权四年后，吕后认为自己已经牢牢控制住了局面，是时候杀死亲手立为太子的幼了。[17] 年仅七岁的幼不愿认吕后为奶奶和太后，也

不愿称自己为她的孙儿，而正是这份年幼的不谨慎让他丢掉了性命。那时吕氏家族已经权倾朝野，任何官员都无法遏制他们日益膨胀的傲慢。吕氏家族受到所有人的憎恶，尤其是那些大臣们，他们经常在一起讨论，寻找消灭和羞辱吕氏家族的契机。最先遏制不住复仇冲动的是一位名叫刘章的大将，在一次宴会上，他袭击并杀死了一名坐在显著位置、正在傲慢地高谈阔论的吕氏族人。自此，吕后、刘章和齐王刘肥之间的战争便明朗化了。尽管后来皇后突然去世，这场战争依然持续着，因为同样是突然离世的齐王将王位传给了自己的儿子 [刘] 襄（SIANGUS），而刘襄则决定继续与吕氏家族对抗。[18] 军队的最高指挥吕产命旗下将军灌婴（QUONINGUS）带兵攻打齐国。[19] 然而灌婴得知齐王此战的目的并非夺取天下，而是对抗吕氏家族，这恰巧也是他的愿望，因此便带着所有部下投奔了齐王。就这样，吕氏家族开始失去支持，[20] 就连非常具有影响力的大臣陈平和周勃都准备叛变。尽管吕后试图阻止，他俩还是决定支持齐王，密谋推翻之前一直支持的吕氏家族。他们假借出兵对抗齐王刘襄之由招募了一支大军，与齐王一起对付共同的敌人。前来应征入伍、随时准备征战的人很多，周勃对他们说道："在迎战敌人之前我想要考验一下你们的忠诚和勇气。想为吕氏而战的人站到右边，想为保卫大汉而战的人站到左边！"[21] 令人称奇的事发生了：没有人向右挪动一步，可见人们对于傲慢专横的吕氏家族是多么的憎恶！周勃随后对那些站在原地不动士兵们说道："既然你们当中没有人想要参加一场不义的战争，那就奋起反抗吕氏吧！杀光他们，用他们的鲜血平息熊熊燃烧的怒火！"士兵们立刻开始寻找吕氏的支持者，并将他们就地斩杀，随后又四处搜寻吕氏族人，无论男女老幼一律处死。完成了第一步后，周勃派遣使者去往齐国，向齐王报告屠杀吕氏家族的消息，并请求他撤回军队，因为周勃还是担心齐王想发兵夺取天下，要知道军中忠诚勇敢的将领也为数不少。齐王答应了他的要求，和刘章一起回到了齐国，而灌婴则带着军队回到了都城。吕氏家族已亡，再也无所畏惧的大臣们便联合起来拥立新君。依照法律，新君必须是大汉的后代，于是刘邦的儿子、代国（TAI）的第二任国君刘恒（HIUNG）被召回。刘恒享有继承皇位

对士兵的考验

吕氏家族的灭亡

的权利，备受众人尊敬的他一进都城便被拥立为帝，称文帝(UENIUS)。

第四位皇帝

文 [帝]（UENIUS）

在位 23 年

第四十二甲子第 49 年，公元前 179 年

皇位被交给了文帝，而不是他另外的兄弟，是因为他品性善良、尊敬父母，身上还具备许多其他的美德；他是一名英勇的战士，在战场上赶走了来犯的匈奴人。文帝刚一即位便任命陈平和周勃为丞相、灌婴为掌管礼仪的最高官员。[22] 几个月后，大臣们请求皇帝将其儿子启（KIUS）立为太子，但皇帝却回答道："若我依你们所愿将自己的儿子立为继承人，那就辜负了你们对我的肯定，因为贤明的皇帝不会将帝位传给儿子，而会将其交给与他相像的贤明之人。我的兄弟吴 [U] 王和淮南 [HOAINAN] 王都是有权得到帝国的人，我死后如果他们依然贤德，那帝位便由他们继承。"虽然如此，大臣们依旧不依不饶。他们强调立太子一事决定了国家的和平与暴乱的终结，而普通人只凭贤德就能获得帝位的时代早就已经过去了。

皇后的谦虚

文帝在即位的第二年封妻子窦(TEUA)为皇后，窦为人礼貌谦恭，立后仪式庄严隆重。[23] 窦皇后坚持妾室应当与她享有同等地位，她既没有妒忌心，也不吃醋，从不要求丈夫对其区别对待，文帝可以随心所欲地选择自己喜欢的女人，这一点在人妻之中十分罕见。据说有一天，已被册立为皇后的她对负责宫中仪式的宦官总管大发雷霆，因为这名宦官没有给皇帝的妾室慎(XINA)夫人安排宴会上的尊贵座位。[24] 这名宦官试图辩解，称妾室就应当受到区别对待，免得人们联想起吕后和戚姬的往事，但皇后不接受这番解释，直到她得知是慎夫人自己要求坐在那里之后才放过了这名宦官。我也不知道是该惊异于皇后因宦官之举而大为震怒，还是应该为谦卑的小妾不愿与皇后平起平坐，对她也毫无半点妒忌而感到诧异。

皇后有两个兄弟——广国（QUANGYUEUS*）和长君（CHANGKIUNIUS），两人都是备受尊敬的哲人。皇帝想要送给他们大片田地，但他们都拒绝了，只留下了够自己吃喝的一小块地；皇帝想要封他们为阁老，但两人也拒绝了，因为他们担心其他大臣会指责他们因为是皇后的兄弟而得到这样的职位，他们不想重演吕氏家族的旧事。[25]

拒绝册封

时值春季，为了表达对子民的爱护和关切，皇帝召集一众大臣前来，对他们说道："多么美好的季节啊！太阳、树木、植物和所有的生命似乎都在分享上天的欢乐，但在这四处洋溢的幸福之中我还看到了许多正在受苦的人，他们或因衣不蔽体而瑟瑟发抖，或因没有肉吃而忍饥挨饿，我是多么同情他们啊！我希望百姓不仅把我视作威严的君主，还能将我当成父亲般爱戴，因此，我对待他们也要像对待自己的儿子那样。我要赐给全国八十岁以上的长者每天一斤肉和每年三斤丝帛棉絮。[26]既然现在世道太平，那我便将税赋减半并大赦天下。"[27]

皇帝的善良

为了凸显这位皇帝的谦虚质朴，我必须提到这么一件事。据说曾有人送给他一匹能日行千里的骏马，[28]而皇帝面对这番馈赠却说道："我出行时前有国家的旌旗符节开路，后有车马骑兵跟随。若我乘于快马之上，必会搅乱出行的序列，我会超过行前的人，而那些跟随的人必然追不上我。我一个人跑在前面，所有人都会觉得我是个置自身威望和安危于不顾的人。我不喜欢那些会影响我的随从的肤浅之物，因此我命令从现在开始谁也不许献上一无用处的稀罕之物，我喜欢普通之物。"

出于谦卑而拒绝珍贵的馈赠

还有很多事例能证明这位皇帝的俭朴。他下令宫中只许使用陶制餐具，皇后和妾室都不得穿着色彩缤纷或者带有刺绣的衣服，他自己的房间无需像大臣们希望的那样经常更换或者添加新物件，而他父母的屋子也要保持原状，无需搬去更为华丽舒适的住所。

俭朴的生活态度

同年，也就是公元前188年[29]，出现了日食天象，但具体月份不详。直到今天中国人还记得这次日食。

文帝三年，淮南王[刘]长（CHANGUS）前来拜见。[30]淮南王进入都城后撞见了从小就结下深仇的将领审食其（XINXEKIUS），他

受人憎恶的将领之死

一时无法自控，拔剑杀死了审食其。他之所以这么做还得从头说起。刘邦曾经从赵王那里得到一位绝世美人，并与其生下了儿子刘长。因为惧怕吕后，刘邦只敢偷偷与美人幽会，不让任何人知道。审食其发现了此事，为了得到吕后的优待，他将自己所知一五一十地告诉了吕后。吕后怒不可遏，出于嫉妒，她决定千方百计消灭对手。

吕后担心皇帝发现后会将情人保护起来，便不得不暗中行事，但什么都无法阻碍她找到并杀死对手。这名女子分娩后将儿子放在一个小篮子里交给了信任的人，让他们把孩子带给皇帝。之后，她再也无法忍受因皇后不断的谋害而带来的焦虑，便选择了自尽。皇帝得知后痛苦万分，命人悉心照料年幼的儿子，并在他成年后封其为淮南王。[31]这就解释了为什么刘长一见到审食其就杀死他这件事。但是在杀了审食其后，刘长为了活命，没有向皇帝辞行便逃走了。过了一段时间，他得到了皇帝的赦免，回到了自己的封国，但却开始谋划篡夺帝位。他认为自己是刘邦的长子[32]，又勇于面对挑战，因此帝位应该属于他。大臣袁盎（IUENYANGUS）建议他留在自己的封国，不要向皇帝宣战，但他不听，坚持举兵哗变，但很快便战败了，不再有人听他的指挥，只好从战场上退下。

淮南王绝食而死

本想夺取天下的淮南王失去了封国，心灰意冷，最终悲惨地绝食而死。[33]

南越归顺

就在那时候，包含了广东和广西地域的南越（NANYUE）地区归顺了大汉。南越仰慕皇帝的善良与美德，自愿归顺。他们派遣使者来到朝中，宣布自愿成为藩属国，并承诺遵循中国的传统、文化和律法。[34]

德行强于兵刃

简直令人难以置信！那些南越人从来没有遭受过中国的武力袭击，甚至没有见过中国人的兵刃，[35]却无法抵抗美德的榜样。倘若他们面对的是武力，想必结果就大不一样了。不会有人野蛮到无法被真正的美德所感化，一个又一个的事例证明，要想他国归顺，仁慈的态度和行为比傲慢和武力更为有用。用暴力夺来的东西最终因为自己犯下的过错而失去，这样的例子难道还少吗？我觉得这本《中国历史》里讲述的故事足以说明这个道理。

中国人和货币

现在我们来看看中国的货币。有些中国人擅长诈骗和牟利，而中国的皇帝们也非常清楚这一点，因此他们很少使用金银币作为货币。中国人使用称重的方法来估量金银的纯度，即价值，极少出错。他们没有将金子作为交易所使用的货币，而将其看作是一种商品；银子则用专门的铁钳剪成极为细小的碎块，整个过程好比一场持久的折磨。之后人们又会在恰当的时候将碎银熔化，铸成一整块，并在需要的时候再次剪碎。这一过程耗费大量的时间和体力，但比直接用银子作为货币更加安全。在遥远的古代，中国人也曾用海贝作为货币，正是文帝决定了用形状更为适合的货币来替代海贝[36]，并允许全国各地在保证不制假的前提下铸造货币。要知道货币一度只在都城铸造，这对皇帝当然有利，但是运输道路漫长崎岖，对百姓极为不便。这种货币呈圆形，中间开有方形小孔以供穿线，小孔四周印有四个汉字，标明货币的价值和皇帝的名字。[37]

为了造福百姓，文帝允许各处自由采盐，他认为王公诸侯不应享有盐的收益，因此自己也放弃了盐税。 采盐自由

之前的战争对农业造成了不小的损害，而农耕对于中国人来说一直都是最重要的活动，因此，皇帝和大臣们一起商议复兴农业的方法。 农耕复兴

他要求女性以皇后为榜样学习种桑养蚕，并在自己的宫殿里也种上桑树、饲养桑蚕，由皇后负责照料并亲手缝制在宗教仪式上穿着的丝绸礼服[38]。自上而下的榜样十分奏效，举国上下的女性，包括那些拥有尊贵头衔的妇人都开始从事丝织。皇帝本人则投身于农耕，众人纷纷效仿，连大臣们也不例外。我认为这可能是庆祝田间劳动的仪式的起源，这些仪式便是中国人称作“新春”（HINCHUN）[39]的节日。 丝织技艺

这一天对于农民来说是个特殊的日子，但后来的民俗让它成了对所有人而言都十分神圣和重要的一天。在春季初始、太阳运行至水瓶座正中的那天，全国各地的人们都会用同样的方式举行盛大的庆祝仪式，都城也不例外，这一传统延续至今。人们击掌奏乐，踩着音乐的节奏列队前行，点燃烛火，挥舞旗帜。 中国的春节

一名职位最高的大臣头戴花冠走向东门，尾随的是庞大的人群。他们列队拉着车辕，车上竖着各种各样的塑像，有的是纸糊的，有的是木制的，塑像都披着丝线和金线一起织成的披风，用来纪念古老的

农耕历史。游行路线的两旁会架起凯旋门，所有的广场上都用高高挂起飘荡的绸带来装饰。刚才我们说到，这位大臣一路走向东门，就好像要去迎接即将到来的春天。游行的队伍里有两个形象尤为突出。

巨大的陶牛

一个是一头体型庞大的陶牛，有时候需要整整四十个人才能抬起；另一个则是一名活生生的年轻人，代表着实干和勤勉，他一脚赤足，另一只裤脚挽起直到腿肚子，并不停地用小棍子抽打着这只陶牛。农民们会将自己所有的农耕器具都拿出来参加游行，[40]游行中的每一个物件都有神秘的含义。对牛的抽打暗示着农民必须从事农耕劳作，一脚赤足另一脚也没有穿好鞋袜的青年则代表着赶赴田间劳作时的匆忙，农民们着急得连穿衣的时间都没有。当都城的游行队伍到达皇宫、其他地方的队伍到达当地长官的府邸时，人们会取下陶牛身上的饰物和鲜花，将陶牛打碎，陶牛的肚子里就会像特洛伊木马那样掉出许许多多的小陶牛。皇帝会将小陶牛分发给每一位大臣，提醒他们牢记自己的使命，敦促农民耕种田地，并巡视以确保没有人游手好闲，保证每一块土地都得到耕种。

中国农业的繁荣

据说那时候皇帝会亲自犁地播种。我无意冒犯任何人，但我敢说在从事农业生产上，论技术、论毅力、论细心，任何国家都比不上中国。根本无需惊讶于中国土地上种出的粮食居然能够养活那么多的人口，因为那里没有一寸土地荒芜，到处都是或自然生长，或人工耕作的作物。中国人对此深感骄傲，他们常说农业是最重要、最广泛的生产活动，最需要君主和官员们认真监管。

在那个时候，梁王（LEANG）坠马而死，马倌首领因愧疚而自尽。中国人对这一举动嗤之以鼻，在他们看来，只有为了证明自己的清白和勇敢而自尽才是可取的。

匈奴来犯

文王十四年，十四万匈奴骑兵入侵。他们尽展本性，大肆抢掠，一路直逼彭阳（PUNGYANG），也就是今天的平江城（PINGKING）[41]。皇帝召集了一支大军，决定亲征抗敌，但最终还是敌不过妻子的恳求改变了主意，派遣大将军相（SIANGIUS）[42]领兵前往。这一选择十分正确，丞相灌婴战胜了匈奴人，在一场大残杀后，他不但抢回了匈奴夺走的东西，还将他们赶出了边境。不久之后，匈奴集结了一支更为庞大的军队，兵分两路进入中国抢掠，同时袭击了陕西省和山西省[43]。皇帝将军队分成三部。一支由自己率领，在合适的地点阻止敌人继续前进；另一支由英勇的亚夫（AFUUS）指挥。亚夫是我之前提到过的刘邦时期那位亚夫的族人。他是一位决不妥协的将领，哪怕再小的违反军纪之事也会予以重罚，但在其他方面，他对待士兵慷慨和善。据说有一次皇帝前往亚夫的大营，先行的骑兵高喊卫兵开门，卫兵向他们询问开门的口令。骑兵答不上来，卫兵便要求他们离开，否则按敌人对待。

卫兵的忠诚

卫兵们是这么说的："这里只听开门口令，报皇帝的名字也没有用。"被拒门外的皇帝便派人给亚夫送去了一封盖有玉玺的信件，告诉他自己已经抵达，亚夫这才命人开门放行。皇帝正要和骑兵一起进入，却又被卫兵拦住，因为他们收到的命令是只放行皇帝本人，不得骑马也不得带骑兵。亚夫下达了严肃的军令，决不允许骑兵进入大营。这也许是为了防备匈奴人的伪装，因为所有的匈奴人都骑马，他们不善走路，几乎总在马鞍上。于是，皇帝和他的随从们不得不下马。皇帝乘辇进入，其他人则只能步行。按照当时的传统，皇帝进入军营，将领只有在军队列队整齐后才能上前迎接。当时皇帝突然造访，亚夫没有时间提前整顿军队，因此迟迟未能上前行礼。但当他得知皇帝已经进入大营，便穿着盔甲直接出来迎接。由于身着盔甲无法下跪，亚夫便站着向皇帝行礼。自那以后，身着盔甲的将领见到皇帝时立正行礼的做法便保留了下来，士兵们也一样。很多将领都担心皇帝会动怒，继而惩罚亚夫，但皇帝却称赞了亚夫和他的军队，并让其他地方也施行同样严肃的军纪。随后，他任命亚夫为最高指挥，让他陪自己出征，与匈奴交战。亚夫甚至没有开战，只是封住了一些道路便逼退了敌人，并让他们饱受饥饿的折磨。当时的匈奴人为了活命，不得不吃掉自己的马匹。据说亚夫懂得用正确的方式处事，不用武力便能维持军中的纪律与服从，而武力只会增长傲慢，无法带来胜利。

白色是服丧的颜色

文王在位二十三年后去世。[44]举国上下恸哭整整三日，所有民众都身着白衣。我们服丧时穿黑色，而中国人则穿白色。关于这一习俗的解释据说是因为其他颜色需要染制才能得到，相比之下白色是自然的颜色，好比悲痛之中容不得一丝一毫的虚情假意。

为什么呢？

真挚的悲痛应当用自然的方式真情流露。

皇帝永生的承诺

皇帝受到一个骗子的蒙蔽，认为自己永远不会死去。这个骗子给了他一个精美的小杯子，杯身上有这么一行字“人主延寿”[45]，并告诉皇帝将会获得不死之身。皇帝相信了这番胡言，于是，他便下令自在位的第十七年起，每一年都算作元年，因为他愚蠢地坚信自己已饮下仙药，永生之门便随之开启。在这一点上，他称不上贤明，但这也不足为奇，因为所有的中国人都对活得尽可能长有着超越理智的渴望。

他们不在意“真正的永生”，而是将长生不老看成通往绝对幸福的唯一路径。根据老子[46]的学说，人们可以通过服用仙药获得永生，还有传言说山上游荡着许多不死之人，他们可以像精灵一样飞行，去往自己想去的地方，甚至可以飞去天宫[47]。这种信仰难道是源于以诺（ENOCH）和以利亚（ELIA）的故事？[48]全中国各地都有许多信奉老子思想的哲人和道士，其中最著名的是到处售卖长生不老药配方的到子（TAUZUS）[49]。这些人热衷于炼丹之术，这也许可以解释他们为什么会相信一些芳香物质能够使人获得永生。要不是活着的时候能够积累更多财富或者得到某些享受，他们也不会这么乐意永生。这种思想愚蠢至极，一些在其他方面思维十分缜密的人也会相信长生不老之术，简直匪夷所思，之后我会具体展开。

文教的复兴

文帝在位时文教得到了复兴，那些秦朝时被禁和被藏起来的书籍终于得以重见天日。人们还写了许多新书，这些书籍文体优美，内容深刻，直到今天人们依然十分敬佩汉代作家对语言和形式的精雕细琢。

纸张的发明

也是在那个时候，人们发明了制作纸张的方法。造纸的步骤比较复杂，需要将秸秆沤浸。人们为不同的用途制作不同的纸张，在全国各地售卖，其中当然有最普通不过的纸。[50]用于书写的纸张也多种多样，它们和欧洲使用的纸张一样呈白色，但纸质更为柔软。之前我已经说过，古代人们使用铁棍在树皮或木片上刻字，而今天他们所用的已不再是小铁杆，而是用动物毛发精心制作的小毛笔。

中国墨水

他们还十分擅长制作干墨块，并用专门的石板装上水来溶解墨块，就像我们的画家调制颜色那样，然后就可以将所想所说一字不差地记录在纸上。在中国，制墨不是一份低贱的工作，因为他们认为和文学或者对文学之爱沾边的任何事情都是高尚的。

第五位皇帝

孝景［帝］（HIAOKINGUS）

在位 16 年

孝景帝从文帝手中接过帝位。文帝濒死时曾这么对他说道："在我死后恐怕会有战事，若战争爆发，定要让能力最强的将军亚夫协助你。你要绝对相信他，我多次考验过他的忠诚，因此不要对其有一丝怀疑，而他的作战能力更是无需褒奖，在全中国范围内没有人是亚夫的对手。"这一建议使孝景帝受用万分，后来发生的事就是证据。亚夫协助皇帝打赢了多场战争。但是随着时间的流逝，他过于严苛和不讲人情的作风，特别是一名女子对他的入骨之恨，使得皇帝也对他忍无可忍。最后，皇帝因为仇恨而将他处死，这是后话。

第四十三甲子第 22 年，公元前 156 年

当时在中国有一个由来已久的做法，那就是将证明有罪的人割成小块，切割的具体份数由审判官定夺，最多可以分割成一万块。最先割掉的是眉毛和垂下来遮住眼睛的那部分皮肤。[51] 法官之所以这么做，就是为了让罪人感觉到疼痛却无法用眼神求情。文帝在位时已将这种疼痛异常的刑罚温和化（如果这么说还算恰当的话），改为用细细的柳条抽打。但这种刑罚会让人感到刺骨的疼痛，一样会置人于死地，景帝见状便下令按照判定刑罚的三分之一来行刑，[52] 后来他又减轻了自己父亲在位时定下的所有其他肉刑，[53] 但将税赋恢复到了早先的水平。他恢复征收自己父亲在位时废除的那一半税赋，[54] 理由是父皇对税收的减免导致了农业生产长时间被忽视，现在国库里的钱不足以用来振兴农业。另外，他还下令向所有人按照每三十份收入上缴一份的比例抽税。

酷刑

当时，醉酒带来的后果在全国广为传播。在皇宫里与皇子一同接

醉酒的危害

受教育的还有王侯们的孩子，其中就有吴王的儿子。吴王的儿子与皇子荣（IUNGUS）关系十分亲密，但他们的友谊却因醉酒而终结。[55]有一次他们相约饮酒，酩酊大醉后却因为一件微不足道的小事争吵起来。他们被愤怒冲昏了头脑，加上酒精的作用，直到离席后还激烈地吵个不停。荣因为吴王的儿子对他不敬而怒火中烧，抓起刀子直接杀死了对方。[56]

王子被杀引发了战争

吴王得知自己的儿子被杀后决定报复，拉开了一场惨剧的序幕。他到处拉拢诸侯反抗皇帝，最后成功说服了六名诸侯举兵。吴王濞（PAUS）是这次叛乱的主谋，其余六人都是吴王的兄弟或叔伯，他们是胶西王卬(YANG)，胶东王[雄]渠(KIMUS)，菑川王贤(HIENUS)，济南王辟[光]（PIEUS），楚王戊（FAUS）[57]和赵王遂（SUIUS），其中实力最强大的是吴王和楚王[58]。

皇帝得知了叛变的消息，立刻想起了父亲给他的忠告，便命亚夫为太尉，统帅三十六军（KIUN），也就是三十六支部队应战。[59]一军由一万两千五百名士兵组成，配有一名将军，四名副官和许多级别较低的军官。通过简单的计算就能得出，当时这支大军由四十五万人组成。亚夫是能力出众的战略家，为了拆散诸王，将他们在各自的封国各个击破，让战火远离皇城，他兵分几路，派将军郦寄（LIEKIUS）前往赵国，栾布（LUONPEUS）攻打齐国，他自己则带着最强壮的兵马前往楚国应对联合起来的叛军。[60]第一步是占领富饶的河南省，亚夫希望占领河南省能给士兵们带来充足的补给，而敌军则会因为补给不到位而败下阵来。但这个小小的计谋没有逃过叛军的眼睛，叛军随后也向河南进发，准备强攻占领。亚夫料到了他们的计划，在到达位于殽（HIAO）和渑（XING）两座高山之间、被中国人称为厄（YEU）的黑暗深谷时，他命士兵紧密列队，迅速穿过峡谷直奔洛阳，这样便能抢在敌人之前到达，挡住敌人的脚步。但是，军队只走了一小段路后突然改变了方向，其中原因是亚夫听取了军官赵涉（CHAOXUUS）的建议，放弃山谷，改走山路，一路向东穿过武关（UUQUANI），取一条崎岖的近道从蓝田（LANTIEN）直达荥阳，而荥阳是比洛阳更有利于获取胜利的地点。[61]军队历经艰难险阻，穿过崎岖的道路，翻过高山，成功躲过了叛军在厄谷的险要之处布下的埋伏。亚夫完成了占领荥阳这一几乎不可能完成的任务，十分高兴："胜利就在我们手中！接下来我将不战而胜！"他说得没错，叛军居于高山环绕之处，补给只能通过荥阳到达。叛乱的诸侯们不相信皇帝已经夺取了荥阳，还和士兵们开玩笑说皇帝的军队又没长翅膀，不可能这么快到达。等到确切的消息传来，众人简直无法相信，他们知道若是亚夫不在战场上迎敌，所有人的末日便即将到来。这时候他们能做的只有希望这一切不要发生。而亚夫从间谍口中得知了众诸侯在殽、渑之间设下埋伏，便出其不意发动了攻击，将敌人全部歼灭。就这样，亚夫轻而易举地平定了河南省，并在没有山峦屏障阻挡敌军的梁国（LEANG）驻军（梁王没有参与叛乱）。随后，他切断了叛军的粮草补给。叛军被夹在河南和陕西之间纵深狭长的山谷之中，根本无路可逃，很快便会受到饥饿的折磨。他们想尽办法挑唆亚夫公开应战，早日结束战争，但亚夫偏偏留在丰衣足食的大营中，对外面的敌人不屑一顾。叛军见挑唆无望，便开始尝试攻入梁国。他们包围了第一座城市，但亚夫已在那里布下重兵，加上城墙的保护，防守固不可破。当时叛军粮草短缺的问题日益严重，众诸侯便放弃了攻城，转而向亚夫的大营开拔。

失去补给

在发动进攻之前，叛军在淮河（HOAI）与汜水（SU）交汇处找到了一条小道可供运送粮草，他们费尽千辛万苦终于用小船为军队送来了一些补给。亚夫从间谍那里得到消息，便派轻骑兵驻守在河岸，敌方士兵还没来得及发现他们便被消灭了。众诸侯见状便包围了亚夫的大营，向他挑战，不断唾骂他是个懦夫，但亚夫面对羞辱挑衅不为所动，反而加固了大营的防守。陷入困境的众诸侯见在旷野交战无望，便决定放手一搏攻打大营。这一回，若是亚夫的运气差上一点点，叛军就不会与胜利失之交臂。那天深夜，叛军中的一些精兵准备趁着夜深人静从北门潜入大营，而其余人马则大张旗鼓地向另一边开去。他们希望亚夫的军队在看上去更加危险的南边集结防守，而敌军却从北边出其不意进入大营。亚夫一眼就识破了这个伎俩，不但没有撤下北边的防守，反而加强了兵力。众诸侯听到南边喧哗四起，以为北边已撤下防卫，便下令从北边进攻，随后被打退。想到自己的阴谋已经败露，他们便立刻逃走了，在南边袭击大营的士兵们此时也纷纷逃跑。亚夫冲出大营，在山谷间追赶败逃的敌军，叛军如同羔羊一般被全部杀死。

七王战败

这次胜利值得铭记，因为亚夫几乎没费一兵一卒便战胜了七国诸侯。楚王戊无路可逃，为了不落入敌人手中便自杀了；同样选择自杀的还有 [赵王] 遂和 [胶东王] 雄渠。吴王跑去投靠自己的朋友越王，但越王却为了取悦皇帝而杀了吴王。其他三王被亚夫活捉并解押到皇帝面前，因谋反之罪而被鞭笞至死。皇子荣的一次酒醉不仅导致了这些惨剧，还给他自己招来了祸事[62]。皇帝对荣大为光火，他废黜了荣的太子头衔，将他赶出皇宫，改封为临江王（LINKIANGUS）。[63]

拒绝投靠

后来皇帝经不起大臣们的苦苦求情撤回了成命，[64]但眼见太子品德日趋败坏，皇帝再次废储，之后我会详述。总而言之，醉酒不仅害了皇太子，还导致了七国诸侯的覆灭。

景帝十三年，匈奴自雁门关（YEN）越过长城进入中国。[65]亚夫受命前往抗击，一举打败匈奴并将他们赶出了中国。当时亚夫手下有一名将领名叫李广（LIQUANGUS）[66]，他带着一支三百骑兵组成的小队先行前往探路，不料却遭遇了大约一千名匈奴人。所有人都觉得自己一定会落入善于骑马的匈奴人手里，因此都想马上逃跑，但行事更为谨慎的李广拦住了他们。

机智的计谋

李广说道："一群懦夫！此刻仓皇逃窜又能去往何处？难道你们没有意识到自己已经被命运抛弃了吗？我们现在距离自己的大军四十多里，转身逃跑也无法脱离险境，因为此刻转身也无法为我们赢得多少时间，敌人很快便会追上我们，因此，现在要做的是迎敌而上。我认为现在应当就地扎起大营，并在各处插上旗帜，匈奴人以为我们人数众多便会害怕，这样我们便能更好地保护自己。匈奴人如此惧怕亚夫，相信他们一定不敢前进。"这个计谋奏效了，匈奴人没有向前袭击骑兵小队，李广得以趁着夜色将士兵们毫发无伤地带回了亚夫身边。

过度的善良对子嗣有害

皇帝很爱他的弟弟武（UUS）并让其在宫中居住。武与皇帝是同母所生，他们的母亲窦太后十分宠爱武，因为是她最小的儿子。皇帝出于对弟弟的爱，同时也为了满足母亲的心愿，将武封为梁王，并授予他其他诸侯从未得到过的地位和头衔。为了突显他的特权，皇帝允许他在公开场合使用皇帝的符节和皇帝独有的旗帜，他还可以在任何时候自由出入宫中最隐秘的处所。按照中国传统，除了太监和宫女，其他人一概不能进入那些地方，就算是皇子，一旦年满七岁也不能例外。武享受着这些特权，开始胡作非为，他的目标越来越高，甚至胆敢要求皇帝立自己为储君。不过，要不是他门下的 [羊] 胜（XINGUS）和 [公孙] 诡（GUEIUS）不断唆使，武也不至于胆大至此。[67] 武在受邀参加一场宴会时向皇帝提出了这个要求，当时窦太后也在场，皇帝差一点就要让情感压倒律法，同意武的要求了。就在这时，袁(IUENUS)和包括亚夫在内的其他将军一起说道：“自古以来，只要皇帝立自己的兄弟为储君、践踏亲生儿子的权利，天下必会大乱，灭顶之灾定会从天而降。皇帝啊，你从祖先手中接过的不仅仅是天下，还有国家行之有效的律法，其中就包括你的太爷爷刘邦施行的这一条：皇帝若有子嗣便不得立兄弟为储君。”皇帝听从了他们的话，没有同意武的要求。武大发雷霆，命羊胜和公孙诡将进谏之人全部杀死。立刻回到军中的亚夫逃过一劫，袁和其他几名将军都惨遭杀害，保住性命的只有十人。[68] 皇帝得知后便命人逮捕武和他的两个门客，但武帮助他们通过皇宫中从未有人进入的地道潜入宫中躲藏起来。后来，武被抓，正要行刑时，窦太后痛哭流涕，劝说皇帝取消了行刑。与此同时，皇帝派人到处搜寻胜和诡，但就是没有两人的踪迹。送他们去往藏匿地点的皇宫守卫担心会给自己和家人招来杀身之祸，在深思熟虑后来到了武的面前。他鼓起勇气对武说道：“梁王，为什么你要自取灭亡，还要让我们陪你一起？要是你继续包庇那些一心让你违背律法的恶人，我们一定都会死。如果皇帝知道你将羊胜和公孙诡带进皇宫（对他来说发现此事又有何难？），受到惩罚的就不仅是你，我们所有人都会被牵连。你是不是忘了自己几天前刚刚靠着母亲的泪水捡回一命？求求你了，赶紧补救吧，别让皇帝尚未平息的怒火再次爆发！”[69] 武知道这名守卫言之有理，也明白自己和同伴已经陷入极度危险的境地，不禁绝望地大哭起来。他立即派人告诉伙伴们事已暴露，只能一死，并央求他们自裁；他还告诉被派去的人，若是两人没勇气或者不愿意自杀，便动手杀掉他们。自知无路可逃的羊胜和公孙诡只能自尽，他们的尸体被悄悄埋在御花园中。这两个叛徒原本以为武可以当上皇帝，自己定能加官晋爵，殊不知俗话说得好——恶毒的建议必定会毁掉提出建议的恶毒之人。

母爱

为儿子的命运担忧不已的窦太后日夜哭泣不止，不食不眠。[70]皇帝虽然十分同情，但也明白自己作为君主的责任，拒绝原谅武的所作所为，毫不动摇，但同时他也暗中希望大臣们能够接受武的忏悔。那时，前去捉拿武和他的同党的人回来了。皇帝见他们只身归来便问道："为什么你们没将武和我命你们捉拿的人带来？""那两人已经自杀了，"来人答道，"他们觉得这是自己的罪行应得的惩罚。既然胜和诡都已经伏法，请你就不要再追究此事，仁慈一些吧！想想你的母亲的眼泪吧！她因为担忧武的命运而不眠不食。武没有罪，不管他做了什么都是因为受到奸佞的唆使，因此他应当被原谅，否则他的母亲一定会随他而去的！救他就是救太后，这可是双倍的仁慈啊！"皇帝听罢对他们说道："现在我进退两难！一方面，正义不允许我再一次与武和解，而另一方面，慈悲之心又逼着我拯救自己的母亲。既然我也不知道自己应当站在那边，那就听你们的吧！你们去安慰一下太后，让她不要求死。"领命的田叔（TIENXAUS）明白了皇帝的用意，立即前往因悲痛和哭泣而不成人形的太后处，对她说道："太后啊，不要求死啊！你的儿子得救了！他的罪名已经洗清，皇帝已经认定他无罪了！"窦太后转悲为喜，她擦干眼泪，命人给自己送来食物，不再一心求死。

经过此事，皇帝与武不再像从前那样亲密无间了。皇帝将武看作密谋篡位之人，对他的野心有所忌惮，最终还是疏远了他，再也没有邀请他与自己同桌同乘。看到皇帝因为过去的夺权之事疏远了自己，武忧伤不已，没过多久便死去了，太后因此极为伤心。[71]皇帝为了安慰太后，封武的儿子们为王，将梁国的土地分给他们，而武的女儿们则得到了许多财宝。这对于悲痛欲绝的太后来说也算是一点点慰藉。

一夫多妻制的危害

之前我已经多次提到一夫多妻制给中国带来的严重危害，因为男性偏爱众多妻妾中的一人是天性使然，而未得到偏爱的妻妾们就会因为担心自己爱人心思多变而心生嫉妒。尽管文帝在婚姻和治国方面都十分严谨，但在那个时代也不乏反面案例。文帝的父皇还在世时，燕王的孙女臧儿（ZANGULA）嫁给了当时的一名大臣王仲（UAMHUNGUS），生下了两女一儿，儿子取名为信（SINUS）。[72]

阴谋酿成惨剧

王仲死后，年轻的臧儿改嫁给了备受皇帝尊敬且身居高位的田（TIEN）。王仲的大女儿被许配给了时为大臣的金王（KINUANGUS），生下了一个女儿。按照习俗，婴儿诞生后都要由占卜师算命，而按照占卜师们的说法，这名女婴是大富大贵之命，注定要成为皇后。[73]野心勃勃的臧儿十分欢喜地接受了这个预言，她精心教导这个女孩，并在五岁时将她送到皇后身边服侍。这名女孩姿色出众，举国无双，皇帝的长子、正宫栗姬（LIEUA）所生的荣爱上了十三岁的她。荣向自己的姐姐、妾室王美人（UANGIA）所生的嫖（PIAUA）[74]求助，让她帮忙说服栗姬将这名女孩许给他为妻。栗姬当场拒绝了嫖，言辞犀利地责备她僭越并将她赶走。妾室王美人所生的皇子彻（CHEUS）也想得到这名女孩，这回栗姬却一口答应，将女孩许给了他。[75]这次婚姻为彻开辟了通向权力的道路。

与彻同母所出的嫖得知自己的弟弟娶到了这个女孩，便开始在皇帝面前想尽办法诋毁栗姬和荣，赞美王美人和彻，并得到了皇帝的信任。最后，在她的唆使下，皇帝以荣沾染了导致众多诸侯自取灭亡的酗酒恶习、不宜治国为由废除了他的太子之位。随后，为了行事更加自由，不再受限，皇帝废了栗姬的后位，改封第二任妻子王美人为皇后，并将王美人的儿子刘彻立为太子。栗姬知道一旦皇帝驾崩，等待她的将是比现在受到的冒犯更加糟糕的对待，因为新帝的母亲已经对皇帝的其他妻妾下手了。她一腔愤恨悲苦无处宣泄，终于不堪绝望，郁郁而终。

悲剧并没有就此结束。众多大臣也认为此事不公，纷纷站起来反抗皇帝，维护正室妻儿的权利，但最后都被处死。就连为皇帝打下天下的英勇将领亚夫也因为此事被投入监狱，最终绝食而亡。[76]早在臧儿的儿子信被册封为王的时候，亚夫就表示了异议，也正是这份坦诚让他成了后宫女子们的眼中钉。只要亚夫还活着，她们就没有消停过。一旦丈夫或情人成了女人的奴隶，对她们言听计从，这些野心勃勃的女人便拥有了极为危险的权力！

之后，孝景帝驾崩。他本可以成为一名伟大的皇帝，但他肤浅善变，只有在封王美人为后这件事上表现出了坚韧的精神。人们对此持批评态度，而也正是因为如此，史书中才留下了对这件事的记录。[77]尽管如此，他孝顺父母的美德依然值得称颂，这也是中国人最看重的品质。他将皇位传给了儿子彻，被剥夺了继承权的荣虽然被封为临江王，但事实上和坐牢并无区别：皇帝为了防止他发动叛乱，命他不得离开封地。若是荣手握与他的勇气相匹配的人马，他一定会发起叛乱。孝景帝在位时一直十分重视发展农业和丝织业。在使用积攒下来的海量财富上他非常节俭，他的继任者也因此得到了大量金钱，这在中国人眼里是一种巨大的资源。

他的继任者花费巨资发动了之前任何人都不敢进行的战争，进入了旧匈奴地区，将那里的匈奴主力几乎全部歼灭。他甚至还进入了孟加拉[78]，但关于这些我稍后再叙。

第六位皇帝

孝武［帝］（HIAOUUS）

在位 54 年

第四十三甲子第 38 年，公元前 140 年

刘彻受到了命运的眷顾得以继位，但其中也不乏欺诈和权谋。后来的事情证实了占卜师对他妻子[79]命运的预言，这对中国人来说也实属幸事，因为这位皇帝本来无权继承大统，却整整统治了五十四年，而他也证明了自己是一名能力出众的贤君。他称自己为孝武[80]，意为顺从的士兵。他十分赏识文人学士，尤其是那些经验丰富、受人尊敬的长者。他派人从全国各地将他们召来，以便增长自己的学识并向他们讨教治国之道。在这名教养深厚、热爱学问的皇帝在位期间，学问研究蓬勃发展。喜欢藏书的他派人尽可能多地到处收集书籍。他善于作战又学识广博，仿佛与全副武装又身穿学袍的帕拉斯为伴。[81]

大破匈奴

在踏平匈奴后，孝武帝还南下中国的邻国、一直到今日属孟加拉

国的印度南部地区，以恒河为界。他战绩显赫，声名远扬，所取得的辉煌成绩不输给任何一个皇帝，但他还是忘记了自己高尚的本性去渴求长命百岁，不仅损害了自己的名声，还因为盲目相信追求永生的方法任由骗子摆布，做出了荒唐的事。人无完人这句话真的没错！关于这点我之后会详述。

对长寿的渴望

为先皇举行完葬礼后，皇帝立即召集学者贤人，在过去著名的皇帝们立下的法律和制度中找出那些对国家最为有用的部分，

以求国家富裕太平，让全天下都效仿中国的治理模式。[82] 这是他唯一的愿景。当时在场的有出生于广川（KINGCHEU）[83] 的哲人董仲[舒]（TUMCHUNGUS），大家都恳求他率先作答。董仲舒充满智慧、备受尊敬，因此我非常愿意将他的一番论述写在这里，尽可能以中国人表达见解的方式[84]。他的这番话不仅对中国人来说十分受用，也许欧洲的人们也应该听听。

他说道："我在思考上天和人之间应当存在的和谐之时发现了一些令人不安的事，但上天爱着我们，它给予我们美好的时节，希望将祥和安宁播撒到各处。它只要求我们顺应上天，别无其他，我们要与内心的邪恶想法做斗争，努力拥抱真正的美德，让智慧增长并大放光彩。我们要始终如一地沿着理性的道路前行，才能增长德行，得到称颂。在理性之道的引导下，世间万物就能在正义的道路上顺畅前行。仁慈、正义、良政善政、礼法和君臣之间的和谐都包含在这理性之道中，它也能让父辈和子孙间的权力传承久远绵长。[85] 只有这样，世间才会有真正的贤明和诚实。如果君主真的在心中将仁慈和正义放在第一位，那么他就应当遵循理性之道指引的路不断完善自己，君臣之间的礼仪、大臣和官员们的诚实、百姓的忠诚和天下的繁荣皆与道息息相关。君主若品德高尚，那么无论远近，人们无不效仿，众人都会以正义行事，努力完善自身。品德高尚的君主是风，而品德高尚的臣民就好比在风中弯下腰来的谷穗。[86] 对金钱的贪婪最容易使人走上歧途，但正如向下的水流可以被放缓甚至截住，人们膨胀的贪欲也可以在礼法和教化的作用下得到遏制。[87] 因此，古代的君主们都十分重视开办学校，教化民众，教会他们智慧、仁爱、正义、善良和相互尊重。孩

董仲舒充满智慧的见解

一个类比

另一个类比

童和少年在学校里学习良好的风俗礼仪和得当的举止规范，学会孝顺和尊敬父母长辈。那些从昏庸的君主手中接掌国家的贤君会立即履行这份职责，并且做得更好，这样才能让民众忘记之前的恶习与恶俗。

又一个类比

这就好比音乐家拿到一件走音的乐器，他必须先调整好琴弦才能演奏出和谐的音符，贤明的君主需要改造昏君留下的风俗，改变糟糕的律法。皇帝啊，我说这些话是希望你向这些贤君学习。大汉平定了天下，尽管你的先皇们结束了战争、平定了叛乱，但他们没能进行改革。圣明的皇帝啊，上天将这个任务交给了你，论学识智慧你都在先皇们之上，你也知道什么是善，但请你牢记这句谚语：'临渊羡鱼，不如退而结网'[88]。仅仅知道应当怎么做是不够的，需要的是着手去做。"

一句谚语

皇帝是有勇之人，本想一举征服天下，听到董仲舒的这番话他大为惊讶，因为他原本以为这位哲人会主张发动战争开拓疆域。随后他又反复询问了该如何将治理中国的模式应用到全天下，但是董仲舒依然按照自己学派的理论，坚持认为不宜动武宣战，应当注重美德教化。皇帝巧妙地掩盖了自己的惊讶，对董仲舒的见解表示了赞赏，并表示愿意继续聆听他的教诲。董仲舒认为和平是最大的福祉，他继续说道：

一个类比

"召集贤士问策却不施行，就好比一个人喜爱宝石，也收集了很多原石，但若不进行打磨就永远看不到宝石的光彩。[89]所有人都应当遵循和传播孔子的伟大学说，孔子告诉我们，和平是甜美的果实，而战争只会带来灾难。皇帝啊，要是你能将孔子的话牢记心中，便能得到全天下贤士们的敬重，也能从他们身上学到治理天下之道。孔子的学说中有着真正的智慧。另外，我还想提醒你，奖赏会激励美德，而惩罚会引起恐惧，因此我们需要惩恶扬善。治国的目的是消灭罪恶，消灭了罪恶之后便不再需要惩罚，只需要慷慨行赏，而只有这样，战乱才会停止。君主受上天之托在世间施行仁慈与美德，并让臣民们也靠近仁慈与美德，惧怕惩戒和刑罚。上天希望世间没有恶人，人人皆善。君主应当顺应天意，仁慈善良，小心翼翼地完成自己的使命，这样世间便不再会有恶习、惩罚和战争。"

皇帝听了这番话，对董仲舒的滔滔不绝大为仰慕，命他继续。董仲舒虽然明白皇帝想听的是什么，但还是以相同的口吻继续举例阐明自己的立场："夏朝重视忠诚，商朝讲究简朴的风俗和礼貌，周朝崇尚精致与高雅，你需要做的就是从每一位先人那里学习最好的一种做法遵循下去。道和一切与道相依相生之物都是上天决定的，没有人能否定这一点，既然天是亘古不变的存在，那么道和一切与道相依相生之物也应当是永恒不变的。美德能够驱赶庸俗，倘若不能，那便不是纯粹的美德，当为恶习所染。美德追求的是高尚、伟大和永恒，它只与世间的美丽、善良和高贵之物相伴，与美和善背道而驰的战争必然与美德相距甚远。尧的继任者舜和舜的继任者禹都遵循着道，并将道和权力一并传承。想要以诚实与正义治国必须遵循道，古往今来，抛弃了大道的君主都是昏君。现在，我们汉朝在经历了多年的战争和叛乱后终于迎来太平，想要维持着太平盛世，就必须摒弃周朝崇尚的精致高雅，回归夏朝尊崇的正直和诚实。当然，不能要求将一切都推倒重来，就好比今天的车驾同过去一样装有四个轮子，今日的河流依旧在同一个河床上奔流，天上的星辰日复一日沿着同样的轨迹运行，世间的民众也是如此，今天的人与过去的人并无二致，也有着与过去一样的欲望，因此我们不要相信新的或是从他处引入的律法，而应该沿用既有的律法治理国家，只要以古代的君主为榜样，取其精华，去其糟粕便可。"

一个类比

听了这番话，皇帝打消了征战的念头，潜心于律法和礼制，促进农业发展。之前我也曾多次提到，农业是中国极为重要的产业，但经常由于不利的外部环境而被忽略。

打消皇帝征伐异国念头的还有对自己会失去帝位的担忧。先皇妾室所生的扬州（YANGCHEU）易王（IUUS）是皇帝的兄长，他野心勃勃、骄横跋扈，不甘接受命运，认为皇位应当属于比皇帝年长的自己，而孝武只是一个篡权上位之人，[90] 因此，他便开始招募同盟。[91] 皇帝想在被迫动武之前平息这位兄长的叛乱之心，他想了很多办法，其中就包括派遣品德高尚、善于游说、反对战争的董仲舒前往，希望董仲舒能让他接受一些更加温和的建议。[92] 他还让董仲舒携带了自己的一封书信，信中言辞恳切，说明了携信人是值得敬重之人，请求兄长对其以礼相待。

论辩能力

易王对论辩能力出众又享有极高声望的董仲舒颇有好感，经常邀请他对谈。董仲舒给易王提出各种真诚睿智的建议，通过潜移默化终于完全改变了易王对皇帝的态度。美德面对邪恶的灵魂也能起效，美德的重要性居于世间万物之上。

崇尚简朴

据说董仲舒获得了巨大成功后开始厌倦自己的官职和宫廷生活，随后他便辞官回家，有段时间还过着贫苦的生活。[93]他在家乡开办了一所学堂，给从全国各地慕名而来的人讲授儒学。皇帝虽然十分想念董仲舒，但也没有用权力或使手段逼迫他回来，只是在需要帮助的时候给他写信。根据中国史书记载，董仲舒收到皇帝的来信必回，信中那些经过深思熟虑的建议无疑是皇帝最应当听取的，因为论解决问题的能力和周全程度，根本无人能出其右。

一次危险的狩猎

尽管尚武好战，孝武帝在大臣们和平思想的感召下也远离了武力。为了宣泄自己战斗的欲望，他开始醉心于狩猎这种勇敢者的游戏，有时甚至过度沉迷于此。年轻气盛的他无所畏惧，对一切危险嗤之以鼻，只喜欢射杀野猪和熊。[94]有一次，他为了追逐这些猎物远离了同伴和随从，谁也找不到到处游猎的他。他孤身一人被山贼抓住，差点就被抢并丧命，因为没人料到他就是皇帝。危急之中，山贼的一名年迈女仆从衣着和外貌看出了他高贵的出身，一想到他必将难逃一死，这名女仆出于同情便施以援手，给他指出了逃生之路[95]。军队的最高指挥[司马]相[如]（SIANGUS）[96]趁此机会斥责了皇帝，要求他放弃对狩猎的过分热衷。

劝皇帝放弃狩猎

“你喜欢去那些危险的地方狩猎，但鉴于已经发生过的事，我十分担心凶猛的动物会让你陷入毫无准备的险境。勇猛的你可以嘲笑敌人，但面对动物却无能为力。你拥有智慧的头脑，能够预见未来，那就利用你的天赋，在危险到来之前就想办法应对吧！还有一事我不得不说：你在狩猎时破坏了百姓的农田，农民们的辛苦劳作都毁在你的马蹄之下，这在我看来是不对的。”

皇帝接受了建议

皇帝认真地听完了这番话，为了不破坏农耕，他有意将猎物圈养在一个方圆好几里的围场之内。他本想用围墙将整座南山（NANXAN）围住，但后来得知南山也有许多耕地，便打消了这个念头。为了不让农民遭殃，他放弃了狩猎这种享乐。中国有一些正直爱民、行事谨慎的皇帝，他们恪守行为规范，绝不会任性妄为。所有君王，尤其是拥有信仰的君王，都应该以他们为榜样。后来，孝武帝只在已有的一处围场里打猎，发泄自己对武力的渴望。

五本关于科学的书

孝武帝在登基的头五年召集了许多文人贤士，对他们以礼相待，[97] 让他们出版先皇在位时找到的五本名为《五经》（*UKING*）[98] 的书，并加上方便读者阅读的注释。第一本为《易经》（*YEKING*）[99]——变化之书，其中内容配有图像和符号，在本书开头我已有所说明。第二本为《书经》（*XUKING*）[100]——书籍之智慧，或称书籍之书，更准确地说是对三个古代帝王家族历史记录的整理概述。不是所有皇帝都有记载，此书只记载了其中一些，主要内容是那些正直明君的警言和辉煌成就。《书经》开头便记载了尧帝，之后是一些古代君主，讲述了中国最早的帝王们的治国之道、机构设置和律法礼仪。第三本是名为《诗经》（*XIKING*）[101] 的诗集，其中没有散文，只有诗歌，或描绘自然，或讲述帝王的丰功伟业。第四本是《礼经》（*LIKING*）[102]——礼仪和传统之书，旨在传承礼仪、习俗和与教化相关的一切。一切行为——即便是那些最微不足道的——都能在该书中找到应该如何举止的规定。此书的作者称自己为行为导师，他们教学严厉，作风与斯多葛学派别无二致，但读者们却对他们刻板的教义产生了反感。书中对宗教仪式的记载也十分详尽。第五本书是孔子的《春秋》（*CHUNCIEU*）[103]，字面含义是“春天和秋天”，记载了一些明君和昏君值得称颂或批评的事迹，以供后人学习。孔子在书中展现了恶习之耻和德行之美，旨在劝导那时候好战的君主们抛弃争端。孝武帝命人按照原文抄写了这五部书籍，希望它们和其他孔孟经典著作一起被所有人读到。想要成为文人就必须熟读这些典籍，而想要成为博士则只要专研那些包含在考试内容之中的著作。[104] 所有的书籍都是手抄本，因为那时候中国人还未掌握印刷术。根据他们的历史记载，印刷术在公元五十年左右才被发明。[105]

盟约被毁

皇帝登基七年，天下太平。他颁布律法建立秩序，设立军队保障国家安全，但却突然废除“和亲”政策对匈奴作战。[106] 敦促他宣战的是一个名叫[王]恢（QUEIUS）的大臣，但不久之后此人便为自己给出的糟糕建议付出了代价，关于此事之后我慢慢说。皇帝秘密准备着向匈奴发兵，他假借整修加固长城之由向匈奴方向派出一支大军，由李广和程不识（PUXEUS）[107]两员大将率领，自己则带领三十万人马紧随其后，在马邑（MAYE）附近的山谷中扎营，以备在匈奴不知不觉中集结军队发动进攻。但这些行动逃不过匈奴人的眼睛，而且匈奴人还截获了王恢的仆人携带的书信。因此，他们知道一场恶战即将到来，便立即准备防御。皇帝见自己的计划暴露，为了让匈奴安心，便将王恢投入大牢，让他为自己的莽撞付出了代价。当王恢得知自己失去了皇帝的器重并想要处死他，于是选择了自尽。王恢的死并不能让匈奴满意，他们对皇帝的背信弃义感到深深的失望，开始对皇帝充满敌意。他们觉得在援军没有到来之前，自己的实力不足以在战场上迎敌，因此便派驻守在边境的士兵越过长城开展抢掠。皇帝明白战争已经开始，本应出征的他被迫展开防守。为了阻止敌人的脚步，他派四名大将各自带领一万士兵前往不同方向，但却因遭到了匈奴的顽强抵抗而败退。[108]只有卫青（GUEICHINGUS）[109]得胜，俘获了七百匈奴士兵和同等数量的马匹。为了激励其他将领，重燃无畏抗敌的勇气，皇帝将卫青从敌人手中夺取的土地划为他的封国，封卫青为王。寒冬来临，战地天气险恶，皇帝被迫撤军，留下李广（LIQUANGUS）指挥军队。虽然当时匈奴的人马数量已与汉军相当，但一听说是李广领兵，他们便不敢开战，甚至不敢越过长城。李广的勇猛和他在战场上的好运早已传遍匈奴，因此被称为"飞将军"[110]。很多时候，将领的声名便能决定战事的结局，但是皇帝惧怕一些可能起事的诸侯不断增强的势力，考虑到自己的军队分散在他处，他便不允许李广去往边境之外。一些诸侯势力已过于强大，其中一位甚至拥有一千里见方的土地，尽管按照国家律法规定，封地面积不得超过一百里。[111]皇帝担心发生在自己父亲身上的事会重演，因此绝不允许军队远离，并且为了防止自己陷入类似的危险还颁布了新的律法。他下令所有的诸侯必须将受领的封地平均分给儿子们，理由是只由一人得到全部封地而其他兄弟生活困苦缺乏公正，而且父母死后必须得到厚葬，儿子们出资不

始作俑者受到惩罚

飞将军

保卫国家的新法律

均也是不公平的。中国历来十分重视对父母的尊敬。诸侯的儿子们均分财产这条法令沿用至今，只有皇位不被分割，由一人继承。皇帝还下令，封地的主人死后如果没有合法子嗣，就必须将封地交还给国家，除非皇帝根据这些诸侯的功绩来对土地做出其他处分。皇帝的这两条法令立即生效，赠与的封地立即被平分，次子们从中受益，而长子们的忠诚也得到了保证，一切尽在他的预想之中。

财产的公平划分

他还下令，从今往后只有皇帝有权任命各诸侯国的丞相，除非得到皇帝允许，诸侯们不得拒绝和另选他人。这条法令逼得齐王在绝望中自尽，因为皇帝任命的齐国丞相 [主父] 偃（IENIUS）向皇帝指控齐王进入女眷房间与姐姐乱伦。[112]

皇帝得知后命人逮捕了主父偃，以害死齐王的罪名诛杀了他的全家。这一重罚平息了诸侯们的怨言，他们原本对丞相手握大权一事愤恨不已，皇帝之所以处死了主父偃，为的便是平息诸侯们的愤怒并向他们证明在颁布这条法令之前自己没有预料到这些后果。据说齐王因拒绝主父偃迎娶自己的女儿而遭到了主父偃的憎恶。

重罚

皇帝受到一些骗子的蛊惑，在人世间寻找长生不老之方。这些骗子声称自己拥有一种炼丹配方，不仅可以炼出金银，还能让皇帝长生不老，成为中国人所称的“神仙（XINSIEN）”[113]。这位皇帝钟爱精致罕见之物，尤其喜欢奇珍异宝，那些骗子们号称能带来其他皇帝心中所想但从未拥有过的至福之物，皇帝因此对他们言听计从。皇帝们命他人用“万万岁”来称呼自己也是出于这个原因，“万万岁”意为一万年的寿命，皇帝们喜欢这个称呼，在签署文书时也会使用。[114] 为了得到永生，皇帝命人用雪松、柏树、樟树等芳香木材建造了一座宫殿，在历史学家们笔下，这座宫殿香飘二十里。

炼丹术士承诺长生不老

香宫

宫殿里矗立着一座精美绝伦的铜塔。[115] 塔高二十丈，有螺旋台阶通往塔顶。塔顶有一个手型铜盆，盆底每日会积聚一颗清澈纯净的露珠。皇帝命人将一些珍珠 [116] 浸泡其中，因为那些骗子令他相信这种溶液是长生不老之药。这座宫殿装饰奢华，无论是规模还是瑰丽程度都超过了到那时为止中国任何皇帝的住所。我也不愿略去这位皇帝身上唯一值得赞赏的部分，尽管他将时间挥霍在了类似的傻事上，但他从

铜塔及其功能

来都不会忘记皇帝身上的责任，他的宏图大略也一项比一项重要，一项比一项宏大。关于他，历史上还记载着这么一件事。皇帝从一个招摇撞骗之人那里学会了一种长生不老饮料的制作方法。有一天，他给自己倒了一杯放在桌上，突然几位大臣来访，其中一位官阶极高的大臣试图用严谨细致的推理论证来说服皇帝不要去相信骗子的话，不要喝下那杯令人作呕的假药，但皇帝不听，于是，这位大臣便迅速抓起杯子一饮而尽。皇帝认为自己永生的希望就此被夺去，绝望至极，于是便思量着该用哪种刑罚处死这个胆大包天之人。

永生的幻梦

计谋击碎了幻梦

喝下药水的大臣平静地对皇帝说道："我喝下的若真是永生之水，那你就杀不了我；反之，如果我死了，我便是无罪之人，因为我喝下的便不是永生之水，而是骗子们的谎言。难道你还不明白自己被骗了吗？"皇帝听完此言便恢复了平静，还称赞了大臣的智慧，但他没有停止对永生的追求，之后我会继续说明。当人们陷入类似的狂热便很难逃脱，他们会不断期望炼丹术能给自己带来奇迹。

皇帝匡正了国家的律法，随后，在一众将军的帮助下，他还夺取了中国西南边境上的许多王国[117]。张骞（CHANGKIENGUS）出使回朝后给皇帝带来了月氏（YUEPI）、大宛（TAVON）和大夏（TAKIA）诸国与大汉联合的消息。[118] 大夏有羌山（KIUNG），张骞从那里带回了一些实心多节的芦竹，这些芦竹节距很大，非常适合制作老年人使用的拐杖。有一位中国作家[119]曾明确地指出这种芦竹与葡萄牙人所称的雄竹（BAMBÙ MACHO）十分相似，而雄竹生于印度，在中国没有生长，这便令人相信大夏国位于孟加拉附近。这名作家还写道，在山间终年积雪严寒的大宛国，人们饲养着许多良种马匹。从中国地图上来看，那一地区无疑是位于昆仑山脉脚下，或者更确切来说是位于昆仑山脉之间的西藏。与其相邻的中国四川省也饲养同样珍贵的马匹。月氏位于今日的东京[120]和老挝所在地，若是查阅我编写的中国地图册，所有的信息都一目了然。这些地区还有许多珍贵罕见之物被带到了中国，有些是中国人从未见过的，但这位作者在书中没有详细展开。

新的征服

皇帝对获取的成果十分满意，随后便开展了更宏伟的计划。他不仅派军队前往西域，还命舰队巡查东部沿海地区。马上我就来说说这件事。在军队西进的同时，一支舰队到达了中国东部名为苍海（SANG）[121] 的地方。

[当时] 中国人不屑书写外族的历史，甚至与外族保持距离，因此我未能找到关于舰队出巡的确切记载，不知道他们究竟到达了哪些地区，也不知道那里住着什么人。中国人向来使用带有冒犯意味的词来指称外族，比如蛮、獯、奴等等，很少使用这些民族的真正名称。也是出于蔑视，他们称日本人为倭子（VOCU）[122]，鞑靼人为女直（NUCIEU）[123]。我不知道这支舰队究竟是去往日本，还是去往菲律宾、锡兰、爪哇、柬埔寨，还是其他临近的国家。我猜测他们越过朝鲜进入了亚尼俺（ANIAN）海峡 [124]，到达了现在还有中国人居住的美国极西地区。从肤色、头发长度和面部特征判断，我认为这支出巡的舰队便是那些居民的祖先，但关于这一点我并无证据。可以肯定的是暹罗人（SIAMESI）、柬埔寨人（CAMBOGIANI）和接壤地区的居民都与中国人有同一个祖先，因为他们拥有相同的书写系统，他们的数字也有着同样的名称。我可以确定，就同现在一样，在过去的某个时候也有中国商人坐船抵达了红海，红海地区将体积庞大的船只叫做来自中国的板宫（PAN CUM DA CHINA），而“板宫” [125] 在汉语中意为木质宫殿。在印度，到处都有中国人到过的痕迹，我在别处已有过说明。

对抗匈奴的战争

皇帝命驻扎在长城附近的军队越过长城进入匈奴境内，在那里扎下巨大坚固的方形城池，在需要之时可供驻扎军队和存放粮草。周边地区的人们被迫参与城池的建造，还要为之提供材料，人们怨声载道。但鉴于这是一项必不可少的紧急工程，没有一个将军愿意将民怨汇报给皇帝。有一位名为 [公] 孙弘（SUNHUNGUS）的大臣平日里假装德行高尚，借此为自己赢得了虚假的美名，他希望获得人民的支持，因此便建议皇帝终止城池的建造，也停止派遣船队出海和远赴印度，而是着手巩固已经属于汉朝的所有领土，以便开辟新的聚居地。[126] 皇帝不想违背公孙弘的意思，也不愿拒绝他的建议，便想出了一个能让他改变想法的计谋。他派遣几名将军去往公孙弘处，命他们向公孙弘解释修建城池和发动军事行动的作用。公孙弘从来者口中听出了皇帝的意思，毫不犹豫地改变了立场，甚至还催促皇帝继续那些已经起步的工程。他说道："皇帝啊，请不要为不名一文的我生气（公孙弘是山东人）。我和所有的山东人一样都是愚钝之人，因此之前我未能理解究竟哪些事业才能给我们带来最大的利益。"

狡猾的计谋

尽管身居高位、俸禄丰厚，公孙弘在穿着上却非常随意，在吃喝上也十分简单，他认为这么做可以赢得崇尚简朴谦逊的皇帝的尊重。有一位德高望重的人曾开诚布公地对皇帝这么说道："我的君主啊，真正简朴的人不会丢弃与自己官职相称的基本尊严。公孙弘无疑是个心口不一的伪君子，我有办法可以检验他的简朴究竟是真是假。"皇帝随后派人召公孙弘前来，质问他是否真的认为自己举止得当。公孙弘明白自己的顺从正受到严峻的考验，不敢质疑哲人的话，便对皇帝说道："皇帝啊，我承认自己是个罪人，这位大臣一眼看透了我。我的举止的确不是性情的自然流露，因此我表现出的顺服也不是心甘情愿的。但我对你一腔忠诚，满心希望能为你服务，正是因为如此我才强迫自己这么做，努力战胜自己的本性，为的是能够继续为你效力。"皇帝听罢不但没有动怒，反而对公孙弘的谦逊和真诚大为赞赏，他愈发敬重公孙弘，并不断提拔。在皇帝即位第十年[127]，公孙弘被任命为阁老。从那时起，善于伪装的公孙弘便露出了隐藏已久的真面目。随着官衔的提升，他开始一点点排挤那些生活更为优越之人，对崇尚正义的大臣露出恶意，为自己的朋党铺路，暗中与汉朝对抗。要是机会允许，他甚至想要篡位夺权。但公孙弘在实现这些计划之前便死去了，幸运的皇帝因此逃过一劫。

与此同时，长城附近的工程仍在继续，并且导致了皇帝与匈奴再次开战。

战争中的匈奴人

为了阻挠工程的继续，匈奴人不断滋扰，工人们纷纷逃走。于是，皇帝派遣卫青带领士兵前往边境，进入唐兀国（TANGU）[128]，大败匈奴，许多匈奴人被汉军俘虏并被带到了皇帝面前。[129] 举国上下一片欢庆，卫青也被任命为军队的最高指挥。皇帝随即命令他再次攻打中国的死敌匈奴，并一定要大胜而归，将匈奴杀得片甲不留，让抢掠和滋扰不复存在。皇帝亲自前往唐兀国检阅胜利的军队，并登上了唐兀国最高的山峰。唐兀国的北部和西侧一小部分与陕西省和山西省接壤，东边则与北直隶的一部分相邻，横卧在广袤的沙漠和长城之间，被自南向北、后又折返向南的黄河几乎一分为二，这在我的地图集中都一目了然。皇帝曾去那里打猎并且猎获了一头罕见的独角动物，脚上有五爪，可能是独角兽，也可能是犀牛。[130] 皇帝认为捕获这头动物是天降吉兆，便将该年认定为元年，该时期的年号定为元狩，之后的年份也都使用相同的年号。当时是他登基的第十年，中国历法中的第四十三甲子第 56 年，即公元前 122 年 [131]。

元狩成为年号

那时，淮南（HOAINAN）和衡山（HEANGXAN）的诸侯们策划着一场叛乱。[132] 但在他们将计划付诸行动之前，两名仆人出卖了他们，将一切禀报给了皇帝。因此，这些诸侯立刻被捕，为了逃避惩罚谋反者的酷刑，他们选择了上吊自尽。

此时，与匈奴的战争仍在继续，匈奴人再次大败。[133] 焉支（YENCHIUS）山和祁连（KILIENUS）山之内的旧鞑靼地区所有国家都被扫清，[134] 汉军一直深入到中国人所称的黑海 [135] 地区，我将在地图集中对此详细说明。这些山脉从北往西贯穿陕西省，距长城八百中国里，也就是五十里格左右。匈奴王之一的混邪（HOENSIEUS）在战败后为了取得皇帝的宽恕离开了匈奴联盟，归服汉朝。[136] 为了彰显军威，皇帝派了一支两万人组成的骑兵队伍前往。另外，为了削弱混邪王的势力，皇帝将他所管辖的土地分割成五份，分给了五个匈奴将军，并封他们为诸侯。这五名诸侯被授权在长城以外各自建造一座城池，与中国人的城池无异，但相互之间保持独立，同时，他们必须听从中国皇帝的命令。为了消灭匈奴，踏平匈奴的土地，皇帝派遣三支军队前往作战，分别由汉朝军队最优秀的将领卫青、[霍]去病 [137] 和李广率领。三军各配有五万骑兵，另有数量更为庞大的步兵。皇帝授权他们可以在任何地点和任何时刻打击敌人，并向胜利者承诺了丰厚的奖赏。

再次与匈奴开战

三军战匈奴

卫青立即开始了战斗，将匈奴人向西北逼退。行进了大约两千里后，汉军在寘颜(TIENQEN*)山得胜。[138] 一位中国历史学家在书中写道，寘颜山位于鞑靼国 [139] 中心（由于中国人无法正确发出 r 这个音，因此把 tartari 念作 tata）。中国人对鞑靼的记载早在古代文献中便已存在，

一支大军获胜

因此在遥远的古代他们便知道了鞑靼的存在，并用这个名字指称野马（IMAI）山脉[140]/昆仑（AMASEI）山脉[141]以外直到亚尼俺海峡的区域，现在我们将这片区域称为旧鞑靼，以与通常所说的亚洲鞑靼进行区分。卫青担心自己会在多沙的平原上迷路，因此不敢越过那些山脉，之后我会详细讲述。卫青此次出兵战胜了匈奴人，打败了一直到北方海洋为止的地域上所有的匈奴王，消灭并打散了他们所有的被称作为游牧部落的分支，满载荣耀凯旋。另一名将军霍去病穿过旧鞑靼北部的平原向东北部进发，在那里大败匈奴。接着，他又向前行进四百里，越过狼居（LANKIUSIUS）山，勇敢地穿过了中国北部的沙质平原，一举歼灭匈奴。这片沙质平原在汉语中叫做沙漠（XAMO），意为多沙的领土。这片广阔的干燥沙地横向绵延，几乎包围了中国的整个西部。它自野马山南坡、纬度约三十七度的沙洲（XACHEU）城所在地起始（该城得名于此），一直向北绵延约三百里格到达北纬五十三度，几乎没有间断，其向东延伸的长度更多，向西则分为大沙漠和小沙漠两部分，将撒马尔罕（SAMAHAN）[142]和喀什噶尔（CASAR）[143]王国与旧鞑靼地区隔开。中国人将这两个地区叫做撒马尔罕和徽（HOEI）[144]，我不清楚中国的书籍和地图上的这些地名是近来所取还是远古有之。这片沙地向西只延伸了几里格，沙量就变少了。中国人曾在这里建立了两座城市——永州（IUNGYA）[145]和浏阳（LIEUYUNG）[146]，中国的地图上标有这两个地名，但人们不确定它们是否依然存在，因为现在没有人去那里造访。想要知道更多关于这两座城市的情况就请查阅我的远东亚洲地图，地图上标注了本册书籍中出现的地区、河流和山峦的古称和现名。

又一支大军获胜

霍去病率军深入了这片沙漠的最东端，并在那里转向去往北边的瀚海（HANHAI）。“瀚”意为大，“海”则是海洋，“瀚海”的意思便是广阔的海洋。但在中国的地图上，瀚海是一个湖泊，不是大海。[147]尽管这片沙漠地区在长度上延伸得很远，其宽度却最多只有三十里格。这两名将军击败了曾经多次入侵中国的匈奴，将他们几乎全部歼灭，其中位于沙漠和瀚海之间的匈奴部落遭受的失败最为惨重。居住在狼居胥（LANGKIUSII）山[148]间的匈奴人也没有得到多大的幸运。狼居胥山脉从野马山脉一直延伸至北海，在临近沙漠之处分成两条山脉，一条向东伸展，一条向西绵延，最后在北部重新结合，围出一片广袤的平原。

第三支大军

第三名将军的运气不佳，由于不熟悉道路而陷入了巨大的困境。他到达了女直（NIUCHE）山和女儿干（NIULHAN）[149]，在那里止步不前，未能取得任何值得一提的成就。当他知道自己的同伴在别处大获全胜，便不堪其辱，刎颈自尽。[150] 这便是李广的结局，他原本是一名英勇的将军，深受麾下将士的爱戴，他在军中就像一名普通士兵，像伙伴一样与将士们分享所有。他还十分慷慨大方，分发金钱和战利品时不会给自己留下一分一毫。

自尽

战事结束后，皇帝将位于沙漠、长城和狼居胥山之间建有城池和军事营垒的所有匈奴地区都赏给了英勇的将领们，并封两名将军为王。我认为外国人口中的黑契丹（CARO CATY）[151] 这一名称便源自那一地区。“契丹”意为黑色的土地，正如威尼斯人马可・波罗所说，该地因契丹国人居住而得名。[152] 我在地图集中已经说得十分清楚，契丹（CATAY）就是中国的名称。[153] 在旧鞑靼地区依然能见到被城墙围绕的城市和区域，而鞑靼人居住在可移动的帐篷中，从不建造城池。被皇帝留在那里的中国人渐渐忘记了自己国家的风俗，经过漫长的岁月，他们的生活方式都与鞑靼人无异，甚至自己也成了鞑靼人。

巫师的谎言迷惑了皇帝

在这一时期，一个名为少翁（XAUKUNGUS）的恶毒巫师从齐国前来面见皇帝。他通过一些法术取得了皇帝信任和仰慕，但正是这些法术最后将他自己推向了死亡。[154] 他向皇帝保证能在任何想要的时候让宠妾王夫人（CHANGOA）[155] 起死回生。[156]

月亮上有人居住

他让皇帝相信自己的宠妾并未去世，而是居住在月亮之上，因为她喝下了皇帝准备的长生之水，从而获得了永生。少翁声称自己是灵魂之主，只有他能在任何时候将王夫人（CHANGOA）从月亮上召唤下凡，与她的爱人相聚。他建议皇帝建造一座高塔，在为灵魂举行献祭仪式后便可以在高塔上与王夫人（CHANGOA）相会。皇帝差一点就要听从他的建议，但可能是魔鬼想要捉弄这个骗子，又或者是天主想要戳穿他的骗局，这场法术没有成功，两位相爱之人未能相会。

皇帝十分伤心，少翁担心皇帝会因此暴怒，为了防止失去皇帝的信任，他又想出了一招。他在一条绸布上写下一句话，落款王夫人（CHANGOA）。字条上王夫人责怪皇帝没有用正确的方式召唤自己。他让一头牛吞下字条，然后神色慌张、语无伦次地来到皇帝面前说道："我也不知道你我犯下了什么罪过，但这头动物体内有奇怪之物。请立即下令将它宰杀剖开，里面一定能找到奇异之物，定能解释为何王夫人没能从月亮上下来。"牛被宰杀后，皇帝在内脏中翻找出了少翁事先准备的写有奇怪字句的绸布，心中产生了一丝怀疑。机警的他仔细地查看了字条，立刻看出字条上属于这个狡猾骗子的手迹。少翁不得不坦白了行骗的事实，皇帝当即处死了他。这个故事，被加上了许多的细节，成了一些喜剧的主题，但中国的历史学家们只以我刚才所述的这些为真。我认为有必要让大家知道这个故事，因为这样欧洲人便能知道在中国人之中也有西农（SINONI）[157]和提亚纳（TIANEI）人[158]那样的骗子，而且魔鬼会抓住一切机会利用人类的轻信。我希望能记录下每一件被认为是真实的事件。

捉拿并处死骗子

在此之后，皇帝因无法与月亮上的情人相会而十分苦恼，决定再建一座高塔，自己登上月亮。大臣们想要让他明白这样的工程不可能实现，但皇帝固执己见，下令不惜一切代价完成高塔的建造。负责建塔的建筑师努力劝说皇帝，向他说明这一计划无论如何都无法实现。

一次愚蠢的尝试

这名建筑师告诉皇帝，自己十分乐意满足皇帝的要求，但找遍全国也找不到足够的土地能为如此宏伟的建筑打下足够深的地基，如果要建就必须在边境之外寻找土地。皇帝不想失去帝位和国家，便放弃了这个愚蠢的愿望。就算是睿智之人有时也会做出荒唐之事，现在大家就能明白并不只有诺亚的孙儿们[159]才会失去理智。

机智阻止了无谓的尝试

在汉朝人的驱逐下逃脱的匈奴人越过野马山，穿过也被称为"祭司王约翰之国"[160]的西藏地区，一直向南朝着西羌和老挝而去。

受命出使印度的张骞向皇帝汇报了这一险情，并建议皇帝给那一带的国王们送去名誉和礼物，让他们拒绝接受匈奴残部，并将他们当成敌人杀死。但是那里的国王们拒绝了皇帝的提议，十分乐意地接受了匈奴人，因为他们希望借助匈奴人的力量摆脱汉朝的统治。于是皇帝命最善战的将军卫青沿着匈奴人溃逃的路线一路向南追击。然而，追击匈奴的行动才刚刚开始，卫青就病死了，接替他的是张（CHANUS）。为了证明自己与卫青能力相当，张死命追赶匈奴人，匈奴人战败，军队残部被逼退至南部的乌（V）国和孙（SUM）国[161]，而这两个国家最后也被攻占，沦为了汉朝的两个郡。[162]现在这两处依然是中国的一部分，位于四川省西部边境地区，设有乌撒[VSA]军民府。[163]

匈奴再次挫败

为了庆祝胜利，同时也为了让民众参与到欢庆中来，皇帝下令在宫中的喷泉中喷涌美酒整整一日。之后他带着一支庞大的军队出巡，巡视了西部和南部的所有地区。他先走访了大将赵（CHAU），然后用很短的时间穿过陕西省和四川省到达云南，接着继续南下到达勃古（PEGU）[164]，看到了南海，后又去往老挝，占领了柬埔寨和交趾（COCINCINA），乘船经过东京来到广东。因为听说海南肥沃富饶，皇帝还登上了海南岛。他穿过将海南岛与陆地隔开的海湾，占领了该岛，并将那里划分为九个区域。[165]他在那片海中垂钓时曾得到许多珍珠，因此便把那一段海岸线，也就是现在的荆州（KINGCHEU）[166]，命名为珠崖（CHUYAI），意为珍珠的海岸。这个名字十分贴切，直到今天，在海南岛和中国海岸线附近的海域中还能采到大量珍珠。皇帝还想走访东部各省，第一个目的地便是福建，在陆路不能到达的地方他便乘坐船只。据说这次出巡总计两万中国里，相当于大约一千五百里格。

美酒之泉

在为了避免激怒皇帝而选择归顺汉朝的匈奴王中有一位名叫休屠（HIEUTU），他将自己的儿子[金]日磾（GELI）委托给皇帝，让他留在都城接受教育，学习中国人的礼仪和风俗。[167]这名出身匈奴贵族的年轻人钟爱马匹，他养的马匹俊美无比，甚至比皇帝的马更加漂亮，他也经常骑着马从皇宫门前经过，接受众人羡慕的目光。这个年轻人强壮、高大、身形修长，就算表情骄傲也掩盖不住他的可亲。皇帝欣赏他的外貌和品质，任命他为马厩首领并赐名为金（KIN），这样他便像是一个中国人了，要知道匈奴人的起名习惯是将儿子的名字与父亲的名字合并在一起，这与《圣经》中记载的希伯来风俗相同。

皇帝的马夫——一名匈奴

皇帝慢慢了解到金日磾身上优秀的品质，对他的尊重与日俱增，这名年轻人不仅性格和善，还勇敢聪明，也正是因为如此，刚开始只是一名马夫的他后来成了头领，甚至得到了汉朝最高的官职。关于这点之后我会详述。我相信他是第一个在中国立足的匈奴人，也是金氏部族的头领，也就是马可·波罗按照“金”的意大利发音写成的“CHIN”。后来，他的后裔占领了全中国，但关于他们的事，就等到讲述元朝历史时再展开吧。[168] 皇帝特别喜欢大宛国的马，他将从大宛国运来的大量骏马交给马厩首领金日磾来照看。[169]

之前我提到过，唐兀国的大量匈奴人躲进了山林之中，当他们认为自己已经重新强大之后便再次进入平原，但他们不再向中国方向行进，而是翻过高山向北海进发。皇帝得知匈奴人的动向后便派遣三名使者——苏武（SUUUS）、[张]胜（XINGUS）和[常]惠（HOEIUS）出使唐兀国，向唐兀国国王承诺只要归附汉朝便可得到和平，与汉朝交好[170]。匈奴王知道苏武是个能人，希望他能为自己效力，便派早已投降匈奴的汉朝将领卫律（GUELIUS）前去劝降。卫律与苏武会面，承诺只要苏武投降便能从匈奴王那里得到高官厚禄。

忠诚的使者

但苏武对皇帝一片忠心，根本不听卫律的话，甚至当面驳斥他道：“你这个卑鄙小人！你不仅忘记了皇帝的恩义，背弃了你的君主和国家，成了父母和人民的敌人，现在居然还敢无耻地以叛变为例劝降别人？上天啊，求求你不要让我背下这样的耻辱！在这里见到你，我只感到眼睛被污染！”卫律向唐兀国国王汇报了劝降的结果，唐兀国国王大为震怒，做出了一个违背万民法的决定。他命人扣押了这三名使者，并将苏武投入地牢，不给饭吃，也不给水喝。据史书记载，苏武靠喝雪融之水和啃食毛皮活命。这个国家盛产皮革，匈奴人用皮革制作衣衫、护膝和马匹的护具。在没有食物的条件下，苏武还是奇迹般地活了下来，后来他被放出地牢，流放至北方的海边，也就是中国人所说的瀚海。从那时起直到回国的十九年里，苏武都在那里放牧，看管用于献祭的羊群。有一位中国史书作者写道，苏武被匈奴人扔到海上，我想他的意思可能是被扔到一个海岛之上，而那片海可能是普林尼笔下的鞑而靼（TARATA），或者是中国人在地图上画出的那个大

成为牧羊人

湖——瀚海。我在讲述曾经到过北海的霍去病的事迹时对此地进行过说明，这也许可以消除罗马执政官梅特鲁斯（METELLO）和阿弗拉尼乌斯（AFRANIO）在高卢时驶入日耳曼港口的印度船只究竟来自哪里的疑问。据科尔奈利乌斯·奈波特（CORNELIO NEPOTE）记载，瑞典国王将此船靠岸的消息告诉了梅特鲁斯，并给他带去了几名印度囚犯。也许孝武帝曾通过亚尼俺海峡[171]向军队运送补给，因此我们也可以相信有这么一艘船被暴风雨吹到了今日被地理学家称为NASSAVIO的海峡的另一边，然后沿着萨摩耶德[172]和俄罗斯的海岸线到达了瑞典。但关于这件事我无法确定，因为我甚至不知道亚尼俺海峡是否真的存在。现在我们回到历史上来。

一艘印度船只在日耳曼入港

皇帝一听到使者被关押的消息便立刻派遣大军攻打匈奴。面对十一支装备精良的军队，无力抵抗的匈奴人向山间撤退。在踏平了匈奴的每一寸土地后，皇帝向匈奴宣战，他派人传话道："此次我亲自率军而来，你们若有勇气便出来应战，如果你们战胜了我，那我便将曾多次被你们入侵的国家拱手相让。"但匈奴人依然躲在山间洞中，皇帝见状便回到了自己的领地，命李广的孙子 [李] 陵（LAUS）带兵驻守。李陵和他爷爷一样治军公正，尊重士兵；同时他也是一名优秀的骑手，张弓搭箭无人能敌。[173] 皇帝相信李陵的能力与他的爷爷相当，在之前对抗匈奴的战斗中他也证明了自己的能力，但这一次，李陵还是落入了匈奴人手里。在位于浚稽（SIUNKIUS）山的首战中，匈奴败逃，当时伤亡十分惨重，唐兀国国王甚至觉得末日已至，但李陵发动进攻时过于凶猛激进，谨慎不足，最终未能取得胜利。他在追击敌军余部时走上了崎岖的山路，那里无法行车，箭和食物都逐渐匮乏，而匈奴人擅长在这种地形作战。他们切断了李陵身后的道路，阻断了补给，李陵的处境愈发糟糕。

十一支军队共同抗击唯一的敌人

背弃皇帝、投靠匈奴的将领管敢（QUONCANIUS）察觉到了中国军队的危险处境，他立即召集了尽可能多的士兵，将敌军逼至山谷深处，站在安全稳妥的高处放箭。[174] 箭矢如雨点般落下，大量中国士兵中箭身亡。尽管将领们想要抵抗至最后一刻，不愿投降，侥幸逃过一死的士兵们最终还是被迫投降。李陵对将士们说："我战败了，无

中国战败

颜回去面见皇帝，我们已无力抵抗，但像羊群一样坐以待毙也是不值得的，也许有一天我能够回来向匈奴报仇雪恨！”语毕，他便率领剩下的将士们向匈奴投降。已经年迈的皇帝深受此次战败的打击，他不再让将军们追击匈奴，命他们只需守护好群山和长城之间的那些省份，保证国家不再遭受匈奴侵扰便可。过了一段时间，[李] 陵的朋友、军队的最高统领 [司马] 迁（CIENUS）[175] 尝到了向愤怒的君王直言不讳的危险结果。[李] 陵投降匈奴的消息传来时，[司马] 迁恰好在皇帝面前，便试图维护自己的朋友。他对皇帝说道：“我知道李陵一直非常孝顺父母、忠于皇帝，并多次为了皇帝不顾性命。一个一向如此的人不应被怀疑成叛徒，我们遭受的失败本就无法避免。我相信这不是 [李] 陵的责任，他的投降一定是为了蒙骗敌军，之后他定能想到办法一雪战败之耻，让敌军付出血的代价。”愤怒的皇帝下令将司马迁投入大牢，并处以中国人所称的“腐刑（FUHING）”，将人体上按照本能要遮蔽起来的那个部位割去。

投降

一场重刑

在那个时期，国家东部盗匪横行，滋扰不断，人们抱怨税负沉重，开始发动暴乱，但这些人没有统一的领导，也缺乏作战经验，因此很快便被镇压了。

被平定的暴乱

被杀的暴乱者数量众多，多到连皇帝都开始后悔采取如此残忍的方式来伸张正义并取得胜利，他觉得自己不是胜利者，而是战败者。为了避免再次发生类似的事，他颁布了严酷的法令，税收官员的强硬收税行为终于得到了遏制。另外，为了与幸存下来的暴乱者言和，皇帝下令只要集结的武装不超过两千人[176] 便不得镇压，还赦免了那些投降的人。暴乱之徒一方面出于害怕，另一方面也出于对逃脱重罚的希望，最终放弃了原本的打算，国家的困境因而解除。

公元前 84 年，皇帝的一名妾室诞下皇子，取名弗陵（FILINGUS）[177]。此前皇帝已有太子卫（GUEJUS）[178] 和其他皇子。

怀胎十四月

据说弗陵在母亲腹中待了十四个月后才出生，这在皇帝看来是吉兆，但事实上人们知道这往往预示着死亡。皇帝特别喜爱这个儿子，他希望这个孩子能和同样经过了十四个月才降生、备受敬仰的古代皇帝尧享有同样的命运（关于尧，我在前文已有介绍）。皇帝对弗陵的偏爱和大臣［江］充（CHUNGUS）对卫太子的仇恨在国境内埋下了暴乱的种子。卫太子和皇帝的悲剧就此开始。

中国的法术和神药

那时候，都城里盛行巫蛊法术，尤其流行于想要增加自己的美貌以诱惑男人的女性之间。[179] 其中一些女子得以进入卫太子的宫中。善良天真的卫太子没有察觉，已经成年的他成了这些恶毒巫术的受害者，日夜沉迷于放纵享乐。[180] 据说这些女子发明了一种名为“蛊（KUA）”的药剂，服下此药的女子会散发出令人无法抵抗的魅力。[181] 她们还用同样的药剂毒害他人，让他人得病，甚至因此死去，据说皇帝十九岁时与一名妾室所生的儿子刘（LIUS）便成了牺牲品。[182] 我在书中读到，和他一起被毒死的还有他的妻子和儿女，只有一名孙儿得以幸存。[183] 下毒的起因是刘和卫太子的敌对关系，[184] 尤其是两人妻子之间的嫉妒，后来刘被给卫太子效力的巫女们毒死，但卫太子却对此却一无所知，简直令人难以置信。据说那些巫女在特定的地点埋下了一些木质雕像，并在埋藏地点祭祀，但巫女之间为了在法术上战胜彼此也产生了嫉妒，便开始争吵、殴打、互相谩骂。皇帝听闻这些消息时不以为然，他觉得这不可能是真的，因此便没有采取措施，但不久之后，皇帝梦见自己被这些木质人偶手持棍棒殴打，惊醒后的他恐惧万分，之后便一病不起。[185]

无法消灭的仇恨

卫太子的死敌江充觉得自己终于找到了复仇的途经。他对皇帝说道：“我很肯定你服下了毒药，因此我建议立即清查巫蛊之术，这些法术只会带来越来越严重的后果。”皇帝命他调查此事，严惩罪人，处死所有行巫蛊之术的人。江充非常清楚如何完成这项任务，立刻前往卫太子宫中搜查，找出了大量木质人偶和巫女。他向皇帝汇报道：“我在别处从未见过像太子宫中这么多的木偶和巫女。”他补充说在卫太子宫中还找到了制作蛊的蒸馏器，但由于自己无权责罚太子而不敢彻查到底[186]。与此同时，［江］充将卫太子禁闭在宫内严加看管，以防他前去向皇帝解释。

恶有恶报

卫太子意识到自己成了篡位阴谋的受害者，出于对敌手江充的强烈怀疑，便派人将江充和他找来执行皇帝的调查令的同党们一起召来。卫太子盛怒之下命令下人将他们全部斩杀，只留下［江］充一个活口亲自动手。动手前，卫太子对［江］充说道："奸诈小人！你多次谋害我父皇，难道还不够吗？为什么要用怀疑来挑拨父皇和我的关系？受死吧，小人，受死吧！你已经活得够长了，现在是取你命的时候了！"同党中只有苏文（SUUENIUS）一人得以逃脱，他立即前去面见皇帝，将一切告知。

卫太子因担心父皇动怒而逃往宫外。

恶毒的建议

皇帝派人前去寻找，但苏文却命他们放弃寻找，回宫面圣，告诉皇帝卫太子正在宫外招兵买马准备杀回都城。皇帝听闻便派了一队士兵前去捉拿太子，并下令倘如捉拿不成便就地斩杀，还要一并杀光太子的所有部下。这些士兵毫不费力地驱散了太子身边一些不带武装的仆从，但却没能抓到一人，也未能擒获太子。

哲人的控诉

与此同时，三名身为哲人的大臣上书为太子辩解，将这场悲剧的真相告诉了皇帝。信中他们揭露了［江］充的奸计，诉说了太子的清白，告诉皇帝卫太子从未有过屯兵起事之心，也未曾对父亲的权威不敬。他们还认为太子不是有心杀江充，而是因为江充嫉妒和仇恨阻止太子面见皇帝自证清白在先，太子为了保全自己才不得已而为之。信的末尾他们写到了［江］充和卫太子交恶已久，巫蛊之事都是女子所为，太子对此毫不知情。皇帝的愤怒得以平息，他收回了捉拿太子的命令，但也没有派人找寻太子，与他和好。他不相信太子的清白，也不愿意原谅他，因为他对卫太子已没那么喜爱。卫太子见父皇的爱和信任都给了弗陵，万般失望下自刎而死。[187] 根据一些史书的记载，太子逃往匈奴。这可能是事实，因为在皇帝死后的确有一个名叫卫的人从匈奴地区前来，关于他的事我之后再说。

太子自杀

母后自杀

皇后听说儿子已死也不愿苟活。她不愿看见皇帝妾室的儿子登上皇位，自己被妾室骑在头上，因此便上吊自尽了。这时，卫太子一案被重新调查，审理官员裁决卫太子是清白的，并提供了江充的诡计的证据。皇帝终于看清了［江］充的丑恶嘴脸，既然死者不能复生受罚，他便诛杀了［江］充的整个家族，并将他的同党苏文活活烧死。他在自己宫中花园的湖边建了一个亭子，命名为追悔与等待之亭。[188] 他经常前去悼念卫太子，就像大卫追思儿子押沙龙那样 [189]，卫太子的遭遇

归来望思之台

令天下动容。

皇帝务农

皇帝的病痛日益加剧，身体也日渐虚弱，在生命的最后三年里，他将国家交给其他人操持，自己一心务农。他亲自犁地播种，一方面愉悦身心，另一方面也为百姓做出榜样。他征召来能力最强的务农专家，派他们去往全国各地传授务农的本领。这些专家还发明了新的农具，不仅提高了田间劳作的舒适度，还增加了产量。看到刚刚给田地松完土、浑身是泥的人登上宝座坐下，我一点都不惊讶，因为我曾亲眼见过中国的皇帝走下宝座，到田间犁地。皇帝在扶犁耕地的同时也在耕耘着整个国家。

对真理的热爱

一天，皇帝召集了所有的大臣和官员，对他们说道："人的一生所能经历的事我已遍历，我征战无数，征服了许多国家，期间必然使得天下人受尽苦难。大王征战，百姓不可能不受苦，就算战场在别国也不例外。我承认自己犯下了很多过错，但往事不可追，如今再多说也无益，我只能追悔莫及。今日我召大家前来是为了让你们畅所欲言，天下若有令百姓不堪重负、怨声载道之事，哪些需要改进哪些应该废止，请各位直言不讳。"[190] 重臣之一 [田] 千秋（CINCINEUS）[191] 接过皇帝的话说道："皇帝你不仅相信那些鼓吹永生之人，还纵容他们，这点我不能赞同。在这些事情上你投入了多少时间和金钱啊？既然没有得到任何结果，你便应当认识到这些人只是无知又恶毒的骗子。现在你年事已高，一定感受到了死亡在一天天逼近，撒手西归是不可避免的。废止这些求仙之事是我们乐意看到的，除此之外我们别无所求。"皇帝回复道："我确实受到了这些人的蒙骗，不该轻信他们，而现在我的确得到了他们耍把戏、编谎言的诸多证据。我知道自己不希望看到的大限即将到来。荒唐啊！我为此花了很多金钱！但他们让我年迈的身体远离病痛，我相信求仙之术虽然不能带来永生，但至少在这一点上是有功效的。要想照顾身体，本来请一名医生就够了，但我却花费了巨额钱财养着这群人，这是我的过错所在。现在我决定听从你的建议遣散他们，为了避免再次被骗，我要在全国废止求仙之事。"皇帝的确这么做了，但在中国始终有人相信求仙之术，从古至今从未能绝。

燕王旦（TANUS）见皇帝年事已高，也没有年龄合适的子嗣可

野心勃勃的哥哥和被杀的使者

以治理国家，便派使者前往，要求面见皇帝。他认为自己是皇帝的兄弟[192]，想要让皇帝传位给他[193]。皇帝明白了他的意图，怒斩来使，但却没有对燕王有任何行动。他打算让年仅七岁的弗陵继承帝位，灭了燕王的野心。弗陵深受皇帝喜爱，体格健康强壮，身形俊美，面貌聪慧，受到所有人的喜欢。现在的重中之重就是给太子找到一个忠诚贤明的老师。皇帝知道霍去病的弟弟 [霍] 光（QUANGUS）[194] 满腹智慧，一腔忠诚，便打算将太子交给他。为了帮助霍光更好地完成使命，皇帝命人在他的卧房里绘上周公的故事。周公辅佐周成王，为世人敬仰。最后，皇帝以有些是真有些是莫须有的重罪判弗陵的母亲钩（KEUYA）死刑，最后钩自尽身亡。皇帝一边让钩的儿子继承大统，另一边却对她处以残酷的刑罚，这一异常的举动震惊全国。[195]

儿子继承大统，但母亲必须死

皇帝是这么解释这件事的：“很快你们便会明白我这么做的原因。幼君登基，国家大乱，类似的事情在历史上发生过多次，而其中原因便是野心勃勃的太后利用儿子少不更事而独断专行，不理会任何人的反对意见。难道你们不记得我太爷爷的妻子吕后了吗？为了天下的安全，这个女人必须得死！”这件事表明了野蛮人对至亲也毫无怜悯之情。

皇帝日渐病重，满眼含泪的霍光来到皇帝面前，对他说道：“现在一切希望都已灭失，你的大限马上就要到来，死亡是我们所有人都无法避免的事，无论是武力还是权威都不能使它远离。但是，在死之前，你必须指定一名能力与你相当，可以治理天下、统领百姓的人继承皇位。”[196]

无法接受的任务

皇帝在弥留之际依然坚持自己的决心，他对霍光说道：“你难道没有看到我让人绘制的图画吗？我希望弗陵继承帝位，而你则是他的老师，我希望你能像当年周公[197] 辅佐成王那样帮助教导他。愿上天庇佑你们！”霍光听完此言回答道：“这个艰难又细致的任务请你另找比我更有能力的人来完成吧！其实人选不难找到，金日磾便是，没有人比他更能担此重任。”金日磾当时也在场，听闻大惊，连忙说道：“我绝不能接受这项任务，难道你忘记了我不是中国人，而是来自匈奴的外族吗？就凭这一点，我便绝不认为自己胜过以智慧著称的中国人。”皇帝十分欣赏他们的谦逊，随后他立时年八岁的弗陵为太子。为了将太子交给有能力之人辅佐，他任命霍光为丞相，担任太子的老师，金日磾则被任命为军队统领。次日，皇帝宾天。孝武是个伟大的皇帝，若不是年老昏庸追求长生不老，他也许会成为最伟大的皇帝之一。他渴望永生，曾命人在中国版图内外建造了宏伟的庙宇供奉传说中长生的仙人。

其中最华丽的是位于柬埔寨的用六千根石柱建起的庙宇，要是我没记错的话，那座庙宇正是汉武帝命人所建。中国史书记载，汉武帝要求在南部地区建造那座华美的庙宇，为了实现这一工程，每个官员都送去了用同一种大理石做成的大小相同的柱子，上面用黄色绸布装饰，以表示对皇帝的敬意。[……] 在汉武帝登基以前，中国人只信奉儒教。儒教的历史可以追溯到孔子生活的古代，其教规也由孔子订立。儒教的信奉者不崇拜偶像，关于这点我在前文中已有提及。之后，中国人慢慢走上了歧途，先是开始祭祀那些被称为英雄的人，后又崇拜保护河流山川和其他自然界的精灵；再后来他们建起了庙宇，供奉完成了崇高伟业的人，以他们为榜样，但不将他们当成神来崇拜，这一做法延续至今；随后他们相信在古老的塑像中也有神灵，因此也供奉塑像。

宏伟的庙宇

这个民族从形成初始就开始建造名为祠堂（SUTANG）的庙宇，供奉父母和近亲。祠堂里不放置雕像或画像，而是通过对先人的致敬让子孙学会尊敬在世的父母。祠堂里不举行宗教仪式，只举行世俗仪式。孔子本人也曾多次提到，这些仪式是“良政善治”的基础，其中保留的等级观念形成了后来君主、臣子与百姓间的等级制度，祠堂里的礼仪演变成了治国的法律，对先人的尊敬演变成了我们对父母、上级和君主的尊敬。许多事例可以证明中国人不是愚蠢地将死去的父母、儿子、兄弟或其他亲人当作神明崇拜，他们会把逝者的名字写在许许多多的木板上，家族里有多少先人就有多少块木板，然后将木板放置在一个厅堂中（这是他们的叫法）。这些仪式教会人们铭记先人，并不将死者当成神来崇拜，因为祠堂早在儒家学派憎恶的偶像崇拜流行之前便已经存在了。[198]

对死去双亲的非神崇拜

尾 注

1 汉惠帝（前 210—前 188），公元前 195 年登基，执政直至去世。卫匡国对他的描述与他的历史评价相符：生性温厚，但因受到母亲操控而十分无能。（陆商隐注）

2 这里的描述与《资治通鉴》卷十二里的记述稍有不同。（中文版注）

3 此事在《资治通鉴纲目》卷三《孝惠皇帝元年》，第 191 页和《资治通鉴》卷十二《孝惠皇帝元年》，第 409 页都有记载。《资治通鉴纲目》中记为“酖”，即混有毒鸟羽翼的酒；《资治通鉴》则记为“鸩”，即卫匡国笔下的那种有毒的神秘鸟类。（陆商隐注）

4 见《资治通鉴纲目》卷三《孝惠皇帝元年》，第 191 页和《资治通鉴》卷十二《孝惠皇帝元年》，第 409 页。（陆商隐注）

5 亦称齐悼惠王。见《资治通鉴纲目》卷三《孝惠皇帝二年》，第 192 页。（陆商隐注）

6 见《资治通鉴纲目》卷三《孝惠皇帝二年》，第 192 页。（陆商隐注）

7 此事件在《资治通鉴纲目》卷三《孝惠皇帝三年》，第 193 页中只是一笔带过（记载为：与匈奴和亲），而卫匡国所述则在《资治通鉴》卷十二《孝惠皇帝三年》，第 413 页中有记载。（陆商隐注）

8 樊哙（？—前 204），刘邦的保镖和连襟，娶了吕后的妹妹吕媭。（陆商隐注）

9 事实上曹参并非在五年后死去，而是死于孝惠皇帝五年。见《资治通鉴纲目》卷三《孝惠皇帝五年》，第 195 页。（陆商隐注）

10 见《资治通鉴纲目》卷三《孝惠皇帝六年》，第 195 页。（陆商隐注）

11 见《资治通鉴纲目》卷三《孝惠皇帝七年》，第 195 页。（陆商隐注）

12 此事在《资治通鉴纲目》卷三《孝惠皇帝七年》，第 195 页和《史记》卷九《吕太后本纪》，第 396 页中均有记载。（陆商隐注）

13 此事记载于《资治通鉴纲目》卷三《孝惠皇帝七年》，第 196 页；《资治通鉴》卷十二《孝惠皇帝七年》，第 418 页；《史记》卷九《吕太后本纪》，第 402-403 页。但上述文献中均未见太后指定的皇位继承人的名字。“幼”可能指的是太子年岁尚小，而且只有在《资治通鉴》的注释中出现了“幼”字。年轻的皇帝名为刘恭（？—前 184），称汉前少帝。在卫匡国参考的文献中被记为“刘氏”或“少帝”。（陆商隐注）

14 见《资治通鉴纲目》卷三《高皇后元年》，第 196 页；《史记》卷九《吕后本纪》，第 400 页。（陆商隐注）

15 卫匡国在此处使用“吕氏”指吕氏族人。（陆商隐注）

16 此处的描述与史料记载不符，吕后任命陈平接替王陵，而非周勃，而且善阿谀的也不是陈平，而是审食其。见《资治通鉴》汉纪五。（中文版注）

17 见《资治通鉴纲目》卷三《高皇后四年》，第 198 页；《史记》卷九《吕后本纪》，第 403 页。（陆商隐注）

18 见《资治通鉴纲目》卷三《高皇后七年》，第 200 页。（陆商隐注）

19 灌婴（？—前 176），卑微小贩出身，之后参加了刘邦的军队。他是一名英勇的将领，之后被拜为丞相。（陆商隐注）

20 见《资治通鉴纲目》卷三《高皇后八年》，第 201 页。（陆商隐注）

21 见《资治通鉴纲目》卷三《高皇后八年》，第 202 页。（陆商隐注）

22 见《资治通鉴纲目》卷三《太宗孝文皇帝元年》，第 204 页。灌婴在史书中记载的官职为太尉，是掌管军事的最高官员。（陆商隐注）

23 册封皇后一事发生在汉文帝元年，见《资治通鉴纲目》卷三《太宗孝文皇帝元年》，第 205 页。窦皇后（？一前 135）笃信道家思想，十分迷信，她对汉文帝和儿子汉景帝的执政影响极深。

24 见《资治通鉴纲目》卷三《太宗孝文皇帝二年》，第 209 页。（陆商隐注）

25 见《资治通鉴纲目》卷三《太宗孝文皇帝元年》，第 205 页。（陆商隐注）

26 “八十已上，月赐米、肉、酒；九十已上，加赐帛、絮。”见《资治通鉴 · 汉记五》。（中文版注）

27 见《资治通鉴纲目》卷三《太宗孝文皇帝元年》，第 205 页。（陆商隐注）

28 见《资治通鉴纲目》卷三《太宗孝文皇帝元年》，第 205 页。（陆商隐注）

29 除非是抄写员手误，否则卫匡国此处的计算有误。据《资治通鉴纲目》卷三《太宗孝文皇帝二年》第 208 年记载，日食发生于文帝元年十一月，也就是公元前 178 年。（陆商隐注）

30 见《资治通鉴纲目》卷三《太宗孝文皇帝三年》，第 211 页。（陆商隐注）

31 “初，赵王敖献美人于高祖，得幸，有娠。及贯高事发，美人亦坐系河内。美人母弟赵兼因辟阳侯审食其言吕后，吕后妒，弗肯白。美人已生子，恚，即自杀。吏奉其子诣上，上悔，名之曰长，令吕后母之，而葬其母真定。后封长为淮南王。”见《资治通鉴》汉纪六。（中文版注）

32 此处卫匡国有误。刘长应是刘邦的小儿子，而不是长子。（中文版注）

33 见《资治通鉴纲目》卷三《太宗孝文皇帝六年》，第 215 页。（陆商隐注）

34 南越归顺这一段卫匡国进行了主观美化，南越在高祖时期成为藩属国，后与大汉交战，汉文帝时遣使劝说归汉，但在南越境内仍称帝。（中文版注）

35 这是作者的想象和美化。南越武帝赵佗本系秦武将。（中文版注）

36 这也是作者想象，运用海贝为货币在东周时代就基本终结了。（中文版注）

37 见《资治通鉴纲目》卷三《太宗孝文皇帝五年》，第 214 页。根据传统记载，铜币早在公元前 2 世纪便在中国流通。中国最早的货币是物件和工具的缩小复制品：刀剑和贝类的微缩版。秦始皇统一了货币，“半两钱”开始在中国流通（1 两等于 24 铢，约 16 克）。文帝认为这种货币过于沉重，不便携带，便用“三铢（1.95 克）”和“五铢”替代。这两种货币的形状如卫匡国所表述。关于货币史可参考：彭信威，《中国货币史》，卡普兰（Edward H.Kaplan）英译本，上下册，贝灵汉：西华盛顿大学出版社（Western Washington Uniersity Press），1994。（陆商隐注）

38 见《资治通鉴纲目》卷三《太宗孝文皇帝十二年》，第 225 页。（陆商隐注）

39 夏朝用孟春（即正月）为正月，而商朝以腊月为正月。秦朝统一六国后规定十月为正月，汉朝初期沿用秦历，汉武帝太初元年，即公元前 104 年，天文学家落下闳、邓平等人制订了《太初历》，以孟春为岁首。这一中国传统农历一直沿用到清朝末年。在中国古代，正月第一天称为“元旦”。（中文版注）

40 中国春节的传统游行有舞龙和舞狮。此处卫匡国描述的应是古代春节——“立春”节气的打春习俗。（陆商隐注）

41 见《资治通鉴纲目》卷三《太宗孝文皇帝十四年》，第 227 页。平江城位于湖南省，见《中国新地图集》意大利文版，第七省，第 78 页左栏。（陆商隐注）

42 这里的“相”，应是丞相灌婴。下同。（中文版注）

43 见《资治通鉴纲目》卷三《太宗孝文皇帝后六年》，第 231-232 页。（陆商隐注）

44 见《资治通鉴纲目》卷三《太宗孝文皇帝后七年》，第 232 页。（陆商隐注）

45 见《资治通鉴纲目》卷三《太宗孝文皇帝十六年》，第 229 页。杯身上的字为“人主延寿”，卫匡国翻译为“人主永生”。（陆商隐注）

46 老子（约公元前 500 年），字面含义为“年老的老师”。汉语中“老”字带有敬重之意，就像我们所说的“saggio（智慧的）”一样。根据《史记》卷六十三《老子韩非列传》，第 2139 页记载，老子名李耳。他被认为是《道德经》的作者，道家学派的创始人。道家思想以长寿为出发点，为了实现这个目标，他们制作了各种仙药，有一种以朱砂为基底。其他有助于延年益寿的方法有：控制呼吸，不食五谷，禁欲惜精。关于老子和他的思想详见：艾帝（A. Attilio），《老子，道德经的起源》（*Laozi. Genesi del Daodejing*），都灵：Einaudi 出版社，2004；戴闻达（J. J. L., Duvendak）《道德经：道及其德之书》（Tao Te Ching: The Book of the Way and Its Virtue），伦敦：Jogn Murray 出版社，1954。（陆商隐注）

47 许多道教信徒受无为之说的影响，为了不影响自然原本的发展规律，他们选择逃避尘世，在山上过着隐居的生活，获得精神的平静和身体的健康。（陆商隐注）

48 卫匡国在《中国历史》拉丁文版中想方设法将圣经纪年与通用纪年进行吻合，将全人类都看作诺亚的后代，这在卷一第 27 页关于洪水的叙述中已有体现。卫匡国认为诺亚的后人在大洪水后到达了中国，基于这一点，他试图将道教的不死升天之说与以诺和以利亚的故事相结合。（陆商隐注）

49 卫匡国笔下的到子究竟是何人并不清楚，有可能是为齐国效力的赵国哲人慎到（前约 395—315）。（陆商隐注）

50 按照传统的说法，造纸术由汉和帝宫廷的太监蔡伦（约 50—121）在公元 105 年发明。卫匡国记载的造纸术整整早了 250 年，但这不是记载错误，那时候已经有了比较粗糙的造纸方法，详见李约瑟（J. Needham），《中国科学技术史》（*Science and Civilization in China*）第五卷，第一部分，剑桥：剑桥大学出版社，1985，第 38-40 页。（陆商隐注）

51 卫匡国这段叙述不知何据，千刀万剐的凌迟很晚才出现。（中文版注）

52 “笞五百曰三百，笞三百曰二百”。当为减去三分之一，而不是行刑三分之一。（中文版注）

53 见《资治通鉴纲目》卷四《孝景皇帝元年》，第 235 页。此处提到的刑罚在史书中记载为“肉刑”。（陆商隐注）

54 “五月，复收民田半租，三十而税一。〖胡三省注〗文帝十二年，赐民田租之半；次年，尽除田之租税；今复收半租。”（中文版注）

55 见《资治通鉴纲目》卷四《孝景皇帝三年》，第 238 页；《史记》卷一百零六《吴王濞列传》，第 2823 页。在这两部史书中，此事均发生在孝文皇帝在位期间。（陆商隐注）

56 卫匡国的这段叙述不知何据。据记载，应该是在文帝时，太子刘启（景帝）用棋盘杀死了吴王刘濞的儿子刘贤。《史记 · 吴王濞列传》：“孝文时，吴太子入见，得侍皇太子饮博。吴太子

师傅皆楚人，轻悍，又素骄，博，争道，不恭，皇太子引博局提吴太子，杀之。”（中文版注）

57 卫匡国可能混淆了汉字“戊”和“伐”。（陆商隐注）

58 见《资治通鉴纲目》卷四《孝景皇帝三年》，第 238 页。（陆商隐注）

59 见《资治通鉴纲目》卷四《孝景皇帝三年》，第 239 页。（陆商隐注）

60 “及七国反书闻，上乃拜中尉周亚夫为太尉，将三十六将军往击吴、楚，遣曲周侯郦寄击赵，将军栾布击齐。”见《资治通鉴》汉纪八。（中文版注）

61 见《资治通鉴纲目》卷四《孝景皇帝三年》，第 240 页。（陆商隐注）

62 刘荣是汉景帝刘启的长子，杀死吴王儿子刘贤的是汉景帝本人，故事发生在汉文帝时期，当时刘启尚未被立为皇太子。卫匡国似乎混淆了人物和时间。（中文版注）

63 见《资治通鉴纲目》卷四《孝景皇帝七年》，第 243 页。（陆商隐注）

64 “废太子荣为临江王。太子太傅窦婴力争不能得。”见《资治通鉴》汉纪八、《资治通鉴纲目》卷四上。（中文版注）

65 见《资治通鉴纲目》卷四《孝景皇帝中六年》，第 249 页。（陆商隐注）

66 李广（？ —前 119）是一名英勇的将领，受命驱赶入侵中国北部边境的势力。匈奴人十分惧怕他，只要李广出现，他们便会惊慌失措。李广在公元前 119 年的漠北之战中未能及时到达战场，最后因不愿被笔诛口伐羞辱而自尽。（陆商隐注）

67 见《资治通鉴纲目》卷四《孝景皇帝中二年》，第 245 页。（陆商隐注）

68 见《资治通鉴纲目》卷四《孝景皇帝中二年》，第 245 页。史书中记载为“十余人”。（陆商隐注）

69 卫匡国在此处似乎自由发挥得比较多，事实上，二人藏匿在梁王自己的王宫内，谏者为梁相及内史，而非皇宫守卫。（中文版注）

70 见《资治通鉴纲目》卷四《孝景皇帝中二年》，第 246 页。（陆商隐注）

71 见《资治通鉴纲目》卷四《孝景皇帝中六年》，第 248 页。（陆商隐注）

72 见《资治通鉴纲目》卷四《孝景皇帝七年》，第 243-244 页。（陆商隐注）

73 《资治通鉴纲目》卷四上如此记载：“初，燕王臧荼孙女臧儿，嫁王仲生男信与两女；仲死，更嫁田氏生蚡。文帝时，臧儿长女为金王孙妇，生女俗。卜筮之，曰：‘两女皆当贵。’臧儿乃夺金氏妇；内之太子宫，生男彻。及帝即位，长公主嫖欲以女嫁太子荣，其母栗姬以后宫诸美人皆因公主见帝，怒不许；公主欲予彻，王夫人许之。由是公主日谗栗姬而誉彻之美；帝亦自贤之，王夫人知帝嗛栗姬，因怒未解，阴使人趣大行请立栗姬为皇后。帝怒曰：‘是而所宜言邪！’遂按诛大行而废。太子太傅窦婴力争不能得，乃谢病免，栗姬恚恨而死。”卫匡国在此处理解错误，是臧儿给自己的两个女儿算了一次卦，然后将女儿王娡送入太子刘启宫中，生下后来的汉武帝刘彻。（中文版注）

74 这里与嫖同母所出的应该是当时的汉景帝刘启。刘嫖是刘彻的姑妈，嫁给刘彻的是刘嫖的女儿。（中文版注）

75 卫匡国此处搞混了众人的身份和故事的脉络。首先，栗姬没有景帝皇后的头衔，刘嫖是文帝的窦皇后所出，是景帝的姐姐，王美人（王娡，臧儿与王仲的女儿）是景帝的妾室，是汉武帝刘彻的母亲。其次，真实的故事是长公主刘嫖想将女儿许配给栗姬的儿子，当时的皇太子刘荣，遭到了栗姬的拒绝；然后，刘嫖将其女许配被王美人的儿子刘彻，得到了王美人的同意。（中

文版注）

76 见《资治通鉴纲目》卷四《孝景皇帝后元年》，第 250 页。（陆商隐注）

77 见《资治通鉴纲目》卷四《孝景皇帝后三年》，第 251 页。（陆商隐注）

78 指古印度的一部分，与今孟加拉国的含义不同。

79 应该是对他母亲王娡的预卜。（中文版注）

80 武帝为谥号。（中文版注）

81 帕拉斯是希腊神话中智慧与战争女神雅典娜的别称。雅典娜曾在一次模拟战斗中误杀了名为帕拉斯的少女，为了表示哀悼，雅典娜便使用帕拉斯这个名字。（陆商隐注）

82 见《资治通鉴纲目》卷四《世宗孝武皇帝建元元年》，第 253 页。（陆商隐注）

83 卫匡国混淆了汉字“川”和“州”。（陆商隐注）

84 董仲舒的长篇论述记载于《汉书》卷二十五《董仲舒传第二十六》，第 1899-1922 页；《资治通鉴纲目》卷四《世宗孝武皇帝建元元年》中所记载的与《汉书》略有不同，见第 253-258 页。卫匡国似乎对两个版本都进行了参考。董仲舒（前 179—前 104），在他的推动下，儒学成了汉朝的官方思想流派。

85 “道者，所繇适于治之路也，仁义礼乐皆其具也。故圣王已没，而子孙长久安宁数百岁，此皆礼乐教化之功也。”见董仲舒《天人三策》。（中文版注）

86 “君子之德风，小人之德草，草上之风必偃。”语出《论语 · 颜渊》。（中文版注）

87 此处董仲舒引用了孔子的话。“夫万民之从利也，如水之走下，不以教化堤防之，不能止也。”（陆商隐注）

88 这句谚语没有出现在《资治通鉴纲目》中，而是记载于《汉书》卷五十六《董仲舒传》第二十六，第 1906 页。（陆商隐注）

89 原文为：“夫不素养士而欲求贤，譬犹不琢玉而求文采也。”《资治通鉴纲目》卷四上。（中文版注）

90 这里骄横跋扈想要谋反的不是建都于扬州的江都易王刘非，而是在刘非死后继承了其王位的他的儿子刘建。《史记》卷五十九《五宗世家》第二十九有记载，而《汉书》卷五十三《景十三王传》第二十三有更详细记载。（中文版注）

91 见《资治通鉴纲目》卷四《世宗孝武皇帝建元元年》，第 257 页。（陆商隐注）

92 《汉书》卷五十六《董仲舒传》：“对既毕，天子以仲舒为江都相，事易王。”（中文版注）

93 见《史记》卷一百二十一《儒林列传》，第 3127-3129 页。（陆商隐注）

94 见《资治通鉴纲目》卷四《世宗孝武皇帝建元三年》，第 261 页；《史记》卷一百一十七《司马相如列传》，第 3053 页。（陆商隐注）

95 这个故事见《资治通鉴我》卷十七汉纪九《世宗孝武皇帝上之上建元三年》，但稍有出入。（中文版注）

96 司马相如（前 179—前 117）是一名皇家守卫，著名的散文家和诗人，留有许多赋。皇帝因《子虚赋》将他传召至宫中。其他著名作品有《上林赋》《长门赋》《美人赋》《大人赋》。见白佐良（G.Bertuccioli），《中国文学》（*La letteratura cinese*），佛罗伦萨：拉西诺 · 德奥洛出版社（L'Asino d'Oro），1968，第 130-132 页。关于司马相如另可参考吴德明（Y.Hervouet）《汉代宫廷诗人司马相如》（*Un poete de cour sous les Han: Sseu-ma Siang-jou*），巴黎：

法国大学出版社（Presses Universitaires de France），1964。（陆商隐注）

97 “置五经博士。”（中文版注）

98 见《资治通鉴纲目》卷四《世宗孝武皇帝建元五年》，第 262 页。（陆商隐注）

99 见本书卷一，注释 17。（陆商隐注）

100 见本书卷一，注释 33 及注释 92。（陆商隐注）

101 见本书卷四，注释 45。（陆商隐注）

102 卫匡国将《礼经》误称为 *Il Classico dei Riti*，见本书卷四，注释 52 及注释 137。（陆商隐注）

103 见本书卷四，注释 79。（陆商隐注）

104 通过研习经典著作实现阶层跃升的体制开始露出雏形。从公元 605 年的隋朝直至清朝灭亡，科举制度的基础便是学习并熟记经典著作以通过各级考试。见前文已提及的：马西尼（F. Masini），“官员 Mandarini”词条，第 467–472 页。（陆商隐注）

105 在纸张于公元 1 世纪左右被发明后，中国人最先发明一种印刷技术。他们将汉字刻在一个个木块上作为母版，然后将涂上墨水的木块压在纸上。最早使用这种印刷术制作的印刷品是一部制作于 684—705 年的佛经，1906 年发现于新疆吐鲁番。最早用活字印刷术制作的全本书籍是公元 868 年左右印刷的《金刚经》。（陆商隐注）

106 下文记载的事件发生于武帝八年。见《资治通鉴纲目》卷四《世宗孝武皇帝元光二年》，第 267 页。（陆商隐注）

107 卫匡国笔下的 PUXEUS 究竟是何人尚不清楚。根据《资治通鉴纲目》卷四《世宗孝武皇帝元光二年》第 268 页记载，武帝派去领兵的是韩安国、李广和王恢；而根据《资治通鉴》卷十八《世宗孝武皇帝元光二年》，第 582 页和《史记》卷一百零八《韩长孺列传》，第 2862 页的记载，与匈奴作战的大将共有五名：李广、韩安国、公孙贺、王恢和李息。PEXEUS 可能是公孙贺的职位“太仆（taipu）”。（陆商隐注）陈不识，汉武帝时名将，与李广齐名。见《资者通鉴》卷十七汉纪九《世宗孝武皇帝上之上建元三年》。（中文版注）

108 《资治通鉴纲目》卷四《世宗孝武皇帝元光六年》，第 273 页对此事有记载，《资治通鉴》卷十八汉纪十《世宗孝武皇帝上之下元光六年》，第 596–597 页则记载着抓获的俘虏数量。（陆商隐注）

109 卫青（？—前 106）是在对抗匈奴的战事中多次得胜的将军，他能力出众，深受武帝欣赏。据说他精于骑射，善于指挥军队。前 119 年，卫青回到都城担位皇帝的军师。（陆商隐注）

110 见《资治通鉴纲目》卷四《世宗孝武皇帝元朔元年》，第 273 页。李广被匈奴称为“汉之飞将军”。

111 见《资治通鉴纲目》卷四《世宗孝武皇帝元朔二年》，第 275 页。（陆商隐注）

112 见《资治通鉴纲目》卷四《世宗孝武皇帝元朔二年》，第 278 页。文中齐王为齐厉王，公元前 130—前 125 年在位，在位仅五年。（陆商隐注）

113 神仙也称仙人，在《道德经》等道教著作中出现，是拥有超自然法力和不死之身的神话人物。他们一半是人，一半是精灵，生活在幻境中，只会在山顶、荒岛、洞穴等天地分界不明显的地方出现。关于众多中国皇帝对永生的执念另见鲁惟一（M.Loewe），《通往仙境之路：中国人对长生的追求》（*Ways to Paradise: the Chinese Quest for Immortality*），伦敦：乔治·艾伦与昂温出版有限公司（George Allen and Unwin Ltd.），1979。（陆商隐注）

114 “万万岁”其实是对皇帝长寿的一种祝愿。（陆商隐注）

115 关于此事和之后事件的记载见《资治通鉴纲目》卷四《世宗孝武皇帝元光五年》，第 271 页；《史记》卷十二《孝武本纪》，第 459-460 页。（陆商隐注）

116 “春，起柏梁台。作承露盘，高二十丈，大七围，以铜为之；上有仙人掌，以承露，和玉屑饮之，云可以长生。”见《资治通鉴》卷二十。（中文版注）

117 见《资治通鉴纲目》卷四《世宗孝武皇帝元朔三年》，第 279 页。（陆商隐注）

118 汉武帝为了寻找盟友对抗蛮族，派张骞（？一前 114）前往西域。张骞最先到达的是塔里木盆地东北部可能是月氏所在的地方和位于今日乌兹别克斯坦和塔吉克斯坦地区的大宛，然后他向南前进，到达古代大夏、今日阿富汗所在地区。在大夏的集市上，张骞找到了一些手工制品，其中就有丝绸，并认出它们出自中国南部，因此他推断存在着一条链接中国西南和印度的商贸之路。张骞于公元前 126 年归国，并向皇帝报告了自己的所见所闻，特别强调了在那些地区都没有丝织技术和漆术，这将是中国贸易的绝佳机会。张骞两次被派往中亚从事政治经贸活动。见何四维（A.F.P.Hulsewé）《中国在中亚：初期，前 125—23 年》（*China in Central Asia: the Early Stage, 125 B.C.– A.D.23*），莱顿：博睿出版社，1979。（陆商隐注）

119 卫匡国此处所指的是哪位中国作家尚不清楚。（陆商隐注）

120 今越南。（中文版注）

121 此事在《资治通鉴纲目》卷四《世宗孝武皇帝元朔三年》，第 278 页有提及。（陆商隐注）

122 见《中国新地图集》意大利文版，第十五省，第 171 页左栏。“倭子”是明朝时人们对日本人的称呼，意为矮子。（陆商隐注）

123 见《中国新地图集》意大利文版，序言，第 2 页左栏；第十五省，第 166 页左栏；第十五省，第 168 页左栏。女直是东满洲里的通古斯部落，但这一名称似乎没有贬义，要不就其中的“女”字被认为含有蔑视的语气。（陆商隐注）

124 今白令海峡附近。这一名为亚尼俺（Ania）的海峡首次被记载于马可·波罗的《马可·波罗游记》1559 年的一个版本中，而卫匡国参考的书籍应当是艾儒略（Giulio Aleni）的《职方外纪》。见《职方外纪校释》，谢方校释，北京：中华书局，1996，卷一，第 32 页；艾儒略，《职方外纪》（*Geografia dei paesi stranieri alla Cina*），德保罗（Paolo de Troia）译注，布雷西亚：布雷西亚文明基金会，2009 年。. 另请参考白佐良在《中国新地图集》里的注释，第一省，第 325 页，注释 128.（陆商隐注）

125 卫匡国在《中国新地图集》第十一省，第 121 页右栏中对此有说明。（陆商隐注）

126 见《资治通鉴纲目》卷四《世宗孝武皇帝元朔三年》，第 278 页。对于这一历史时期的批判思考另见鲁惟一，《中国汉朝的危机与矛盾》（*Crisis and Conflict in Han China*），伦敦：乔治·艾伦与昂温出版有限公司（George Allen and Unwin Ltd.），1974。（陆商隐注）

127 汉武帝在位期间曾多次更改年号，可能给卫匡国造成了一些困扰，这些事件事实上发生于武帝在位十五年。（陆商隐注）

128 明朝时期的西蒙古，见《中国新地图集》意大利文版，序言，第 22 页左栏。（陆商隐注）

129 见《资治通鉴纲目》卷四《世宗孝武皇帝元光六年》，第 273 页。卫匡国似乎在时间线上倒退以继续讲述对抗匈奴的战争。（陆商隐注）

130 该动物为麒麟，见本书卷四，注释 169。（陆商隐注）

131 见《资治通鉴纲目》卷四《世宗孝武皇帝元狩元年》，第 283 页。公元前 122 年对应的是武帝登基第十八年。（陆商隐注）

132 公元前 163 年，汉文帝将原淮南国一分为三，封给了原淮南王刘长的三个儿子，长子刘安保留淮南王称号，次子刘勃被封为衡山王，幼子刘赐为庐江王。见《资治通鉴纲目》卷四《世宗孝武皇帝元朔五年》，第 281-282 页。（陆商隐注）

133 见《资治通鉴纲目》卷四《世宗孝武皇帝元狩二年》，第 284-285 页。（陆商隐注）

134 位于陕西省境内，见《中国新地图集》第三省，第 52 页右栏。（陆商隐注）

135 见《中国新地图集》第三省，第 52 页左栏。卫匡国将青海湖称为"黑海"。汉语中"青"可以指绿色或黑色，见《汉语大字典》卷六，第 4046 页。（陆商隐注）

136 见《资治通鉴纲目》卷四《世宗孝武皇帝元狩二年》，第 285 页。（陆商隐注）

137 霍去病（前 140—前 117）是卫青的外甥，年轻时便善武，在对抗匈奴的战役中屡屡获胜，因此得到了皇帝的赏识。霍去病年仅二十四岁时病逝，很可能是感染了匈奴人暗中散播的疾病。（陆商隐注）

138 之后的事件记载于《资治通鉴纲目》卷四《世宗孝武皇帝元狩二年》，第 288-289 页，但关于窴颜山的记载只见于《资治通鉴》卷十九《世宗孝武皇帝元狩四年》，第 642 页。（陆商隐注）

139 见《中国新地图集》意大利文版，序言，第 21 页右栏。（陆商隐注）

140 现位于甘肃省境内，见《中国新地图集》意大利文版，序言，第 23 页左栏。（陆商隐注）

141 卫匡国笔下的 IMAI 山脉（野马山脉）和 AMASEI 山脉都是昆仑山脉，或者更确切地说是帕米尔高原。见《中国新地图集》意大利文版，序言，第 302 页，注释 33。（陆商隐注）

142 撒马尔罕（Samarcanda），见《中国新地图集》拉丁文版序言，第 2 页左栏及第三省，第 21 页右栏。（陆商隐注）

143 喀什噶尔（Kashgar），见《中国新地图集》意大利文版，序言，第 1 页右栏及第三省，第 43 页左栏。（陆商隐注）明朝时期境内有号称"喀什噶尔王国"的阿巴拜克热政权。（中文版注）

144 见《中国新地图集》意大利文版，第三省，第 49 页右栏。（陆商隐注）

145 与卫匡国《中国新地图集》意大利文版，第七省，第 82 页记载的永州城契合。（陆商隐注）

146 见《中国新地图集》意大利文版，第七省，第 69 页左栏。（陆商隐注）

147 此处卫匡国参考的似乎是《资治通鉴》卷十九《世宗孝武皇帝元狩四年》，第 643 页。（陆商隐注）

148 位于现内蒙古境内，见《中国新地图集》意大利文版，序言，第 22 页右栏。（陆商隐注）

149 见《中国新地图集》意大利文版，序言，第 2 页左栏；第十五省，第 166 页；第十五省，第 168 页左栏。女儿干是位于黑龙江下游沿岸的国家。（陆商隐注）

150 见《资治通鉴》卷十九《世宗孝武皇帝元狩四年》，第 643 页。（陆商隐注）

151 卫匡国在《中国新地图集》意大利文版，第三省，第 52 页左栏中将该地区称为哈剌契丹（Karakitai），即西辽政权所在地。（陆商隐注）

152 Catai 这一名称很可能来源于契丹——古代生活在中国北部的民族。之后，Catai 被西方人用来代指整个中国，并仍然被保留在今天的俄语、希腊语和波斯语中。见伯希和（P. Pelliot）《马可·波罗注》（*Notes on Marco Polo*）卷一，Catai 词条，巴黎：1959 年，第 216-229 页；白佐良、

马西尼《意大利与中国》（Italia e Cina），第 37 页。（陆商隐注）

153 见《中国新地图集》序言，第 1 页右栏；第一省，第 28 页左栏；第三省，第 52 页左栏；第九省，第 95 页右栏；第十省，第 110 页右栏；第十四省，第 149 页右栏；第十五省，第 165 页左栏；第十五省，第 171 页右栏。（陆商隐注）

154 见《资治通鉴纲目》卷四《世宗孝武皇帝元狩四年》，第 290–291 页。（陆商隐注）

155 如后注所述，马西尼和陆商隐按照《资治通鉴纲目》和《资治通鉴》卷十九、《史记 · 孝武本纪》的记载，将 CHANGOA 记为王夫人。不过从卫匡国对该人物姓名的拼法上，以及后文又提到居住在月亮上的女子，很可能 CHANGOA 是嫦娥的发音，但文献中只有关于少翁请天神下凡的寥寥几笔，并未指出是嫦娥，卫匡国此处可能进行了一些发挥。（中文版注）

156 汉武帝有很多妻室，根据多本史书记载，最受宠幸的应当是李夫人，但在《资治通鉴纲目》和《资治通鉴》卷十九《世宗孝武皇帝元狩四年》，第 647 页和《史记》卷十二《孝武本纪》，第 458 页中，巫师招魂的对象是王夫人。《汉书》卷二十五上《郊祀志第五上》，第 1014 页上所记载的被招魂之人是李夫人。卫匡国笔下的 CHANGOA 很可能是另一名妻子陈皇后，但在史书中并无相关记载。（陆商隐注）

157 在维吉尔的《埃涅阿斯纪》中，西农在欺骗特洛伊人将尤利西斯设计的木马迎入城内一事上发挥了关键作用，正是这个计策使得希腊人成功夺取了特洛伊。（陆商隐注）

158 提亚纳的阿波罗尼乌斯（Apollonio di Tiana）（15？—100？）是新毕达哥拉斯学派的哲学家。（陆商隐注）

159 卫匡国引用了《禧年书》，或称《小创世纪》中的一个圣经故事，该书是犹太教 – 基督宗教的一部经外书，只有亚历山大科普特正教会承认它的正统性。（陆商隐注）

160 神秘的祭司王约翰之国得名于 1165 年拜占庭皇帝曼努埃尔一世 · 科穆宁收到的一封神秘信件，随后这封信件被转交给教皇。信件的落款是“承蒙万能的上帝之关照的约翰长老，万王之王，众君之君”。信中所描述的王国富饶强盛，生活在此的不仅有人类，还有精灵、矮人、巨人、独眼巨人、牛头人等等。在卫匡国生活的年代，人们认为祭司王约翰之国便是西藏，而祭司王约翰本人很可能是达赖喇嘛。（陆商隐注）

161 乌孙国，并非两个国家，也不知为何卫匡国认为乌孙国所在地区是位于四川省西部边境地区。“乌孙王既不肯东还，汉乃于浑邪王故地置酒泉郡，稍发徙民以充实之；后又分置武威郡，以绝匈奴与羌通之道。”《资治通鉴》卷第二十《汉纪十二》（中文版编注）

162 见《资治通鉴纲目》卷四《世宗孝武皇帝元鼎二年》，第 293–294 页。（陆商隐注）

163 见《中国新地图集》意大利文版，第六省，第 72 页左栏。（陆商隐注）

164 今缅甸。见《中国新地图集》意大利文版，序言，第 2 页右栏；第十五省第 155 页左栏。（陆商隐注）

165 见《资治通鉴纲目》卷四《世宗孝武皇帝元鼎二年》，第 299 页。（陆商隐注）

166 见《中国新地图集》意大利文版，第七省，第 81 页右栏。（陆商隐注）

167 见《资治通鉴纲目》卷四《世宗孝武皇帝元狩二年》，第 285 页。金日磾（前 134—前 86）尽管出身外族，但后来成了汉朝的一名杰出官员。他的后裔移居至朝鲜半岛三国之一的新罗，在那里建立了金氏王朝，统治该国约一千年。（陆商隐注）

168 元朝自 1279 年南宋灭亡起统一中国，一直持续到 1368 年。但卫匡国此处所述似乎是个谬误，没有证据表明金日磾的后裔与公元 8 世纪在中国建立政权的蒙古族之间有任何联系，这些后人迁居至朝鲜半岛，详见上条注释。（陆商隐注）

169 见《资治通鉴纲目》卷五《世宗孝武皇帝太初元年》，第 311 页。（陆商隐注）

170 见《资治通鉴纲目》卷五《世宗孝武皇帝天汉元年》，第 315 页。（陆商隐注）

171 公元 9 世纪末至 10 世纪，欧洲人想要建立起一条通过北冰洋连接大西洋和太平洋的商贸航线，但没有成功。英国人将这条航线称作“西北航道”，西班牙人则给它起名为“亚尼俺海峡”。这条西北航道，也就是今天的白令海峡，于 1906 年首次由挪威人罗尔德 · 阿蒙森（Roald Amundsen）实现跨越。见 J.A. 奥利弗（J.A.Oliver），《白令海峡通道》（*The Bering Strait Crossing*），伦敦：Information Architects 出版社，2006，第 161 页。

172 卫匡国在这里提到的是位于西伯利亚的萨摩耶德人居住区，萨摩耶德人是使用萨摩耶德语的一些民族的总称。在公元 20 世纪，萨摩耶德人这一名称被停用，取而代之的是各个民族本身的名字：涅涅茨人、埃涅茨人、塞尔库普人、卡马辛人、马托尔人、科伊巴尔人。参考 M. 尼德尔耶科维（M.Nedeljkovi），《民族列表》（*Leksikon naroda sveta*），贝尔格莱德：南联盟官方公报（Službeni list SRJ），2001。（陆商隐注）

173 见《资治通鉴纲目》卷五《世宗孝武皇帝天汉二年》，第 316 页。（陆商隐注）

174 见《资治通鉴纲目》卷五《世宗孝武皇帝天汉二年》，第 316-317 页。（陆商隐注）

175 见《资治通鉴纲目》卷五《世宗孝武皇帝天汉二年》，第 316-317 页。司马迁（约前 163—前 85），宫廷星象学家，《史记》的作者，虽因捍卫李陵被处宫刑，依然忠心耿耿地留在宫中为皇帝效力。（陆商隐注）

176 卫匡国可能将原文的“二千石官”理解成了“两千人”。（中文版编注）

177 见《资治通鉴纲目》卷五《世宗孝武皇帝太始三年》，第 320 页。弗陵生于公元前 94 年，非公元前 84 年。（陆商隐注）

178 汉武帝的太子名为刘据（前 128—前 91），是卫皇后所出的嫡长子，因此被称为“卫太子”，之后又被称为“戾太子”。（陆商隐注）

179 见《资治通鉴纲目》卷五《世宗孝武皇帝征和元年》，第 321 页。这段历史时期起始于公元前 92 年，持续了大约三年，导致了数万人死亡，在中国的史书中记载为“巫蛊之乱”。（陆商隐注）

180 后续的事件记载于《资治通鉴纲目》卷五《世宗孝武皇帝征和二年》，第 321-324 页。但对卫太子的放纵享乐之描述不知作者何据。（陆商隐注）

181 “蛊”是制作致命毒药所用的毒虫，但巫蛊之乱中的蛊为铜木偶人。（陆商隐注）

182 除了卫太子刘据之外，史料中未见有另外哪位皇子因为巫蛊之乱被杀。《资自通鉴纲目》卷五上：“初，上年二十九乃生戾太子，甚爱……”（中文版编注）

183 刘病[已]（前 91—前 49），刘据之孙。于公元前 73 年登基，称宣帝。这里所说的事件记载于《资治通鉴纲目》卷五《孝昭皇帝元平元年》，第 346 页。卫匡国在后文中有详述。（陆商隐注）

184 从皇子刘本人及妻儿都被杀，只有一名孙儿幸存之描述，该皇子刘应该就是卫太子本人。卫太子被江充假借巫蛊之名陷害，愤而捕杀江充，遭到丞相刘屈氂镇压。兵败亡匿，后被迫自杀。（中文版编注）

185 事实上武帝当时已久染不治之症，而疾病来源很可能是野蛮人故意在敌人的水源或河流附近埋葬腐烂的牛马以污染水源，传播瘟疫。一直对法术深信不疑的武帝成了骗子江充（？一前 91）的完美目标，后者让他相信自己的疾病来源于巫蛊之术。（陆商隐注）

186 见《资治通鉴纲目》卷五《孝昭皇帝元平元年》，第 323 页。（陆商隐注）

187 卫太子是自缢而亡。（中文版注）

188 见《资治通鉴纲目》卷五《世宗孝武皇帝征和三年》，第 326 页。卫匡国将“归来望思之台”直译为“追悔与等待之台”。（陆商隐注）

189 卫匡国此处引用了一个圣经故事，见《撒母耳记下》15：7-12。但这个类比不甚恰当，押沙龙在杀死了同母异父的哥哥、大卫的长子暗嫩后确实发动了针对自己父亲的叛乱，自称希伯伦王，并迫使大卫逃亡。在以法莲树林一役中，押沙龙被父亲军中的一人杀死，随后被钉在了树上。（陆商隐注）

190 见《资治通鉴纲目》卷五《世宗孝武皇帝征和四年》，第 326-327 页。（陆商隐注）

191 田千秋（？一前 77），高寝郎，供奉高祖陵寝。（陆商隐注）

192 燕王刘旦是汉武帝刘彻第三子，是卫太子的兄弟。而不是皇帝的兄弟！（中文版注）

193 见《资治通鉴纲目》卷五《世宗孝武皇帝后元元年》，第 328-329 页。（陆商隐注）

194 霍光（？一前 68），是霍去病同父异母的弟弟，汉代重臣，以忠诚闻名。卫匡国在后文中也提到，在贺帝统治期间，霍光以皇帝为先帝服丧期间行为不妥而将其废黜，贺帝在位仅二十八天，这在中国历史上前无古人、后无来者。当时贺帝没有子嗣，霍光本人也没有篡夺皇位，而是让武帝的曾孙刘病已登基。（陆商隐注）

195 弗陵的母亲、皇帝的妾室，名叫赵婕妤。据说她年少时一直攥紧拳头，直到有一天她见到皇上才终于松开手，手心里有一个玉钩，因此便称“钩弋夫人”。据说她被处死是为了防止一旦年幼的皇帝登基却不能理政，太后及其家族便会借机专权。（陆商隐注）

196 见《资治通鉴纲目》卷五《世宗孝武皇帝后元二年》，第 329 页。（陆商隐注）

197 周公，见本书卷四，注释 15。（陆商隐注）

198 卫匡国再次抓住机会维护了在中国的耶稣会事业，强调了耶稣会士允许皈依基督宗教的中国人继续举行供奉祖先的仪式只具世俗性，并不是宗教仪式。（陆商隐注）

汉朝（HANA）第三编

第七位皇帝

孝昭［帝］（HIAOCHAUS）

在位 12 年

第四十四甲子第 32 年，公元前 86 年

根据中国史书记载，孝昭自幼就显示出和善的性格，聪慧机敏远超同龄人，也许历朝帝王中也无人能出其右。但就像经常发生的那样，英名可以永续，早慧却难长久，这一说法在历史上屡屡得到验证，而这位皇帝正是一个绝好的例证，他在统治十二年后抱憾去世。九岁的他在霍光的辅佐下登基。登基后，他立刻为母亲举办了隆重的葬礼，并按照规定的仪式追封母亲为太后。他命［隽］不疑（PUYUS）负责死刑的判决。［隽］不疑为人刚正不阿，严厉但不残酷，他的公正执法受到众人的交口称赞，尤其适合这一职务。[1]

仁慈的母亲

在履职中他还得到了母亲的帮助。［隽］不疑每天一回家，母亲便要询问他今日释放了多少囚犯，释放的囚犯越多，母亲就越高兴；若是当天有人被处死了，母亲就不给他饭吃。[2] 她对［隽］不疑说：“负责判决的官员应当尽可能给人一条生路，尽量不处死有罪之人，只有罪行没有其他处罚方法的时候才能判处死刑。死亡很容易，但出生不是件容易事，成长则更加艰难！”[3] 孝昭登基的第一年间，有一名皇子打扮的人自称是帝位继承人卫太子。

自诩为帝位继承者的人

他先是出没在匈奴边境地带，后来便进入了中国境内。人们害怕受到皇帝的惩罚，不敢和他打招呼，也不敢招待他，但也不总是躲着他。［隽］不疑得知此事后，便立刻命人逮捕这名男子，无论他是不是真正的卫太子。

骗子被处死

抓获此人后，[隽] 不疑立即将他腰斩，并解释了为什么处以这种刑罚。他说："离家出走的儿子会给父亲带来巨大的痛苦，就算没有其他理由，单凭这一条便可定此人的罪。皇子为何要逃亡？为什么他再也没有和父亲联系，令父亲深陷悲痛？一个已经多年没有音信、皇帝和举国上下都沉痛悼念之人突然活着回来了，这可信吗？就算皇子没死，此人也确实是皇子本人，那他也应当伏法，因为他抛弃了父亲这么多年，既没有给予照料，也没有予以关爱。因此我判他死刑。若他是个骗子，那更应当被处死。"

同年九月，军队的最高统帅金日磾去世。皇帝大悲，为了纪念他的功绩，皇帝赏赐给他的儿子赏（XANGUS）和建（KIENUS）重要的官职。[4] 同月，皇帝秘密委托一些深受信任的博学之士巡查全国，仔细考察各地的可改进之处，以及以他们之见，造成民间疾苦的原因。第二年，皇帝封自己忠诚的老师霍光为博陆侯（POLOUS）[5]。

皇帝对穷人的关切

同年三月，全国大旱。皇帝命家中有余粮者拿出粮食接济穷人，并允许出借用于糊口和播种的稻米，在收获时一并取回；粮食只能交换，禁止买卖。收获季来临时，他命人们归还借贷的粮食，而作为补偿，他们的田税则被免除。[6] 通过这种方式，穷人的需求在富人的帮助下得到了满足。这一措施兼顾公平，任何一方都不能抱怨自己的东西遭到了剥夺，也没有谁从中谋利。

之前我提到过在匈奴人多次威逼劝降下坚持不从、而后被放逐到北方的瀚海[7]——也许是一个湖——的中国使者苏武。匈奴单于派已经归降的将领 [李] 陵（LAUS）前去劝降，希望苏武能效仿李陵。李陵见到苏武后对他说道："不幸之人不会拒绝宽慰，挫败之人如果心里想着找回活力、重拾幸福，便会立即充满力量，像清晨的露珠那样神清气爽。而你，优秀的将军啊，为什么要自己在这里受苦？为什么要遭受这样的羞辱？你的才能本可以在匈奴大放异彩，为自己带来高官厚禄，你又是为什么要将它们藏在这里不见天日呢？"一直忠诚勇敢的苏武回答道："我一向忠于中国皇帝，好比儿子忠于父亲。儿子可以为父亲受苦，甚至为父亲而死，他不会因此感到痛苦，也没有一丝怨言。”这般坚定和忠诚使李陵震惊不已，他长叹一声说道：“你果真是忠勇之人，现在我明白了，我的罪过理应遭到天谴。”与此同时，皇帝再次派遣使者前往匈奴，要求带回苏武和其他九名囚犯，并与匈奴议和。匈奴单于将其他人悉数交出，但为了避免不得不交出苏武，而准备将他处死。[8]

机智的话语

但有人悄悄地将藏匿苏武的地点告诉了使者，使者中的一人便机智地对匈奴单于说道：“皇帝不久前猎杀了一只野鹅，野鹅的翅膀下夹着一张字条，是苏武所写，字条上苏武告诉皇帝自己在瀚海牧羊。”匈奴单于听闻大惊，知道自己不能再隐瞒苏武的去向了，便将苏武交还给了使者。汉朝与匈奴达成和解，在和平之下汉朝重回富足，对学问的研习也开始兴盛。使者归朝时皇帝亲自前往迎接，欣喜万分，得知苏武坚定忠诚的事迹后，他紧紧地拥抱了苏武。皇帝敬重苏武年事已高、功绩卓越，便封他为王。[9]他希望苏武成为众人的榜样，便给了他至高的英雄称号，为他举行仪式，献祭母羊。[10]

献祭母羊

家族内的敌对

霍光兢兢业业地行使着辅佐皇帝的职责，用智慧和公正管理国家，同时十分注重对幼帝的教育。但是，人一旦被命运推上巅峰，便难免遭人记恨，甚至会遭到有血缘关系的亲戚的憎恶。霍光的族人们觊觎着官职和爵位，但霍光却根本不顾亲属关系，也不讲人情，不愿满足他们的要求。怒火中烧的族人便开始与燕王 [刘] 旦（TANUS）密谋篡位，想要杀死霍光和皇帝。[11]刘旦一直认为自己应当继承帝位，从未放弃过叛乱的念头，密谋造反、谋害霍光的那些人因此便向他求助。这些人给皇帝送上了一封燕王写的书信，信中控诉了霍光犯下的数项重罪，其中最严重的便是反对皇帝。霍光得知皇帝收到了信件，第二天上朝时便没有像往常那样进殿，而是在殿外的门廊等候。

皇帝的聪慧

皇帝意识到霍光不在殿内，便询问众人。霍光的女婿、叛党之一的桀（GANUS）[12]回答道：“他知道燕王刘旦在书信中列出了自己的种种罪行，因此不敢面见皇帝，在外听候发落。”皇帝立即命人召霍光进殿，霍光像个罪人一样进入大殿，没有戴官帽，也没有穿朝服。皇帝一见到他便对他说：“请穿上朝服，戴上官帽。我一眼就看出来你没有罪，而我手中这封信上说的都是假话，这是再明显不过的事。

信上所说的一些事才发生十余天，怎么可能那么快传到燕国？”当时皇帝年仅十四岁，这般机智令众臣大为赞赏。皇帝随后对众臣说道：“没人可以污蔑这位忠心耿耿的大臣，他是父皇指派给我的国师。指控忠诚之人恰恰揭示了他自己便是不忠之人。现在我不追究此事，但请你们收敛起自己的嫉妒和诬陷攻击！”霍光的敌人们见阴谋败露，一计不成又生一计。[13] 他们派杀手埋伏在皇帝姐姐[14]的宫中，霍光将被邀请前往参加一次宴会，他们计划在宴会上杀死霍光和皇帝，拥立刘旦为帝。皇帝恶毒的姐姐本想利用一名家仆来实现这个阴谋，但这名家仆却看出了她真正的意图，并将危险告诉了霍光。就这样，所有的同谋都被抓获并被处死，皇帝的姐姐自杀，燕王刘旦上吊，篡权的阴谋和它的始作俑者们一起宣告完结，这也证明了恶人必有恶报。皇帝的姐姐也参与了谋反，因为叛党中有她的情人，她为了对情人表示忠贞便背叛了弟弟，同意了在自己宫中设宴。不知羞耻的女人在无尽的欲望驱使下能干出任何可怖之事。

叛乱暴露

死亡预言

在那之后出现了一些异象，专家们认为这些异象预示着皇帝将要驾崩。泰山（TAIXAN）是山东省内最高的山，该省也因此山而出名。有一天，泰山上的一块巨石被雷电击中，随后自己站立了起来[15]。

会说话的昆虫

柳叶上也飞出了与蝉类似的昆虫，好似在用汉语说着“病[已]（PINGUS）为王！”[16] 这是病已将会成为皇帝的预兆。[17] 孝昭在不需要辅臣便能亲政之前就英年早逝，没有留下可以继承皇位的子嗣。他品性高尚，众人无不惋惜[18]。

第八位皇帝

[刘]贺（HOUS）

在位7月

第四十四甲子第44年，公元前74年

由于孝昭没有留下子嗣，众人便同意将帝位交给他的叔叔刘贺[19]继承。但刘贺登上皇位后的种种作为却根本配不上皇帝的头衔。他疏

不称职的皇帝

于朝政，不理民间疾苦，整日放纵享乐，酗酒无度，仿佛成为皇帝就是为了满足自己各种邪恶和卑鄙无耻的恶习。人们一想起孝昭便悲从中来，但一切为时已晚。霍光和其他一众大臣后悔立刘贺为帝，但在如此艰难的状况下究竟应该怎么办，大家都十分为难，不知如何决策。一天，霍光忧心忡忡地前去拜见挚友田延[年]（TIENYENUS），向他询问弥补这一不幸的方法。[20]田延年对他说道："你在国家之内德高望重，是国之柱石。若贺帝不能担当治国大任，你既然可以立帝，自然也可以废帝，再去汉室中寻找更好的君主。还记得伊尹是怎么对待太甲[21]的吗？没有人会责怪你，大家反而都会赞赏你的决定。要是你牵挂大汉的国运和自己的名声，就效仿伊尹吧，你对大汉的功劳定会像过去伊尹之于商朝那样！"听完此言，霍光便设宴款待宫中重臣，向他们表明了自己的想法。他对众人说道："贺的所作所为为人所不齿，不配履行皇帝的职责。这样下去会发生什么？各地定会暴乱丛生，我们大汉的末日也就不远了。如此危难当头，皇帝不听劝谏，各位认为应当怎么办？"众人面露难色，没有人敢对答。

众臣废帝

就在此时，田延年突然抽出腰间的佩剑，对霍光说道："孝武帝命你辅佐孝昭，让你看管国家社稷，以你的能力维持和平。现在正是需要你的时候！难道你看不到国家的危机只有你才能化解吗？要是不能消除这些灾难，百年之后你有何脸面去地下面对孝武帝？不能再犹豫了，现在必须做出决定，才能避免更糟糕的情况发生。我的提议是正当的，是为了国家的福祉着想的，你若是不接受，今日就死在我剑下！"众人被这番话打动，一起前往面见丞相[22][杨]敞（KINGUS）[23]，将计划告诉了他。杨敞起初大惊失色，但也不敢与众臣作对，便同意了这一计划，交出了由他保管的玉玺和符节。随后，众人进入宫中，用披风裹住皇帝，将他带出宫外，没有伤他一丝一毫，也没有令他当众蒙羞。他们将皇帝送回到他原本的封地昌邑（CHAMYE），这一切都是无奈之举，因为国家不能容忍这样的不幸。皇帝遭到众人的憎恶完全是自作自受，因此也没有人站出来维护。皇帝回到封国，做回诸侯。

第九位皇帝

宣[帝]（SIUENIUS）

在位25年

第四十四甲子第45年，公元前73年

宣帝，名病[已]（PINGUS），是孝武帝的孙子。[24]之前我已提到，他的父母和姐妹都被毒杀，而在襁褓中的他也同被控行巫蛊之术的母亲一起下狱。[25]当年病重的孝武帝在盛怒之下不仅处死了行巫蛊之术的人，他们的族人也要被连坐，甚至连自己的子孙都没有放过。

皇帝幼年的坎坷经历

病已在狱中时母亲便中毒而死[26]，本来他也只有死路一条，幸好监狱长吉心[27]（KIESINIUS）明白刘病[已][LIUMPINGI]的父母是无辜的，出于同情，吉心便悉心照顾这个孩子。因为没有皇帝的准许不能将孩子带出大牢，吉心便让乳母进入大牢给孩子喂奶。但是，这个孩子命运多舛。有一天，宫廷的星象师告诉皇帝，在大牢上空出现了皇帝的符节图案，还有气上升，这表示未来的君主正在狱中。皇帝相信了这个预言，命人立刻将狱中之人全部杀死，其中当然也包括上天和星辰指定要坐上皇位的那个人。

勇敢的吉心

吉心阻止了前来行刑的人，坚称狱中关押着许多无罪之人，将他们杀死是残酷的大不义之举。皇帝得知后不但没有动怒，反而收回了成命，开始反思。他说道："如果上天注定要将皇权交给他人，我就算反对也是徒劳，命是我无法改变的。"就这样，刘病已得以再次保全性命。出狱后的他奋发学习中国的文学和哲学，贺帝被废时，刘病已十八岁。

他受过良好的教育，学会了与美德为伴，在所有人的赞同下被立为皇帝。他性格温和安静，行事彬彬有礼，体察民间疾苦。由于自己曾受过许多苦，他对他人遭遇的不幸感同身受，充满怜悯。一位中国史学家写道，柳树叶上的昆虫所预言的皇帝便是他。

皇帝不听谗言

皇帝刚刚即位，关于霍光不忠的流言四起。[28]有人说他违背律法将贺帝废黜，忘记了臣子对皇帝应有的尊重；还有人说他野心勃勃，不能相信，皇帝要想自保就应当将他下狱。皇帝认真地听完了这番话，也铭记着为人君主不能让自己无法掌控之人身居高位、享受富贵这一潜规则。尽管他惧怕霍光，但也不想加害于他，更不想撤去他的官职，因为皇帝了解霍光的才能，也记得过去他为自己的爷爷[29]孝武帝尽心尽力，同时皇帝也不敢对成功废黜贺帝的人采取行动。

明智的决定

在希望和惧怕中摇摆了一阵之后，皇帝做出了明智的决定。他保留了心中的惧怕，决定谨言慎行，不留下任何人生污点，没有选择背弃正义来消除霍光对自己的威胁。为了考验霍光的忠诚，他拒绝迎娶霍光之女为妻，仅入宫为妾室[30]，而与另一个名为许 [平君]（HIUA）的姑娘结婚。善良忠诚的霍光平静地接受了此事，服从了皇帝的意愿，但光的妻子却与丈夫截然不同，这个野心勃勃的恶毒女人无法忍受这种屈辱，暗中准备报复，之后我会详述。

皇帝惧怕臣子

根据中国史书记载，皇帝每次进入宗庙时，按照礼俗会有人跟随在后提起衣袍下摆。每当此人是霍光的时候皇帝便会心生奇怪的恐惧，仿佛身后站着的是拿着匕首随时要取他性命之人；而倘若身后站着的是别人，他便会非常安心。这似乎预示了霍光的家族将要给他带来灾难。皇帝对霍光的不信任并未逃过他的眼光，霍光请求辞官回乡，但皇帝不允。皇帝为何不趁此机会摆脱自己惧怕之人，其中原因不得而知。

当年，加害孝昭帝和霍光的阴谋败露后，为了复仇，孝昭帝和霍光展开了一场针对谋反者和一些大臣的无情追捕，就有无辜的人和罪人一同连坐处死。

皇帝的仁慈

宣帝即位后便停止了相关调查，只要各人继续尽忠职守便可得到宽恕。他强调融洽与忠诚，撤换了那些执法过于严厉的官员。他得知河南太守黄霸（HOANGPUS）为人善良，有怜悯之心，执法平和，从不使用重刑令民众惧怕，因此广受尊重，便提任他为负责死刑判决的最高审判官员，并叮嘱他定要怀有仁慈之心。[31]他对黄霸说："我也曾是百姓中的一员，在摇篮中我便尝过了大牢的滋味，因此我深知民众所受的苦难，理解他们应当得到最大的怜悯。"[32]皇帝明白管理和服从的前提是什么，因此他做出了许多有利于天下民众的决定。管理者应当知道服从意味着什么，如果他们能体察百姓的不幸和遭受的苦难，便会更加爱民，对待百姓也不会那么严苛，这一点我深信不疑。

贪婪者自噬

刘病已执政的第二年，备受尊重的田延年奉命修建皇陵，但他没能遏制住对金钱的渴望，通过虚构开支贪污了一大笔钱财。这在中国人眼里是一项重罪，田延年因此被投入大牢，等待处决。[33] 田延年参与了立帝一事，因此，他的两个朋友帮助他得到了赦免，依据是法律规定为国立大功者可以免除死刑。这两个朋友前往监狱，想将这个消息告诉田延年，但田延年羞愧难当，拒绝与他们见面，在狱中上吊自尽。鉴于他自己都认为不配活在人世，此人受死是理所应当！

之前我说过，霍光是善良忠诚之人，但他的妻子显（HIENA）却恰恰相反，论恶毒和野心简直无人能及。她无法忍受自己的女儿被皇帝拒绝，为了让女儿戴上后冠，她开始酝酿一个杀死许皇后的计划。[34]

皇后成为他人野心的牺牲品

宣帝执政第三年，她终于等来了合适的时机，许皇后即将临盆诞下皇子奭（HIEUS）[35]。生产过程极为艰难，皇后情况危殆，所有的太医都被召来会诊，其中也包括霍光的挚友 [淳于] 衍 [IENUS][36]。在此之前，显已经向淳于衍允诺了丰厚的报酬，要求他[37] 让皇后服下毒药。被金钱收买的淳于衍配制了一种毒药，皇后服用后剧痛难忍而亡，没有引起任何怀疑。

妻子杀人，丈夫却一无所知

霍光下令以错配药物的罪名对太医们进行调查。调查正要开展之时，他的妻子却突然请求她宽恕放过太医，或者至少要保全淳于衍不受处罚。这个不合时宜的要求令霍光明白了妻子的阴谋，差点就要将她下狱。但这一罪行会连坐全家，霍光担心牵连自己和父母，便停止了调查。但是，天长日久，掩盖得再好的罪行也会大白于天下，尤其是女子犯下的罪行。

众人受罚

这一阴谋在霍光死后败露，霍光的全家都被处死。但显的阴谋还是得逞了，皇帝最终娶了她的女儿为妻，给她戴上了后冠。为了让举国上下共享欢乐，皇帝按照惯例大赦天下。[38]

中国发生地震

中国的历史学家们记载，宣帝四年（公元前 70 年）[39] 四月，中国境内发生了强烈的地震，一些山峦甚至因此崩塌，而地震造成的恐慌比灾害本身更大。这一现象十分奇怪，因为中国境内很少地震，即使发生也都震感轻微。迷信的中国人相信类似的自然现象都是上天的震怒，是国家末日来临的预兆。

不久之后，霍光去世，命运让他不用亲眼见到全族被诛，承受痛苦。[40]

霍光病重期间，对他敬重万分的皇帝曾十分关切地前去看望。为了让全天下铭记他和他的功绩，皇帝让霍光的儿子禹（IUUS）接替右将军的官职，并封霍光的侄孙山（XANGUS）为王侯，霍光的家族中有多人成了高官。但这一切没能持续多久，下面你就会看到。 忠心耿耿的霍光去世

霍光死后，皇帝亲自担起了掌管天下的重任，为了能有人坦诚地指出自己犯下的错误，皇帝任命一位新的大臣，担任皇帝的顾问。宣帝的继任者后来也一直保留了这一官职。皇帝以严厉监督臣子言行而著称，但与此同时，人们也铭记着他管理百姓时的平和与稳重。他每隔五日都要接见访者，必优先接见寡妇、孤儿和穷人。[41] 给事中的任命

他下令所有上奏之事必须书面禀报，这样他便能仔细审阅并给出书面回复，因为早先他曾因上奏之人巧言善辩而同意奏请，并对此感到十分后悔。正是这种做法保证了中国皇帝尽管很少在民众面前出现，却不会忽视民众的诉求，因为他们什么都知道，而且他们还知道具体是谁直接与民众交涉。民众的诉求并非面见皇帝，而是从皇帝那里得到恩惠。正如皇帝自己所说，治理国家用的不是脚，而是头脑。 仅接受书面汇报

皇帝有两个儿子：之前我提到过的长子奭在那年被立为太子，另一个儿子名钦（KINUS），为妾室所出，同年被封为淮阳王（HOAIGAN）。[42] 皇后的母亲显一想到自己将来的外孙无法成为皇帝、只能被封王便感到屈辱万分，因此她便向女儿提议毒死奭。[43] 女儿接受了这一恶毒的命令，开始寻找下毒的合适时机。 女子们的阴谋

她经常邀请继子奭共进餐食，假装慈母一般，但心里却只想着毒死对方，但是每次计谋都没能得逞。因为皇子对巫蛊之事的记忆犹存，人们传说许皇后是被显毒死的，因此皇子害怕自己落得同样的下场，进食任何东西前都要让仆人先尝。尽管皇帝不愿相信毒杀一事，但他还是严令皇子的随从们仔细检查给皇子的食物和饮料。当皇帝证实了是显指使医生给皇后下毒，便一步一步地撤掉了霍光族人们的官职。山、禹和其他人见状便开始与显一起密谋杀死皇帝，但他们的阴谋还

没实施便败露了，谋反者全族被诛。显也因罪伏法，只有她的女儿得以保全了性命。但她被皇帝废黜，在孤独痛苦中度过了一生。这一切罪行的起源都是显的野心，她用阴谋诡计谋求权位，却给自己和霍光全族带来了灭顶之灾。

过多的律法

之后，皇帝致力于重整律法，因为经过一代代帝王更迭，现行的律法多到不计其数，别说去阐释，哪怕只是读完它们都要穷尽一生。熟悉律法的人可以轻易地钻律法的空子，司法部门背负过量的工作，有人便趁机从中牟利。[44]

精简律法

皇帝像我们的查士丁尼大帝[45]那样对律法进行了精简，保留了行之有效的部分，撤销了无用的条文。其中的一条告诫审判官在判处死刑时需要慎之又慎："审判官们在应用法律时应当怀有善心，在没有确凿证据的情况下不应判人死刑。世上没有什么比人的生命更加珍贵，因此，在处死一个人之前应当仔细思量。"[46]尽管宣帝想以这种高尚的方式造福万民，但这一目的却未能达成。当时国内发生饥荒，暴乱不绝，尤其是山东省境内，那里的百姓甚至因为不堪饥饿而狂怒，开始抢劫掠夺，还大败了前往镇压的军队。[47]为了防止局面恶化，暴乱蔓延，皇帝命正直且诚实的龚遂（CUMSUUS）带兵平定。

生命的价值

睿智的言语和贴切的类比

龚遂前往面见皇帝，领命出征。皇帝问他打算如何评定暴乱，龚遂回答说要用解开绳结的方法，若是用力拉绳，绳结只会越来越紧。他说道："要想解开绳结就必须放松绳子。那些人之所以武装抢劫，是因为挨饿受迫，地方官员收税严苛，远远超出了他们手中被赋予的权力。这些人拿起武器对抗军队，其实是出于自卫。我不会动用武力，而是会好言相劝、用仁慈去温暖，让他们恢复理智，重建和平。我将使用的不是军队，而是我的能力。"说完，他便带着他的军队出发了。当他到达第一座暴动的城市附近时，消息传来，暴动者的军队正向他迎面开来。他不想伤害手无寸铁之人，因此便放慢了前进的脚步，派人放话，只要手中没有武器便不会被抓。他下令不得对抓获的俘虏用刑，并告诉众人，只要他们立即放弃暴动回到家中，皇帝便会免去大家的罪责，还会开仓放粮。放出这些消息后，他独自坐车前往城内，不费一兵一卒、仅靠言语的力量便说服了所有人。他允许人们售卖武

用谨慎平定了暴乱

器或用武器换取农具，放弃武装的人可以获得足量的食物和种子。就这样，暴乱得以平息，没有发生任何流血事件。类似的情形对于中国皇帝来说总是危险的，因为他们可能会失去一部分疆域，或者眼睁睁看着国土被践踏。有一些由土匪率领的亡命之徒如果不在第一时间镇压，便会危及整个国家。之前我已经举过一些事例，之后我还会提到更多。

在那段时期，哲人［尹］翁归（CHUYEUS*）去世。此人品德极为高尚，视金钱为粪土，一生追求正义，无论家人和朋友如何恳求，他也不会背离正义哪怕半步。他功绩显著，曾经担任过许多重要的官职，但去世时却极为贫穷，甚至连下葬的钱也没有留下。[48]皇帝得知后，赐给翁归的儿子一百磅黄金，[49]让他将父亲体面地下葬，并保证余生衣食无忧。

吉心（KIESINIUS）[50]的谦虚

在狱中照料皇帝并救他性命的吉心也十分谦逊。皇帝可能故意无视了吉心的帮助，或者忘记了这些事，但吉心也从不提起。他满足于自己业已拥有的东西，就算在一些说出此事可能让自己得益的情况下也没有提起一字半句。在皇帝登基几年后，宫中的一名女仆向皇帝提起了吉心的功绩。皇帝大惊，意识到了吉心的谦虚，对他心生敬意，便封他为侯作为报答。他不愿让吉心远离，便将他留在身边，将他看作自己的父亲。在与吉心的相处中，皇帝越来越欣赏他身上的品质，便让他成为自己大臣，协助治国。

哲人疏广（SUQUANGUS）和［疏］受（XEUS）被指定为太子的老师，教导太子道德与儒学思想[51]。有一天，两人正在讨论休养生息，疏广说道："我听说热爱清净、懂得克制欲望之人能够远离生活的苦难，也没有留下骂名的危险。现在我俩已经功成名就，也拥有了财富，我们的学识远近闻名，深受尊敬。要是不知足的话，我们就有可能失去一切，到时候就会因没有抓住隐退的机会而后悔。"于是，两人相约以年老体弱、疾病缠身为由向皇帝辞行。皇帝极不情愿地同意了他们的要求，并赐予两人各两千个金币。太子又加赐两人各五百个金币，[52]

哲人的慧言慧行

并派车马仆人送两人归乡。两人到家后将几乎所有的钱财都分给了仆人，剩下的钱则用来设宴款待乡亲，没有给自己留下一分一毫。疏广的一名亲戚建议他用钱购买田地，以便留给自己的子孙。这位哲人回答道：“我有从祖先那里继承来的农田，只要我的子孙不怠惰沉沦，这些田地足以保证他们衣食无忧。就让他们去犁地播种吧！多余的财富只会腐蚀人的灵魂，就算再贤明的人都难以抵御，财富还会助长恶人的贪婪，让他们染上各种各样的恶习。就算我的子孙不愿向我学习礼仪，至少我也不会留下诱导他们沉沦的工具。”

公元前60年，皇帝决定向匈奴开战。他知道匈奴人的实力已经恢复，并且重新占领了孝武帝时失守的一些山区，因此心中十分担忧。他想在已经如过去一样强大的匈奴人再次进入中国之前将他们消灭。[53]

一场出于谨慎而避免的战争

丞相劝说皇帝不要开战，他对皇帝说道：“皇帝啊，为什么明明国内尚有许多事情需要改变，你却想要攻击外族呢？今年传来的消息有不少是过去从未发生过的：儿子弑父，七兄弟杀死了二十五个兄长。[54]这些毫无人性的举动就是明显的征兆，预示着帝国内的公序良俗将会发生极为危险的变化。这才是需要担忧的啊！必须立即找到方法制止此类恶行。只要这些恶行不蔓延至全国，我们就无需惧怕匈奴。但如果你不立即采取措施，恐怕类似的事将会蔓延到全国各地，甚至会蔓延至皇宫。”皇帝因此打消了攻打匈奴的想法。

孝武帝时归顺汉朝的一些印度王国也纷纷造反，皇帝想惩罚他们，但朝中大臣们极力劝说，勉强让皇帝放弃了惩罚。大臣们这么说道：“让百姓为了征服外族而前去送死极为荒唐。你的太爷爷征服了很多国家，但给我们带来的损害远大与利益，还没算在这些战争中死去的士兵。中国的皇帝只应该公正合法地统治自己的百姓，如果想要拓展业已非常巨大的疆域，那也应当用美德之声望去吸引外族臣服，而不是使用武装与暴力。要是那些民族不愿让我们的皇帝成为他们的君主，那我们统治好中国也足够了。”

有一天，在一次有群臣参加的宴会上，太子奭对皇帝不敬，指责他让无知的人担任高官。[55]通过对儒家行为准则的学习，奭明白了只有习儒之人才称得上正直诚实。从这一点上我们就能理解为什么对于中国人来说，热爱学问就等于为人善良。皇帝厉色看向太子，用愤怒的语气说道：“自汉朝建国以来，将要继承皇位的皇子总会制造麻

中国的一条行为准则

烦！哪里去找那么多哲人来管理整个国家？对学问的研习才刚刚恢复地位，你既然接受了教育便不能无视它们，但我也不希望你自以为什么都懂！”经过此事，皇帝对太子的偏爱减少了。他甚至想废掉太子，另立淮阳王钦为太子。但皇帝最终没有这么做，因为他知道大臣们必然反对，而且他也不想被看作冲动行事之人。他甚至觉得自己在短时间内就推翻之前的决定，的确应当受到责备。不管怎样，这件事在皇帝心里留下了一个伤口，他也一直在寻找合适的时机展开报复。后来奭有了儿子，皇帝对他的情感突然发生了转变。见到孙儿的宣帝欣喜万分，只想将皇位传给这个孩子。当然，要想这么做他需要先将皇位传给奭。据说宣帝经常抱着小宝宝和他玩耍，完全不顾自己的威严。

匈奴向中国派遣使者

公元前 58 年，匈奴单于向皇帝派遣使者，表示自己承认皇帝的权威，愿意成为附属国，并保证他的继任者们也都将臣服于中国皇帝。但关于此事，众大臣意见不一。[56] 有人说匈奴是在等待时机，此行是为了在重整旗鼓前避免遭到中国的攻打；另一些人则怀疑他们是借此机会打探中国境内的状况；甚至有些大臣认为使团不应该得到接见。但最后还是迎接使团、以朋友之礼相待的意见占了上风。但那次的使团入汉，包括后来的多个匈奴使团到访中国，其实都是假使团进入中国境内从事贸易。他们假借出使之名来避免一些风险。他们售卖中国人十分喜爱、不惜花重金购买的人参，[57] 还售卖珍贵的貂鼠皮、水獭皮和紫貂皮，这些皮草在匈奴很常见，用途非常广泛。另外，匈奴人来到中国的目的还有购买其他商品带回国内。当今，假扮使团、与中国人开展贸易的是莫卧儿帝国的突厥人。[58]

我在地图集中对此有详细说明。之后我还会说到这个匈奴使团，详细解释当年匈奴人如何向中国皇帝表示臣服。

使团到达后不久，宣帝驾崩。[59] 宣帝在位期间，中国享受了长时间的和平与安宁，他放弃了一些造反的国家，认为它们不配属于中国，不配拥有德行如此高尚的皇帝。许多贤明的哲人都曾是他的臣子，精心辅佐他执政。宣帝将皇位传给了儿子奭，现在我来说说他。

尾 注

1 见《资治通鉴纲目》卷五《孝昭皇帝始元元年》，第 332 页。（陆商隐注）

2 隽不疑为京兆尹。这里应该是隽不疑母亲自己拒绝吃饭。原文为：“每行县、录囚徒还，其母辄问不疑：‘有所平反？活几何人？’即不疑多有所平反，母喜笑异于他时；或无所出，母怒，为不食。故不疑为吏，严而不残。”《资治通鉴纲目》卷五《孝昭皇帝始元元年》。（中文版注）

3 这里母亲对隽不疑说的这番话似乎是卫匡国自己发挥的。（中文版注）

4 见《资治通鉴纲目》卷五《孝昭皇帝始元元年》，第 332 页。（陆商隐注）

5 《资治通鉴》中此事记于孝昭帝元年，而《资治通鉴纲目》中则记载为二年，见《资治通鉴纲目》卷五《孝昭皇帝始元元年》，第 333 页。这说明卫匡国很可能参照的是《资治通鉴纲目》。（陆商隐注）

6 《资治通鉴》汉纪十五：“三月，遣使者振贷贫民无种、食者。秋，八月，诏曰：‘往年灾害多，今年蚕、麦伤，所振贷种、食勿收责，毋令民出今年田租。’”（中文版注）

7 此事在《资治通鉴纲目》卷五《孝昭皇帝始元六年》，第 336-337 页。（陆商隐注）

8 是匈奴谎称苏武已死。《资治通鉴》汉纪十五：“汉使至，求苏武等，匈奴诡言武死。后汉使复至匈奴，常惠私见汉使，教使者谓单于，言：‘天子射上林中，得雁，足有系帛书，言武等在某泽中。’使者大喜，如惠语以让单于。单于视左右而惊，谢汉使曰：‘武等实在。’乃归武及马宏等。”《资治通鉴纲目》卷五下《孝昭皇帝始元六年》中则没有这一详细记述，可见这里卫匡国更可能参照了《资治通鉴》。（中文版注）

9 苏武被封为典属国这一官职，而非王。《资治通鉴》汉纪十五孝昭皇帝上始元六年：“既至京师，诏武奉一太牢谒武帝园庙，拜为典属国，秩中二千石，赐钱二百万，公田二顷，宅一区。”（中文版注）

10 如上注，是汉昭帝诏令苏武用牛、羊、猪各一头，以最隆重的仪式祭拜汉武帝的陵庙。（中文版注）

11 见《资治通鉴纲目》卷五《孝昭皇帝元凤元年》，第 338 页。（陆商隐注）

12 见《资治通鉴纲目》卷五《孝昭皇帝元凤元年》，第 338 页。但史书中记载，回答皇帝的是左将军上官桀。（陆商隐注）

13 见《资治通鉴纲目》卷五《孝昭皇帝元凤元年》，第 338 页。（陆商隐注）

14 鄂邑长公主（?—前 80），汉昭帝刘弗陵异母姐姐，曾抚养汉昭帝，昭帝即位后，晋封为长公主。（中文版注）

15 见《资治通鉴纲目》卷五《孝昭皇帝上元凤三年》，第 339 页。（陆商隐注）

16 《资治通鉴纲目》中记载的是“公孙病”。（陆商隐注）

17 “泰山有大石自起立；上林有柳树枯僵自起生；有虫食其叶成文，曰‘公孙病已立’。”《资治通鉴纲目》卷五《孝昭皇帝元凤三年》和《资治通鉴》汉纪十五《孝昭皇帝上元凤三年》有同样的记载。（中文版注）

18 见《资治通鉴纲目》卷五《孝昭皇帝元平元年》，第 343 页。（陆商隐注）

19 刘贺是汉武帝刘彻的孙子，昌邑王刘髆的儿子，因此应为汉昭帝的侄子。刘贺即位后第 27 日因

"淫戏无度"被废，史称汉废帝。（中文版注）

20 见《资治通鉴纲目》卷五《孝昭皇帝元平元年》，第 345 页。田延年官拜大司农。（陆商隐注）

21 太甲，商朝第二位皇帝。见本书卷三，第 60 页。（陆商隐注）

22 原文是 gran maestro del palazzo，卫匡国文中从未出现过这一官职，大致可直译为"宫廷太师"，在此还是按照杨敞实际官职翻译为丞相。（中文版注）

23 卫匡国很可能混淆了"敞"字和"敬"字。（陆商隐注）

24 宣帝名刘病已（前 91—前 49），是汉武帝的曾孙。（陆商隐注）

25 见《资治通鉴纲目》卷五《孝昭皇帝元平元年》，第 346-347 页。（陆商隐注）

26 卫匡国记述病已和母亲一起入狱及母亲在狱中死亡，不知何据，《资治通鉴纲目》卷五下和《资治通鉴》汉纪十六中相关记载是："皇曾孙生数月，遭巫蛊事，太子三男、一女及诸妻、妾皆遇害，独皇曾孙在，亦坐收系郡邸狱。"（中文版注）

27 应为丙吉。比较《资治通鉴》汉纪十六中的记载："故廷尉监鲁国丙吉受诏治巫蛊狱，吉心知太子无事实，重哀皇曾孙无辜……"和《资治通鉴纲目》卷五下中的记载："故廷尉监丙吉受诏治狱，心知太子无事实，重哀皇曾孙无辜……"可知卫匡国在此参考了《资治通鉴》。（中文版注）

28 《资治通鉴纲目》卷五《孝昭皇帝元平元年》，第 347 页。

29 武帝应为宣帝的曾祖父，作者疏忽了。（中文版注）

30 许平君于公元前 75 年嫁与刘病已，公元前 74 年刘病已被立为宣帝；同年，宣帝立许平君为皇后。许平君于公元前 72 年被毒死，"显因劝光内其女入宫"（《资治通鉴》汉纪十六）。因此，霍光女儿是公元前 71 年才进宫为婕妤，并在次年被册立为皇后。（中文版注）

31 见《资治通鉴纲目》卷五《中宗孝宣皇帝本始元年》，第 349 页。（陆商隐注）

32 对话似为卫匡国杜撰，但意思来自"上在民间时，知百姓苦吏急也"，《资治通鉴》汉纪十六。（中文版注）

33 见《资治通鉴纲目》卷五《中宗孝宣皇帝本始二年》，第 349 页。（陆商隐注）

34 见《资治通鉴纲目》卷五《中宗孝宣皇帝本始三年》，第 350 页。（陆商隐注）

35 刘奭出生于公元前 74 年，在刘病已还没有成为皇帝之时，下毒是在许皇后生第二个孩子之时。（中文版注）

36 刘奭（前 76—前 33）在父亲去世后继承皇位，称元帝。（陆商隐注）

37 淳于衍为女医。（中文版注）。

38 见《资治通鉴纲目》卷五《中宗孝宣皇帝本始三年》，第 350 页。（陆商隐注）

39 卫匡国此处纪年准确。（陆商隐注）

40 见《资治通鉴纲目》卷五《中宗孝宣皇帝地节二年》，第 353 页。（陆商隐注）

41 见《资治通鉴纲目》卷五《中宗孝宣皇帝地节二年》，第 354 页。"帝兴于闾阎，知民事之艰难。霍光既薨，始亲政事，厉精为治，五日一听事。"应为每隔五日召集群臣听取意见，未提及接见寡妇、孤儿和穷人。（陆商隐注）

42 封皇子钦为淮阳王一事记载于《资治通鉴纲目》卷五《中宗孝宣皇帝元康三年》，第 366 页。（陆商隐注）

43 卫匡国对这一系列事件进行了提炼概括，见《资治通鉴纲目》卷五《中宗孝宣皇帝地节三年、四年》，第 356-359 页。（陆商隐注）

44 见《资治通鉴纲目》卷五《中宗孝宣皇帝地节三年》，第 356 页。（陆商隐注）

45 查士丁尼大帝（483—565）对法律系统的整顿正是从精简法律数量开始的，其中的许多法律颁布于恺撒时期。（陆商隐注）

46 这一条文未能找到出处，不知卫匡国基于何据，抑或这是他自己的发挥。（中文版注）

47 见《资治通鉴纲目》卷五《中宗孝宣皇帝地节四年》，第 360 页。（陆商隐注）

48 见《资治通鉴纲目》卷五《中宗孝宣皇帝元康四年》，第 367 页。此处所写的事件与史书相符，但人名却完全不同，很可能是誊写员的笔误。（陆商隐注）

49 “诏曰：‘翁归廉平乡正，治民异等。其赐翁归子黄金百斤，以奉祭祀。’”《资治通鉴》汉纪十七，中宗孝宣皇帝上之下元康四年。（中文版注）

50 当为“丙吉”。“丙吉为人深厚，不伐善。自曾孙遭遇，吉绝口不道前恩，故朝廷莫能明其功也。……上亲见问，然后知吉有旧恩而终不言，上大贤之。”见《资治通鉴》卷二十五汉纪十七《中宗孝宣皇帝上之下元康二年》。（中文版注）

51 这两名老师的任命发生在五年前。见《资治通鉴纲目》卷五《中宗孝宣皇帝地节三年》，第 335 页。他们在宣帝登基十年时辞去职务。见《资治通鉴纲目》卷五《中宗孝宣皇帝元康三年》，第 366 页。（陆商隐注）

52 卫匡国可能将二千石理解为两千个金币，并和加赐黄金混淆在一起。“太傅疏广谓少傅受曰：‘吾闻“知足不辱，知止不殆”。今仕宦至二千石，官成名立，如此不去，惧有后悔。’即日，父子俱移病，上疏乞骸骨。上皆许之，加赐黄金二十斤，皇太子赠以五十斤。”《资治通鉴》汉纪十七，中宗孝宣皇帝上之下元康三年。（中文版注）

53 见《资治通鉴纲目》卷五《中宗孝宣皇帝元康二年》，第 364 页。此处应为公元前 64 年，而不是公元前 60 年。（陆商隐注）

54 “按今年计，子弟杀父兄、妻杀夫者，凡二百二十二人，臣愚以为此非小变也。”数字相差很大，原文中魏相的劝谏也被分割成了两个部分，论述上差别也较大。见《资治通鉴》汉纪十七，中宗孝宣皇帝上之下元康二年。（中文版注）

55 见《资治通鉴纲目》卷六《中宗孝宣皇帝甘露元年》，第 384-387 页。（陆商隐注）

56 见《资治通鉴纲目》卷六《第二十七卷，中宗孝宣皇帝甘露二年、三年》。此事并非发生于公元前 58 年，而是公元前 51—52 年。匈奴人曾试图跨过大汉边境，但很快他们就投降了。公元前 52 年，匈奴派遣使团；次年，单于本人携带礼物拜访中国，宣告臣服于汉朝皇帝。（陆商隐注）

57 人参是一种生长缓慢的多年生植物，有肉质根，属于五加科。人参生长于北美和东亚，自古人们便认为人参的根部有多种滋补功效，其中包括：增强抵抗力、促进血液循环、增强记忆力、提高免疫力、减轻压力和增强性能力。（陆商隐注）

58 卫匡国也称此地为 Mogol 帝国，见《中国新地图集》序言，第 23 页左栏；第三省，第 44 页左栏。（陆商隐注）

59 宣帝死于公元前 49 年，享年四十四岁。见《资治通鉴纲目》卷六《中宗孝宣皇帝黄龙元年》，第 391 页。（陆商隐注）

卷十

汉朝（HANA）第四编

第十位皇帝

元［帝］（IUENUS）

在位 16 年

第四十五甲子第 10 年，公元前 48 年

儒生皇帝却不贤明

元帝即位时被称为儒生皇帝，他崇尚儒学，求知若渴，但他在统治过程中却向人们证明了一点：博学不等于贤明。

元帝简朴克制，身上还有其他众多美德，但他理解和区分是非的能力不足，这个缺点抵消了他所有的美德。他会轻易落入有意欺骗之人的圈套，还会因为这些人对美德的高谈阔论而相信他们高人一等，将他们封为高官。这些人中不乏卑鄙小人，他们因为能言善辩而升官加爵，很快便互相敌对，心狠手辣，国家也随之衰落。我不能对元帝的懒散沉默避而不谈。他没有一丝活力，也从不采取任何合适的举措应对周遭的情况，就这一点来说，他应当被批评。中国的历史学家们虽然赞颂他的谨慎，也肯定他的许多功绩，但他们无不直言，汉朝就是从那个时候起走上了衰落之路。汉朝的建立者、汉室的首位皇帝以知人善用著称，而元帝缺乏这种能力，导致了汉朝的衰败。

元帝即位一月，举行隆重仪式册封妻子政君（CIEYUS）为皇后，同日立政君的儿子骜（GAUS）为太子。[1] 这个女子的朋友和亲戚后来给国家带来了许多冲突和暴乱，这我将在讲述下一位皇帝时具体说明。

税收公平

就在那一天，皇帝召集了一众大臣，对他们说道：“我知道上天将国家交予一人，不是为了让他只想着自己和放纵享乐，而是要让他为天下百姓谋求幸福，让所有人都得到他的帮助。我要仿效历史上最著名的帝王，完成上天交予的任务。我要废除除什一税之外的所有税赋，削减宫廷开支和马匹仆人的数量。我的饮食要简单朴素，生活也不可奢靡，马匹和侍卫满足需要即可，绝不作招摇之用。我只希望人民能得到幸福，而我自己的欲望很少，什么都不会缺的。”[2]

嫉妒是所有宫廷里共同的恶

皇帝将国家最高官职之一授予自己极为敬仰的老师、年已六十的大儒萧望［之］（SIAOUANGUS），但此事立即点燃了萧望之敌人心中的嫉妒之火。[3]他们给皇帝送去了一封匿名信，列举了萧望之的种种罪行。信中的言辞表达很有技巧，虽然罪行均为捏造，但还是成功地让萧望之成为了可疑之人，不得不接受调查。按照惯例，一旦有人向皇帝书面告发某人，被告发之人便会立即下狱。元帝不知道这些，他坚信这个善良的老者是清白的，便命人展开调查，监狱长也是密谋反对者之一，他随即逮捕了萧望之。

大儒自杀

戴上镣铐的萧望之不愿与这些诬陷纠缠，他已六十高龄，不想为了维护自己本已走向终结的生命浪费气力，因此选择了服毒自尽。皇帝得知他的死讯后悲痛万分，但不够机警的他没有从中发现疑点，也没有就诬陷一事展开调查。那些最为狡猾的大臣们对皇帝根本没有尊重，他们结党营私，互相嫉妒，阴谋不断，暗流汹涌。在中国，这类结党营私十分危险，因为皇帝依赖大臣统治天下，没有什么能阻止大臣们罔顾律法，无视百姓的福祉，因个人喜好或者利益交换而与人便利。

那一时期，广东省和广西及海南诸岛[4]出现起义，起义军打退了前去镇压的军队。皇帝随后召集了尽可能多的士兵，派贾捐［之］（KIASUNUS）[5]为带兵将领。贾捐之与其说是个战士，不如说是个儒生。他遵循儒家的思想准则，劝说皇帝放弃征战。贾捐之这么说道：“在过去，中国东临大海，西面是高山和广阔的沙漠，南倚洋子江[6]。中国的疆域一点点扩张，靠的不是武力，而是皇帝的美德，他们用仁慈接纳了那些愿意加入国家的人，其中很多人在加入之后惊异于君主的善良，便再也不愿离去。没有人是被强行留下的。因此，我建议放弃开战，效仿贤君们的榜样治理国家。平息暴乱所需要的不是武器的打击，而是美德的远播。”皇帝采纳了他的建议，放弃了战争，发动起义的地区随即独立。

与此同时，大臣之间的恶斗仍在继续，根本不顾国家的利益。朝中崇尚正义、心怀人民福祉的大臣只剩刘［更生］（LIEUS）[7]一人。他将正在发生的事悉数向皇帝禀告，向他解释了相互敌对和玩弄阴谋诡计带来的危害以及和谐共处的益处。在同样热爱正义的朋友们的催促下，他不顾自身安危面见皇帝，对皇帝说道："皇帝啊，诚实尽责的官员是良政的保障，远离了他们，冲突便会出现，统治便开始崩坏。因此，如果都城内外的所有人都忠于皇帝，爱戴他，尊敬他，那么一切都会有条不紊地向好发展。皇帝你如此聪慧，定能区分忠诚之人和那些对你进谗撒谎的人，对此我毫不怀疑。请你制止那些恶人的阴谋吧，请将那些官员赶走，并且为了国家的福祉，将最高的官职授予有能力的人。请设法让他们为了同一个目标和谐共事，对参与阴谋之人进行调查并给予应有的惩罚。你若这么做便是拯救大汉，让皇权存续。"尽管刘更生没有提到任何人的名字，那些结党营私、欺诈蒙骗的大臣们听到这话还是十分惊慌。他们认为皇帝一定会追究下去，便决定在调查开始之前就摆脱刘更生和他的同伴们。

反对阴谋的演说

其中为首的［石］显（HIENUS）开始了第一步计划，派人杀死了刘更生的朋友、曾在皇帝面前诋毁自己的京［房］（KIMUOUS）[8]。事情的过程如下：首先，石显告诉皇帝，京房的功绩足以担任一个小省的太守，他利用自己的权威，毫不费力便说服了皇帝。这与其说是个建议，不如说是个命令，通过诡计或者是花言巧语上位的石显时任阁老，有权任命任何人担任一些不太重要的省份的太守。就这样，京房收到了任命便不得不出发。仅仅一个月之后，石显便向皇帝递上了告发京房的状子，其中罗列了许多莫须有的罪行。不幸的是，经过仔细调查，其中一些罪行的确存在，因此皇帝便下了重判，将其罢官处死。

骗局的无辜受害者

不久之后，一位大臣上书，以同样严重的罪状告发了石显，但不够机警的皇帝早已被石显蒙骗，根本不相信那些罪状，还毫无戒备地让石显看。狡猾至极的石显为了取得皇帝的信任，便利用这个机会高谈阔论："皇帝啊，直至今日，对我来说没有什么比为你效忠更加重要，因此，尽管我功不至此，但你还是在众人中选择了我，授予我最

皇帝不够谨慎

高的官职。而正是这件事令我被嫉妒包围，这是我的对手们唯一的武器。他们一心要亡我，根本不明白指责我就是指责皇帝你对我这一介草夫的恩惠。我该做什么？嫉妒的熊熊火焰在我周围燃烧，令我害怕，你的臣子们对我的诬陷不会停止。我只能寄希望于你的帮助，恳求你不要相信这些恶人的嫉妒之言。忠诚与服从是我的义务，这一点我比其他任何人都更加坚信。我认为你依然相信我的忠诚，因此我恳求你不要相信我的对手们说的话，他们只是嫉妒我被授予的官职。”

宁可相信耳朵却不相信事实的皇帝就这么被蒙骗了，他出面维护石显，更加助长了石显的淫威。不但如此，他还禁止众人控告石显，并一次次地将告发人的名字直接告诉了石显。许多人因此遭到了石显的恶毒报复，其中有一些被剃发为奴，被迫搬运重物修建城墙；而其他人，也就是石显的亲戚和同党，却一路官运亨通。众人对石显的惧怕甚至胜过皇帝。

与此同时，驻守长城的军队中有几名将领抓捕了两名在边境附近的山区打猎的匈奴王，意图借此捞到一些好处。[9]他们违背了与匈奴达成的和平条约，命人将两人杀害，并大张旗鼓地向皇帝邀功，仿佛完成了什么对国家有利的伟大事业。皇帝若是听取大臣们的意见，就应当责罚他们，但事实恰恰相反，皇帝不但封两人为王，还命人将两名匈奴王的首级悬挂在矛上立于匈奴边境示威，多次当众大言不惭，声称是自己下令捉拿了两人，他们死有余辜。这几名将领中有一人属于石显的敌对阵营，石显因此对他十分憎恶。他试图说服皇帝惩罚这次围捕行动的负责人，以免敌人为了报复而发起进攻。但皇帝认为匈奴王的死微不足道，如果无利可图也根本不需要在意那些野蛮人，因此拒绝采纳他的建议。中国人就是这么认为自己凌驾于其他种族之上！直到匈奴新单于呼韩邪（HUHANSIEUS）为了报复而向中国宣战，皇帝才终于明白自己大错特错。为了求和，他不仅给匈奴送去了大量财宝，还将一名皇室血统的女子送给单于为妻。这些礼物平息了单于的怒火，打消了他开战的打算。[10]

大臣间的结党营私愈演愈烈，甚至演变成了赤裸裸的暴动。皇帝不久便去世了，结党营私可能带来的危险随着皇帝的去世一同消散，这给整个国家带去了益处。大皇子即位后，众人都希望新君能改善国家的现状，事实上，战争的威胁的确越来越远。

第十一位皇帝

成［帝］（CHINGUS）

在位 26 年

第四十五甲子第 26 年，公元前 32 年

据史书记载，这位皇帝沉湎酒色，将国家交给母亲家族的外戚管理。皇帝将太后［王］政君（CIEYUA）所属的王氏（VANGA）家族中的许多人都提拔为高官，但却不知道这将招来多少祸事。他封五个舅舅为侯，其中一位名［王］莽（MANGUS），被封为新都（SINTU）侯[11]，封国位于现今四川省首府成都（CHINGTU）所在地区[12]。石显得知此事后意识到自己将有许多危险的敌人和对手，因此便向皇帝辞官，并且得到了批准。踏上归乡之路的石显刚刚离开都城便遇到了刺客并被一剑封喉，[13] 所有人都怀疑此事与皇帝有关。[14] 石显的死亡标志着其他强大家族的衰落和其他党派阵营的终结，只有王氏家族的势力渐长，并在之后引发了一系列危险的暴乱。

大雾弥漫

皇帝登基第一年的四月，也就是我们历法中的五月，全中国境内大雾弥漫，湿气缭绕，引起了人们巨大的恐慌。[15] 星象学家们被要求解读其中预言，却纷纷表示无能为力。皇帝的谋士却认为这是上天的示警，因为皇帝不遵守国家律法和祖先留下的规矩，皇舅们没有功绩却被封侯。此言不虚，但皇帝却经不住母后的恳求，他不愿触动给予王氏家族的特权，或是没能明白自己的屈从会带来多少灾祸，也没有从先人的遭遇中吸取教训，当然这也许是因为他过于沉湎酒色，根本什么都不记得。在那之后暴乱频发也毫不意外。成帝之后即位的第三位皇帝在暴乱中死去，国土大部被占领，但这些事都发生在公元之后，因此我将在第二部十卷[16] 中讲述。

成王二年四月册封许（HIUA）皇后，随后不久，都城及周边地

中国少有降雪

区降下大雪。[17] 中国很少下雪，因此引起了人们的震惊。星象学家和占卜术士们奉命解释这一不寻常的天象，结果却众口纷纭。皇帝还就此询问了大儒们，特别是那些通晓《易经》之人。我在第一卷开头便讲过这本书，这些大儒们也都非常熟悉这部典籍。皇帝请他们写下这一从未出现的奇异天象所隐含的预言。其中有人说这是王氏家族[王]凤的权力过于强大招致的天谴，国家将要遭受巨大的灾难。他们说的没错，但这并不是通过降雪预测得到，而是基于现实的判断：王氏家族的专权必然会引发反叛。王凤得知此事后便宣称随时可以辞官，但皇帝没有允许。唯一对天象做出正面解读的是谷永（SOYUNGUS*）[18]，因为他对王凤有所求，想借机谄媚。皇帝相信了他的话，拒绝真相，转而相信了这唯一一条虚言。我们也经常会对自己的想法过于执着，不知道什么才真正对自己有益，继而给自己招来灾祸，不可避免地走向灭亡。

一家专权便是危险

为了更清晰地说明皇帝不应当过于信任家人，我要说说发生在备受尊敬的大臣刘向（LIENCHIANGUS*）[19] 身上的事。他有一本文体流畅、由十一个章节构成的著作，用缜密的逻辑阐述了一族专权给国家带来的致命后果。尽管刘向没有指名道姓，但皇帝知道书中所指的就是王氏家族。皇帝赞赏刘向的才能和他精确明了的论述，对这部作品极为推崇。毕竟此书出自名声显赫的大儒之手，尽管如此，皇帝却没有听取其中有益的建议。

可惜的是，这位大儒的真诚带来了不幸的结果，他的儿子[刘]歆（HINGUS）尽管学识渊博，能力也得到众多大臣的肯定，却从未得到重要的官职。[20] 皇帝已经到了在没有征询王凤的意见之前不做任何决定的地步，以至于整个国家的事务都取决于一位臣子的意志，在懒惰的皇帝眼里，他的首肯或反对比众多大臣的意见更加重要。

暴雨

皇帝登基后的第三年秋天，历来雨量稀少的陕西省连降暴雨，洪水之大仿佛遭遇倾盆大雨。[21] 大水淹没了大片田地和居住在那里的人民，都城被水淹没，城里的居民不得不爬上城墙求生，居住在宫中的皇帝和嫔妃们则登上船只避难。[22]

成帝八年，匈奴单于前来朝见，皇帝视其为盟友。[23]

时任阁老的是王氏家族的 [王] 商 [XANGUS]，此人高大健壮，头大脸宽，仿佛巨人一般。按照礼俗，单于也去拜访了阁老，见其容貌惊惧不已，立即逃走。皇帝听闻后感到十分好笑，便说道："管理国家事务的人都应该像王商一样，只凭外表就能吓退野蛮人。"中国人会绘制高大强壮、披盔戴甲的人像送给边境异族，并声称这些人是军中高官或科举状元。他们相信用这样的画作便能让外族心生恐惧，外族见到了画像便再也不愿与画中之人交锋。我认为这一做法就源自王商面相凶狠吓跑单于一事。

王氏阁老引发恐惧

王凤死后，军队首领一职由同属王氏家族的 [王] 音 [IMUS] 继任[24]。皇帝在母亲的恳求下将这一官职授予了王音，他对母亲一向顺从，从不拒绝母亲的任何要求。

中国的史学家们记录了一名拥有极为罕见的谦虚品质的女子。皇帝最宠爱的妾室班 [婕妤]（PANA）貌美善良。同我们现在一样，在那时候的皇宫里，皇后和最受宠的嫔妃都拥有自己的私人宫室。班婕妤的宫室狭小，皇帝对前往该处与班婕妤相会不甚满意，因此想要班婕妤与他同住，但谦逊的班婕妤却拒绝了这一尊荣。这一美德在女子身上十分罕见，因此值得在此铭记。[25]

极为谦逊的女子

她对皇帝说："尽管我不识字，[26]但从古老的画作上我看到贤明的君主身边总有忠诚睿智的大臣，而昏君身旁则都是教唆他行残酷恶毒之事的女子。现在你无视皇后的存在而想让我陪伴在侧，我在此向你恳求，千万不要效仿那些昏君！我爱你至深，希望你能享有荣光，尤其希望高尚的德行在你的身上闪耀。正因为如此，我们不能这么做，我不能成为一个邪恶的女人，你也不能沦为昏庸的君主。皇后才是你的发妻，你真正的妻子，你应该与她为伴，而我只是你们的仆人。"皇帝十分欣赏这一巧妙的拒绝，亦更欣赏她对皇后的赞赏，皇后得知此事后对班婕妤充满感激。后来，皇帝在淫欲的驱使下做出了更加无耻之事。他喜好音乐和戏剧，在最著名的歌姬中，他经常去欣赏其中一位的表演。

睿智的叮嘱

这名歌姬美艳绝伦，皇帝对她十分痴情，最后将她和她的一个小弟弟[27]一起留在了宫中。[28]皇帝在众多妾室中独宠她一人，在淫欲中放

喜剧制造麻烦

纵沉沦。皇后不能忍受皇帝如此宠爱一个卑贱的女孩，便抓住一个合适的时机对他提出了犀利的指责。沉浸在可耻情欲中的皇帝不仅因此大发雷霆，还像被爱情蒙蔽双眼的人们一样，在冲动之下废黜了皇后，甚至将她赶出了宫室。皇后知道班婕妤生性善良，便来到了她的住所，而班婕妤也十分慷慨礼貌地让皇后住进了自己的宫室。但是，皇帝对舞妓的爱（更确切地说是情欲之火）没有平息，他深爱这个女子，将她看作自己真正的妻子，甚至最后册封她为皇后。他还封这名女子的

戏子成为王侯

父亲，一位一名不文的戏子为侯，此举可能是为了提高他的地位，也可能是为了隐藏他们低微的出身，这样人们就不会对皇帝娶了一个如此出身的女子为妻而议论纷纷了。

一些大臣忍受不了皇帝的行为，上书批评皇帝，言辞激烈，但他们用真诚换来的却是死亡。极尽谄媚之事的王氏家族成员告诉皇帝，君主就可以为所欲为，他们暗中希望国家内部暗流汹涌，以便自己从中牟利。简直令人难以置信！一个市井歌姬成为国家和皇帝的主人，皇帝在盲目的情欲中陷得越深，就愈发被这个女子牢牢掌控。

皇帝的昏庸

皇帝在王氏家族大臣们的支持下沉湎酒色。他夜夜笙歌，大摆宴席，观赏各色喜剧，还命人在宫中各处挂上描绘妲己和纣王行下流污秽之事的春宫图。[29] 大臣中有勇者上书谴责这些无耻之事，但未能得到什么结果，因为皇帝对忠言虽然赞赏，但却不会听取，他明知自己走在歧途，却不去改正。他离正道越来越远，对错误的执着也越来越深。

成帝十八年二月，也就是公元前 15 年三月左右，发生了一次著

天降流星

名的日食。一位中国历史学家记载，天上落下许多小星星，仿佛一场闪烁着火光的雨。[30] 公元前 12 年，成帝即位二十一年。那年八月，也

彗星

就是我们历法中的十月，井宿，也就是今日巨蟹座所在的天空中出现一颗彗星[31]。皇帝焦虑万分，他认为这一异象蕴含着某种预示，便向众人询问，其中也包括忠诚的臣子、学识非常渊博的大儒谷永。谷永对他说道："我们这些诚实的臣子都希望你能尽全力认真履行一个明君应尽的义务：以正义统治人民，关心他们的福祉，推崇并践行古老的礼法，消灭随着时间蔓延开来的恶俗。远离天谴最简单的方法便是抛弃恶习，追求美德。无法避免的只有我们因自身之罪而招致的不幸。

我也认为这些异象极不寻常，一定预示着大事的发生，非凡人所能轻易查明。如果凡人也可以揣测天意，那我便斗胆猜测，只要大汉不改过自新，已经发怒的上天很快就会让它灭亡。”皇帝听完既震惊又茫然，不敢多说一句，立即走下皇座回到寝宫，但之后他也没有改变习性。

当时大儒张禹（CHANGYUUS）声名远播，他是皇帝的老师，深受皇帝的尊敬和爱戴。皇帝经常和他谈论各种事务，听取他的建议[32]。尽管张禹备受尊敬，享有盛名，但他缺乏高尚的内心，因此作为哲人还是虚有其表。他和众多廷臣一样，随时可以为了从王氏家族手中获取恩惠而对皇帝极尽谄媚之事。有人在仔细观察了彗星天象后匿名上书，言简意赅地说明了上天已对大汉王朝感到愤怒，正在准备终结获取了过多权力的王氏家族，并让整个国家随之覆灭。书信中还列举了那些来自王氏家族的大臣们所犯下的种种罪行。皇帝见众多异象都预示着王氏的灭亡，也开始起了疑心，但张禹却打消了他的种种担忧。张禹读完了这封谏书，担心冒犯皇帝、太后和令人惧怕的王氏家族，便向皇帝解释说阐释天意是极为困难之事。按照他的说法，星象学家都是自负之人，自以为有能力预测未来，但错误的预测却数不胜数；写这封谏书的人很可能为了中伤那位忠诚的大臣而捏造了一切，他们对王氏家族仇恨极深，而这是报复王氏的唯一途经。因此，绝对不能相信他们说的话。

皇帝从不会拒绝太后的要求，对太后家族的爱也近乎盲目，因此便相信了张禹，不但对他大为赞赏，还对巨大的危险视而不见，毫不怀疑。他没有限制王氏家族的权力，那些心怀国运的大臣们因此愤懑不已。其中一位名为朱云（CHUYUNIUS），他品德高尚，是著名的大儒。他的举动表现出了罕见的大勇[33]。

他无法忍受张禹的谄媚和不忠，并自信自己懂得怎么做才对国家有益，于是，尽管冒着来自王氏家族庇荫之臣的生命威胁，还是持续不断地求见皇上。终于有一天，他得到了接见。　罕见的大勇

面对龙椅上的皇帝和周遭群臣，朱云说道：“首先，请你赐我一把宝剑，我要在你面前砍下这个不忠佞臣的头颅！”皇帝问他所指何人，他回答道：“这个奸邪小人便是张禹，朱云认为应该当着圣上的

面砍下他的头颅。”皇帝听到自己老师的名字先是震惊不已，然后勃然大怒，命人将朱云拖出去斩首。侍卫们立即上前架走朱云，但朱云双手紧紧抓住宫殿栏杆，侍卫根本无法令他松手。后来栏杆被拉断，朱云手中握着断裂的栏杆被拖出宫外。一路上，朱云高喊道：“皇帝啊，你如此善待我，满足了我心所愿！现在我终于可以一死，而且死得心甘情愿！我宁可死去，与那些忠于皇帝、却被你和像你这样的暴君不公道地残杀的臣子们为伴，也不愿在重用佞臣、排斥贤臣的你手下做可耻的奴隶。只有一件事令我痛心，那就是你愚钝至极，拒绝忠言，只听谗言，不明白大汉王朝和你自己将要面临多大的灾难。该说的话我已说完，现在我听候你的发落。愤怒之中的你尽可用能想到的刑罚处死我！”在场的大臣都惊讶于他的勇气，纷纷下跪向皇帝求情。他们对皇帝说道：“此人不应受罚，反而应当被赞赏，他当众说出了真话，是想要帮助你啊！要是他真有罪，那也请像原谅一个疯子那样原谅他，因为只有忠诚之人和疯子才会这样说话。”皇帝听了这番话后平静下来，命人释放了朱云。在愤怒消散之后，他还下令不得修复断裂的栏杆，让后人记住这个敢于说真话的忠臣。

向皇帝直言

生活在那个国度是多么幸福！在那里，君主无论是否愿意都必须倾听自己不想听的话，更幸福的是臣子们只要无法忍受君主背离美德之路便可以毫无顾忌、自由地反对他们！值得仰慕的究竟是臣子们的临危不惧还是君主们的宽容大量，我在这里也无法判断。了解应当被大大称颂的中国哲学关于忠诚的规范的人不多。在中国哲学关于忠诚的信条中，臣子们认为非常重要的一条是它勉励他们抛弃一切畏惧让皇帝听从他们的正确建议，引导皇帝走在美德的正途上。欣赏哲人们这种坚定品质的明君并不少见，我们现在说到的这个王朝也不例外，但这位皇帝却不想让大臣们自由进言，因此他把顾问[34]的职责只给了一个人，不过皇帝也没有要求其他人保持沉默，如果众臣认为这个人不称职的话。

虽然成帝妻妾成群、纵欲于美色，却没有子嗣，因此，他立自己弟弟定陶王（TINGTAUS）的儿子[刘]欣（HINGUS）为太子，并将他当作自己的儿子养在身边。[35]

火星进入心宿，也就是射手座 2 度至 20 度的天穹之间的那年，成王驾崩。[36] 中国人一直认为火星进入心宿会带来大难。

皇帝骤然离世

皇帝无病无痛，骤然离世。驾崩前日用晚膳时，他还明确表示第二天要早起处理重要的事务，但就在他起床穿衣的时候却突然倒地暴毙。皇太后认为是赵 [合德]（CHAUS）[37] 给皇帝下了毒，便命自己的亲戚 [王] 莽（MANGUS）展开调查。赵合德得知此事后自杀，没有人知道其中原因。她虽然躲过了制裁，却留下了畏罪自杀的疑云。之前我已经讲过，皇帝过于沉湎酒色，对这些欲望的执着促使他做了不少错事，行了很多不义之举。他完全受母后操控，凡是母后的要求都轻易应允，甚至封自己的舅舅们为高官，而这些人作为回报便放任他行那些下流无耻之事，甚至还为他提供效仿的榜样。

第十二位皇帝

哀 [帝]（NGAYUS）

在位 6 个月 [38]

第四十五甲子第 52 年，公元前 6 年

之前我已交代过，哀帝从他伯父那儿即位时正值青春，他用善良和谦逊治理国家，但可惜几个月后便去世了（年仅十九岁 [39]），没能见到自己的愿望成为现实。他撤换了许多官员，免去了王莽丞相 [40] 的官职。他用这种方式试图削弱王氏家族的强权。如果他在位的时间更长一些，也许可以掌控王氏家族，但哀帝的英年早逝令其所有良好愿景突然消散，而王氏家族则策划着针对下一任皇帝的悲惨结局。

皇帝被女仆所救

哀帝即位第一年便遭遇了一次重大危险。一天，他进入了豢养着老虎、熊和其他猛兽的围场里放松娱乐，身边只有几个女仆陪伴。[41] 此时，一头熊扯破了笼网逃出笼外，众女子见状大惊失色，各自逃命。

勇敢的女仆

只有一个名叫冯 [昭仪]（FUNGA）的女仆 [42] 表现出了男子一般的勇敢，为了保护皇帝脱离险境，尽管赤手空拳，她还是直面向熊，一把抓住熊，双手掐住熊的咽喉。皇帝对她钟爱有加，但世事何其相

似，伴随着钟爱而来的必有嫉妒，而有能力制服猛熊的冯昭仪却输给了嫉妒。皇后见自己的丈夫偏爱冯昭仪，便开始对她加以迫害。最后，亲手救了皇帝性命的冯昭仪自尽而亡。

哀帝五年，也就是公元前 2 年，在中国历法的正月初一那天发生了日食，令该年变得非同寻常。

先知的声音

就在那年，皇宫中回荡着一个奇怪的声音，音色与钹类似，声音洪亮，皇宫门口都能听到。[43] 皇帝深受这一异象的困扰，便向星象学家询问其中深意，星象学家们解释说帝国将要发生大变动、大革命，而这一不知从何而来的声音便是预兆。

同年，匈奴单于派遣使者前来觐见，但宫廷中有些人却为了精简开支而主张拒绝接见。[44] 需要说明的是，中国人一向厚待来使，就算来的不是君王本人也不例外。他们会派人大张旗鼓地去迎接使团，从边境一直护送到都城。在都城内，使团也会受到排场极为奢华的热情款待，他们可以进入皇宫，由一名专门负责接待的重臣照顾。使命完成后，同样的队伍会护送使团直到边境，与迎接时的场面别无二致。这一切的费用都出自公共开支。一位备受尊重的大臣扬雄（IANGHIUNGUS）说服皇帝接见匈奴王，他对皇帝说道："对于中国而言，没有什么比像接待朋友那样欢迎宿敌更值得期待且更合时宜。先皇们发动数次战争、花费巨额钱财，为的难道不是征服匈奴或者让他们成为我们的朋友吗？现在，我们的敌人主动前来求和，愿意化敌为友，为什么我们反而担心起钱财了呢？发动战争镇压匈奴的花费难道不会更大？我们的高傲自大难道不会让帝国陷入更深的危机吗？"这番话说服了皇帝，他举办了盛大的仪式欢迎匈奴王。就这样，纠缠多年的宿敌按照上天的意愿达成了和解。[……]

盛情款待匈奴

次年，皇帝与匈奴签订和平条约后驾崩。[45][……] 这一整年中国都天下太平，人民喜悦万分。值得一提的是，这位皇帝不愿被称为哀帝，而是想使用"平（PINGUS）"这一名号。[46]"平"意为和平。[……]

和平之君

哀帝最宠幸的臣子董贤（TUNGYENUS）容貌俊美，举止翩翩，说话礼貌，但思想却阴暗扭曲，也非常狡猾。为了满足自己的贪欲，他利用自己对皇帝的影响力做了很多损人利己之事。他听说皇帝驾崩，深知自己罪孽深重，又不想接受继任者的处罚，便在当天选择了自尽。[47]

我向各位承诺的第一部十卷到此为止。如果读者们喜欢这部作品，我便会鼓起勇气，继续钻研如此难以解读的汉字，完成剩余的部分。

[……]

尾 注

1 元帝的确在即位初期就册封王政君为皇后，见《资治通鉴纲目》卷六《孝元皇帝初元元年》，第 392 页。立太子刘骜一事发生于次年，见《资治通鉴纲目》卷六《孝元皇帝初元二年》，第 394 页。（陆商隐注）

2 这番话是贡禹的谏言，不是皇帝说的。《资治通鉴》汉纪二十，孝元皇帝初元元年。（中文版注）

3 见《资治通鉴纲目》卷六《孝元皇帝初元二年》，第 394-395 页。（陆商隐注）

4 见《资治通鉴纲目》卷六《孝元皇帝初元三年》，第 395-396 页。海南确为岛屿，但广西不是。广西是位于中国南部的一个省份。（陆商隐注）

5 卫匡国可能混淆了“捐”字和“损”字。贾捐之为贾谊曾孙。（陆商隐注）

6 应为扬子江，见本书卷一，注释 59；卷三，注释 86。此错误源于金尼阁(N. Trigault)。（陆商隐注）

7 刘更生（前 77—前 6），当时朝中大臣分为两派，一派是刘更生和金敞带领的儒生，另一派是皇帝的近臣，掌管着书信和旨意的起草，其中包括中书令弘恭和中书仆射石显。卫匡国对此事进行了概述，见《资治通鉴纲目》卷六《孝元皇帝永光元年》，第 398-400 页。（陆商隐注）

8 京房（前 77—前 37），西汉经学家。本姓李，字君明，推律自定为京氏。建昭二年，以劾奏石显等专权，出为魏郡太守。不久，下狱死。（中文版注）

9 卫匡国对汉朝和匈奴之间的战事描写及呼韩邪单于来朝一事似乎未仔细核实材料，失实之处颇多。“冬，使西域都护、骑都尉北地甘延寿、副校尉山阳陈汤共诛斩匈奴郅支单于于康居。……匈奴呼韩邪单于闻郅支既诛，且喜且惧；上书，愿入朝见。……春，正月，匈奴呼韩邪单于来朝，自言愿婿汉氏以自亲。”《资治通鉴》汉纪二十一，孝元皇帝下建昭二年。（中文版注）

10 见《资治通鉴纲目》卷六《孝元皇帝竟宁元年》，第 410 页。（陆商隐注）

11 位于四川省的一个县，见《中国新地图集》意大利文版，第六省，第 66 页右栏。（陆商隐注）

12 新都国在南阳新野之都乡，非成都。（中文版注）

13 见《资治通鉴纲目》卷六《孝成皇帝建始元年》，第 415 页。（陆商隐注）

14 “显与妻子徙归故郡，忧懑不食，道死。”《资治通鉴》汉纪二十二，孝成皇帝上之上建始元年。（中文版注）

15 见《资治通鉴纲目》卷六《孝成皇帝建始元年》，第 416 页。（陆商隐注）

16 卫匡国按照李维《罗马史》的十卷本形式描写中国历史，他的《中国历史》第一部写到纪元元年为止，关于此后的历史，他准备写第二部。（中文版注）

17 封后一事发生于成王登基后第二年四月，见《资治通鉴纲目》卷六《孝成皇帝建始二年》，第 417 页。天降大雪一事发生于两年后，见《资治通鉴纲目》卷六《孝成皇帝建始四年》，第 419 页。（陆商隐注）

18 卫匡国可能混淆了“谷”字和“俗”字。（陆商隐注）

19 刘更生，见上文注释 7。此处 LIENCHIANGUS 明显是 LIEUHIANGUS 的拼写错误。此事记载于《资治通鉴纲目》卷六《孝成皇帝和平三年》，第 424 页。刘向（前 79—前 8）是著名的儒家知识分子。卫匡国在这里提到的由 11 个章节组成的论著是《洪范五行传论》。（陆商隐注）

20 见《资治通鉴纲目》卷六《孝成皇帝阳朔元年》，第 426 页。（陆商隐注）
21 见《资治通鉴纲目》卷六《孝成皇帝建始三年》，第 418 页。（陆商隐注）
22 此为王凤提议，但在遭到左将军王商的反对意见之后，未被元帝采纳。见《资治通鉴》汉纪三十，孝成皇帝上之上建始三年。王商（？—前 25），汉宣帝母亲王翁须之兄王武的儿子。（中文版注）
23 见《资治通鉴纲目》卷六《孝成皇帝河平四年》，第 425 页。（陆商隐注）
24 见《资治通鉴纲目》卷六《孝成皇帝阳朔三年》，第 430 页。（陆商隐注）
25 见《资治通鉴纲目》卷六《孝成皇帝鸿嘉三年》，第 434 页。（陆商隐注）
26 班婕妤并非不识字，作者有增衍。（中文版注）
27 “上微行过阳阿主家，悦歌舞者赵飞燕，召入宫，大幸；有女弟，复召入。”此处的小弟弟应该是对“女弟”的误解。《资治通鉴》卷三十一汉纪二十三《孝成皇帝上之下鸿嘉二年》。（中文版注）
28 见《资治通鉴纲目》卷六《孝成皇帝鸿嘉三年》，第 434 页。这个舞妓名叫赵飞燕，后来成为皇后，与她一同进宫为妾的是她的妹妹赵合德。（陆商隐注）
29 纣是商朝最后一个皇帝，妲己是他的妾室之一。成帝命人悬挂在宫中的是描绘各种性爱姿势的画作。见《资治通鉴纲目》卷七《孝成皇帝永始二年》，第 440 页。（陆商隐注）
30 见《资治通鉴纲目》卷七《孝成皇帝永始二年》，第 439 页。卫匡国此处纪年准确，成帝十八年正是公元前 15 年。（陆商隐注）
31 见《资治通鉴纲目》卷七《孝成皇帝元延元年》，第 445 页。（陆商隐注）
32 见《资治通鉴纲目》卷七《孝成皇帝元延元年》，第 446 页。（陆商隐注）
33 见《资治通鉴纲目》卷七《孝成皇帝元延元年》，第 446 页。卫匡国忠于原文叙述。（陆商隐注）
34 这里的职位应该是给事中。“秦始置，为加官（兼职），位次中常侍，无定员，常侍皇帝左右，备顾问应对，每日上朝谒见。”（中文版注）
35 见《资治通鉴纲目》卷七《孝成皇帝绥和元年》，第 449 页。（陆商隐注）
36 成帝死于公元前 7 年。见《资治通鉴纲目》卷七《孝成皇帝绥和二年》，第 453 页。（陆商隐注）
37 赵合德似乎是用过量的春药毒死了皇帝。（陆商隐注）
38 汉哀帝（前 27—前 1），在位时间为公元前 7 年至公元前 1 年，总共七年，并非六个月。卫匡国在后文中提到哀帝五年这一年份，因此这里的六个月一定是疏漏造成的错误。（陆商隐注）
39 19 岁应是哀帝即位时的年龄，这与卫匡国提到的数月后即去世，都可能是疏漏造成的。（中文版注）
40 王莽为大司马，武职中最高官职。卫匡国前文提到 primo ministro 首相 / 丞相时也常用 colao 阁老表示。（中文版注）
41 见《资治通鉴纲目》卷七《孝哀皇帝建平元年》，第 462 页。（陆商隐注）
42 挡熊的冯婕妤是汉元帝的嫔妃，汉哀帝在位时遭人诬陷服毒自杀。见《资治通鉴纲目》孝哀皇帝建平元年。（中文版注）
43 卫匡国混淆了日期。这一巨响记载于哀帝二年，也就是公元前 5 年，见《资治通鉴纲目》卷七《孝哀皇帝建平二年》，第 463 页；日食发生于公元前 2 年，见《资治通鉴纲目》卷七《孝哀皇帝

元寿元年》，第 471 页。（陆商隐注）

44 此事发生于哀帝四年，见《资治通鉴纲目》卷七《孝哀皇帝建平四年》，第 470 页。（陆商隐注）

45 哀帝死于两年后，即公元前 1 年。见《资治通鉴纲目》卷七《孝哀皇帝元寿二年》，第 476 页。（陆商隐注）

46 哀帝是谥号，作者疏忽了。所谓“平”，当是指他改号“陈圣刘太平皇帝”事。（中文版注）

47 见《资治通鉴纲目》卷七《孝哀皇帝元寿二年》，第 476 页。董贤（前 23—前 1），短时间内从默默无闻蹿升至极高的官阶，成为最有权势的大臣。据说他依靠的是与哀帝保持的同性恋关系，卫匡国谴责此事为“阴暗扭曲的思想”。见《剑桥中国史》卷一，第 218 页。（陆商隐注）

参考文献[1]

Riferimenti bibliografici

- AA. VV., *The Cambridge History of China*, Cambridge University Press, Cambridge 1979-2008.
- AA. VV., *Zhongwen da cidian* 中文大辭典, Taiwan Zhongguo wenhua daxue chubanshe 臺灣中國文化大學出版, Taiwan 1990.
- Aleni, Giulio, *Zhifang waiji* 職方外紀, Xie Fang 謝方 (ed.), Zhonghua Shuju 中華書局, Beijing, 1996.
- Aleni, Giulio, *Geografia dei paesi stranieri alla Cina*. Traduzione, introduzione e note di Paolo De Troia, Fondazione Civiltà Bresciana, Brescia 2009.
- Andreini, Attilio, "Evoluzione delle teorie individualiste nella Cina classica: l'eredità di Yang Zhu nei testi Huang Lao e nel Lüshi chunqiu", In P. Corradini (a cura di), *Conoscenza e interpretazioni della civiltà cinese*, Ed. Cafoscarina, Venezia 1997, pp. 49-83.
- Andreini, Attilio (a cura di), *Laozi, Genesi del «Daodejing»* , Einaudi, Torino 2004.
- Andreini, Attilio, *Laozi. Genesi del Daodejing*, Einaudi, Torino 2004.
- Bernard-Maître, Henri, "Un dossier bibliographique de la fin du XVIIe siécle sur la question des termes chinois", in *Recherches de science religieuse,* 36, 1949.
- Bertuccioli, Giuliano – Masini, Federico, *Italia e Cina,* Editori Laterza, Bari 1996.
- Bertuccioli, Giuliano (a cura di), *Martino Martini, Opera Omnia,* vol. I, *Lettere e documenti*, Università degli Studi di Trento, Trento 1998.
- Bertuccioli, Giuliano (a cura di), *Martino Martini, Opera Omnia,* vol. II, *Opere Minori*, Università degli Studi di Trento, Trento 1998.
- Bertuccioli, Giuliano (a cura di), *Martino Martini, Opera Omnia,* vol. III, *Novus Atlas Sinensis*, Università degli Studi di Trento, Trento 2003.
- Bertuccioli, Giuliano, *La letteratura cinese,* Sansoni Accademia, Firenze 1968.
- Bertuccioli, Giuliano, *Testi di letteratura cinese, Prosa,* Il Bagatto, Roma 1985.
- Bodde, Derk, *China's First Unifier: A Study of the Ch'in Dynasty as Seen in*

1 此为意大利文版参考文献影印。

the Life of Li Ssu, 280?-208 B.C., E.J. Brill, Leiden 1938.
- Bodde, Derk, in *Statesman, Patriot and General in Ancient China*, Henri Vetch, Peiping 1940.
- Brancaccio, Giuseppe, "La *Sinicae Historiae Decas Prima*: alcune ipotesi di lettura", in F. Demarchi, R. Scartezzini (a cura di), *Martino Martini umanista e scienziato nella Cina del secolo XVII,* Atti del Simposio Internazionale su Martino Martini e gli scambi culturali tra Cina e Occidente, Università degli Studi di Trento, Trento 1995, pp. 231-239.
- Ch'en Shou-yi, "John Webb: A Forgotten Page in the Early History of Sinology in Europe", in *The Chinese Social and Political Science Review*, vol. XIX, no. 3, October 1935, pp. 295-330.
- Cheng Jing 陳桱, *Tongjian xubian* 通鑑續編, in *Siku quanshu* 四庫全書, 第 332 册.
- *Chunqiu zuozhuan* 春秋左傳, Zhonghua shuju 中華書局, Beijing 2006.
- Collani, Caludia von, "Teologia e cronologia nella *Sinicae Historiae Decas Prima*", in F. Demarchi, R. Scartezzini (a cura di), *Martino Martini umanista e scienziato nella Cina del secolo XVII,* Atti del Simposio Internazionale su Martino Martini e gli scambi culturali tra Cina e Occidente, Università degli Studi di Trento, Trento 1995, pp. 241-253.
- Collani, Claudia von, "Johann Adam Schall von Bell: Weltbild und Weltchronologie in der Chinamission im 17. Jahrhundert", in Malek, R., (ed.), Western Learning and Christianity in China, The Contribution and Impact of Johann Adam Schall von Bell, S. J. (1592-1666), Monumenta Serica Monograph Series XXXV/1, Sankt Augustin, 1998, pp. 79-99.
- Collani, Claudia von, P. Joachim Bouvet S.J. Sein Leben un sein Werk, in Monumenta Serica Monograph Series XVII, Steyler Verlag, Nettetal 1985.
- Collani, Claudia von, "Chinese Emperors in Martino Martini *Sinicae Historiae Decas Prima* (1658)", in A. Hsia, R. Wimmer (a cura di), *Mission und Theatre, Japan und China auf den Bühnen der Gesellschaft Jesu,* Schnell & Steiner, Regensburg 2005, pp. 113-137.
- Confucio, *Dialoghi*, (traduzione di T. Lippiello), Einaudi, Torino 2003.
- Corradini, Piero, *La Cina, popoli e società in cinque millenni di storia,* Giunti, Firenze 1996.
- D'Elia, Pasquale M., *Fonti Ricciane,* La libreria dello Stato, Roma 1942-

1949.
- *Daxue* 大學, in *Shisanjing zhushu* 十三經註疏, Zhonghua Shuju中華書局, Beijing 1980.
- De Mailla, Josephe-Anne-Marie de Moryac, *Histoire général de la Chine,* Grocier, Parigi 1777-1785.
- Dehergne, Joseph, *Repertoire de Jesuites de Chine de 1552 à 1800*, Instituuum Historicum S. I., Roma 1973.
- Depuydt, Leo, "The Date of Death of Jesus on Nazareth", in Journal of the American Oriental Society, vol. 122, no. 3, July-September 2002, pp. 466-480.
- Dreyer, Edward L., *Zheng He: China and the Oceans in the Early Ming 1405-1433,* Longman, Londra 2006.
- Duyvendak, Jan Julius L., *China's Discovery of Africa*, Probsthain, Londra 1949.
- Duyvendak, Jan Julius L., *Tao Te Ching: The Book of the Way and Its Virtue*, John Murray, London 1954.
- Duyvendak, Jan Julius L., *The Book of Lord Shang: A Classic of the Chinese School of Law,* Arthur Probsthain, Londra 1928.
- Etiemble, René, *Les Jésuites en Chine – la querelle des rites (1552-1773)*, René Julliard, Parigi 1966.
- Fang Shiming 方詩銘 – Fang Xiaofen 方小芬, *Zhongguoshi liri he zhongxi liri duizhaobiao* 中國史曆日和中西曆日對照表, Shanghai renmin chubanshe 上海人民出版社, Shanghai 2007.
- Gabiani, Gian Domenico, *Dissertatio apologetica scripta anno 1680. De Sinensium Ritibus Politicis,* Gulielmum Henricum Streel Typographum, Leodii 1700.
- Giglioli, Enrico Hillyer, *Viaggio intorno al Mondo della Regia pirocorvetta italiana Magenta*, Maisner, Milano 1875.
- *Hanshu* 汉书, in Jiantizi ben ershisi shi 简体字本二十四史, Zhonghua shuju 中華書局, Beijing 2000.
- *Hanyu da zidian* 漢語大字典, 8 voll., Hubei cishu chubanshe, Sichuan cishu chubanshe 湖北辭書出版社、四川辭書出版社, Wuhan, 1986-1989.
- Hu Hong 胡宏, *Huangwang daji* 皇王大紀, in *Siku quanshu* 四庫全書, 第313 册.

- Hulsewé, Anthony F. P., *China in Central Asia: the Early Stage, 125 B.C.-A.D. 23,* Brill, Leiden 1979.
- Jin Lüxiang 金履祥, *Zizhi tongjian qianbian* 資治通鑑前編, in *Siku quanshu* 四庫全書, 第 332 册.
- Kangxi 康熙, *Yupi tongjianqianbian* 御批通鑑前編, in *Siku quanshu* 四庫全書, 第 692 册.
- Keightley, David, *Sources of Shang History: The Oracle-Bone Inscriptions of Bronze Age China*, University of California Press, Berkeley 1978.
- Kong, Demao 孔德懋, *The House of Confucius*, Hodder & Stoughton, Londra 1988.
- Kutcher, Norman, *Mourning in Late Imperial China*, Cambridge University Press, Cambridge 1999.
- Legge, James, *The Chinese Classics,* Oxford University Press, Londra, 1865.
- Legge, James, *The Four Books,* Dover Books, New York 1971 (versione originale 1893).
- Liu Shu 劉恕, *Zizhi tongjian waiji* 資治通鑒外紀, in *Siku quanshu* 四庫全書, 第 312 册.
- Loewe, Michael - Shaughnessy, Edward L., *The Cambridge History of Ancient China: From the Origins of Civilization to 221 BC*, Cambridge University Press, Cambridge 1999.
- Loewe, Michael, *Crisis and Conflict in Han China*, Allen & Unwin, Londra 1974.
- Loewe, Michael, *Ways to Paradise: the Chinese Quest for Immortality*, George Allen and Unwin, Londra 1979.
- Lü Buwei 吕不韋, *Lüshi chunqiu* 呂氏春秋, *Zhuzi jicheng* 諸子集成, Zhonghua shuju 中華書局, Beijing 1954.
- Lunbaek Knud, "Jesuits' Image of Neo-Confucianism", in Journal of the History of Ideas, vol. XVIV, no. 1, 1983, pp. 19-30.
- Lundbaek, Knud, *T.S. Bayer (1694-1738), Pioneer Sinologist*, Scandinavian Institute of Asian Studies No. 54, Curzon Press, London and Malmö, 1986.
- Lundbaek, Knud, "The First European Translations of Chinese Historical and Philosophical Works", in T. H. C. Lee (a cura di), *China and Europe, Images and Influences in 16th to 18th Centuries,* The Chinese University

Press, Hong Kong 1991, pp. 29-43.

- *Lunyu* 論語, in *Shisanjing zhushu* 十三經註疏, Zhonghua Shuju中華書局, Beijing 1980.
- Lyall, Leonard A., *Mencius,* Longmans, Green, Londra 1932.
- Masini, Federico, "Wei Kuangguo he tade liangbu zhuzuo: 'Zhongguo xin dituji' yu 'Zhongguo lishi shi juan' 卫匡国和他的两部著作：《中国新地图集》与《中国历史》, in *Cultures across Space, an International Conference on Cultural Encounter and Accommodation between China and the West, 16th-19th Centuries* 跨越空间的文化，16—19 世纪中西文化的相遇与调适国际学术研讨会, Shanghai 2008, pp. 465-470.
- Masini, Federico, voce "Mandarini" in *Enciclopedia delle Scienze Sociali dell'Istituto della Enciclopedia Italiana*, vol. V, Roma 1996, pp. 467 – 472.
- Mei Yibao 梅贻宝, *The Ethical and Political Works of Motse*, Probsthain, London 1929.
- *Mengzi* 孟子, in *Shisanjing zhushubiao dianben* 十三經註疏標點本, Zhonghua Shuju 中華書局, Beijing 1980.
- Miranda, Marina, "Matteo Ricci and the Fiftieth Master of Heaven, Zhang Guoxiang", in F. Masini (ed.), *Western Humanistic Culture Presented to China by Jesuit Missionaries (XVII-XVIII centuries)*, Roma, Istitutum Historicum S.I., 1996, pp. 247-258.
- Mungello, David E., *Curious Land, Jesuit Accommodation and the Origins of Sinology*, Honolulu, 1985.
- Mungello, David E., "A Study of the Preface of PH. Couplet's *Tabula Chronologica Monarchiae Sinicae* (1686)", in Heyndrickx, J., *Philippe Couplet, S.J. (1623-1693) The Man Who Brought China to Europe*, Monumenta Serica Monograph Series XXII, Steyler Verlag, Nettetal 1990, pp. 79-183-199.
- Mungello, David E., *The Great Encounter of China and the West,* Rowman & Littlefield, New York 1999.
- Navarrete, Domingo, *Tratados historicos, politicos, ethicos y religiosos de la Monarchia de China,* Madrid 1676.
- Nedeljkovi, Mile, *Leksikon naroda sveta*, Službeni list SRJ, Beograd 2001.
- Needham, Joseph, *Science and Civilization in China,* 17 voll., Cambridge University Press, Cambridge 1954-1995.
- Nienhauser, William, *The Indiana Companion to Traditional Chinese Lite-*

rature, Indiana University Press, Bloomington 1986.
- Oliver, James A., *The Bering Strait Crossing,* Information Architects, UK 2006.
- Pelliot, Paul, *Notes on Marco Polo,* 3 voll, ed. L. Hambis, Parigi 1959.
- Peng Xinwei 彭信威, *A Monetary. History of China* 中國貨幣史, Traduzione di Edward H. Kaplan. Voll. 1-2, Western Washington University Press, Bellingham 1994.
- Pfister, Louis, *Notices biographiques et bibliographiques sur le jésuites de l'ancienne mission de Chine, 1552-1773*, Imprimerie de la Mission Catholique, Shanghai 1932.
- Plinio, *Naturalis Historia*, Les Belles Lettres, Parigi 1980.
- Rule, Paul, *K'ung-tzu or Confucius: The Jesuit Interpretation of Confucianism*, Allen and Unwin, Sydney 1986.
- Saeki, Yoshirō, *The Nestorian documents and relics in China*, Maruzen, Tokyo 1951.
- Salviati, Filippo - Basso, Sergio, *L'Arte Cinese,* vol. 22 della collana "La grande storia dell'arte", E-ducation.it, Firenze 2006.
- *Shangshu zhengyi* 尚書正義, in *Shisanjing zhushubiao dianben* 十三經註疏標點本, Zhonghua Shuju中華書局, Beijing 1980.
- *Shijing* 詩經, in *Shisanjing zhushubiao dianben* 十三經註疏標點本, Zhonghua Shuju中華書局, Beijing 1980.
- Sima Guang 司馬光, *Zizhi tongjian* 資治通鑒, Zhonghua shuju 中華書局, Beijing 1956.
- Sima Qian 司馬遷, *Shiji*史記, Zhonghua shuju 中華書局, Beijing 1959.
- Tan Qiqiang 譚其驤, *Zhongguo lishi dituji* 中國曆史地圖集, vol. I, Ditu chubanshe 地圖出版社, Shanghai 1982.
- Trigault, Nicolas, *De Christiana Expeditione apud Sinas suscepta a Societate Jesu*, Augusta 1614.
- Van Kley, Edwin J., "Europe's 'Discovery' of China and the writing of World History", in *The American Historical Review*, vol. 76, no. 2, April 1971, pp. 358-385.
- Wang Guowei 王國維, Huang Yongnian 黃永年, *Jinben zhushu jinian shuzheng* 今本竹書紀年疏證, Liaoning jiaoyu chubanshe 遼寧教育出版社, Shenyang 1997.

- Wilhelm, Richard, *Frühling und Herbst des Lü Bu We*, Eugen Diederichs, Jena 1928.
- Witek, John W., Chinese "Chronology: A Source of Sino-European Widening Horizons in the Eighteenth Century", in *Actes du IIIe Colloque International de Sinologie*, Les Belles Lettres, Paris 1983, pp. 223-252.
- Wu Liwei 吳莉葦, "Ming Qing chuanjiaoshi Zhongguo shanggu biannianshi yanjiu tanyuan 明清傳教士中國上古編年史研究探源", in *Zhongguoshi yanjiu* 中國史研究, 2004.3, pp. 137-156.
- Wu Liwei 吳莉葦, *Dang Nuoya fangzhou zaoyu Fuxi Shennong* 當諾亞方舟遭遇伏羲神農, Zhongguo renmin chubanshe 中國人民大學出版社, Beijing 2004.
- Wylie, Alexander, *Notes on Chinese Literature,* American Presbyterian Mission Press, Shanghai, 1867.
- Xu Mingde 徐明德, "Lun yiji hanxuejia Wei Kuangguode lishi gongji 论意籍汉学家卫匡国的历史功绩", in *Shijie zongjiaoyanjiu* 世界宗教研究, 1995.3, pp. 79-87.
- Xu Mingde徐明德, *Maerdini (Wei Kuangguo) zai Hua huodong ji qi dui zhongxi wenhua jiaoliude gongxian* 马尔蒂尼（卫匡国）在华活动及其对中西文化交流的贡献, in Zhonhua wenshi luncong中华文史论丛, 1981.4, pp. 249-274.
- *Xunzi* 荀子, in *Zhuzi jicheng* 諸子集成, Zhonghua shuju 中華書局, Beijing 1954.
- Yves Hervouet, *Un Poete de cour sous les Han: Sseu-ma Siang-jou*, Presses Universitaires de France, Parigi 1964.
- Zhu Xi 朱熹, *Zizhi tongjian gangmu* 資治通鑒綱目, in *Zhuzi quanshu* 朱子全書, 第 8册, Shanghai guji chubanshe, Anwei jiaoyu chubanshe 上海古籍出版社, 安徽教育出版社, Shanghai 2002.
- *Zhuzi jicheng* 諸子集成, Zhonghua shuju 中華書局, Beijing 1954.
- Zürcher, Erik, "'In the Beginning': 17th-century Chinese Reactions to Christian Creationism", in Huang Chun-Chieh, Zürcher, E., (ed.), *Time and Space in Chinese Culture,* Sinica Leidensia, vol. XXXIII, Briil, Leiden, 1995, pp. 132-166.

Martino, Martini S. J., Opera Omnia
edizione ideata da Franco Demarchi e Giuliano Bertuccioli
Volume IV: *Sinicae Historiae Decas Prima* (2 tomi)
a cura di Federico Masini e Luisa M. Patemicò
traduzione dall'originale in latino (Monaco di Baviera: typis Lucae Straubii, impensis Joannis Wagneri, 1658) di Beatrice Niccolini
Trento: Universita degli Studi di Trento, 2010

ISBN: 978-88-8443-316-9

浙江省版权局著作权合同登记图字：11–2023–158